GUSTAV MAYER

FRIEDRICH ENGELS

UMA BIOGRAFIA

TRADUÇÃO
PEDRO DAVOGLIO

APRESENTAÇÃO E NOTAS
JOSÉ PAULO NETTO

© Boitempo, 2020
Traduzido da edição inglesa *Friedrich Engels: A Biography*
(trad. Gilbert e Helen Highet, org. R. H. S. Crossman, Londres, Chapman & Hall, 1936)

Direção-geral	Ivana Jinkings
Edição	Tulio Kawata
Tradução	Pedro Davoglio
Revisão técnica	João Quartim de Moraes
Coordenação de produção	Livia Campos
Assistência editorial	Carolina Mercês
Preparação	Maísa Kawata
Revisão	Sandra Kato
Capa	Maikon Nery
Diagramação	Nobuca Rachi

Equipe de apoio Artur Renzo, Débora Rodrigues, Dharla Soares, Elaine Ramos, Frederico Indiani, Higor Alves, Ivam Oliveira, Kim Doria, Luciana Capelli, Marina Valeriano, Marissol Robles, Marlene Baptista, Maurício Barbosa, Pedro Davoglio, Raí Alves, Thais Rimkus, Tulio Candiotto

CIP – BRASIL. CATALOGAÇÃO NA PUBLICAÇÃO
SINDICATO NACIONAL DOS EDITORES DE LIVROS, RJ
Meri Gleice Rodrigues de Souza – Bibliotecária – CRB-7/6439

M421f

Mayer, Gustav, 1871-1948
    Friedrich Engels : uma biografia / Gustav Mayer ; tradução Pedro Davoglio. – 1.ed. – São Paulo : Boitempo, 2020.

    Tradução de: *Engels: A Biography*
    Inclui índice

    ISBN 978-65-5717-025-0

    1. Engels, Friedrich, 1820-1895. 2. Comunistas – Biografia. I. Davoglio, Pedro. II. Título.

20-66295
CDD: 920.93354
CDU: 929:330.85

É vedada a reprodução de qualquer
parte deste livro sem a expressa autorização da editora.

1ª edição: novembro de 2020

BOITEMPO EDITORIAL
Jinkings Editores Associados Ltda.
Rua Pereira Leite, 373
05442-000 São Paulo SP
Tel.: (11) 3875-7250 / 3875-7285
editor@boitempoeditorial.com.br | www.boitempoeditorial.com.br
www.blogdaboitempo.com.br | www.facebook.com/boitempo
www.twitter.com/editoraboitempo | www.youtube.com/tvboitempo

Sumário

Apresentação: Gustav Mayer – o biógrafo *clássico* de F. Engels
José Paulo Netto... 9

Prefácio.. 25

Capítulo I – Família e mocidade... 27

Capítulo II – Entrada na política.. 35

Capítulo III – Serviço militar. Os jovens hegelianos............. 39

Capítulo IV – Rumo ao comunismo..................................... 45

Capítulo V – Estudos políticos e sociais na Inglaterra........... 49

Capítulo VI – Amizade com Marx.. 61

Capítulo VII – Na Bélgica e na França.................................. 73

Capítulo VIII – O *Manifesto comunista*................................ 83

Capítulo IX – A revolução alemã.. 91

Capítulo X – A questão da revolução alemã.......................... 101

Capítulo XI – Reação e prosperidade.
A ruptura com a democracia burguesa............................. 111

Capítulo XII – Londres e Manchester................................... 119

Capítulo XIII – A Guerra da Crimeia e a depressão econômica........ 133

Capítulo XIV – Engels e Lassalle. A Guerra de 1859.............. 145

Capítulo XV – A Guerra Civil Americana.. 149

Capítulo XVI – A ascensão da Prússia. O problema irlandês............ 165

Capítulo XVII – A Guerra Franco-Prussiana...................................... 177

Capítulo XVIII – A luta contra Bakunin.. 183

Capítulo XIX – O Império alemão e
a unificação da social-democracia alemã.. 191

Capítulo XX – A legislação antissocialista. A morte de Marx......... 199

Capítulo XXI – Da Primeira à Segunda Internacional....................... 213

Capítulo XXII – A política europeia na queda de Bismarck.............. 229

Capítulo XXIII – Os últimos cinco anos.
O perigo da guerra mundial.. 237

Capítulo XXIV – O fim.. 289

Notas da edição brasileira
José Paulo Netto... 295

Índice onomástico... 309

Cronologia da vida e obra de Friedrich Engels 323

Sobre o autor 333

APRESENTAÇÃO:
GUSTAV MAYER – O BIÓGRAFO *CLÁSSICO* DE F. ENGELS

José Paulo Netto

A passagem do ducentésimo aniversário de nascimento de Friedrich Engels, a comemorar-se em novembro do corrente ano, haverá de ser objeto de eventos acadêmicos, culturais e políticos que, mesmo em meio à pandemia que nos dias de hoje inferniza a vida de centenas de milhões de pessoas – afetando mortalmente sobretudo as populações trabalhadoras –, programam-se nos centros de todo o mundo civilizado. Não é infundado crer que, entre as homenagens a serem tributadas no decurso do presente ano ao maior amigo e camarada de Karl Marx, contar-se-á o enriquecimento da bibliografia que a ele diz respeito[1].

---

[1] Desta já substantiva bibliografia, entre os títulos de caráter biográfico, destaque-se um brevíssimo rol de textos, tão expressivos quanto diferenciados, editados especialmente no último meio século: Horst Ullrich, *Der junge Engels* (Berlim, Deutscher Verlag der Wissenschaften, 1961--1966), 2 v.; Heinrich Gemkow et al., *Friedrich Engels: Eine Biographie* (Berlim, Dietz, 1970); William Otto Henderson, *The Life of Friedrich Engels* (Londres, Routledge, 1976), 2 v.; David McLellan, *Engels* (Londres, Collins, 1977); Terrell Carver, *Friedrich Engels: His Life and Thought* (Londres, Macmillan, 1989); J. D. Hunley, *The Life and Thought of Friedrich Engels: A Reinterpretation* (New Haven, Yale University Press, 1991); John Rees (org.), *The Revolutionary Ideas of Frederick Engels* (Londres, Internacional Socialism, 1994); John Green, *Engels: A Revolutionary Life* (Londres, Artery, 2008). Dois bons livros encontram-se disponíveis em português: de Osvaldo Coggiola, *Engels: o segundo violino* (São Paulo, Xamã, 1995), e, de Tristam Hunt, *Comunista de casaca: a vida revolucionária de Friedrich Engels* (Rio de Janeiro, Record, 2010); há, ainda, a longa biografia, com larga base documental, mas com um viés hagiográfico evidente, elaborada por um coletivo de autores soviéticos: Vv. Aa., *Friedrich Engels: Biografia* (Lisboa/Moscou, Avante!/Progresso, 1986).
Materiais sobre aspectos determinados da biografia de Engels e/ou de suas ideias encontram-se em W. H. Chaloner e W. O. Henderson, *Engels as Military Critic* (Manchester, Manchester University Press, 1959); Karl Obermann e Ursula Herrmann, *Friedrich Engels und die Internationale Arbeiterbewegung* (Berlim, Akademie, 1972); Giuseppe Prestipino, *Natura e società: Per una nuova lettura di Engels* (Roma, Riuniti, 1973); Steven Marcus, *Engels, Manchester and*

10   Friedrich Engels: uma biografia

No Brasil, esta edição da pioneira e consagrada biografia de Engels por Gustav Mayer (a seguir designado *GM*) reproduz o texto do que, em seu prefácio de 1935, o autor declarou ser "esta nova biografia, que escrevi para o mundo anglófono". O texto, posteriormente conhecido como *edição condensada*[2] – constitui um excelente

---

the *Working Class* (Londres, Weidenfeld & Nicholson, 1974); Martin Berger, *Engels, Armies and Revolution: The Revolutionary Tactics of Classical Marxism* (Hamden, Archon, 1977); Roman Rosdolsky, *Friedrich Engels y el problema de los pueblos "sin historia"* (México, Siglo XXI/Cuadernos de Pasado y Presente, 1980); Stephen H. Rigby, *Engels and the Formation of Marxism* (Manchester, Manchester University Press, 1992); Paul Blackledge, *Friedrich Engels and Modern Social and Political Theory* (Albany/Nova York, Suny Press, 2019). Para avaliações diversificadas de trabalhos de Engels, ver Christopher J. Arthur (org.), *Engels Today: A Centenary Appreciation* (Basingstoke, Macmillan, 1996), e Georges Labica e Mireille Delbraccio (orgs.), *Friedrich Engels, savant et révolutionnaire* (Paris, PUF, 1997).
Enfim, para referências biográficas e temáticas comuns a Marx e a Engels, refira-se, entre muitos trabalhos, O. J. Hammen, *The Red' 48ers: Karl Marx and Friedrich Engels* (Nova York, Scribners, 1969); L. I. Golman e V. E. Kunina (orgs.), *Karl Marx and Friedrich Engels: Ireland and the Irish Question* (Moscou, Progress Publishers, 1971); Jean Bruhat, *Marx-Engels* (Lisboa, Seara Nova, 1973); Auguste Cornu, *Carlos Marx. Federico Engels* (La Habana, Ed. de Ciencias Sociales, 1975-1976), 4 v.; Fernando Claudín, *Marx, Engels y la revolución de 1848* (Madri, Siglo XXI, 1975); Miklós Molnar, *Marx, Engels et la politique international* (Paris, Gallimard, 1975); Michèle Bertrand, *Le Statut de la réligion chez Marx et Engels* (Paris, Sociales, 1979); William Otto Henderson, *Marx and Engels and the English Workers and other Essays* (Londres, Routledge, 1989); Sebastiano Timpanaro, *Sul materialismo* (Milão, Unicopli, 1997); Eric J. Hobsbawm, *Como mudar o mundo: Marx e o marxismo, 1840-2011* (São Paulo, Companhia das Letras, 2011); José Barata-Moura, *Marx, Engels e a crítica do utopismo* (Lisboa, Avante!, 2015); György Lukács, *Marx e Engels como historiadores da literatura* (São Paulo, Boitempo, 2016); Jürgen Herres, *Marx und Engels: Porträt einer intellektuellen Freundschaft* (Stuttgart, Reclam, 2018).

[2]   *GM* redigiu e publicou a biografia de Engels em dois tempos e dois tomos: primeiro, ele deu à luz, com um prefácio datado de junho de 1919, a *Friedrich Engels in seiner Frühzeit* [Os anos de juventude de Friedrich Engels] (Berlim, Julius Springer, 1920); mais de uma década depois, concluiu o segundo tomo, prefaciando-o no "dia de S. Silvestre de 1932", intitulado *Friedrich Engels und der Aufstieg der Arbeiterbewegung in Europa* [Friedrich Engels e a ascensão do movimento operário na Europa] e os reuniu num só volume, *Friedrich Engels: Eine Biographie* [Friedrich Engels: uma biografia]. O livro, com a chegada de Hitler à cabeça do Estado, não pôde ser lançado na Alemanha e saiu enfim por um editor de Haia (Martinus Nijhoff, 1934). Poucos meses depois, no singelo prefácio firmado em 1935, *GM* autorizou a edição inglesa da "nova biografia", sob a responsabilidade de Richard H. S. Crossman (1907-1974), desde então conhecida como "edição condensada": *Friedrich Engels: A Biography* [Friedrich Engels: uma biografia] (Londres, Chapman & Hall, 1936); ademais de político influente, Crossman foi um escritor prolífico; dele está vertido ao português um de seus livros importantes: *Biografia do Estado moderno* (São Paulo, Ciências Humanas, 1980). Foi a partir dessa versão condensada – base de outras 28 edições em pelo menos três idiomas até 1970 – que a obra de Mayer tornou-se amplamente conhecida, até porque, depois da Segunda Guerra Mundial, poucas vezes a extensíssima edição original de 1934 foi retomada; quando o foi, somados, os seus dois tomos,

APRESENTAÇÃO: GUSTAV MAYER – O BIÓGRAFO *CLÁSSICO* DE F. ENGELS   11

aporte àquele enriquecimento no âmbito da documentação existente em nosso idioma, no qual, salvo erro, *GM* permaneceu inédito até o lançamento deste livro. Lançamento, pois, com que a Boitempo Editorial participa dos eventos relativos à passagem dos duzentos anos do nascimento de Friedrich Engels e, ao mesmo tempo, viabiliza o acesso direto do público luso-brasileiro (e dos outros países da nossa comunidade linguística) ao notável trabalho de *GM* – um intelectual que avançou do terreno do jornalismo à seara da história social, inscrevendo-se teórica e politicamente no marco do pensamento social-democrata[3].

1

É preciso, logo na abertura desta brevíssima *apresentação*, fazer duas observações relativas ao que afirmamos no parágrafo precedente. A primeira diz respeito ao *caráter pioneiro* do trabalho de *GM*, resultado da ingente pesquisa que ele realizou aproximadamente entre 1913 e a entrada dos anos 1930 – tal caráter é enfatizado por todos os especialistas em F. Engels. De fato, até o fim da segunda década do século XX, quando *GM* concluiu o primeiro tomo da sua biografia de Engels, não se conhecia *nenhum* estudo sistemático sobre a vida e a obra do autor do *Anti-Dühring*: apenas circulavam depoimentos e sínteses informativas divulgados pela imprensa ligada ao movimento socialista, bem como evocações esparsas contidas no memorialismo de figuras que lidaram com Engels (aliás, não era muito diferente o cenário em que F. Mehring trabalhou para publicar a sua também grande e pioneira biografia de Karl Marx[4]). E tal estado de coisas praticamente pouco se modificou até quando *GM* deu por terminado o seu segundo tomo.

---

sempre tiveram mais que setecentas e tantas páginas impressas (Köhl, Kiepenheuer und Witsch, 1971, 978 p.; Frankfurt, Ullstein, 1975, 978 p.; Lexington, Ulan Press, 2012, 788 p.; Sidney, Wentworth, 2018, 786 p.); uma edição em espanhol fez-se com 924 páginas (Madri, Fondo de Cultura Económica, 1979). Se a edição original de 1934 contava com 28 capítulos (13 no tomo 1, 15 no tomo 2 – reunidos num só volume), alguns bastante longos, a edição condensada apresentou-se com 24 capítulos bem mais breves.

[3] Como o próprio *GM* indica no belo livro publicado pouco depois de sua morte – *Erinnerungen: Vom Journalisten zum Historiker der deutschen Arbeiterbewegung* [Memórias: de jornalista a historiador do movimento operário alemão] (Zurique, Europa Verlag, 1949).
Cumpre salientar que *GM* preparou-se institucionalmente para tomar o rumo que deu sentido à sua vida: entre 1890 e 1893 dedicou-se aos estudos acadêmicos de Economia Política em Berlim – foi aluno de Gustav Schmoller (1838-1917) e de Adolph Wagner (1835-1917), dois "socialistas de cátedra" – e os finalizou com a tese de doutorado que defendeu, na Suíça (Basileia), sob a orientação de Georg Adler (1863-1908) e que se publicou em seguida: *Lassalle als Sozialökonom* [Lassalle como economista social] (Berlim, Mayer & Müller, 1894).

[4] A biografia de Marx por Mehring foi publicada (1918) pouco antes que o primeiro tomo da de Engels por *GM* – o clássico texto mehringuiano está disponível em vernáculo: Franz Mehring, *Karl Marx: a história de sua vida* (São Paulo, Sundermann, 2013). Antes do trabalho de

12 FRIEDRICH ENGELS: UMA BIOGRAFIA

A observação seguinte é pertinente à qualificação da biografia mayeriana de Engels como obra *consagrada*: desde o momento em que veio a público, o trabalho de *GM* foi objeto de calorosa recepção entre acadêmicos e estudiosos situados nos mais diversos espaços do espectro teórico e político – recepção que tem resistido ao passar do tempo. Detenhamo-nos minimamente sobre esse aspecto, que decerto merece uma atenção menos epidérmica do que a que lhe dedicamos aqui.

Em 1935, Hans Speier, no que talvez tenha sido a primeira resenha elaborada por uma figura do mundo acadêmico, prognosticou que o livro de *GM*

> contribuirá para uma melhor compreensão da Alemanha, bem como das origens do socialismo. Permitam-me acrescentar que o livro também é um *monumento literário* à amizade ímpar entre Engels e Marx.[5]

Cerca de quinze anos depois, Maximilien Rubel, que logo se tornaria um respeitado marxólogo, escrevia, referindo-se expressamente à biografia de Engels preparada por *GM*:

> Ao mesmo tempo que Marx encontrara em Mehring seu primeiro grande biógrafo, Engels o encontraria na pessoa de Gustav Mayer, *notável pesquisador e historiador*, que sabia usar criteriosamente as riquezas dos arquivos de Marx-Engels preservados pelo Partido Social-Democrata Alemão.[6]

Na segunda metade dos anos 1970, também o prestigiado acadêmico inglês G. Stedman Jones não hesitou em formular um juízo francamente elogioso ao livro de *GM*: "Engels foi objeto de uma das *melhores biografias eruditas do século XX*, a de Gustav Mayer, produto de uma pesquisa que durou mais de trinta anos e de um *conhecimento da história operária e socialista alemã do século XIX que não encontra paralelo*"[7].

Mehring, cite-se, de 1909, a tentativa de John Spargo (reproduzida em *Karl Marx: His Life and Work*, Londres, Forgotten Books, 2018).

[5] Hans Speier (1905-1990), sociólogo alemão, emigrou em 1933 para os Estados Unidos e aí prosseguiu sua carreira na docência universitária, aposentando-se em 1986 como professor da New School of Social Research (Nova York). A resenha de que se extraiu a passagem citada [com itálicos meus – *JPN*] foi publicada em *Social Research* (Nova York, v. 2, n. 3, ago. 1935, p. 389).

[6] Maximilien Rubel (1905-1996), refinado estudioso da obra de Marx, foi o editor da obra marxiana reunida em quatro volumes da primorosa Bibliothèque de la Pléiade (Paris, Gallimard, 1965-1994); a citação feita aqui [com itálicos meus – *JPN*] foi extraída do seu artigo "Pour une Biographie monumentale de Karl Marx" (*La Révue Socialiste*, Paris, n. 40, out. 1950, p. 312).

[7] Gareth Stedman Jones, nascido em 1942, pertence ao corpo de professores/pesquisadores da Queen Mary University of London e é autor da recente biografia *Karl Marx: grandeza e ilusão*

Quase à mesma época em que Jones assim se exprimia, aquele que muitos consideram um dos maiores historiadores marxistas do século XX, Eric J. Hobsbawm, lamentava que, por causa da ascensão de Hitler ao poder,

> *a monumental biografia de Engels escrita por Gustav Mayer, uma obra caracterizada por extraordinária erudição*, teve de ser publicada em 1934 numa editora holandesa de exilados, permanecendo virtualmente desconhecida dos marxistas mais jovens da Alemanha Ocidental do pós-guerra até os anos [19]70.[8]

Vê-se, pela voz desta diminuta – mas escolhida por sua alta qualificação admitida quase unanimemente – amostragem intelectual, que a obra de *GM* sobre Engels tem sido objeto, ao longo de décadas, de uma recepção de fato muito generosa e favorável. Aliás, no que concerne estrita e especificamente aos meios marxistas, nos quais a referência a ela é reiterada[9], só um autor realmente importante a apreciou com reservas dignas de nota – David Riazanov – e o fez por razões que, a nosso juízo, não são inteiramente sustentáveis. É preciso que nos detenhamos rapidamente sobre este ponto.

David Riazanov (1870-1938) não se destaca no quadro da tradição marxista apenas por ter sido um profundo e competente estudioso de Marx e Engels, mas ainda pela sua importância como responsável pelo primeiro grande projeto editorial para reunir as obras de ambos, conhecido por *MEGA*, acrônimo de *Marx-Engels Gesamtausgabe* [Obras completas de Marx e Engels][10]. Riazanov, seguramente, só conheceu o primeiro tomo (1920) da biografia preparada por *GM* e, provavelmente, não teve acesso a títulos do autor lançados posteriormente; lembre-se que, em janeiro de 1931, teve início o seu martírio político: exonerado da direção do Instituto Marx-Engels/IME, por ele fundado dez anos antes, foi preso e logo degredado para Saratov; em 1937, foi novamente preso e, no ano seguinte, executado por sicários a serviço de Stálin.

(São Paulo, Companhia das Letras, 2017). A citação aqui utilizada [com itálicos meus – *JPN*] extraiu-se do seu ensaio "Retrato de Engels", em Eric J. Hobsbawm (org.), *História do marxismo*, v. I: *O marxismo no tempo de Marx* (Rio de Janeiro, Paz e Terra, 1979), p. 377.

[8] Esta citação [com itálicos meus – *JPN*] de Eric J. Hobsbawm (1917-2012) extraiu-se do volume da *História do marxismo* citado na nota anterior (ibidem, p. 431). O mesmo texto, em tradução um pouco diversa, encontra-se também na coletânea de ensaios do autor intitulada *Como mudar o mundo: Marx e o marxismo, 1840-2011* (São Paulo, Companhia das Letras, 2011).

[9] Referência que se constata, apenas para indicar uns poucos nomes expressivos, em autores tão distintos como György Lukács, Karl Korsch, Auguste Cornu, Predrag Vranicki, Mario Rossi, Lucio Colletti e Jean Bruhat.

[10] De Riazanov está vertido ao português o seu trabalho *Marx-Engels e a história do movimento operário* (São Paulo, Global, 1984). Sobre Riazanov e seu projeto editorial (a primeira *MEGA*), ver o texto de H. E. Gama Cerqueira coligido em João Antonio de Paula (org.), *O ensaio geral: Marx e a crítica da Economia Política. 1857-1858* (Belo Horizonte, Autêntica, 2010), p. 13-32.

O juízo de Riazanov sobre a biografia de Engels por *GM* está expresso numa conferência de 1921[11]. Ei-lo, muito sumariamente: no respeitante à vida do jovem biografado, Riazanov assinala que "cabe reconhecer que Gustav Mayer tem méritos ao descobrir fatos importantes da vida de Engels até 1842". Cuidando do labor intelectual de Engels à época da juventude, salienta o exame de partes d'*A ideologia alemã*, até então não publicada; avalia esse exame como o ponto alto do livro, afirmando que *GM* abordou com originalidade elementos do texto marx-engelsiano – mas critica a falta de indicações documentais precisas das passagens analisadas por *GM*, o que sinaliza, a seu ver, deficiências científicas que, provenientes da prática jornalística, comprometem o trabalho do historiador. E aponta o que lhe parece a razão de fundo das limitações que constata: *GM*

> é um escritor burguês. Só recentemente ele se tornou social-democrata ou, mais exatamente, social-democrata nacional e alemão. Pela sua formação, ele é incapaz de compreender que o marxismo é uma doutrina filosófica e revolucionária. Na melhor das hipóteses, ele vê em Engels um bom patriota alemão.[12]

Algumas das reservas que Riazanov faz à parte da biografia de Engels publicada em 1920 até podem considerar-se procedentes, mas não são extensíveis ao *conjunto* da obra, completada no segundo tomo. E não é sustentável o que chamamos acima de "razão de fundo" – também e inclusive porque a posição social-democrata de *GM* era tudo, menos *recente*: vinha de meados da primeira década do século. Parece-nos que o viés *político* do juízo do comunista Riazanov decerto refletia imediatamente a conjuntura posta pela sangrenta repressão que segmentos da direita social-democrata (F. Ebert e G. Noske) comandaram contra a liderança espartaquista, culminando com o assassinato de Rosa Luxemburgo e Karl Liebknecht em 1919 – evento que abriu um fosso então intransponível entre os social-democratas e os comunistas[13].

Considerando estudos sobre a natureza do trabalho biográfico[14] e mais de um século de aproximações biográficas a Marx e a Engels, entendemos que o fato de não ser marxista (classificação ela mesma polêmica) não impede, em e por princípio, que um estudioso vinculado a uma perspectiva teórico-metodológica e ideopolítica diversa da de Marx seja capaz de oferecer da sua vida e da

---

[11] Ver David Riazanov, "Communication sur l'héritage littéraire de Marx et Engels", *L'Homme et la Société* (Paris, Anthropos, n. esp./150º aniversário da morte de Karl Marx, n. 7, jan./fev./mar. 1968), p. 255-68.

[12] Ibidem, p. 258.

[13] Ver Paul Frölich, *Rosa Luxemburgo: pensamento e ação* (São Paulo, Boitempo/Iskra, 2019), p. 263-307.

[14] Ver a bela síntese oferecida por Michael Heinrich em *Karl Marx e o nascimento da sociedade moderna*, v. 1: *1818-1841* (São Paulo, Boitempo, 2018), p. 399-419.

sua obra (e das de Engels) uma abordagem compreensiva e válida. É real a possibilidade de um biógrafo não marxista, superando com isenção científica e riqueza analítica limitações da sua perspectiva teórico-metodológica, *apreender, de modo fiel, a significação particular da vida e a essencialidade da obra do seu biografado* – desde que seja portador de substantiva bagagem cultural, opere com honestidade intelectual e dê provas de dedicação ao trabalho, rigor investigativo e paixão pelo seu objeto. *GM* reuniu esses requisitos e atributos e demonstrou, na sua biografia de Engels, como essa possibilidade se realiza concretamente.

Isto posto, digamos algo sobre o próprio *GM*[15].

2

GM nasceu, primeiro filho de uma família judia voltada para atividades comerciais, a 4 de outubro de 1871, em Prenzlau, pequena cidade do norte da Alemanha. Concluídos os seus estudos universitários (conforme indicamos na nota 3), em 1896 empregou-se no *Frankfurter Zeitung* [*Jornal de Frankfurt*], credibilizado periódico que circulou de 1856 a 1943, reportando temas econômico-financeiros. Como correspondente do jornal no exterior, *GM* trabalhou na França, na Holanda e na Bélgica – quando estabeleceu relações com destacados dirigentes políticos do movimento socialista reformista[16]. O casamento, em 1905, com a

---

[15] Sobre *GM*, ver Jens Prellwitz, *Jüdisches Erbe, sozialiberales Ethos, Deutsche Nation: Gustav Mayer im Kaiserreich und der Weimarer Republik* [Herança judaica, ética social liberal, nação alemã: Gustav Mayer no Império e na República de Weimar] (Mannheim, Palatium, 1998), e Gottfried Niedhart (org.), *Gustav Mayer: Als deutsch-jüdischer Historiker in Krieg und Revolution. 1914--1920* [Gustav Mayer: historiador judeu-alemão na guerra e na revolução. 1914-1920] (Munique, Oldenbourg, 2009); ver, ainda, as sintéticas notações sobre ele contidas em Hans-Ulrich Wehler (org.), *Deutscher Historiker* [Historiador alemão], v. II (Gottingen, Vandenhoech & Ruprecht, 1971), a contribuição de Wolfgang J. Mommsen a Hartmut Lehmann e James J. Sheehan (orgs.), *An Interrupted Past: German-Speaking Refugee Historians in the United States after 1933* [Um passado interrompido: historiadores de língua alemã refugiados nos Estados Unidos depois de 1933] (Washington/Cambridge, German Historical Institute/Cambridge University Press, 1991), e as observações de Gabriela A. Eakin-Thimme, *Geschichte im Exil: deutschsprachige Historiker nach 1933* [História no exílio: historiadores de língua alemã após 1933] (Berna, Peter Lang, 2005); vale, também, ver Gerhard A. Ritter (org.), *German Refugee Historians and Friedrich Meinecke. Letters ans Documents, 1910-1977* [Historiadores alemães refugiados e Friedrich Meinecke. Cartas e documentos, 1910-1977] (Leiden/Boston, Brill, 2010).

[16] Entre os quais Jean Jaurès (1859-1914), grande tribuno popular, intelectual e líder do socialismo francês, e Émile Vandervelde (1866-1938), dirigente socialista belga – ambos representantes de correntes não marxistas.

Especialmente a partir da Primeira Guerra Mundial, o círculo de relações políticas de *GM* envolveu outros dirigentes socialistas importantes, como Karl Kautsky (1854-1938), Eduard Bernstein (1850-1932) e até mesmo Philipp Scheidemann (1865-1939), representante da ala

16 FRIEDRICH ENGELS: UMA BIOGRAFIA

filha de uma família de posses[17], propiciou-lhe condições para, sem abandonar completamente o jornalismo, dedicar um tempo cada vez maior à investigação da história do movimento operário alemão – ele inicia, então, as pesquisas (primeiro em Heidelberg, depois em Berlim) que haverão de torná-lo, com o passar dos anos, um dos mais reputados conhecedores dessa história.

O primeiro resultado expressivo dessas pesquisas vem a ser publicado em 1909: *Johann Baptist von Schweitzer e a social-democracia: uma contribuição à história do movimento operário alemão*[18]. Schweitzer (1833-1875) dirigiu por três anos, entre 1864 e 1867, o órgão oficial – *Der Socialdemokrat* [*O Social--Democrata*] – da Associação Geral dos Operários Alemães, fundada em 1863 por Ferdinand Lassalle (1825-1864); após a morte prematura de Lassalle, ele assumiu importante papel na organização que marcaria profundamente a evolução do proletariado alemão, numa complexa relação com a corrente marxista surgida depois. Nesse ensaio político-biográfico de 1909 já comparece o objeto central e a linha diretriz do trabalho de historiador de *GM*, que se desenvolverá a partir de então: a constituição do movimento socialista alemão, com uma atenção e uma simpatia especiais em face da vertente social-democrata lassalliana. E, nos anos prévios à Primeira Guerra Mundial, *GM* avança em suas pesquisas e tematiza, com argúcia e erudição, num ensaio de 1912, *Os inícios do radicalismo político prussiano no pré-março*[19].

Em 1914, recrutado pelas autoridades militares, *GM* é enviado para a Bélgica, onde presta serviços administrativos durante a ocupação. Naturalmente, a guerra interrompe as suas investigações, mas ele encontra condições para publicar um

---

da direita da social-democracia alemã. Dentre o relacionamento intelectual de *GM*, mencione--se o historiador, acadêmico e político liberal Hermann Oncken (1869-1945), perseguido pelos nazistas depois de 1935, e o influente crítico e historiador da arte Abraham (Aby) Warburg (1866-1929); anote-se que uma irmã de *GM*, Gertrud (1879-1974), casou-se em 1910 com Karl Jaspers (1883-1969) – donde as relações de *GM* com o filósofo existencialista alemão.

[17] *GM* casou-se em outubro de 1905 com Flora Wolff (1882-1963), companheira de toda a sua vida. Tiveram dois filhos: Peter Emmanuel Mayer (1907-1941) e Ulrich – prenome que abandonou na maturidade – Philip Mayer (1910-1995); o primogênito, durante o exílio da família na Inglaterra, suicidou-se; o segundo, concluindo seus estudos com um doutoramento em Oxford, tornou-se um respeitado antropólogo social.

[18] Gustav Mayer, *Johann Baptist von Schweitzer und die Sozialdemokratie. Ein Beitrag zur Geschichte der deutschen Arbeiterbewegung* (Jena, Gustav Fischer, 1909).

[19] G. Mayer, *Die Anfaenge des politischen Radikalismus im vormaerzlichen Preussen* – postumamente coligido no volume de ensaios (organizado por Hans-Ulrich Wehler) intitulado *Radikalismus, Sozialismus und bürgerliche Demokratie* [Radicalismo, socialismo e democracia burguesa] (Frankfurt am Main, Suhrkamp, 1969).
Observe-se que o período da história sociopolítica da Alemanha que antecede à explosão revolucionária de março de 1848 é designado por *Vormärz* (pré-março).

APRESENTAÇÃO: GUSTAV MAYER – O BIÓGRAFO *CLÁSSICO* DE F. ENGELS   17

texto significativo – *O marxismo alemão e a guerra*[20]. Cessadas as operações bélicas e em meio à repressão das tentativas revolucionárias que sacodem o país, *GM* retoma suas pesquisas e logo procura ingressar na vida universitária: submete à Universidade de Berlim uma dissertação para habilitar-se a um posto na instituição; mesmo contando com o apoio de personalidades destacadas (nomeadamente H. Oncken – cf. a nota 16), seu ingresso foi impedido por um grupo de professores reacionários, com Dietrich Schäfer (1845-1929) à frente[21]. A oposição ao seu nome teve natureza nitidamente política: as convicções teóricas e ideológicas social-democráticas de *GM* despertavam fortes suspeitas nos segmentos tradicionalistas – apesar de ele, identificando-se com seus setores moderados e não-marxistas, jamais ter se filiado formalmente ao Partido Social-Democrata. Apenas em fins de 1919 ele foi admitido na Universidade e só em 1922 tornou--se professor associado da cadeira de História da Democracia e do Socialismo; mais tarde, foi nomeado membro da Comissão Histórica dos Arquivos do Império, na qual se contrapôs ao domínio dos militares na historiografia oficial.

Na entrada da década de 1920, a sua reputação de pesquisador de alta qualificação já era amplamente reconhecida, consolidada que fora com a publicação do primeiro tomo da biografia de Engels. Não por acaso, os criadores do Institut für Sozialforschung [Instituto de Pesquisa Social], fundado em Frankfurt, em 1922-1923[22], base da posteriormente famosa "Escola de Frankfurt", quando tiveram que buscar o substituto do seu primeiro diretor recém-falecido, Kurt Gerlach (1866-1922), logo contactaram *GM*, que era o seu nome preferido. Mas *GM* não aceitou a proposta que lhe fez Félix Weil – e o sucessor de Gerlach acabou por ser o marxista Carl Grünberg (1861-1940)[23].

---

[20] Idem, *Die deutsche Marxismus und der Krieg* (Tübingen, J. C. B. Mohr, 2016).

[21] Historiador que, *post mortem* e com Hitler no poder, foi reivindicado pelos nazistas como um dos seus precursores.

[22] Desde princípios de 1922, Félix Weil (1898-1975) movimentava-se para a criação do Instituto, contando com o apoio daquele que seria indicado para a sua direção, Kurt Gerlach (1866--1922), um social-democrata que então era docente da Universidade de Frankfurt. Entretanto, o ato oficial da criação ocorreu a 3 de fevereiro de 1923 – ver Martin Jay, *La imaginación dialéctica: una historia de la Escuela de Frankfurt* (Madri, Taurus, 1974), cap. I; e Rolf Wiggershaus, *A Escola de Frankfurt: história, desenvolvimento teórico, significação política* (Rio de Janeiro, Difel, 2006), p. 46-53. Tanto Jay quanto Wiggershaus mencionam, nas suas páginas citadas, a importância, para a fundação do Instituto, da "Primeira Semana de Trabalho Marxista", realizada no verão de 1922 (em Ilmenau, na Turíngia), que, entre seus participantes, contou com intelectuais do porte de György Lukács (1885-1971), Karl Korsch (1886-1961), Béla Fogarasi (1891-1959), Friedrich Pollock (1894-1970) e Karl August Wittfogel (1896-1988).

[23] Segundo Jay, as tratativas fracassaram porque *GM* considerou que o principal financiador do Instituto (F. Weil) não oferecia garantias de plena autonomia do organismo em face de seus patrocinadores; escreve o estudioso: "A primeira possibilidade [para substituir Gerlach] era

18 FRIEDRICH ENGELS: UMA BIOGRAFIA

Justamente a década de 1920 foi a mais produtiva e fecunda da vida intelectual de *GM* – então, ele pôde dedicar-se intensivamente às suas pesquisas históricas. Preparando-se para redigir o segundo tomo da biografia de Engels, *GM* examinou farta documentação, acessou fontes que até então dormitavam nos arquivos do Partido Social-Democrata em Berlim e, em 1928, em Moscou, quando esteve no Instituto Marx-Engels/IME (criado por Riazanov, como vimos páginas atrás), recolhendo informações de primeira mão através da sua interlocução com figuras proeminentes da teoria e do movimento socialistas – Karl Kautsky, Eduard Bernstein (cf. a nota 16) e Conrad Schmidt (1863-1932)[24]. Nesses anos 1920, contudo, *GM* não investigou exclusivamente materiais relativos a Engels – também deu prosseguimento à pesquisa centrada no processo constituinte da tendência social-democrata vinculada às atividades de Lassalle; é assim que pôde organizar os seis volumes da correspondência e de escritos de Lassalle e, ainda, um volume reunindo a correspondência e as conversações entre Lassalle e Bismarck[25].

A chegada de Hitler ao poder obrigou *GM*, como a milhares de outros alemães – especialmente intelectuais, artistas, cientistas e militantes democratas da mais diversa coloração política, liberais, socialistas e comunistas – ao exílio. É certo que *GM* deixou a Alemanha em 1933, em condições financeiras muito

---

Gustav Mayer, o renomado historiador do socialismo e biógrafo de Engels. Mas as negociações fracassaram, como recorda Mayer [o autor cita aqui um passo do livro de memórias de *GM*, referido na nota 3], em função das exigências formuladas por Weil [...] de controle total sobre a vida intelectual do Instituto" (o autor acrescenta que, de fato, Weil não exerceu tal controle – cf. Jay, op. cit., p. 34-5). Ver também Wiggershaus, op. cit., p. 53.

[24] Para a elaboração do primeiro tomo da biografia, ademais da colaboração de Eduard Bernstein, que lhe possibilitou o acesso a materiais inéditos de Engels, *GM* já colhera informes recorrendo a familiares ainda vivos do seu biografado, particularmente dois de seus sobrinhos.

Quando da edição integral da obra num só volume, os avanços da pesquisa de *GM* nos anos 1920 redundaram em pequenas alterações em quase todos os capítulos do primeiro tomo publicado – mas, como o próprio autor observou no prefácio redigido em 1932 para a obra em volume único, "a imagem global do jovem Engels" oferecida naquele primeiro tomo "não experimentou nenhuma modificação".

[25] Ver respectivamente *Ferdinand Lassalle: Nachgelassene Briefe und Schriften* (Berlim, Deutsche Verlagsanstalt, 1921-1925) e *Bismarck und Lassalle. Ihr Briefwechsel und ihre Gespräche* (Berlim, J. H. W. Dietz, 1928). E, na década de 1930, a atividade de Lassalle continuou merecendo espaço na agenda de *GM* – como o prova o seu ensaio "Zum Verstaendnis der politischen Aktion Lassalles" [Entendendo a ação política de Lassale] em *International Review for Social History* (Cambridge, Cambridge University Press, 1938, III); esse periódico vinculava-se ao International Institute of Social History/IISH (criado em 1935 e sediado em Amsterdã), com o qual *GM* estabeleceu fortes laços durante o seu exílio.

Repare-se que, na produção de *GM* ainda dos anos 1920, há que lembrar os textos de *Aus der Welt des Sozialismus: Kleine historiche Aufsätze* [Do mundo do socialismo: pequenos ensaios históricos] (Berlim, Weltgeist-Bücher, 1927).

difíceis e um dispositivo "legal" nazista logo impediu que judeus emigrassem sem pagar taxas altíssimas, ademais de perderem, no exterior, direitos adquiridos de pensões e fundos bancários. Não se conhecem detalhes da passagem de *GM* e sua família, a mulher e os dois filhos, pela Holanda; mas sabe-se que, em 1936, estavam estabelecidos em Londres.

O exílio na Inglaterra marcou, para *GM*, a amarga etapa final de sua vida. Dominando mal o inglês falado, não pôde se fixar como docente na universidade – mas integrou-se na equipe de pesquisadores do IISH baseados em Londres e, sem receber remuneração, em atividades na London School of Economics[26]. E certo é que, no decurso do exílio, as condições financeiras da família Mayer asseguravam aos seus membros apenas uma existência muito modesta[27].

Os vários depoimentos sobre o exílio de *GM* sugerem que ele se manteve como um *outsider* na Inglaterra. E não só por dificuldades de natureza econômica – estas pesaram, mas foram decisivas aquelas motivadas pela perda das condições mínimas de trabalho[28], pelos informes das barbaridades operadas pelo nazismo, dos sofrimentos impostos aos trabalhadores alemães, do afastamento dos amigos que tiveram impedida a continuidade do seu trabalho e despedaçadas as suas vidas e, enfim, pelo drama que o atingiu diretamente – o suicídio do seu primogênito, em 1941. É fato que *GM* se empenhou esforçadamente para prosseguir seus estudos históricos, com ensaios enxutos e substantivas reflexões e

---

[26] Há indicações de que o IISH, citado na nota anterior, deu várias mostras de solidariedade a *GM* nos seus primeiros tempos de exílio – depois, a sua biblioteca foi comprada pelo IISH e é nos seus arquivos que a maioria dos manuscritos e originais de *GM* está depositada. E cabe registrar que, também na London School of Economics, o historiador alemão foi bem recebido; sobre essa importante instituição, ver Ralf Dahrendorf, *LSE: A History of the London School of Economics and Political Science, 1895-1995* (Oxford, Oxford University Press, 1995).

[27] Entre finais de 1936 e 1940, graças a gestões de Harold Laski (1893-1950, importante teórico e dirigente do Partido Trabalhista inglês), uma instituição de Nova York garantiu a *GM* um subsídio anual de 1.000 dólares; e um contraparente, o livreiro e bibliófilo Paul Gottschalk (1880-1970), obteve para ele, nos anos 1940, da Fundação Rockefeller, uma pensão anual de 300 libras – ver Carol Sicherman, *Rude Awakenings: An American Historians Encounters with Nazism, Communism and McCarthysm* [Ásperos despertares: encontros de historiadores americanos com o nazismo, o comunismo e o macartismo] (Washington, New Academic, 2012), parte 3, The Historians, "Gustav Mayer and his Family".
A título de curiosidade para o leitor de hoje, registre-se que Harold Laski foi divulgado no Brasil nos anos 1960-1970 – dele saíram aqui *Introdução à política* (Rio de Janeiro, Zahar, 1964) e *O liberalismo europeu* (São Paulo, Mestre Jou, 1973), além da sua edição do marx--engelsiano *O manifesto comunista de 1848* (Rio de Janeiro, Zahar, 1967).

[28] Por longos meses, na entrada dos anos 1940, foi deslocado – como muitas outras pessoas idosas – de Londres para o interior (onde não pôde contar com bibliotecas, arquivos etc.), em função dos bombardeios a que a capital estava submetida.

20 FRIEDRICH ENGELS: UMA BIOGRAFIA

apontamentos[29]. Contudo, para além das suas dores anímicas, o avanço na faixa dos setenta anos já cobrava o seu preço.

A conta derradeira foi resgatada a 21 de fevereiro de 1948, data da sua morte na Inglaterra.

3

Creio ser de valia para o leitor da obra de *GM* uma sinopse, mesmo que esquemática e pobre, do conteúdo da edição de 1934, para que ele possa referi-lo ao que encontrará na versão condensada de 1936.

A edição de 1934, nos treze capítulos que compõem o seu primeiro tomo, ocupa-se da vida e dos escritos de Engels do seu nascimento (28 de novembro de 1820) à sua chegada, na condição de exilado, a Londres (novembro de 1849) – cobre, pois, os 29 anos iniciais do biografado. Desses treze capítulos, os sete primeiros (I-VII) deixam salientes a erudição de que *GM* dispõe no trato da história política e cultural da Confederação Germânica e a originalidade da sua pesquisa, trazendo à luz elementos, à época ignorados, da precoce atividade intelectual de Engels (especialmente as suas primícias literárias e jornalísticas) e a relevância da sua correspondência, até então também pouco explorada, com amigos (os irmãos Graeber), familiares (em especial a irmã querida, Marie) e intelectuais. É notável a perspicácia de *GM* no rastreio das pistas que permitem dilucidar os dilemas religiosos, as opções literárias e as escolhas filosóficas do jovem Engels, assim como a sua evolução nesses domínios. A opção comunista de Engels – atendendo ao seu íntimo impulso para vincular pensamento e ação – é clarificada com a indicação das suas fontes alemãs (nomeadamente Feuerbach e Moses Hess, catalisadas pela leitura de Hegel) e o aprendizado proporcionado pela estância de 21 meses (1842-1844) na Inglaterra. Também é percuciente a análise que *GM* oferece da produção intelectual de Engels entre 1841 e 1844 – suas intervenções na imprensa cartista inglesa, na *Rheinische Zeitung* [*Gazeta Renana*] e nos *Deutsch-Französische Jahrbücher* [*Anais Franco-Alemães*], particularmente o ensaio "Esboço de uma crítica da economia política" e a sua análise de Thomas Carlyle.

Os capítulos seguintes (VIII-XIII) abordam os conturbados anos 1844-1849 – do início da amizade e da colaboração entre Marx e Engels à derrota da revolução alemã. Já para esse período, e será assim pelos que se referem aos anos posteriores a 1850, *GM* teve acesso a um elenco maior de fontes documentais já conhecidas,

---

[29] Ver, p. ex., o texto "Early German Socialism and Jewish Emancipation" [O antigo socialismo alemão e a emancipação judaica], publicado em *Jewish Social Studies* (Bloomington, Indiana University Press, v. 1, n. 4, out. 1939, p. 409-22), e os materiais e anotações que deixou inéditos sobre o movimento operário inglês, reunidos postumamente em John Breuilly, Gottfried Niedhart e Antony Taylor (orgs.), *The Era of the Reform League: English Labour and Radical Politics. 1857/1872* [A era da Liga da Reforma: o trabalho inglês e a política radical. 1857/1872] (Mannheim, Palatium, 1995).

de modo que o pioneirismo da sua pesquisa original atenua-se em comparação com o exercitado nos capítulos precedentes. Mas é impressionante a massa de informações que, organizadamente, ele oferece ao seu leitor, com destaque para as deslocações, viagens e atividades político-militares de Engels pela Alemanha, Bélgica e França. Igualmente, são preciosas as suas abordagens seja da intervenção engelsiana na *Neue Rheinische Zeitung* [*Nova Gazeta Renana*], seja do papel de Engels na preparação dos congressos da Liga dos Comunistas e na redação das obras marx-engelsianas daqueles anos (nomeadamente n'*A ideologia alemã*, mas ainda n'*A sagrada família* e no *Manifesto comunista*). As notações de *GM* sobre o processo revolucionário de 1848-1849 – e não só na Alemanha – são absolutamente fecundas e atestam o seu profundo domínio do material histórico pertinente ao movimento das classes sociais. E, no fecho desse capítulo, tem-se uma síntese esclarecedora das condições do refluxo revolucionário e da vaga restauradora que se lhe seguiu[30].

O segundo tomo, bem mais substancioso, elaborado em quinze capítulos, reconstitui a vida e a obra de Engels da chegada a Londres à sua morte (5 de agosto de 1895)[31]. De fato, todas as atividades de Engels – como industrial, político, teórico e publicista – foram minuciosamente examinadas por *GM*, que também apreendeu, com sensibilidade e espírito aberto, as suas relações pessoais e familiares. Nada de essencial da personalidade de Engels – na sua condição de indivíduo singular e de homem público – escapou à lupa do biógrafo, que, ele próprio, alcançava à época dos avanços da sua pesquisa a plena maturidade intelectual. O seguro domínio da história econômica e político-social da Europa na segunda metade do século XIX e do desenvolvimento, no seu marco, do movimento operário ofereceu a *GM* as bases factuais para acompanhar com cuidado e rigor o evolver do pensamento e da ação de Engels nos anos que vão da derrota do processo revolucionário de 1848-1849 ao período de ascensão da social-democracia alemã.

Nas páginas desses quinze capítulos, muitíssimas delas verdadeiramente magistrais, registram-se desde as lições que a história impôs às ilusões engelsianas (e também de Marx) acerca da iminência de um momento revolucionário europeu subsequente a 1848-1849 às expectativas diante das lutas irlandesas pela independência. Verifica-se a íntegra solidariedade de Engels a Marx – nos planos, ademais do financeiro, pessoal, intelectual e político –, solidariedade que era estendida a todos os que se viam perseguidos politicamente. Consigna-se a ampliação dos interesses científicos de Engels – que acabarão por envolver técnicas e estratégias da ação bélica, as ciências da natureza e as teorias políticas. Acompanha-se a evolução do seu pensamento em face das transformações geopolíticas

---

[30] Os treze capítulos acima sumariados constituem os primeiros onze capítulos desta edição.

[31] O conteúdo desses quinze capítulos está compactado, nesta edição, nos capítulos XII-XXIV.

22 FRIEDRICH ENGELS: UMA BIOGRAFIA

em curso numa Europa que assiste à crise do bonapartismo francês, à experiência da Comuna, à emergência de uma Alemanha reunida sob o tacão imperial da Prússia e às tensões provindas de persistentes e inatendidas demandas por unidades nacionais (Itália, Polônia). Constata-se o seu renovado interesse por processos políticos ocorrentes nas periferias europeias (Turquia, Rússia) e na América do Norte. Enfatiza-se a sua atenção para com as mudanças organizacionais do movimento operário internacional (Associação Internacional dos Trabalhadores, Internacional Socialista) aos nascentes partidos operários de âmbito nacional e, em especial, no cenário alemão, com a constituição da social-democracia e a dinâmica dos seus debates internos. E sublinha-se o seu contributo para dar uma configuração formal-sistemática às ideias e teses formuladas em colaboração com Marx desde meados dos anos 1840.

Dessas páginas resulta o perfil de um revolucionário firme nas polêmicas políticas (o seu duro trato de Lassalle e de Bakunin, dos lassallianos e dos anarquistas) e teóricas (a crítica a Dühring) – e que, na defesa de princípios que lhe parecem indispensáveis para a vitória do projeto proletário, não poupa de crítica sequer provados camaradas de luta (Liebknecht). Mas que combina esses traços com a solicitude do revolucionário mais experiente no diálogo e no aconselhamento dos mais jovens. Resulta, enfim, o retrato de corpo inteiro de um homem que conviveu e colaborou por cerca de quarenta anos com um gênio, sem que jamais tenha alimentado o mínimo sentimento de inveja e/ou emulação – antes estimulando, compreendendo e admirando a superioridade teórica do companheiro, com a plena consciência de que, como um *segundo violino*, possuía luz própria.

Não são exatamente estas as páginas que o leitor percorrerá adiante: já sabe este leitor que terá nas mãos – como se assinalou no segundo parágrafo desta *apresentação* (e na nota 2) – a versão condensada, com a chancela do próprio autor, da biografia de F. Engels publicada originalmente na Holanda em 1934. Esta não é a oportunidade para indicar o que formal e conteudisticamente as diferencia. Mas valem alguns poucos esclarecimentos.

As duas versões, a da edição de 1934 e a da condensada de 1936, carecem de indicações detalhadas e precisas das fontes bibliográficas originais de que *GM* retirou extratos e citações do seu biografado – indicações que caracterizam um procedimento formal relevante, que no século XX acabou por ser adotado de modo geral como exigência da escritura de corte acadêmico-científico[32].

---

[32] Com efeito, em nenhuma das versões (1934 e 1936) da biografia encontramos notas bibliográficas minuciosas respeitantes às fontes – o que, como se viu, foi objeto da crítica de Riazanov. Quando *GM* faz referência direta a passagens de Engels, remete às fontes no correr do próprio texto. É de notar que também na clássica biografia de Marx elaborada por Mehring verifica-se a mesma carência.

Saliente-se, porém, um dado que não pode ser descartado na apreciação do trabalho de *GM*: *nenhum* de seus leitores qualificados identificou qualquer adulteração das formulações engelsianas citadas por ele; se há a possibilidade de discrepar das suas interpretações, nunca a sua *fidelidade* à letra de Engels foi posta em questão. E não se esqueça que muito dessa carência relaciona-se aos originais de Marx-Engels a que *GM* pôde recorrer, parte significativa dos quais ainda não tinham sido impressos e publicados ao tempo da elaboração da biografia; recorde--se que relevantes materiais marx-engelsianos só vieram a público com o lança-mento, a partir de 1927, da *MEGA* projetada por Riazanov (sobre ela, cf. a nota 10)[33] – entre eles, bastante da sua correspondência e mesmo textos essenciais (como os d'*A ideologia alemã*), que só viram a luz em 1932 e a que *GM* teve acesso ainda na condição de manuscritos inéditos.

Está fora de discussão que a ponderável documentação autógrafa de Marx e de Engels tornada de conhecimento público depois que *GM* concluiu a sua biografia de Engels permitiu aos pesquisadores o tratamento de textos, dados e informações que não estiveram ao alcance de *GM*[34]. Evidentemente, o domínio dessa docu-mentação possibilitou – e continua possibilitando – aos especialistas e estudiosos de Marx e de Engels uma visão mais ampla e rica para a reconstrução histórica da vida e da obra de ambos que aquela com a qual *GM* operou; entretanto, os ganhos registrados com e na bibliografia divulgada depois de 1932 – ganhos realmente substanciais – *não anacronizaram* o trabalho de *GM*, nem lhe contestaram a sua condição de *biografia clássica* (tal como, de maneira similar, ocorreu com a biografia de Marx por Mehring). Como tal, ela permanece uma referência inarredável para a explicação e a compreensão da vida e da obra de Engels.

Sobressaem como traços garantidores da perdurabilidade referencial desta biografia tanto o seu método compositivo quanto os resultados a que chegou. *GM* não viu em Engels um *grande homem* que aparece na cena do movimento operário como *um deus ex machina*, nem, ao contrário, como um epifenômeno teórico-cultural desse movimento. O biógrafo demonstrou-se capaz de apreender a vida e a obra do seu biografado como um processo em que um sujeito singular

---

[33] Observe-se que, já antes da *MEGA*, materiais de Marx-Engels que em suas vidas ficaram inéditos tinham sido editados – não podemos, aqui, nos deter sobre esse ponto. O que importa é assi-nalar que tais materiais nem de longe esgotam aqueles que *GM* pôde compulsar em suas pesquisas.

[34] Pense-se em materiais recolhidos, p. ex., na continuidade da edição da primeira *MEGA* ainda na década de 1930 ou noutros coligidos nos 41 volumes da edição *MEW* (*KarlMarx-Friedrich Engels Werke*, Berlim, Dietz, 1956-1968) – para não referir aos constantes na *MEGA²* em curso (sobre esta, ver o artigo de L. de Deus, na mesma fonte citada na nota 10, p. 33-50, e Gerald Hubmann, "Da política à filologia: a *Marx-Engels Gesamtausgabe*", *Crítica marxista*, Campinas, IFCH/Unicamp, 2012, p. 34).

constituiu-se como personalidade expressiva e representativa do seu tempo situando-se simultaneamente como ator e autor de sua história, recepcionando – através de mediações econômicas, sociais e culturais – os condicionamentos que lhe impunha a sua origem de classe e direcionando-se conscientemente para outra opção de classe; a particularidade desse sujeito constituiu-se como um *projeto* que transcendeu as suas determinações originárias ao incorporar idealmente determinações alternativas objetivamente possibilitadas pela sociedade em que ele se movia. Desse procedimento do biógrafo resultou a reconstituição da vida e da obra do biografado como uma unidade dinâmica: o Engels de *GM* aparece como *um homem em um desenvolvimento unitário, da infância à senectude*; resultou um Engels único e singularíssimo e, entretanto, no limite, na sua grandeza e nas suas limitações, inteiramente sociabilizado e historicizado. Em suma: *o biógrafo foi absolutamente fiel ao biografado.*

Um comentário final ainda cabe sobre o texto condensado em 1936 da biografia de F. Engels em face do texto de 1934. É dispensável sublinhar que, desta versão condensada (que, levando-se em conta o volume de páginas, contém aproximadamente pouco mais de um terço do material impresso em 1934), estão excluídas remissões histórico-políticas expressivas e muito do detalhamento factual, das eruditas referências culturais, da finura analítica e mesmo do apuro estilístico da obra de 1934. Parece evidente que, resumido, todo e qualquer texto revela perdas diante da sua grandeza original; mas é fato que esta versão compactada da biografia de F. Engels, se cotejada com a *opus magnum* que lhe deu origem, nada perdeu da sua *essencialidade* – nela também está realizada a *tarefa principal* a que *GM* entregou-se nos melhores anos da sua vida e que foi formulada por Goethe, mestre também nessa seara:

> A tarefa principal da biografia é [...] descrever e mostrar o homem em suas relações com a época, até que ponto o todo [dessas relações] se lhe opõe ou o favorece, que ideias ele forma em resultado disso a respeito do mundo e da humanidade e – se é artista, poeta, escritor – de que modo as reflete.[35]

Por isto, e por tudo o mais, só nos cabe saudar o ingresso da obra de *GM* no repertório bibliográfico do nosso idioma, que é mesmo – valha o perdão pelo recurso ao que se tornou lugar-comum, porém verdadeiro – a última flor do Lácio.

Recreio dos Bandeirantes/RJ,
junho de 2020.

---

[35] Johann W. Goethe, *Memórias: poesia e verdade* (São Paulo, Hucitec/Editora UnB, 1986), cap. I, p. 13 [modifiquei minimamente a tradução – *JPN*]).

Prefácio

O "marxismo" tem sido caluniado e glorificado, criticado e popularizado, embora pouco se saiba sobre sua origem. É sabido que se desenvolveu a partir do trabalho conjunto de dois homens. Contudo, como regra, apenas um dos dois é lembrado: aquele que lhe deu o nome. A vida de Marx foi repetidamente tomada como objeto; mas, até recentemente, não existia uma biografia de Engels. Há dois anos publiquei uma em dois volumes em idioma alemão, na editora de Martinus Nyhoff, de Haia. Pela primeira vez foi possível usar materiais não impressos remanescentes dos dois amigos.

Esta nova biografia, que escrevi para o mundo anglófono, presta especial atenção ao fato de Engels ter passado a maior parte de sua vida na Inglaterra. Ela lida especialmente com o homem e o político, deixando o teórico em segundo plano. Mas também nos esforçamos para mostrar o ponto a que Engels tinha chegado ao tempo em que sua colaboração com Marx começou.

Gustav Mayer
Londres, 1935

I
FAMÍLIA E MOCIDADE

À primeira vista, pouca coisa nas origens e no ambiente de Friedrich Engels sugere sua futura carreira: e isso se aplica a ele mais do que a qualquer outro homem que influenciou e dirigiu o movimento da classe trabalhadora alemã. Ele não pertencia a uma das classes oprimidas, como Marx e Lassalle. Sua família pode ser remontada a Wuppertal já no final do século XVI. Seus ancestrais parecem ter sido pequenos agricultores. A agricultura não lhes deu grande riqueza: então, como era costume no país, arrendavam seus campos como áreas de branqueamento para fiandeiros. Eram empreendedores instintivos, e o passo seguinte foi se envolver no comércio têxtil. Foi o bisavô de Friedrich Engels quem, na segunda metade do século XVIII, lançou as bases da futura prosperidade da família. Suas boas qualidades foram recordadas por muito tempo em Barmen, "a Manchester alemã"[1]. Quando Gustav Kühne visitou a cidade em 1846, escreveu-lhe um elogio – não sem uma depreciação implícita de seu descendente degenerado. Kühne disse que o velho Engels foi o primeiro a conceber a ideia de assentar a multidão de trabalhadores sem teto que vagavam pelo país sem moradia ou propriedades próprias e de lhes dar casas e parcelas de terrenos na proporção de sua diligência e boa conduta. Como pagamento pelas propriedades, ele deduzia certa quantia de seus salários todas as semanas.

Seus filhos e netos mantiveram e aumentaram, com firme e prudente diligência, a prosperidade que o velho lhes legara. Afirmou-se que, em 1796, seu filho, Johann Caspar, construiu uma escola para os filhos de seus trabalhadores e que, na fome de 1816[2], ele estava à frente do Mutirão dos Cereais, cujo objetivo era fornecer comida barata às massas carentes de Barmen.

Após a morte de Johann Caspar, o negócio foi herdado por seus três filhos. Eles divergiram e decidiram escolher por sorteio qual deles continuaria o negócio. O sorteio resultou em um revés para Friedrich Engels pai. Ele então deixou a firma (que declinou gradualmente) e, com dois irmãos de sobrenome Ermen, abriu fiações de algodão – em Manchester em 1837 e em Barmen e Engelskirchen em 1841. Apesar de grandes dificuldades, conseguia fornecer a suas empresas alemãs máquinas inglesas superiores, que não eram usadas por seus concorrentes.

Em 28 de novembro de 1820, quando Friedrich Engels pai tinha 24 anos, sua esposa (então com 23) deu à luz seu filho mais velho: Friedrich Engels, o comunista. Ele herdou do pai não apenas uma mente viva e capaz, cheia de agudo senso crítico, mas também o temperamento alegre e amável que o distinguiu. Elise Engels, sua mãe, era uma mulher de percepções rápidas e forte imaginação: seu senso de humor era tão pronunciado que, mesmo na velhice, às vezes ria até as lágrimas lhe escorrerem pelo rosto. Ela pertencia a uma família acadêmica, que possuía pouco dos bens deste mundo, mas que percebia a importância da riqueza espiritual muito mais do que os comerciantes de Barmen[3].

Na Barmen daquela época, a pregação emocional da escola dos pietistas[4] era muito mais estimada do que em qualquer outro lugar da Alemanha, e o pietismo atingia excessos contra os quais a natureza saudável de Friedrich logo se rebelou, com o que no início era uma aversão inconsciente. Ele era muito menos atraído pela sombria caça a heresias de Barmen do que pela alegre vida folclórica das classes trabalhadoras que vira em suas curtas excursões pelo Reno. Na casa de seus pais havia uma atmosfera fortemente religiosa, herdada das gerações mais antigas; mas ao lado do sólido senso comum dos negócios. O espírito do trabalho saudável, profundamente enraizado no caráter da família e incentivado por sua religião, não podia deixar lugar para emocionialismo excessivo ou introspecção. O pai era um homem de crenças estritamente ortodoxas e educou seus filhos para considerarem que todas as palavras da Bíblia tiveram uma inspiração divina. Ainda assim, suas frequentes viagens à Inglaterra e a outros lugares lhe deram uma visão crítica e o mantiveram livre de preconceitos iliberais[5].

Temos escassas informações sobre a infância de Friedrich Engels. Ele era o mais velho de nove irmãos. Registros familiares enfatizam que sua natureza amável e caridosa apareceu cedo – muitas vezes doou todas as suas poupanças aos pobres. Até os catorze anos, frequentou a escola primária de Barmen. Transferiu-se então para o liceu de Elberfeld[6], considerado um dos melhores do reino da Prússia – embora se tenha dito que um professor ineficiente que pertencesse à religião reformada era preferido a um professor luterano ou católico.

Os pais de Friedrich desejavam educá-lo para ser obediente às convenções; mas uma carta que seu pai escreveu a sua mãe em 27 de agosto de 1835 nos permite ver o quão difícil isso lhes pareceu, embora o menino ainda não tivesse quinze anos. "Friedrich", diz seu pai, "trouxe para casa relatórios medianos na semana passada. Como você sabe, suas maneiras melhoraram, mas, apesar de severas punições no passado, ele não parece estar aprendendo a obedecer sem questionamento, mesmo diante do medo do castigo. Hoje fiquei novamente irritado ao encontrar em sua escrivaninha um livro sujo de uma biblioteca de empréstimos, um romance do século XIII. Que Deus guarde o coração do menino, pois muitas vezes me pego preocupado com esse nosso filho, que, não fosse isso, seria tão cheio de promessas."

O pai estava apreensivo sobre o futuro do filho. Ele via que o garoto tinha um talento considerável, mas já sentia que seus dons contradiziam as leis não escritas de sua família ordeira, convencional e piedosa. O conflito ainda aparecia apenas em assuntos triviais – mas em quanto tempo isso se tornaria algo sério? Grandes diferenças de perspectiva estavam surgindo para afastar pai e filho.

O menino, inconscientemente, afastou-se daquelas convenções rígidas para cuja existência não via justificativa. Mas, de início, não pensou em se afastar dos ideais cristãos que o cercavam em Barmen em busca de satisfação de suas necessidades espirituais semirrealizadas. Em 1837, quando recebeu a confirmação pelo ritual pietista, ele ainda desejava sinceramente encontrar na fé tradicional de sua família a "calma alegria religiosa" pela qual ansiava. Aqui está o texto que lhe foi dado na confirmação: *esquecendo as coisas que estão para trás, e abraçando as coisas que vêm antes, eu vou em direção à marca para o prêmio do alto chamado de Deus em Jesus Cristo.* Essas palavras foram cumpridas, mas não como o clérigo que as escolheu tinha imaginado. No mundo exterior, Engels conquistou por si mesmo a satisfação espiritual que não pôde encontrar na fé seguida em sua casa.

Além da religião autoritária, havia outra força social que determinava o caráter da cidade natal de Engels. É verdade que seus primeiros pensamentos estiveram ocupados principalmente com a luta contra a intolerância pietista de seu lar. Mas os vislumbres que teve quando menino das misérias da classe trabalhadora tiveram um efeito infinitamente maior sobre seu desenvolvimento intelectual posterior.

O distrito tinha se industrializado desde muito cedo. Todos os dias, o menino ia à escola passando por fábricas onde trabalhadores em salas de teto baixo "respiravam mais fumaça e poeira do que oxigênio", onde as crianças eram aprisionadas a partir dos seis anos de idade para serem "vítimas da exploração capitalista"; passando pelas casas de artesãos domésticos, curvados da manhã até a noite sobre os teares, as costas assando diante do forno quente; passando pelos "carregadores", a escória do proletariado, miseráveis sem teto, cegados e arruinados por destilados baratos, dormindo em estábulos vazios ou sobre montes de esterco. Em 1876, Engels escreveu: "Lembro-me bem de que, quando eu tinha apenas vinte anos, destilados baratos apareceram de repente nos bairros industriais de Brandemburgo e no Baixo Reno. Especialmente no distrito de Bergisch, e sobretudo em Elberfeld-Barmen, a vasta massa da população trabalhadora caiu no alcoolismo. Todo dia, a partir das nove horas da noite, multidões de homens bêbados, de braços dados,

30 FRIEDRICH ENGELS: UMA BIOGRAFIA

ocupando toda a largura da rua, falando alto, cambaleavam de bar em bar e, finalmente, para casa". Engels sempre foi um observador agudo, e percebeu o efeito da nova bebida sobre o excitável proletariado.

> Todo o caráter da bebedeira tinha mudado. Beber já tinha sido um assunto alegre, que terminava em uma embriaguez agradável, e só de vez em quando em excessos e com canivetes sacados. Mas agora ela se degenerou em uma festa selvagem, que inevitavelmente termina em tumultos, sempre resultando em feridas de faca e, com cada vez mais frequência, em assassinatos. Os clérigos atribuem isso ao aumento do ateísmo, os advogados e outros filisteus culpam os bares. A verdadeira causa foi a inundação repentina do país com destilados baratos vindos da Prússia.

O garoto não conseguia se sentir um mero espectador de toda essa miséria. Ele era filho de um dono de fábrica. No início da juventude, ouvia conversas que expressavam o ponto de vista do empregador. Por muitos anos, antes de se tornar comunista ou mesmo de ter ouvido falar em comunismo, expressou a convicção de que as fábricas eram administradas "de maneira idiota" pelos proprietários, que os ricos donos de manufaturas tinham uma consciência muito elástica e que nenhum pietista iria para o inferno pela ruína de uma criança a mais ou a menos, "especialmente se ele fosse à igreja duas vezes aos domingos".

Assim, muito mais do que Marx, na tranquila Trier, e Ferdinand Lassalle, no distrito economicamente pouco desenvolvido de Breslau, Engels conheceu desde a infância a real natureza do sistema fabril, pois seu lado mais sombrio, naqueles primeiros dias do capitalismo, era evidente. Ele cresceu em um mundo que lhe deu condições de mostrar a seus compatriotas o primeiro retrato completo da força revolucionária do capitalismo à medida que avança em direção a seu pleno desenvolvimento.

Segundo a tradição da família de Engels, ele deveria estudar direito e ingressar no serviço público. Duas razões diferentes são dadas para explicar sua mudança de ideia. Segundo uma delas, seu pai se opôs a que Friedrich frequentasse a universidade e ordenou que o filho ingressasse no comércio, embora este não sentisse inclinação a isso. De acordo com a outra, o próprio Friedrich desistiu de estudar direito, pois tinha opiniões liberais e não queria ser um funcionário do governo prussiano. Parece-me que essas versões combinam verdade e falsidade, e que os fatos são bastante mais complexos. Quando Friedrich deixou a escola no feriado de São Miguel de 1837, um ano antes de seu exame final[7], o diretor disse em seu relatório de saída que ele "se via inclinado a adotar como carreira externa" uma vida de negócios, "apesar de seus planos anteriores de ir para a universidade". Nessa fórmula, a ênfase está nas palavras "se via inclinado" e "carreira externa". Aos dezessete anos, Engels considerava que sua carreira interior, a verdadeira, seria a literatura. Um jovem talentoso pode sentir que possui qualidades que ainda estão por desenvolver, uma força interior que logo alcançará sua plena expressão. Abandonará o controle de sua vida com resignação fatalista se forçado a fazer uma escolha prematura de uma carreira externa que não possa harmonizar com o chamado interno cujos comandos ele ouve com muito mais clareza. Seus poderes interiores estão lutando por livre desenvolvimento. Nessa luta, não pode contar com seu pensamento para moldar seu futuro distante. Essa deve ter sido a posição de Friedrich Engels. Embora a vida de escritor, sem a limitação da formação em uma disciplina definida, o atraísse fortemente, isso foi tornado impossível pela tradição familiar e pela inevitável oposição de seu pai. Seu jovem e ardoroso espírito deve ter se voltado avidamente de um lado para o outro antes que, por fim, resolvesse entrar nos negócios. Mas, naqueles dias, uma carreira de negócios não condenava um homem capaz ao ritmo implacável da indústria dos tempos posteriores.

No início, Engels parece ter recebido treinamento em negócios na empresa de seu pai[8]. Depois de um ano lá, pareceu desejável que ele continuasse em outro lugar. Seu pai ponderou longa e profundamente para onde deveria mandar Friedrich, a fim de melhorar seu conhecimento sobre sua vocação e – ainda mais importante – disciplinar seu caráter rebelde. Ele estava certo de que, independentemente de para onde fosse, tanto em seu novo lar como nos negócios, o filho deveria continuar exposto a ideias semelhantes às de sua família. Em Bremen, respiraria o mesmo ar religioso severo que em casa – talvez um pouco suavizado pela brisa do mar: ele ocupou uma vaga na residência do pastor Treviranus, onde moraria, e outra nos negócios de exportação do cônsul Leopold, como balconista não assalariado[9].

Numerosas cartas a sua irmã Marie e a antigos colegas de escola nos contam a vida de Friedrich em Bremen. Elas demonstram o soberbo senso de humor que o acompanhou por toda a vida, mas também apresentam uma imagem vívida e cativante das lutas internas do rapaz.

Ele não estava sobrecarregado de trabalho no escritório. Tão logo o gerente saía da sala, garrafas de cerveja e maços de cigarros – e mesmo um livro de poemas ou uma carta semiacabada – tomavam conta das mesas dos funcionários. Depois do almoço, Friedrich geralmente conseguia tirar uma hora para fumar e cochilar na rede que havia transportado para o último andar de um depósito. Ele passou muitas horas de folga fazendo exercícios físicos. Vemo-lo praticar esgrima com grande entusiasmo e cavalgar aos domingos na região em torno de Bremen; descobrimos que um dia ele atravessou o Weser a nado quatro vezes seguidas. A música – a única arte que realmente florescia na severa cidade comercial – frequentemente o prendia à noite: ele compunha peças para coral e era membro da associação do coral local[10]. Também visitava a associação que era o ponto de encontro de todos os jovens homens de negócio: lá ele podia conversar bastante com outros moços como ele – desfrutando talvez ainda mais porque os jornais ingleses e escandinavos que estavam por ali podiam satisfazer sua sede de conhecimento e exercitar seu dom excepcional para as línguas. Mesmo assim, nas cartas a sua irmã e a amigos, ele inseria frases em espanhol, português, italiano, holandês, francês e inglês macarrônicos: jocosamente, vangloriava-se de conseguir conversar em 25 línguas diferentes.

Nessa época, estava com dezoito anos de idade. Assim que saiu de casa, começou a pôr em ordem as novas opiniões que estava formando, as impressões que o invadiam, todas as suas inspirações poéticas. Era um escritor fluente, e corajosamente enviou essas primeiras produções para jornais e revistas. Elas eram tão vívidas e variadas, tão instintivas e tão cheias de pensamentos poderosos que, embora seu autor fosse desconhecido, poucas vezes eram recusadas. Ainda mais forte que o desejo de ser um grande escritor era o de acertar contas com o espírito religioso que havia oprimido sua infância. Ele fez isso em março e abril de 1839, no *Telegraf für Deutschland* de Karl Gutzkow. Engels usou o pseudônimo de Friedrich Oswald e manteve seu disfarce oculto de sua família por muitos anos. *Cartas de Wuppertal* fez grande sucesso em Elberfeld e Barmen: os cidadãos quebravam a cabeça para adivinhar o nome de seu autor[11]. Ninguém pensou no filho do industrial que era um membro tão respeitável da igreja.

Engels tinha toda a alegria da Renânia. Apesar de seu amor pelo dialeto do norte da Alemanha, achou difícil fazer amizade com os "terrivelmente formais" burgueses hanseáticos. Achava que a perspectiva deles não era menos "obscura" e "mística" do que a de sua cidade natal. Dentre as coisas novas que viu em Bremen, a mais interessante foi a vida no porto – o transporte marítimo, o comércio exterior e o fluxo de emigrantes. Quando viu um navio de emigrantes saindo do porto de Bremen, ele refletiu profundamente sobre as razões que levavam tantos robustos cidadãos alemães a tomarem a difícil decisão de abandonar sua pátria para sempre. Sua consciência social latente se agitava quando via homens, mulheres e crianças, doentes e mal alimentados, amontoados como arenques entre os conveses.

Logo percebeu que os conflitos políticos daquela aristocracia mercantil eram na verdade conflitos sociais. A política de Bremen produzia muito barulho por nada. Isso o convenceu de que estados tão pequenos não tinham mais nenhuma justificativa para sua existência. Mais tarde, ele só pôde simpatizar com países grandes.

Assim que chegou a Bremen, começou a fazer o que era impossível em casa – ler e refletir sobre as opiniões dos autores contemporâneos. Entregou-se livremente às novas impressões que recebia deles. Mas seu senso crítico foi logo despertado.

Aprendeu a descobrir o que lhe poderia ser útil mesmo em obras cujas fraquezas e absurdos ele via claramente. Encontrava o caminho de um autor ao outro, localizava os antecessores de um novo escritor que lhe interessava, a menor indicação era suficiente para seu gosto sensível. Dessa maneira, descobriu os dois homens que seriam seus mestres por alguns anos. Com Gutzkow aprendeu sobre o mestre deste, Ludwig Börne; e por meio de David Friedrich Strauss acabou sob a influência de Hegel, o que significaria muito mais para ele. Foi seu estudo de Hegel que lhe permitiu, depois de rejeitar a segurança de sua religião doméstica, seguir caminho em direção a uma crença nova e positiva.

A fé de Engels na inspiração divina das Escrituras foi, como a de incontáveis contemporâneos seus, abalada cada vez mais profundamente à medida que refletia sobre *A vida de Jesus*, de Strauss[12]. Em casa, ele tinha conhecido apenas o aspecto mais rigidamente ortodoxo da religião. Por essa razão, uma enxurrada de dúvidas deve ter varrido sua mente no momento em que foi levado a perceber que os homens, assim como Deus, tinham desempenhado seu papel na criação da Bíblia. Strauss o convenceu de que as contradições óbvias nas Escrituras tornavam totalmente insustentável a hipótese de sua inspiração verbal por Deus. Assim que seu intelecto claro dominou esse pensamento, ele foi apanhado no redemoinho da disputa teológica e filosófica alemã. Viu na teologia especulativa uma possível satisfação para sua necessidade de um apoio firme e que, nela, apenas Strauss e a ala de esquerda da escola hegeliana poderiam levá-lo à certeza que desejava. Ele estava intoxicado pelo Deus imanente deles.

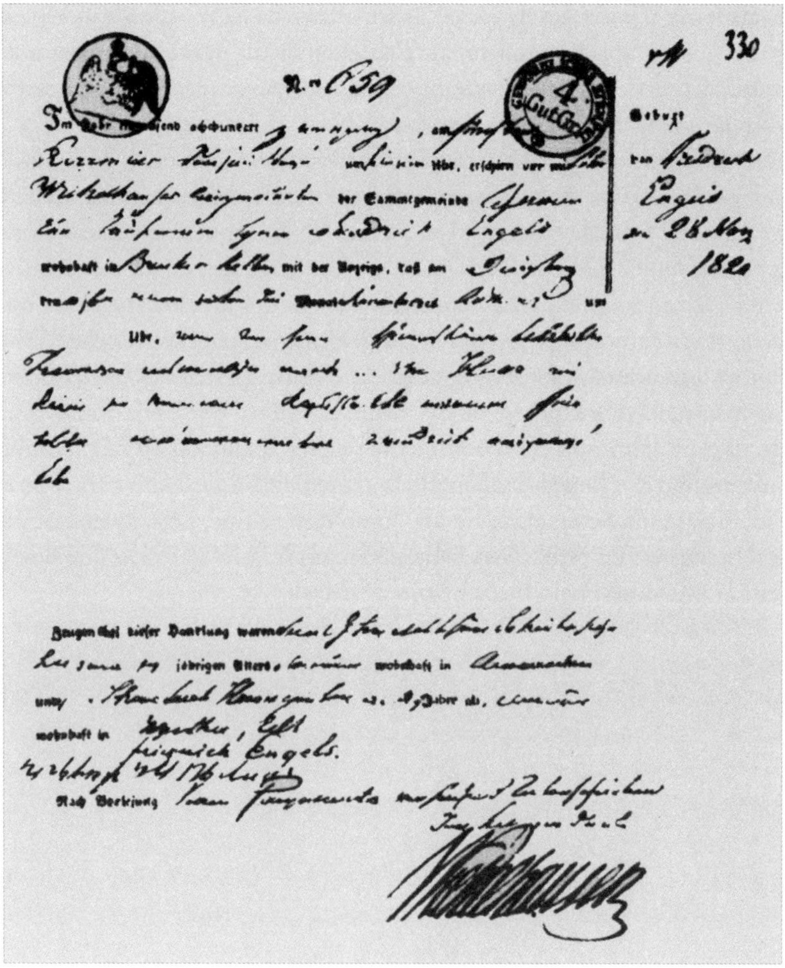

330

Geburt

Engels

28

1820

Friedrich Engels.

Certidão de nascimento de Engels.

II
Entrada na política

Na década de 1830, havia um fio comum que passava por tudo que dizia respeito à vida espiritual da Alemanha e a excitava cada vez mais: onde quer que as opiniões se confrontassem, a guerra a favor ou contra a autoridade manifestava-se ferozmente. Os conservadores que controlavam o país tinham aprendido com a Revolução Francesa que a revolta contra a autoridade – na sociedade, na política e na Igreja – afetava os detentores de autoridade de todo o país. O Congresso de Viena teve sucesso em restabelecer a antiga ordem europeia e confirmar a influência das antigas autoridades em cada país[13]. Logo após 1815, as forças da revolução recomeçaram a forçar as correntes de ferro que as prendiam com uma violência que surpreendeu e aterrorizou os governantes. A segurança do conservadorismo não poderia ser arriscada uma segunda vez: as determinações do Congresso, como uma rocha gigantesca, bloqueavam o caminho para a destruição. Manter o *status quo* em todas as esferas da vida e conduta tornou-se o propósito e o objetivo da política prussiana e austríaca.

O primeiro artigo do credo conservador era a absoluta interdependência de todas as formas de autoridade existentes. E o parágrafo mais urgente desse artigo era a aliança inabalável entre Igreja e Estado. Para a manutenção da ordem no mundo, um governante todo-poderoso no céu era tão indispensável quanto um monarca absoluto na terra. Foram criadas fórmulas para que as duas autoridades pudessem apoiar-se mutuamente – fórmulas que implicavam sua completa interdependência. Assim, os políticos e filósofos do movimento romântico foram levados, por sua reação contra o Estado dirigido pela burocracia racionalista iluminista, ao dogma ameaçador do Estado cristão.

Mas, agora, os elementos oprimidos da Confederação Alemã[14] tinham percebido a unidade essencial da autoridade em todas as esferas da vida humana. Ortodoxia religiosa rígida, monarquia absoluta e aristocracia – todas estavam ligadas por interesses comuns. Era claro também que havia uma comunhão de objetivos entre todos aqueles que se esforçavam para preencher a grande distância que separava os governantes e as classes subalternas.

Por dez anos após a morte de Goethe e Hegel, o interesse da Alemanha ocupou-se mais ativamente com problemas de filosofia e religião. De tempos em tempos, entre essas questões, emergiam problemas sociais isolados. Mas qualquer interesse declarado por política era impossível: os jornais não tinham permissão para publicar artigos políticos e as associações e reuniões políticas eram proibidas. A atitude reacionária dos governos em relação às demandas do liberalismo levou os jovens da Alemanha a adotar em massa crenças radicais. Na literatura e em discussões teóricas, eles forjaram as armas com as quais esperavam atacar e superar a autoridade do Estado e da Igreja. A criação de partidos políticos era então, e por muitos anos depois, uma impossibilidade. Mas a beligerância da juventude exigia alguma forma de organização ativa, e a encontrou na formação de grupos literários e filosóficos. Daí surgiram os movimentos conhecidos como "Jovem Alemanha" em literatura e "Jovem Hegelianismo" em filosofia[15]. Juntamente com o liberalismo da Prússia Oriental, proveniente da escola de Kant, e o da Renânia, que expressava as reivindicações da região industrial mais desenvolvida do reino, esses foram os verdadeiros precursores espirituais da revolução da classe média. Engels pertenceu aos dois primeiros movimentos.

A princípio, admirava o movimento Jovem Alemanha em literatura – ele o chamou de "a rainha das letras modernas". O movimento lhe apresentou ideais contemporâneos em sua forma mais nova, e seu estilo picante e mundano produzia um contraste espantoso com a devoção açucarada à qual se acostumara em casa. Ele sonhava em pregar por meio da poesia as novas ideias que estavam revolucionando seu mundo interior; mas depois foi conquistado pelo impulso de agir. Juntou-se às fileiras dos outros, daqueles que se dedicavam a provocar "o dia da grande decisão". Engels admirava o movimento Jovem Alemanha por defender as reivindicações de uma geração jovem contra a submissão política e social da geração anterior a 1830. Mas, embora tivesse se juntado orgulhosamente à fileira dos escritores do Jovem Alemanha, ele foi obrigado a admitir que as reais necessidades de seu espírito teriam que ser satisfeitas em outro lugar. Com sua ânsia por companhia, tanto na sociedade quanto na vida intelectual, muitas vezes, desde que passou a se interessar pela vida pública, desejou um verdadeiro camarada de armas, alguém que o guiasse no estranho labirinto da vida contemporânea. Nos círculos do Jovem Alemanha ele não encontrou ninguém que atendesse a essas condições. A desilusão aumentou com seu crescente interesse por política. Quando leu os trabalhos de Karl Ludwig Börne (que falecera recentemente), percebeu a covardia do grupo.

A geração mais jovem, em sua demanda por ação real e convicção forte, tinha se afastado de Heine por conta daquela perspectiva individual que o elevava acima do partido. Börne era o homem seguido por seus corações. Onde mais na Alemanha poderia ser encontrada outra alma tão independente, tão decididamente política, apegada tão cegamente a suas opiniões e capaz de dedicar todos os seus dons literários com um abandono tão altruísta para apoiar novas ideias contra a classe dominante? Engels o considerava o melhor intérprete possível das ideias políticas do radicalismo ocidental. Em cartas e ensaios de 1839 a 1842, nunca se cansa de elogiar Börne como um "heroico lutador pela Liberdade e pela Justiça", o homem que tinha fortalecido e elevado a nação durante a tenebrosa década de 1830. Ele posicionava Börne ao lado de Lessing como escritor, e Börne significava tanto para ele em política quanto Hegel significava em filosofia. À medida que avançava rumo ao hegelianismo, ele sentia que a tarefa da época era "a síntese de Hegel e Börne", a mediação entre conhecimento e vida, entre filosofia e tendências modernas.

Engels agora via a história das décadas anteriores à luz de suas convicções republicanas: não a via com mais imparcialidade do que Börne; e, com as opiniões revolucionárias de Börne em seu coração, desprezava os grandes da terra. Sua irmã Marie escreveu de um internato de alta classe, com orgulho de estudante, para contar ao irmão que tinha sido apresentada à grã-duquesa de Baden. Isso não foi bem recebido. Friedrich demonstrou todo seu desapontamento ao responder: "Quando você for apresentada a outra dessas notabilidades, escreva e me diga se ela é bonita ou não. Não tenho outro interesse em tais pessoas".

Podemos vislumbrar a mente do rapaz de vinte anos se lermos seu ciclo poético *Um entardecer*. Ele o publicou no *Telegraf* em agosto de 1840, sob o mote característico "O amanhã virá" – tomado de Shelley, a quem estava tentando traduzir. De todos os versos sobreviventes de Engels, esse trabalho apresenta o selo mais forte da poesia. Encontramos o jovem ao pôr do sol no jardim de uma paróquia à beira do rio Weser. As tragédias de Calderón estão abertas diante dele. A luz do entardecer desperta nele a ânsia por aquele amanhecer com o qual sonha, o amanhecer da liberdade que transformará o mundo inteiro em um jardim radiante. Nessa fantasia, o futuro apóstolo da guerra de classes nos mostra o amor como o elo entre todos os homens – todos os homens são membros de uma família espiritual; e ele pode louvar a paz que um dia abrangerá toda a humanidade. Mas já sente que é necessário que, sempre que "a flâmula da Liberdade acenar", os navios carreguem grãos "que cresçam para a felicidade humana" e "não mais bens para o lucro solitário". Certamente, esse pensamento ainda está em segundo plano, por trás dos sonhos de paz e liberdade e da mais pura fé em Deus; no entanto, trata-se de uma indicação de que Engels já tinha compreendido as imperfeições da ordem econômica existente. Os ideais do sansimonismo apresentados a ele pelo Jovem Alemanha já tinham fincado raízes em seu coração. O ensaio sobre Ernst Moritz Arndt que publicou no *Telegraf* de fevereiro rejeita a ideia de propriedade implícita no sistema de morgadio, com a observação de que ele "não se encaixa mais nas ideias modernas". Enquanto isso, poucas consequências importantes poderiam ser esperadas dos pensamentos do jovem poeta enquanto procurava nas nuvens "antes do nascer do sol" a vida por vir. Quando espera pelo "colapso" do antigo regime, ele ainda está pensando na servidão do intelecto. Está travando a batalha de Börne como um livre-pensador contra os sacerdotes, como um democrata contra nobres e príncipes, como um republicano contra a monarquia. Ele ainda não suspeita que esses grandes conflitos um dia lhe parecerão elementos subsidiários de um combate ainda maior.

III
Serviço militar. Os jovens hegelianos

O governo de Frederico Guilherme III designou alguns hegelianos para cadeiras de professor, porque a escola de Hegel atribuía mais importância ao Estado do que qualquer outra ao longo de dois mil anos[16]. O próprio Hegel conseguira disfarçar as armadilhas em suas especulações sob os símbolos da cristandade. Sua escola, portanto, pouco se importava se a religião ortodoxa encontrasse impropriedades teológicas na concepção de Deus de Hegel. A burocracia prussiana não mantinha opiniões muito rigorosas sobre esse assunto, uma vez que suas posições de autoridade eram preenchidas por homens treinados no espírito do kantismo e do Iluminismo. Porém, passou-se a dar mais atenção às advertências dos escritores reacionários depois que *A vida de Jesus*, de Strauss, demonstrou que os hegelianos de esquerda não acreditavam mais na inspiração absoluta da Bíblia. Desde 1838, Arnold Ruge tornara o *Hallische Jahrbücher* [Anais de Halle] um ponto de encontro para todos que, na teoria ou na prática, se esforçavam para libertar o espírito do homem da dominação desmedida dos poderes sobrenaturais.

A importância do jovem hegelianismo era política e não filosófica. A geração jovem usava suas ideias como armas na luta contra o dualismo na Igreja e no Estado. A doutrina de Hegel de que mesmo as estruturas de pensamento estão sujeitas à lei do desenvolvimento foi logo (como notou Engels) posta à prova em sua própria filosofia. Ele se deixara desorientar pelo tímido período de reação, passando a atribuir um caráter absoluto a fenômenos históricos transitórios. Mas a revolução de julho em Paris[17] deu ímpeto à geração mais jovem: ela foi novamente inspirada com a crença de que o direito do indivíduo à autodeterminação na religião e na política poderia ser tornado uma realidade política. Embora o próprio Hegel não tivesse sentido o poder dessa ideia, seus alunos tentaram separar o conteúdo atemporal de seus ensinamentos dos resíduos inúteis e impermanentes. Consequentemente, eles libertaram a dialética da restrição que Hegel impusera a seu avanço e distinguiram nitidamente a religião e o Estado como fenômenos históricos da religião e do Estado como categorias absolutas. Assim, à medida que ultrapassaram o caráter absoluto que o mestre dera à religião e ao Estado, e os estabeleceram novamente como objetos da dialética, descobriram que poderiam considerá-los como produtos do processo histórico. E, desse modo, a razão – que passou, portanto, a dominar o Estado e a cristandade – tornou-se aos olhos desses jovens filósofos mais uma vez a senhora do mundo.

Quando os oponentes do hegelianismo chegaram ao poder na Prússia com a ascensão de Frederico Guilherme IV, Engels reconheceu que a vitória decisiva dependeria do "Hegel renovado". Depois de viver em Bremen por dois anos, ele deixou a cidade na primavera de 1841. Muitas vezes lamentou o fato de que, enquanto viveu lá, suas opiniões "tenham permanecido tão cruas e não desenvolvidas". Seu espírito queria poder amadurecer sem perturbações. Decidiu, portanto, servir seu ano no Exército, e isso em uma cidade universitária. Berlim lhe pareceu o lugar mais adequado; pois era então o campo de batalha dos conflitos espirituais nos quais ele se sentia envolvido[18]. Os radicais hegelianos receberam "Friedrich Oswald" de braços abertos. Esse grupo de jovens escritores optou por se autodenominar "Os Livres" e, com esse nome, adquiriram certa distinção. (Bruno Bauer e Max Stirner eram os mais conhecidos de seu círculo boêmio.) Eles não eram, mais do que o Jovem Alemanha, uma associação dotada de organização estrita. A maioria deles não se distinguia por opiniões sólidas ou coragem pessoal. Eram verdadeiros produtos da apatia pré-revolucionária. Nunca harmonizaram pensamento e ação. Adorando a razão como faziam, não se sentiam responsáveis por atacar seus oponentes irracionais – por mais ferozmente que os ameaçassem entre amigos de confiança em suas tavernas favoritas quando não havia espiões do governo por perto.

Embora a oposição soubesse que o novo rei simpatizava com a ortodoxia e o romantismo, esperava que ele – talentoso como era – instituísse um período de grandes reformas. Quase ninguém se aventurou a imaginar que o rei poderia encontrar coragem ou vontade para se opor ao espírito da época. No entanto, ele o fez – nomeando, para cargos na Universidade de Berlim, Friedrich Carl von Savigny, o grande jurista do movimento romântico, Friedrich Julius Stahl, o apóstolo do Estado cristão, e, finalmente, Friedrich Schelling, o oponente mais distinto de Hegel. Até então, os hegelianos elogiavam a Prússia como o Estado em cujas mãos estavam as chaves do futuro. Agora, quando a Prússia renunciava ao seu chamado, como os hegelianos poderiam manter a tese de que ela deveria ser a realização do Estado ideal de Hegel?

A ala radical ergueu o sinal de luta. E como era mais seguro e mais fácil expressar sentimentos revolucionários em linguagem teórica, os primeiros ataques

SERVIÇO MILITAR. OS JOVENS HEGELIANOS 41

foram realizados na filosofia. Sustentando a irresistibilidade da dialética como faziam os hegelianos, eles logo descobriram que as críticas de Bauer aos Evangelhos os libertavam da necessidade de aceitar a cristandade. Crer em Deus e crer na imortalidade tornaram-se igualmente desnecessários. Assim no céu, como na terra. Juntamente com outras forças de autoridade, a monarquia absoluta, a monarquia constitucional e finalmente (pelo trabalho de Stirner e Bauer) o próprio Estado foram retratados como ideias vazias. Tudo o que restou foi a crença na humanidade; e foi isso que Ludwig Feuerbach pregou. Os jovens radicais estavam desesperadamente ansiosos para tornar suas teorias compatíveis com a realidade como a viam. Suas conclusões teológicas tinham fechado os portões do céu para eles. A filosofia de Feuerbach deu-lhes um novo incentivo para construírem uma ética humanista e se ocuparem apenas com as coisas deste mundo[19]. O problema da ação era-lhes urgente em sua vida cotidiana. Ele tornou-se agora o *leitmotiv* de suas especulações filosóficas e, assim, abriu suas mentes para ideias socialistas e comunistas.

Essa violenta revolução espiritual entre os jovens hegelianos foi concluída no ano em que Engels aproximou-se do centro da tempestade. Ele foi mobilizado pela violência da revolta e desempenhou papel na sua promoção. Logo após entrar no Grupamento de Artilharia como voluntário no outono de 1841, ocorreu o primeiro choque entre forças opostas. O rei havia nomeado Schelling com a missão expressa de interromper a influência dos jovens hegelianos. Engels participou de sua aula inaugural[20] e foi tomado por uma indignação apaixonada ao pensar que o filósofo do romantismo condenaria os novos desenvolvimentos da filosofia como inúteis e como decorrentes de uma interpretação errônea.

Mas certamente era um empreendimento de audácia quase insana para um jovem balconista desafiar um homem como Schelling! O inesgotável apetite de Engels pelo trabalho e sua mente extraordinariamente versátil lhe permitiram ler ampla e profundamente, e beneficiar-se do que lia. Sua resistência física e seus nervos fortes lhe permitiam usar todas as horas livres para estudo sério. Ele bebera profundamente da filosofia de Hegel: seguira com muita atenção todas as disputas dos discípulos do mestre, entre si e com seus oponentes. Mas o conhecimento que adquirira desse modo seria suficiente para o desafio que ele agora se criava? Conhecia pouco dos filósofos anteriores a Hegel; e se recordarmos que, nessa época (depois de duras lutas), Marx já havia dominado os gregos, Spinoza e Leibniz, perceberemos que o equipamento filosófico de Engels era realmente fraco. No entanto, ele não se inclinava à vaidade e à autocomplacência: tirava sua confiança da máxima de que "a espada da inspiração é tão afiada quanto a espada do gênio". E se tinha algo da audácia de Davi ao enfrentar seu Golias, tinha também uma fé gigante na vitória de sua boa causa.

Em 1842, Engels publicou, em curto intervalo, dois panfletos anônimos contra Schelling. No primeiro, falou das profundezas de sua convicção pessoal. No segundo, usou o disfarce de um pietista – ele queria que Schelling fosse comprometido aos olhos do mundo filosófico porque um autodeclarado pietista o exaltou aos céus[21]. No entanto, o primeiro panfleto é muito mais importante. Seu título era *Schelling e a revelação*, e por muitos anos pensou-se que era um trabalho de Bakunin.

Com a publicação desses panfletos, Engels rompeu os últimos laços que o ligavam à fé de sua infância e de seus pais. Ainda havia um longo caminho a percorrer antes de chegar a sua visão final do mundo e da história. No entanto, aqui, pela primeira vez, podemos ver os fundamentos dessa visão. Engels acusa Schelling de compreender toda a história do mundo apenas como uma série de eventos exteriores e fortuitos, nos quais apenas a mão de Deus evita o mal. Schelling, diz ele, não vê Deus como Hegel o via, no desenvolvimento da espécie humana.

A essa altura, Engels sabia que era ateu. Mas transmitiu parte do antigo fervor religioso ao culto à história. "A Ideia" era para ele ainda tão carregada com as emoções que nascem da experiência religiosa que, quando Feuerbach o guiou da adoração a Deus à adoração à sociedade humana, tal transição lhe pareceu feliz em vez de dolorosa. A Ideia apareceu para ele sob uma luz sobrenatural. Consequentemente, quando seu céu ardeu em chamas, isso não lhe soou como uma perda: estava bastante agradecido por, das cinzas de sua antiga fé, ter surgido uma nova fé na humanidade. Ele ainda não suspeitava que, se seguisse Feuerbach, encontraria a perfeição da Ideia no mundo cotidiano das relações humanas.

Engels era agora um dos radicais mais ousados entre "Os Livres". Pouco antes de ele chegar a Berlim, um jovem estudioso que se mostrara superior em caráter e intelecto a todos os seus contemporâneos tinha deixado o grupo. Karl Marx estava agora em Bonn, trabalhando pela revolução da consciência religiosa do homem. Alguns meses depois, tornou-se editor da *Rheinische Zeitung* [*Gazeta Renana*][22], o primeiro grande jornal de oposição cuja publicação era autorizada na Prússia.

Nos primeiros meses de sua estadia em Berlim, Engels manteve-se ocupado com sua luta contra Schelling e em defesa de Bruno Bauer, que tinha sido privado pelo governo de seu posto de auxiliar de ensino em Bonn. Ele começou a contribuir para a *Gazeta Renana*, na qual lhe foi permitido apresentar certas reivindicações comuns aos liberais e à oposição radical que estava então em processo de formação. Mas o poder e a glória da *Gazeta* logo passaram: o conselho editorial e seus correspondentes radicais de Berlim expressaram sentimentos fortes demais

SERVIÇO MILITAR. OS JOVENS HEGELIANOS **43**

para a suscetibilidade do rei. Ambos os órgãos do radicalismo alemão – a *Gazeta Renana* e o *Hallische Jahrbücher* – foram condenados à morte em 1843[23].

Desde o início, Engels não compartilhara a fé na missão liberal da Prússia que os outros tinham abraçado. Ele era da Renânia, verdadeiramente alemão em sentimento – mas, como filho de uma terra c dc uma civilização mais antigas, manteve-se distante da verdadeira Prússia e dos prussianos. Porém ele poderia condená-la fortemente, assim como a seu novo rei, quando lhe fosse permitido falar sem medo da censura. Isso fica demonstrado pelo ensaio sobre Frederico Guilherme IV que ele enviou no outono de 1842 ao poeta radical Georg Herwegh, que estava tentando fundar um jornal revolucionário na Suíça. Nesse ensaio, Engels ataca com força especial o "estímulo às 'verdadeiras' tradições históricas" pelo novo rei e o "caráter sofista" da teoria romântica do Estado. Pois tal teoria, com sua noção de "Estado orgânico", não passava de uma justificação da aristocracia hereditária. Engels responde com uma enfática negativa à questão sobre se Frederico Guilherme IV conseguiria estabelecer seu sistema. Das duas perguntas sobre as quais a opinião pública da Prússia estava se concentrando cada vez mais intensamente, Engels diz o seguinte: o povo forçará o rei, por mais que ele tente evitá-lo, a lhe dar uma imprensa livre – e tão logo haja imprensa livre, um Parlamento será criado em um ano. A posição da Prússia, diz ele, é como a da França antes de 1789.

O homem que escreveu essas palavras tinha perdido a crença de que os alemães se tornariam um povo livre por um processo de transformação pacífica.

Desenho de Engels em 1839.

IV
RUMO AO COMUNISMO

Engels viu diante de si um claro caminho que ia do ataque ao princípio da autoridade até a revolucionarização do mundo real. Viu esse caminho e reconheceu que ele tinha sido aberto por Feuerbach com a dissolução da ideia especulativa. Mas ainda levaria algum tempo até que Engels visse o comunismo como o núcleo da nova perspectiva realista. Temos apenas algumas declarações suas para mostrar os estágios pelos quais ele passou até a conclusão desse processo.

Os jovens revolucionários da filosofia alemã foram convocados por Feuerbach a renunciar não apenas ao cristianismo, mas a qualquer religião. E a abolição de Deus e da imortalidade levou Feuerbach a conclusões ainda mais importantes. Ele elevou a força de vontade e a riqueza de coração ao nível de pensamentos. Não via mais o homem simplesmente como um ser pensante: a ação sempre foi para Engels o ponto culminante da vida, e era a ação que agora tinha uma ressurreição gloriosa na filosofia de Feuerbach.

Pouco tempo antes da publicação de *A essência do cristianismo*, de Feuerbach, um notável livro chamado *Die europäische Triarchie* [A triarquia europeia] havia aparecido. Seu objetivo era traçar um caminho ainda mais direto ao coração do problema da ação. Feuerbach ignorara as questões sociais; mas, nesse livro, Moses Hess tentou desviar a atenção da Alemanha da filosofia para os problemas reais da sociedade.

Hess era bem mais velho que Engels ou Marx, mas, como eles, era da Renânia. Além disso, descendente de judeus como Marx e filho de um industrial como Engels. Ele abriria o mundo do socialismo aos dois; no entanto, abordava-o de um ângulo diferente e não foi um companheiro de viagem por muito tempo. Diz-se frequentemente que Marx incorporou e intensificou os poderes dialéticos do espírito judaico. Pode-se dizer ainda mais justamente que todas as forças emocionais do espírito judaico, que sempre buscam satisfação e completude, em vão se esforçaram em Hess para alcançar alguma forma final. Ele era um visionário em êxtase, muito menos estável que Marx e Engels, e quase sempre tateando entre ilusões. Mas, apesar de suas andanças espirituais, manteve a antiga fé messiânica na perfeição futura da raça humana. Esse era o sonho que Hess nutria com ardor – o que o fez buscar realização primeiro no cristianismo, depois no comunismo e, finalmente, no sionismo. O "rabino comunista" extraiu forças para tanto das tradições do velho tronco cujo sangue ainda corria em suas veias.

Embora Hess tivesse uma perspicaz mente especulativa, era incapaz de escrever uma exposição lógica de seus sonhos mais vívidos – e de trazer as aspirações de sua alma à luz mais clara da razão. Mas conseguiu outra coisa: estabelecer conexões que, em vista das necessidades de sua época, eram cheias de valor e interesse. Quando jovem, em suas viagens pela França e pela Inglaterra, viu como nesses países a maré de prosperidade econômica aumentava constantemente, enquanto o desenvolvimento político prosseguia, livre de impedimentos. Ficou convencido de que havia chegado o momento de a filosofia alemã deixar de colocar a razão em um pedestal solitário. Em sua tentativa de criar uma filosofia da ação, percebeu que deveria casar o espírito de Spinoza com o de Saint-Simon. Assim, no momento exato em que Feuerbach confrontou os jovens hegelianos com o problema da Espécie Humana, Hess introduziu a ala radical desse movimento na sociologia francesa. Engels nos legou (a data é novembro de 1843) o reconhecimento expresso de que Hess foi o primeiro a tornar o comunismo crível e aceitável a ele e seu círculo, como sendo o desenvolvimento necessário do pensamento dos jovens hegelianos.

Por mais revolucionário que tenha sido o efeito de Feuerbach no campo da filosofia, esse recluso era totalmente incapaz de compreender tanto a necessidade quanto a natureza do problema da ação. Onde ele recuou, Hess encontrou uma brecha e acusou a filosofia hegeliana da história de recusar tanto a tarefa de deduzir o futuro do passado e do presente quanto a de proceder para influenciar a sua formação. Essa é uma típica ideia sansimonista, que depois se tornaria uma pedra angular no sistema de Marx e Engels. É possível que tenha sido nesse momento que ela se apresentou claramente a Engels pela primeira vez. Hess situou Saint-Simon ao lado de Hegel e usou as diferenças entre seus heróis para explicar as diferenças entre os desenvolvimentos contemporâneos na França e na Alemanha.

Mas agora Hess via que uma terceira nação deveria se unir à Alemanha e à França para suportar o fardo do futuro do homem na terra. Profetizando uma revolução na Inglaterra, ele atribuía a esta a tarefa de sintetizar a reforma alemã e a Revolução Francesa, de estabelecer a completa liberdade no mundo, de criar a liberdade política e social em todos os lugares. Sua missão seria abolir a oposição entre pauperismo e plutocracia e concluir as grandes mudanças históricas que estavam começando a afetar as relações entre classes governantes e governadas.

Hess foi, portanto, o primeiro filósofo radical da Alemanha a ver que a luta universal contra a autoridade era um fenômeno comum a todas as grandes nações civilizadas. O movimento cartista inundava a Inglaterra e certamente viria daí uma revolução política e social. Mas *Die europäische Triarchie* não esperava com a mesma certeza essas manifestações violentas da luta de classes na Alemanha. Quando Engels leu o livro, empenhou-se profundamente em descobrir como a completa consciência do ser humano preconizada por Feuerbach poderia se tornar realidade. Por fim, em uma revelação arrebatadora, viu que Feuerbach tinha, na verdade, começado a libertar a filosofia alemã do intelectualismo unilateral dos jovens hegelianos, mas que Hess tinha mostrado que o comunismo era o próximo passo nessa libertação.

Durante sua infância em Wuppertal, Engels vira o significado dos conflitos de classe. No estado burguês de Bremen, viu como a burguesia influenciava os sistemas de governo. Essas descobertas, no entanto, permaneceram meras observações isoladas até se conectarem com sua luta para formar uma filosofia de vida. Então, e somente então, elas deixaram de ser puramente teóricas e tornaram-se fontes de ação. Muito antes e muito mais claramente do que o Jovem Alemanha, o intelecto agudo de Heine já tinha examinado a crise social; ele entendeu sua importância de longo alcance e estabeleceu seu significado em frases lúcidas. Em 1821, Heine sustentou em seu *Ratcliff* a ideia de "dois povos", "os ricos e os famintos", lutando até a morte no interior de "uma única e mesma nação". Ele voltou a essa ideia depois que a revolução de julho o atraiu para Paris. Lá, observou – com olhos fascinados, quase aterrorizados – os estranhos novos fantasmas conjurados pela revolução. Ele recolheu muito do que viu em uma análise do governo de julho na França, que enviou à *Allgemeine Zeitung*. Engels era um leitor perspicaz e Heine já era famoso: é provável que Engels tenha visto os artigos nos quais Heine descrevia o comunismo como o herói sombrio que aguardava nos bastidores pela deixa que o chamaria a desempenhar um papel breve, mas grandioso, no palco do mundo.

Essas novas ideias socialistas causaram uma forte impressão em Engels. Não menos poderosa foi a impressão criada pelas imagens da pobreza que encontrou nos romances de Eugène Sue, George Sand, Charles Dickens e Benjamin Disraeli. Elas se misturavam, tornando-se uma só, com as memórias indeléveis de sua infância nas cidades industriais. Fica claro em suas *Cartas de Wuppertal* que as cenas que via diariamente a caminho da escola despertaram sua consciência social de uma vez por todas. Devemos recordar os gritos de piedade que escaparam do jovem, a amargura com que ele criticou a exploração de crianças e a escravidão de homens e mulheres. Assim, torna-se fácil entender como essas memórias o incendiaram com o fogo da revolução tão logo ouviu (no verão de 1842) que os trabalhadores explorados de Lancashire tinham convocado uma greve geral. Parecia que a profecia de Hess sobre a Inglaterra estava sendo cumprida à risca. Engels deve ter visto como um presente da sorte o fato de seu pai ser sócio de uma fábrica em Manchester. Ele decidiu visitar o centro da tempestade tão logo foi liberado do serviço militar.

Em um ensaio escrito no ano seguinte na Inglaterra para o *The New Moral World* [O Mundo da Nova Moral], Engels afirmou que os artigos de Hess na *Gazeta Renana* apontando o caminho para o comunismo fracassaram em seus efeitos. Mas esse julgamento era justificado? Certamente não se poderia esperar mais de seus artigos do que serem capazes de despertar alguns espíritos escolhidos para pensamentos que eram tão novos e estranhos na Alemanha. Portanto, ter convencido homens como Marx e Engels da importância do comunismo já significava um sucesso. Naquela época, o socialismo era entendido na Alemanha como a luta por uma reforma pacífica da sociedade e o comunismo como um esforço para subverter a sociedade – um esforço liderado por associações proletárias secretas. Mas a única distinção que Engels fazia ao analisar a situação alemã era entre o comunismo filosófico, liderado por membros das classes educadas, e o comunismo, que era um movimento da classe trabalhadora. Considerava Hess o primeiro apóstolo do comunismo filosófico alemão. Mas agora descobrira, repentinamente, um movimento e uma liderança de cuja existência ele nunca suspeitara. Enquanto ainda estava em Berlim, deparou-se com panfletos de Weitling e o reconheceu como o fundador de um comunismo genuinamente espontâneo da classe trabalhadora: ele tentou se convencer de que o novo evangelho era o desenvolvimento lógico da doutrina hegeliana.

No início de outubro de 1842, Engels deixou Berlim. No caminho para Barmen, parou em Colônia para visitar a redação da *Gazeta Renana*. Lá, conheceu Hess pessoalmente. "Conversamos sobre as questões do dia. Engels, que era um revolucionário até o âmago quando me conheceu, saiu de lá um comunista apaixonado" – essas foram as palavras usadas alguns meses depois pelo "rabino comunista" para descrever a Berthold Auerbach o encontro.

Engels saiu de casa no final de novembro de 1842[24]. A expectativa de seu pai era que ele completasse seu treinamento comercial nas fiações da Ermen & Engels em Manchester. Mas Friedrich ansiava por estudar o movimento da classe trabalhadora em seu centro – pois passara a acreditar que esse movimento era a coisa mais importante da história de sua época – e por participar da revolução social que via pairando sobre a Inglaterra. No caminho, retornou à redação da *Gazeta Renana* em Colônia: pensava em enviar-lhes artigos da Inglaterra. Contudo, alguns dias antes, o jornal tinha entrado em uma feroz disputa contra "Os Livres", que eram seus principais correspondentes em Berlim. O editor estava desconfiado. Considerou que Engels pertencia ao grupo de Bauer e que estava ali como seu enviado. Assim, o primeiro encontro entre Marx e Engels foi frio, até mesmo hostil.

V
Estudos políticos e sociais na Inglaterra

Ao se mudar para a Inglaterra, Engels libertou-se da atmosfera de disputas puramente teóricas que o cercava em Berlim sem satisfazer seu impulso para a ação. Ele ficou impressionado com a realidade e a seriedade das lutas políticas e sociais que abalavam a Inglaterra industrializada. Encheu-se de inveja e admiração ao ver que todo bom inglês lia um jornal diário, participava de reuniões, pagava uma filiação em alguma organização – enquanto a Alemanha estava mergulhada "em um estado de apatia primeva". Deve ter considerado uma grande sorte poder mergulhar nesse mundo de política livre e ativa.

À época de sua chegada[25], ele seguia influenciado pela concepção de Hess das três revoluções das quais dependia o progresso da humanidade. Acreditava que a Inglaterra deveria dar à humanidade a revolução social: a revolução social que retomaria e transcenderia a revolução filosófica alemã e a revolução política francesa e as reuniria em uma unidade superior. Ele esperava que os desenvolvimentos políticos da Inglaterra cumprissem seu ideal de progresso humano. Com essas convicções, não poderia olhar para os eventos com isenção. De certo modo, tinha a conclusão pronta antes de inspecionar os fatos. Desde o momento em que deixou o navio, só tinha olhos para os sinais de aproximação da revolução. Ele abandonara suas ideias exageradas sobre o valor da razão abstrata, mas ainda mantinha "uma boa dose de arrogância filosófica". Essa "arrogância" foi suficiente para mantê-lo afastado dos estreitos ideais do comunismo igualitário que distinguiam os líderes dos revolucionários da classe trabalhadora alemã em Londres. Joseph Moll, Heinrich Bauer e Karl Schapper foram "os primeiros proletários revolucionários" que Engels conheceu: eram "três homens de verdade", e ele próprio "agora tinha vontade de se tornar um homem". Eles lhe causaram uma impressão indelével; no entanto, Engels sentiu que não deveria, por enquanto, se inscrever na Liga dos Justos[26].

A crença ingênua que esses homens tinham em direitos naturais lhe pareceu peculiar; mas, com base nos ensinamentos de Hegel, ficou ainda mais surpreso com o "empirismo insistente" que notou em todas as conversas com seus conhecidos ingleses. Ele estava pronto e disposto a admirar a amplitude da vida social e política britânica; portanto, ficou ainda mais deprimido com a descoberta de que os britânicos não possuíam a formação filosófica mais elementar. Quando viu como se apegavam às realidades tangíveis e ignoravam os princípios que as condicionavam, começou a sentir que eles não podiam ver a floresta porque as árvores atrapalhavam. Engels ficou surpreso com esse "empirismo rude". E não ficou menos atônito com a antiquada devoção da burguesia britânica. Ele achou incrível que os ingleses instruídos continuassem acreditando em milagres e que até os cientistas deturpavam os fatos da ciência para evitar insultos diretos ao mito da criação.

O impacto dessas descobertas feitas em suas primeiras semanas na Inglaterra o fez refletir constantemente sobre a relação entre forças materiais, políticas, sociais e espirituais, o principal problema do que mais tarde seria sua filosofia da história. Obviamente, ele não tentou forçar todos os eventos e possibilidades históricos para caberem em um único padrão. Mas estava impaciente para descobrir a relação entre essas forças na terra onde estavam suas principais esperanças de revolução. Enquanto a necessidade dialética de sua conexão não estava absolutamente clara para ele, Engels permaneceu fiel a sua antiga perspectiva filosófica e sentiu-se desconfortável ao observar como os fatores ideais estavam subordinados aos materiais e como os princípios prestavam homenagem aos fatos. No entanto, o mundo ao seu redor era um exemplo flagrante dessa verdade simples. Em Manchester, era diariamente obrigado a ver que as condições econômicas exercem a influência decisiva no mundo moderno, que é delas que surgem as oposições de classe, e que, em países onde grandes indústrias se desenvolveram (especialmente na Inglaterra), essas oposições de classe ditam a composição dos partidos políticos, a natureza dos conflitos entre eles e, portanto, toda a história política. Engels admitiu esses fatos lenta e relutantemente. Tinha que reconhecer que, na Inglaterra, o progresso dependia não do choque de princípios, mas do conflito de interesses; mas ainda estava longe de transformar esse caso individual em uma filosofia da história. Ele foi além da inferência de que interesses econômicos estavam levando à revolução e de que, a partir desses interesses, deveriam necessariamente se desenvolver princípios em um estágio posterior.

Engels apreciava uma discussão vigorosa. Ficou impressionado com a longa tradição de discussões fundamentadas que prevalecia entre as classes médias inglesas. Mas se irritava com a fria incredulidade com que o inglês prosaico recebia suas convicções de que a revolução era inevitável. Ele apresentou todo tipo de argumento contra a convicção universal de que o sistema político inglês era elástico o suficiente para assimilar, sem perturbações vitais, a mudança que estava sendo lançada sobre ele.

Embora desejasse ver as condições políticas e sociais inglesas em suas tonalidades mais escuras, não deveria ter apoiado as queixas de Richard Cobden e John Bright[27]. Ele vinha da Prússia e, mesmo assim, escreveu na *Gazeta Renana* que a liberdade inglesa era despotismo e que o feudalismo era mais poderoso lá do que no continente. Engels sempre estava inclinado a ver as coisas de uma maneira ampla e simples. Não respeitava a complexidade e a desordem aparente de um sistema com uma longa história de desenvolvimento. Consequentemente, viu no direito inglês apenas uma série de promessas confusas e contraditórias. Para ele, a Câmara dos Comuns era um corpo eleito pela corrupção, afastado do povo e impotente para influenciar o governo em questões de princípio. Só quando começou a estudar a história constitucional inglesa passou a ver muito disso de maneira mais favorável. Por fim, pôde reconhecer o que era fato – que a Inglaterra possuía muito mais liberdade de imprensa e de reunião do que qualquer outra nação da Europa e, dentro de certos limites, uma regulamentação liberal do direito de livre associação. Mas é fácil ver como ele estava relutante em admitir isso. Na primavera de 1844, pouco tempo antes de retornar ao continente, escreveu um relato sobre "A condição da Inglaterra". Culminava na afirmação de que a Inglaterra contemporânea era escravizada pelo preconceito de classe e que seu sistema legislativo, administrativo e judicial era permeado pelo espírito das classes dominantes.

Havia tempo que era um segredo de polichinelo na Inglaterra que a oposição entre *whigs* e *tories* escondia um conflito entre capital financeiro e propriedade imobiliária. Essa era a primeira vez que Engels podia examinar um sistema partidário bem desenvolvido. Ele fez isso a partir de preconceitos que lhe foram impostos pelas lutas partidárias puramente filosóficas e teológicas da Alemanha. Mas descobriu a enorme influência das condições sociais e econômicas na política inglesa. Com seu estudo da história inglesa, ele compreendeu sua própria época. A Lei da Reforma de 1832[28] tinha transferido aos liberais o poder parlamentar nos eleitorados das grandes cidades e na maioria dos distritos industriais. Mas, no interior e na maioria das cidades pequenas, o poder da aristocracia permaneceu intacto. A princípio, Engels pensou que os *tories* eram o mesmo que os nobres prussianos. Mas seu ódio natural pelos industriais liberais o levou a pensar neles como um mal menor. Ao mesmo tempo, prestou homenagem ao pequeno grupo de filantropos *tory*, seguidores de Ashley e Disraeli, porque defendiam as classes trabalhadoras da exploração por seus empregadores. Embora considerasse que esses "românticos" estavam mirando a Lua, elogiou a coragem com que eles se opunham aos preconceitos de sua classe. Engels concordava com os *whigs* em algumas questões importantes; mas os repudiava por vê-los como, essencialmente, o partido típico dos empregadores. E logo percebeu que os operários que emprestavam em grande número seu apoio ao liberalismo deveriam criar um partido separado para si o mais rápido possível.

Agora Engels estava estabelecido em Manchester, o berço da Liga Contra a Lei dos Cereais e centro da agitação pelo livre comércio. Lá, ele imediatamente voltou sua atenção aos novos problemas: ficou ansioso por revelar "a contradição latente na ideia de um Estado industrial". Mas previa um futuro sombrio para a hegemonia industrial da Inglaterra. As fábricas francesas, belgas e especialmente as alemãs já estavam entrando em concorrência com as inglesas na produção em massa e as arruinariam assim que a Inglaterra abandonasse a barreira tarifária que estava destruindo suas finanças. Seus mercados europeus já estavam perdidos. As fábricas inglesas ainda tinham mercados na América e nas colônias, mas mesmo a América não era mais confiável, e as colônias não podiam importar o suficiente para salvar a Inglaterra. A competição alemã pelos mercados mundiais se fortalecia todos os dias, pois a produção era barata na Alemanha, ao passo que na Inglaterra a barreira tarifária elevava os preços e os salários a um patamar desproporcional. As "enormes" agitações contra as leis dos cereais causaram uma profunda impressão em Engels, mas seu interesse no movimento pelo livre comércio foi limitado por suas expectativas de revolução. Julgava necessário que os cereais estivessem isentos de impostos de importação, mas considerava igualmente necessário que o governo conservador fosse abolido, "pacificamente ou à força". Profetizou corretamente que Peel seria obrigado a iniciar a abolição dos impostos sobre os cereais. Mas, tanto de Peel quanto dos liberais, ele não esperava mais do que uma "legislação de *juste-milieu*". Somente os cartistas e o pequeno grupo radical defendiam resolutamente a abolição total das tarifas – ele nos deixou uma imagem vívida de sua fúria contra os que lucravam com alimentos. Na verdade, Engels estava convencido de que esse conflito levaria à revolução pela qual esperava tão impacientemente. Considerou fora de questão que a aristocracia se renderia mais uma vez por sua própria vontade, como havia feito na aprovação da Lei da Reforma. Dessa vez, esperava, eles permaneceriam firmes "até que a faca estivesse na sua garganta".

Engels viu o domínio da aristocracia ser atacado não apenas pela agitação industrial, mas também pelos arrendatários de terras. Os propagandistas opositores às leis dos cereais tinham tentado convencer os agricultores arrendatários de que seus interesses eram contrários aos dos proprietários de terras. Engels convenceu-se de que a emancipação política dos arrendatários de terras significaria o desaparecimento da maioria conservadora na Câmara dos Comuns. Ele estava agradecido aos membros da Liga Contra a Lei dos Cereais por fazerem sua parte para abolir o domínio *tory* nos distritos do interior. Mas perdeu toda a simpatia pela Liga quando ela entrou em conflito com a Associação Cartista Nacional, como ocorreu em Lancashire em 1843. Imediatamente, passou a pensar nela apenas como uma associação de magnatas têxteis que tinha como objetivo criar boas condições comerciais para si abolindo as tarifas sobre os cereais. Quando voltou os olhos para os distritos do interior do país, não viu uma oposição entre grandes proprietários de terras e arrendatários, mas entre agricultores e "a classe miserável" dos diaristas.

Agora Engels via o futuro do liberalismo em tons mais sombrios do que alguns meses antes. Em 23 de maio de 1843, no *Schweitzer Republikaner* [Republicano Suíço], ele escreveu: "O reino do *juste-milieu* acabou e o poder dos proprietários de terras atingiu seu zênite". O proletariado industrial ficou especialmente amargurado com a recusa liberal de apoiar o projeto de lei de Sir James Graham para limitar o horário de trabalho das crianças nas fábricas. Engels frequentou reuniões em Lancashire nas quais os cartistas se opunham aos *whigs* nessa questão. Ele ficou chocado ao ver que a polícia apoiava qualquer industrial liberal que tivesse dificuldades com sua audiência.

Nessa época, na Irlanda, Daniel O'Connell estava agitando os irlandeses pobres desde a fome de 1842. A princípio, parece surpreendente que Engels não o apoiasse tão fortemente quanto o fez Bismarck – que admirava muito O'Connell. Mas Engels rejeitava o fato de as energias revolucionárias do "sutil demagogo" estarem direcionadas apenas aos objetivos "miseráveis e mesquinhos" que inspiravam todo o esforço a favor da revogação legislativa – e não à abolição da miséria humana. Como o *Northern Star* [Estrela do Norte], ele considerava o nacionalismo de O'Connell mera confusão se comparado com os objetivos reais buscados pelos miseráveis destituídos que afluíam para a bandeira do cartismo. Pensava que O'Connell estava aliado aos endinheirados do liberalismo para derrubar Sir Robert Peel. O'Connell não era, então, um democrata convicto. E Engels nunca poderia perdoá-lo por alertar seus compatriotas irlandeses sobre os "perigos do socialismo". Mas sua admiração pelo espírito revolucionário dos seguidores de O'Connell era ilimitada. "Que povo!", exclamou. "Eles não têm um centavo para perder, mais da metade deles não tem uma camisa sobre as costas, são verdadeiros proletários e *sans-culottes* – e além disso irlandeses –, gaélicos selvagens, ingovernáveis e fanáticos. Ninguém sabe como são os irlandeses a menos que os tenha visto. Se eu tivesse duzentos mil irlandeses, poderia derrubar toda a monarquia britânica." Por muitos anos, Engels teve intimidade com uma trabalhadora irlandesa chamada Mary Burns[29]. Foi ela quem o apresentou aos círculos proletários em Manchester; e suas relações com ela acrescentaram um calor especial à sua simpatia pelas vítimas irlandesas de "quinhentos anos de opressão" e o deixaram permanentemente interessado em sua salvação.

O clímax do movimento cartista[30] ocorreu no ano da fome de 1842, quando o norte da Inglaterra foi paralisado por uma greve geral, com centro em Manchester.

Quando Engels chegou a essa cidade em dezembro de 1842, os trabalhadores ainda estavam agitados com os eventos da greve. Seu julgamento sobre o caso nos diz algo da atitude que ele trouxe ao estudo do cartismo. Na *Gazeta Renana*, escreveu que um terço, talvez metade, do povo inglês pertencia às classes carentes – as classes criadas pela indústria –, que nunca adquiriram qualquer propriedade, mas estavam aumentando constantemente em número. Quando uma violenta crise comercial as deixou sem comida e sem o básico para viver, não tiveram outro remédio senão a revolução. Embora seu número as tornasse a seção mais poderosa da sociedade inglesa, elas ainda não tinham sentido seu poder. Mas a sublevação de 1842 mostrou que estavam começando a sentir isso. O levante fracassara principalmente porque seu credo e motivação eram impossíveis – uma revolução dentro dos limites legais. Esse erro tinha prejudicado os poderes do proletariado. Depois que suas economias foram gastas, elas voltaram ao trabalho. Mas essas semanas tinham ensinado aos trabalhadores despossuídos que eles poderiam ser salvos apenas pela derrubada violenta das condições desnaturadas que os oprimiam e pela erradicação das aristocracias de sangue e da riqueza industrial. Mesmo que o medo tipicamente inglês da lei os tivesse feito recuar da revolução violenta, o medo ainda maior da fome os empurraria em direção a ela. Engels ansiava pela revolução e, portanto, acreditava que ela estava próxima: sua expectativa era aumentada pelas profecias confiantes dos propagandistas cartistas.

Ele escreveu à Alemanha dizendo que os cartistas sabiam que, "antes da tempestade de uma Câmara dos Comuns democrática, toda a estrutura podre da coroa, dos pares e tudo o mais deve entrar em colapso". Como Macaulay (que, obviamente, tinha pontos de vista diametralmente opostos), Engels estava convencido de que nenhum governo conservador ou liberal concederia à agitação pacífica uma reforma que entregaria o Estado às massas despossuídas. É por isso que Engels considerava a luta pelo sufrágio universal o prelúdio da revolução social. A crise, pensou, era inevitável: ele poderia profetizar sua época, se não sua hora exata.

O futuro da Inglaterra pertencia à democracia – Engels tinha certeza disso –, mas não seria uma simples democracia política. Os artesãos comunistas alemães havia muito afirmavam na imprensa que a democracia política não era forte o suficiente para realizar a tarefa que o mundo estava depositando em seus ombros. O grande trabalho de Weitling, *Garantien der Harmonie und Freiheit* [As garantias da harmonia e da liberdade][31], chamava a democracia de base inútil e perigosa para o ainda não realizado princípio da comunidade. O próprio Engels pensava que já havia passado o tempo da democracia definida apenas em contraste com a monarquia e o feudalismo. Acreditava que outra democracia estava por vir – aquela democracia que reconhecia a burguesia e a propriedade como suas oponentes. Ele percebera que a guerra dos pobres contra os ricos não poderia ser travada no campo da política.

Engels, então, juntou-se aos cartistas. Estava convencido de que o movimento levaria (por vontade própria ou por necessidade) à revolução social; mas ficou, de início, surpreso com o fato de ele contar com tão poucos apoiadores entre as classes educadas. Ainda não entendia que isso se devia a instintos de classe da burguesia detentora de propriedades: Engels pensava que os burgueses não acreditavam que o movimento cartista fosse forte o suficiente. Seu poder discretamente crescente, imaginou ele, seria ignorado pelos burgueses enquanto sua representação no Parlamento continuasse insignificante.

Ele nunca acreditou nas definições que faziam uma distinção fundamental entre socialismo e comunismo; e, agora que tinha se conectado ao movimento trabalhista inglês, não sentia a necessidade de preocupar seus membros com tais distinções. Eles conheciam apenas o cartismo e o socialismo inglês. Nunca tinham ouvido falar do comunismo alemão e mesmo o pensamento socialista francês lhes era estranho. Em todo grande movimento de massas das classes trabalhadoras, a desigualdade de riqueza está constantemente sob discussão. No entanto, faz uma grande diferença se a abolição da propriedade é o principal objetivo de um movimento ou se ela é apenas uma questão de discussão ocasional, enquanto a democracia política é o objetivo real. Este era o caso do cartismo. As reivindicações cartistas estavam baseadas em direitos naturais. Esse argumento é muito adequado para levar as massas a acreditar na justiça de sua causa, mas não pode garantir-lhes a certeza da vitória. Na filosofia do Iluminismo, Engels via apenas o "penúltimo passo para o autoconhecimento e a autolibertação da humanidade". Ele devotou-se à filosofia dialética – pois via nela um guia até o último estágio da libertação.

Mas na Inglaterra daquela época havia outro movimento socialista, que se opunha a uma questão decisiva do movimento proletário. Ele tinha o selo da genialidade de um homem: Robert Owen.

Engels creditou a Owen todo o processo social efetivo ocorrido na Inglaterra naquela época e por muitos anos depois. Como é sabido, Owen atribuía toda a miséria de sua época à má distribuição da riqueza. Ele não acreditava que a guerra de classes pregada pelo cartismo fosse o meio para vencer essa miséria. Era um otimista inabalável e sempre sustentou que os interesses em guerra deste mundo poderiam ser pacificamente harmonizados. Como Engels, Owen pensava que a era da irracionalidade humana logo terminaria; e ambos chegaram ao socialismo a partir dos mesmos impulsos emocionais. Mas, quanto ao caminho tomado pela história até a realização do socialismo, o filho do Iluminismo e o discípulo de Hegel alimentavam ideias muito diferentes. Engels via a crença idealista de Owen nos direitos naturais como um credo ultrapassado. Ele estava mais interessado no sucesso prático dos experimentos sociais de Owen. Mas o que mais o impressionou foi Owen ousar retratar "o casamento, a religião e a propriedade como as únicas causas de toda a infelicidade desde o início do mundo". Ele admirava o socialismo inglês por declarar guerra aberta às igrejas inglesas e o elogiava por ser muito mais prático e mais fundamental do que o credo francês. As reuniões de domingo no Salão da Ciência de Manchester (fundado pelos apoiadores de Owen) atraíam milhares de participantes. Engels foi a muitas delas e ficou enormemente impressionado com a imagem estranha que lhe foi apresentada.

Não temos informações exatas sobre as tarefas das quais Engels estava encarregado na empresa Ermen & Engels em Manchester. Sabemos mais sobre suas atividades fora do escritório: elas são mais importantes para nós, assim como para ele. Com seu vigor, discernimento seguro e desejo natural de encontrar seu lugar, ele abriu mão de suas horas de lazer para se dedicar ao estudo da literatura inglesa da época. Os jornais e revistas que falavam tão livremente sobre assuntos públicos deram-lhe muito material para reflexão. E a leitura cuidadosa da história inglesa o ajudou a formar uma compreensão mais profunda da Inglaterra contemporânea e, assim, uma visão mais clara de seu futuro. Em Bremen, ele fora atraído principalmente por Shelley, por causa de seu ódio à monarquia e ao cristianismo, e começara uma tradução de *Queen Mab*. E agora lia toda a literatura inspirada nos conflitos da época. As obras de Carlyle, os romances de Disraeli, os poemas da sra. Browning e de Tom Hood falavam a ele das vastas convulsões sociais que estavam sacudindo a Inglaterra. Mas as ruas de Manchester eram mais eloquentes do que qualquer literatura.

Ao voltar para casa da Bolsa de Algodão ou de uma expedição às favelas com Mary Burns, ele percebeu que todas as impressões que estava coletando e todos os pensamentos que estava elaborando não poderiam dar frutos a menos que estudasse a ciência da economia política, que estava florescendo na Inglaterra. Até então ele negligenciara esse ramo do pensamento e confiara quase inteiramente na filosofia: mas agora via sua necessidade. Seu espírito sensível ficou muito impressionado com o espetáculo do industrialismo altamente desenvolvido – pois Manchester era a capital industrial do mundo. Desde os primeiros anos, Engels tinha um forte senso de justiça social. Agora, sua nova filosofia da história transformava o que havia sido mera emoção em uma perspectiva científica sobre os problemas atuais. E a nova ciência forneceu uma resposta tão completa a esses problemas que ele sentiu que era imperativo dar expressão imediata a suas emoções sempre que fossem despertadas. Engels tinha uma natureza altruísta e idealista. Teria preferido que a humanidade fosse inspirada por motivos que abolissem todos os conflitos e promovessem a comunidade de espírito. Mas a humanidade não está moldada dessa maneira; e ele tinha uma sede tão insaciável de conhecimento e um olhar tão agudo e resoluto que preferia ver as coisas como realmente eram.

Vindo de um país mais gentil e paternalista para a cidade materialista de Londres, ficou chocado com "a indiferença brutal, o egoísmo insensível das pessoas, cada uma concentrada em seus próprios interesses privados". Ali, pela primeira vez, ele reconheceu que o "autointeresse inflexível" era a base da sociedade contemporânea. Em Londres, como nas cidades industriais – "em todos os lugares há indiferença bárbara, busca incansável do próprio interesse de um lado e miséria indizível de outro; conflitos sociais em todos os lugares, uma corrida geral para roubar os semelhantes sob o manto da lei". A situação do proletariado industrial podia ser vista e estudada em Manchester e nas cidades vizinhas mais claramente do que em qualquer lugar do mundo. A simpatia pelo sofrimento humano e a fome de conhecimento estimularam Engels a estudar a posição da nova classe social. À medida que passava gradualmente a considerar como sua tarefa libertar aquela classe da escravidão, ele sentia cada vez mais que precisava escrever um livro para expressar seu novo conhecimento; pois sabia que nenhum outro alemão formado filosoficamente estava tão familiarizado com o assunto. Não pretendia apresentar uma impressão sobre uma localidade escolhida ao acaso, mas uma análise geral e típica, a partir da qual poderia tirar conclusões positivas. Ele estava começando a conhecer Manchester mais intimamente do que a maioria de seus habitantes. Era um observador talentoso e nunca deixou de coletar material; mas sua primeira estadia na Inglaterra não foi longa o suficiente para permitir que ele organizasse esse material da maneira que planejara.

Estava convencido de que, mesmo na Alemanha, a emancipação da humanidade nunca poderia ser concluída sem a abolição da propriedade privada. Descobriu que os cartistas superestimavam a eficácia dos meios políticos para seus fins; mas tinha certeza de que as circunstâncias os converteriam em breve ao socialismo. Como revolucionário convicto, ele não poderia prever sucesso com as táticas pacíficas do socialismo inglês; tinha certeza de que, na Inglaterra, a revolução social nunca aconteceria a não ser pela força. E assim foi levado a desejar que o cartismo fosse inspirado pelo espírito do socialismo e o socialismo pela energia do cartismo, pois sentia que um movimento era superior em teoria e o outro na prática. Ele tinha esperanças na sua fusão. Lia o *Northern Star* e o *The New Moral World* com igual ânimo e era conhecido dos líderes de ambos os movimentos[32].

Entre os socialistas, seu principal amigo era John Watts, o alfaiate de Manchester. Watts deu muitas palestras e teorizou muito sobre a existência de Deus. Engels, proveniente das escolas filosóficas alemãs, procurou em vão convencê-lo de que a existência de Deus poderia ser provada por outros meios que não a inferência de fatos materiais. Ele se importava pouco com a questão da existência de Deus, mas estava se exercitando na defesa do princípio dialético, pois Watts não admitiria sua necessidade *a priori*. Entre os cartistas, Engels procurou James

Leach, cujo amplo conhecimento de fatos e saudável senso comum lhe dava muita influência entre os círculos trabalhistas de Manchester. Mas Engels fez uma conexão muito mais importante quando, no verão de 1843, visitou a redação do *Northern Star* em Leeds: lá conheceu George Julian Harney, que dirigia esse importante jornal sob a égide de Feargus O'Connor. Apenas três anos mais velho que Engels, Harney tinha uma carreira política tempestuosa atrás de si. Inicialmente, tinha sido um cartista de esquerda, mas ficara profundamente abalado com o fracasso da greve geral. Embora não tivesse a força inata de William Lovett ou O'Connor, nada de sua influência e nenhuma eloquência comparável à deles, era o único homem entre os líderes de seu movimento familiarizado com as condições políticas e sociais no continente. A impressão que Engels causou sobre ele no primeiro encontro não tinha desaparecido 54 anos depois, quando Engels morreu: "um jovem esbelto, com uma aparência de imaturidade quase infantil, que falava um inglês notavelmente puro e disse estar muito interessado no movimento cartista". Assim Harney o descreveu, acrescentando que, mesmo aos 72 anos, Engels era tão modesto e reservado como quando se apresentou no *Northern Star* aos 22 anos.

Conhecendo Watts e outros socialistas, Engels descobriu que os ingleses não tinham a menor ideia do trabalho de seus camaradas no continente. Por isso, decidiu explicar-lhes a posição do socialismo continental. Em novembro de 1843, publicou um ensaio no *The New Moral World* chamado "O avanço da reforma social no continente". Esse ensaio mostra que Engels achava que, não apenas na Inglaterra, mas também na França e na Alemanha, a sociedade logo sofreria uma transformação revolucionária trazida pela abolição da propriedade privada. Observando que os movimentos sociais em todos esses países estavam, por diferentes caminhos, convergindo para o comunismo, ele se convenceu de que a civilização moderna estava destinada, por sua estrutura, a seguir nessa direção. Uma vez que o objetivo final de todos esses movimentos era o mesmo, as diferenças de opinião entre eles estavam fadadas a desaparecer com o tempo. Mas, como pensava que o estabelecimento de relações amistosas entre seus líderes e seguidores era uma necessidade primordial, Engels sentiu-se na responsabilidade de ajudar em sua formação. Membros individuais do movimento cartista já tinham externado a necessidade de que os proletários de diferentes países se tornassem conscientes de sua comunidade de interesses. Mas foi Engels quem, antes de todos os outros, e mais ansiosamente que todos, dedicou-se à tarefa de unir os "comunistas" dos países da Europa.

Ele desejava abalar a fé inglesa na lei e na ordem. De acordo com isso, tomou a história francesa como testemunho e explicou por que os comunistas franceses eram republicanos, pertenciam a sociedades secretas e não se furtavam a usar a força. Elogiou a polêmica de Proudhon contra a propriedade privada como a conquista mais importante do comunismo francês, pois Proudhon, disse ele, tinha revelado a verdadeira natureza e as contradições da ideia de propriedade muito mais cientificamente do que qualquer outro escritor. Naquela época, a crença de Engels na "aproximação do colapso do Estado" era fortemente influenciada pelo anarquismo de Proudhon; mas sua crença foi fortalecida por sua nova e surpreendente descoberta da supremacia das forças econômicas sobre as políticas. Ele viu que a propriedade privada era o fator mais importante na história, a questão central de todas as revoluções, consequentemente, não via mais a sociedade como subordinada ao Estado, mas o Estado como subordinado à sociedade. Engels formou a crença (que dali em diante faria parte de sua visão de mundo) de que o Estado não era uma categoria social existente desde sempre ou que deveria permanecer para sempre. Escrevendo no jornal de Owen, lidou principalmente com o comunismo da classe trabalhadora em sua discussão sobre a Alemanha; mas, mesmo ali, disse com grande ênfase que esperava que maiores avanços em direção ao comunismo seriam feitos por intelectuais do que pelos trabalhadores.

Engels viu o vazio moral dos trabalhadores ingleses. E, mesmo assim, esperava que a Inglaterra fosse regenerada exclusivamente por essa "parte da nação ainda desconhecida no continente". Ele não tinha nada além de desprezo pelas classes médias inglesas, que consideravam o egoísmo como a única força que unia a humanidade, e esse julgamento foi confirmado por um retrato da Inglaterra que acabara de ser apresentado por um autor ilustre. Engels reconheceu Carlyle como o único homem culto da Inglaterra que estava realmente preocupado com os problemas morais da sociedade em que vivia. Ele ficou profundamente emocionado ao ler as palavras com as quais "o grande rapsodista" descrevia o estado lamentável da Inglaterra e enfatizava que as coisas não podiam permanecer como estavam. A condenação de Carlyle à futilidade de seu tempo e à corrupção de todas as instituições sociais foi aplaudida em alto e bom som por Engels em seu belo ensaio no *Past and Present*. Mas não considerou suficientes as propostas práticas de Carlyle. Achou incrível que um escritor tão ousado pudesse condenar impiedosamente o sistema de concorrência aberta e ainda assim não se dar conta de que a propriedade privada era a raiz de todo o mal.

Mais ou menos nessa época, Engels escreveu seu "Esboço de uma crítica da economia política"[33] – um trabalho ainda mais ousado e brilhante do que seu ensaio sobre Carlyle. Ele ficou terrivelmente impressionado ao ver que, na metrópole industrial do mundo, a produção estava crescendo a um nível surpreendente por meio de invenções mecânicas, enquanto as massas ainda eram arrasadas pela pobreza por não poderem obter ou consumir os produtos de seu próprio trabalho. Carlyle chamara isso de maldição de Midas. Assim que Engels compreendeu todo o absurdo do paradoxo, começou, como de costume, a procurar precursores e companheiros da mesma linha de pensamento – ele poderia aprender com os primeiros e discutir com os segundos sobre como o mal poderia ser extirpado. Ficou muito emocionado ao descobrir que "o mecanismo irracional e insensível da concorrência aberta" foi divinizado por Adam Smith e por toda a escola clássica de economistas, e que a burguesia inglesa considerava o sistema de propriedade privada necessário e indestrutível. É mais uma prova da coragem de Engels, que, aos 23 anos, tenha se aventurado a fazer um ataque independente aos economistas políticos e procurado usar o método dialético para expor as teorias deles como um tecido de contradições. Ele se voltou com uma paixão especial ao ataque da teoria malthusiana da população como uma "blasfêmia hedionda contra a natureza e a humanidade" – cujo propósito era fazer com que os homens aceitassem como lei da natureza as consequências da estrutura defeituosa da sociedade.

Esses dois ensaios são os primeiros a mostrar o gênio histórico de Engels totalmente desenvolvido; e são os primeiros trabalhos que ele publicou em seu nome. Durante sua estadia na Inglaterra, adquiriu uma profunda compreensão da relação entre as classes e o Estado, um conhecimento especializado das consequências sociais da revolução industrial e uma percepção aguda das tendências do desenvolvimento capitalista. Nessa época, dificilmente haveria alguém no continente capaz de igualar sua compreensão desses problemas; fora da Inglaterra, esses desenvolvimentos eram lentos. A essa altura, Engels havia escolhido sua carreira. Sabia a tarefa à qual sua vida seria dedicada. Estava na hora de conhecer aquele homem ainda maior do que ele ao lado de quem lutaria.

Engels por L. Kuznetzov, 1961.

VI
AMIZADE COM MARX

Engels deixou Manchester no final de agosto de 1844 e viajou para a Alemanha, passando por Paris. Depois de longos meses sob o "terrível céu de chumbo" de Lancashire, seu espírito alegre acelerou-se novamente na vida brilhante dos bulevares. Mas a grande experiência dos dez dias que passou em Paris não foram as perambulações pela cidade nem o passeio pelos lugares consagrados pelas memórias de Babeuf, Marat e Robespierre: foi sua nova amizade com Karl Marx[34].

Marx e Engels finalmente chegaram a um entendimento. Viram que se complementavam e que seu desenvolvimento espiritual tinha seguido a mesma linha. Ficaram felizes ao perceber que seriam companheiros nessa caminhada no futuro porque, um independente do outro, tinham formado as mesmas visões de seu objetivo e do caminho em direção a ele. Sabiam que só poderiam alcançar seu fim comum compartilhando seu conhecimento e sua força. Amizades não são feitas apenas de um tempo e de uma estação, e poucas suportam as leis da mudança. Não é de surpreender que Marx e Engels, a essa altura, sentissem que estavam entrando em uma parceria permanente e que sempre aprenderiam e lutariam lado a lado. Mas é impressionante que essa parceria tenha permanecido estável ao longo de anos de mudanças; e é sem paralelo que a conquista desses dois homens seja tão completa, tão vigorosa, uma unidade tão viva.

Não investigaremos aqui a vida e o desenvolvimento espiritual de Marx. Mas é importante sabermos como seu caráter contrasta com o de Engels. Se o espírito ativo e persistente de Engels era como a torrente da montanha, Marx era como a tempestade que golpeia sem prestar atenção se destrói ou edifica. Engels sentiu--se seguro assim que deixou a atmosfera pietista de sua casa em favor do ar puro da teologia e da filosofia especulativas; ele estava satisfeito por ter embarcado no "trem para o futuro". Mas Marx combateu o espírito de seu tempo como Jacó lutou com o anjo. Seu trabalho nasceu lenta e dolorosamente; seu pensamento era profundo e perspicaz, porque era ao mesmo tempo destrutivo e construtivo. Engels era naturalmente um homem mais prático, mais rápido em se orientar. Ele sentia as coisas "no ar"; era capaz de pegar o material que estivesse à mão, selecioná-lo e combiná-lo até encontrar uma nova conexão, mas carecia de originalidade dialética. As diferentes atitudes de Marx e Engels refletem-se na diferença de seus estilos. As frases de Engels não apresentam marcas de luta com sua forma ou pensamento. Elas correm rápidas e sem hesitação; transparentemente claras, fluentes e graciosas, respondem a todas as ideias que seu escritor se preocupou em expressar. Suas cartas são iluminadas por um senso de humor saudável. Seus primeiros escritos contêm muitas vigorosas figuras de linguagem poéticas. Já as frases de Marx estão sempre transbordando pensamentos: elas são receptáculos e, nesse sentido, inadequadas. As antíteses de que tanto gostava eram pregadas em torno das conclusões a que chegara após um longo trabalho intelectual; sua intenção era sempre fazer que leitor e escritor tivessem a posse permanente dessas conclusões. Brilho, falta de jeito e ocasional obscuridade são fundidos em seus escritos; mas eles sempre irradiam o impacto da bigorna do pensamento.

Engels era muito menos nervoso, muito mais estável que Marx; tinha uma disposição mais brilhante, menos contorcida e mais harmoniosa. Física e intelectualmente, era mais elástico e resiliente. Frequentemente censurava Marx por permitir que seu temperamento o "tragasse", por nunca relaxar e nunca estar satisfeito consigo mesmo. Ambos eram igualmente capazes de resistência, tenacidade e persistência, e ambos possuíam grande amor ao trabalho e uma capacidade inesgotável para ele. Ao longo de suas vidas, entregaram-se sincera e desinteressadamente à sua tarefa, perseguindo-a com devoção fanática e uma rejeição indômita da vaidade pessoal. O tom das cartas que trocaram é estimulante, rápido, livre e fácil: ele reflete a modéstia que em ambos se combinava com uma crueldade selvagem contra si mesmos e contra os outros.

Em uma dessas cartas, Engels menciona que Marx "conhecia sua indolência *en fait de théorie* [no que se refere à teoria]", que o mantinha surdo às queixas de seu melhor eu e o impedia de alcançar a raiz do objeto. Engels conhecia bem sua própria natureza. Era necessário que ele encontrasse um ponto a partir do qual pudesse ver o espetáculo complexo da história; mas não podia reduzir suas percepções e pensamentos a um sistema científico. Os poderes de síntese de Marx deixaram Engels em profunda dívida com ele. Engels ajudou a marcar as fundações – ele trouxe material valioso –, mas nunca poderia ter erguido o edifício, por mais que desejasse um lar espiritual. Wilhelm Liebknecht, que conhecia Engels bem, fala do olhar penetrante de seus brilhantes olhos azuis. Já conhecemos seu instinto afiado de caçador, sua visão segura e sua adesão incansável à verdade: vimos como seu senso de direção ágil e resoluto o serviu durante as perplexidades de sua juventude, ajudou-o a ensinar a si mesmo e, finalmente, a encontrar o objetivo que procurava. Ele sempre foi capaz de descartar o inútil e escolher o útil por meio de um processo instintivo de seleção. Mas a ferroada da controvérsia foi necessária antes que todos os seus poderes de crítica pudessem ser despertados. E, mesmo assim, a crítica intelectual raramente era a força motriz de sua alma; as decisões finais já tinham sido tomadas, pois eram imediatas e talvez inconscientes. Ainda assim, se as críticas fossem necessárias, ele se entregava a elas com muito prazer e destreza, pois era um lutador por natureza. Em seus dias de juventude, quando seus julgamentos agudos e temperamento explosivo ofenderam os outros, ele não evitou desafios ocasionais para duelos; mais tarde, seu interesse apaixonado pela ciência militar lhe rendeu o apelido de "o general", e seus amigos o consideravam o Carnot de uma futura revolução alemã[35].

A visão de Engels sobre a vida era estimulante e não acadêmica. Escolheu aprender com os fatos quando estes entravam em sua linha de visão; preferia detectar em vez de estudar, improvisar em vez de sistematizar. Mas, onde Engels falhava, Marx era forte. Mais tarde, ele admitiu a Bebel que Marx tinha lhe ensinado o significado do trabalho científico. Embora adorasse os livros, não era natural para ele passar a vida inteira em bibliotecas, coletando material diligentemente para confirmar sua visão da sociedade e da história. Era mais do seu gosto fazer amizade com outros homens e aprender com eles, encontrar conexões e começar a fazer associações que promovessem a causa sagrada que ele tinha em vista. Pelo seu corpo atlético, movia-se um impulso constante à ação; ele era um cavaleiro e caçador entusiasta, de modo que nem mesmo sua feroz inimizade social e política com a nobreza inglesa o impedia de cavalgar com ela. E, no mesmo espírito, não hesitava em "caçar além das altas cercas do pensamento abstrato". Mas sempre foi mais feliz quando conseguiu exercer as capacidades práticas que herdara de seus ancestrais – mesmo na esfera intelectual. E depois que conheceu Marx e percebeu que seu amigo se destacava nas qualidades que ele não possuía, limitou-se com consciência tranquila ao exercício de seus verdadeiros talentos.

Embora tivesse uma mente vigorosa e receptiva, não devemos esquecer que sua educação pouco sistemática lhe dera certos traços diletantes. Mas, mesmo que tivesse tido tempo e oportunidade de estudar filosofia com mais precisão, seus dons especiais nunca teriam surgido no domínio do pensamento abstrato. Ele nunca poderia ter dominado, analisado e reconstituído o conhecimento das gerações passadas com a liberdade e o domínio de Marx. Era sensato de sua parte reconhecer que seu espírito precisava de um piloto para visitar novas terras. Embora tivesse um certeiro senso de direção, não confiava em si mesmo para dirigir sozinho. Depois de Strauss e Börne, ele se voltou a Hegel em busca de orientação. Quando chegou a Feuerbach, sentiu que seu espírito estava suficientemente forte para fazer uma excursão independente além dos limites da doutrina do filósofo solitário e antissocial. E então conheceu Marx, que estava seguindo na mesma direção. Juntou-se a ele e de bom grado começou a fazer "o que fui feito para fazer, tocar o segundo violino" – feliz por ter encontrado o primeiro violino e seguir sua liderança. Ele nunca aspirou mais? Sempre permaneceu satisfeito com seu *status* subordinado? O próprio Engels teria se recusado bruscamente a responder a essa questão. Não existem palavras dele que provem qualquer conflito trágico em sua alma. Seu pensamento nunca foi centrado em si mesmo, e ele não foi torturado pela ambição. Aos dezoito anos, contentara-se em reconhecer que não era poeta. E da mesma maneira, nos anos posteriores, estava contente em não esperar figos dos cardos, mas desfrutar do exercício das ricas qualidades que ele possuía. Em 1880, ele escreveu para Eduard Bernstein e, referindo-se a Marx, disse que não entendia como alguém poderia ter ciúmes de um gênio. "A genialidade é uma coisa tão excepcional que nós que não a temos sempre sabemos que não podemos alcançá-la." Portanto, não devemos imaginar que Engels estivesse triste e resignado: ele não deixou motivos para essa visão.

Mas o fato mais importante sobre a nova amizade era a contribuição que cada um poderia dar ao pensamento do outro quando se conheceram. Em seu tempo como editor da *Gazeta Renana*, em Colônia, Marx reconhecera que a filosofia não está "fora do mundo". Desapontado com sua crença na política, voltou-se à crítica da política. Ele via o significado do mundo material e a necessidade de uma revolução nele; percebia que toda revolução política era limitada, que a própria democracia era uma coisa incompleta. Mas, na época em que Engels estava se voltando ao comunismo, Marx não conhecia mais sobre suas doutrinas do que isso. Não é mais do que a verdade quando ele diz a Engels, vinte anos mais tarde: "você sabe que sou lento para entender as coisas e que sempre sigo suas pegadas". A imensa importância das doutrinas socialistas para o desenvolvimento de seus ideais de humanidade despontou para ele pela primeira vez quando migrou para Paris. Assim que o problema das massas se apresentou, ele começou a perceber sua importância na história e mergulhou ansiosamente no estudo da Revolução Francesa.

Na França, como na Inglaterra, havia uma crença generalizada de que os conflitos políticos da história ocultavam sua real natureza de conflitos de classes. Sob tais influências, Marx logo percebeu que, em toda revolução puramente política, "uma classe tenta, a partir de seu ponto de vista especial, emancipar a sociedade". Ele confiava em seu gênio para as críticas produtivas: recusando-se a abordar dogmaticamente o futuro do mundo, preferia desenvolver sua nova posição a partir da crítica do passado. Sentia a necessidade de que sua época se dedicasse a uma crítica implacável a todas as coisas existentes – uma crítica implacável que não recuou nem mesmo diante de suas próprias conclusões ou de conflitos com a autoridade. Como Engels, ele pretendia mudar a perspectiva de seus semelhantes; mas apontava mais diretamente. Não via a solução como "uma grande divisão entre o pensamento do passado e o pensamento do futuro", mas como o reconhecimento pela época de seus próprios conflitos e desejos.

Engels se interessou cedo pelo problema da ação. Ele poderia ter encontrado uma solução mais completa para esse problema do que a proposta por Marx em suas contribuições aos *Deutsch-Franzosische Jahrbücher* [*Anais Franco-Alemães*][36]? Deve ter ficado impressionado ao encontrar ali, com uma novidade e uma grandeza surpreendentes, a completa unificação de pensamento e ação, a perfeita reconciliação entre teoria e prática e uma declaração intransigente de que era o curso da história que emanciparia a humanidade. Ele também não chamou a história de Alfa e Ômega, não esperava que ela traria a vitória da revolução? Engels acreditava que o proletariado inglês era a tropa de choque da revolução mundial. Marx ainda estava com o olhar fixo na Alemanha: ele a abandonara para evitar as amarras da censura e "para fazer a Alemanha petrificada dançar à força" ao som da música que ele tocava. Devemos lembrar da avidez com que Engels tentou mostrar que o comunismo nascia naturalmente da filosofia hegeliana, da ansiedade com que perguntava por que surgiam líderes socialistas entre as classes educadas da Alemanha, mas não entre as da Inglaterra, da dificuldade e do sucesso de sua busca pela conexão entre política e economia. Com isso em mente, entenderemos facilmente o imenso efeito que o ensaio de Marx teve sobre ele. Podemos ver pelas contribuições de Marx e Engels aos *Anais Franco-Alemães* que eles esperavam que a abolição do proletariado levasse ao que Feuerbach idealizou como o futuro da humanidade. Marx chamou-o de resolução do "conflito entre a existência sensível do indivíduo e a existência da espécie humana", e Engels o descreveu como a "reconciliação da humanidade com a natureza e consigo mesma". Engels desejava colocar os processos de produção material sob o controle consciente da humanidade: somente assim o homem poderia vencer a propriedade privada, que desorganizara a ordem social. Marx tinha esperanças de que "a ordem mundial existente se dissolveria" quando os interesses materiais das massas coincidissem com os interesses intelectuais dos filósofos – o que eles estavam dispostos a realizar. Mas tanto Marx quanto Engels viam claramente que a libertação que desejavam ia muito além do domínio da política.

Na Inglaterra, Engels reconheceu que o mundo econômico e social era independente e anterior ao Estado. Mas foi Marx quem primeiro lhe mostrou que a política e a história são explicáveis apenas em termos de relações sociais – o princípio que se tornou a alavanca de toda a sua concepção de história. Marx deu a Engels a prova final de sua suposição de que o comunismo era a continuação e a conclusão do pensamento filosófico alemão e uma solução convincente para o conflito aparentemente irreconciliável entre o espírito e as massas.

Nesse pensador vigoroso, que podia lhe demonstrar sistematicamente, com uma dialética penetrante, aquilo que ele apenas vislumbrara em linhas gerais e esboços, Engels encontrou seu mestre espiritual. Mas o próprio Marx encontrou grande significado vital em "Carlyle" e "Esboço de uma crítica da economia política" de Engels, e ainda mais nas opiniões e fatos que ouviu diretamente deste. Seu pensamento sempre fora abstrato; até se tornar editor da *Gazeta Renana*, nunca havia adentrado o mundo dos assuntos práticos. Mesmo então, não tinha o conhecimento factual necessário a um homem que pensava que a economia desempenhava o papel principal na história. Foi Engels quem lhe ensinou a técnica necessária ao estudo dos fatos econômicos. Engels o ajudou a conhecer as realidades vivas, e Engels era o homem certo para fazer isso, uma vez que tinha conhecimento pessoal da indústria, do comércio e do capital e mantinha contato pessoal com o proletariado moderno. No começo, Engels poderia lhe ensinar lições mesmo em economia política. Marx ficou profundamente impressionado quando entendeu que Engels tinha usado essa ciência tão negligenciada pelos hegelianos para mostrar que todas as categorias econômicas são redutíveis a diferentes formas de propriedade privada e, assim, desenvolver uma prova dialética da inevitabilidade do comunismo. Como Marx sustentava que a história se baseava em fatos materiais, não em ideias, foi forçado a concentrar sua atenção no mundo econômico. Uma vez que defendia que o progresso da civilização dependia da abolição do proletariado, foi obrigado a investigar as leis que tinham criado o proletariado e as tendências que concorriam para a sua abolição. E aqui as sugestões de Engels tiveram valor inestimável. Ele viu as coisas sob uma luz nova e clara quando seu amigo apontou a oposição entre as frases gentis e a prática desumana do *laissez-faire*; os relatos de Engels sobre as crises financeiras e a acumulação de capital foram uma revelação para Marx. Anos depois, quando o releu, ele falou com admiração do "gênio" que encontrou no "Esboço de uma crítica da economia política". Em 1862, ele declarou que Engels já tinha descoberto ali a objeção decisiva à teoria da renda da terra de Ricardo.

Era inevitável que os amigos discutissem o desenvolvimento do pensamento filosófico alemão e o círculo filosófico de Berlim do qual tinham sido membros. Marx sempre achava mais fácil progredir intelectualmente opondo suas crenças atuais às crenças que tivera e descartara. Engels não se sentia propenso a agir assim. Não lhe teria ocorrido escrever uma grande obra dedicada exclusivamente a atacar os hegelianos de Berlim, que, seguros nas elevadas alturas da teoria abstrata, bombardeavam seus antigos camaradas com panfletos – simplesmente porque eles sentiram que deveriam adentrar o mundo e aprender algo sobre as massas trabalhadoras. O livro que escreveu com Marx dirigia-se ao grupo de Berlim, que estava centrado na "família Bauer", e ridicularizava a crença deles na existência transcendente do Espírito. Seu título original era *Uma crítica da Crítica crítica*. Engels ficou desagradavelmente surpreso quando outro título, *A sagrada família* (que tinha sido usado em conversas), foi posto no livro pelo editor. Ele queria evitar "brigas desnecessárias" com seu pai devoto – já irritado com sua conduta. E ficou ainda mais irritado porque seu nome apareceu ao lado do de Marx na folha de rosto. "Eu não escrevi quase nada disso", disse, "e qualquer um pode reconhecer seu estilo. De todo modo é ridículo, pois redigi talvez uma dúzia de páginas e você centenas!"[37]

Mas podemos ver o que Engels conseguira sozinho em seu livro *A situação da classe trabalhadora na Inglaterra segundo as observações do autor e fontes autênticas*[38]. Ele o escreveu em Barmen no outono de 1844 e inverno de 1844-1845. Trata-se do principal trabalho de sua juventude. Ele foi extraordinariamente bem-sucedido em combinar suas opiniões aos fatos que descreveu. Quando, mais velho, foi chamado de o fundador da economia política descritiva, ele mencionou Petty, Bois-Guillebert e outros; e acrescentou que franceses e ingleses descreveram a posição do proletariado antes dele. Disse que teve a sorte de ser o primeiro homem no centro da indústria moderna "a abrir os olhos para as condições de vida, pelo menos para as mais óbvias". Mas essa foi uma conquista pequena?

O livro foi dedicado, em inglês, à classe trabalhadora da Grã-Bretanha. Na dedicatória, Engels menciona com orgulho os documentos que estudou e as observações pessoais que realizou a fim de dar uma imagem verdadeira de suas lutas contra a força política e social de seus opressores. Escreve estar feliz em pensar que passou suas horas de lazer em Manchester não nas mesas ricas dos proprietários de fábricas, mas na companhia de trabalhadores pobres e no estudo de suas vidas. A classe média inglesa nunca produziu um trabalho legível que lidasse com a situação da maioria dos britânicos nascidos livres: tinha deixado a cargo de um estrangeiro contar ao mundo civilizado as condições indignas em que os trabalhadores ingleses viviam.

No prefácio alemão, Engels explica que as causas responsáveis pela sujeição do proletariado inglês devem ter o mesmo efeito na Alemanha. Entretanto, observa, a descrição da miséria da Inglaterra pode levar outras pessoas a verem a miséria existente na Alemanha e indicar os perigos que ameaçam a paz no país. Ele adiciona um exame introdutório da história do desenvolvimento econômico inglês nos primeiros dias da Revolução Industrial. Considera a ascensão do proletariado moderno o resultado mais importante desse vasto processo e lamenta a estupidez da burguesia inglesa – que não vê que o chão sob seus pés está prestes a engoli-la com a inevitabilidade de uma lei matemática.

A maior parte do livro dedica-se a uma descrição da posição do proletariado em seus vários estratos – primeiro trabalhadores industriais, depois mineiros e trabalhadores agrícolas. Capítulos especiais lidam com a imigração irlandesa, as grandes cidades e o efeito da concorrência no proletariado. O cartismo e o socialismo inglês são tratados sob o título de "Os movimentos operários". Um capítulo final investiga a relação da classe média com o proletariado; e, após um diagnóstico completo da doença social, termina com um prognóstico de seu resultado – a profecia que conhecemos.

Mas esse rico material não permaneceu meramente descritivo. Ele ganhou uma unidade extraordinária pela consistência com a qual Engels o articulou sob seus princípios gerais, princípios que surgiram de convicções pessoais profundamente enraizadas. Seria errado acusar Engels de pintar uma imagem muito sombria da miséria do proletariado inglês naquele primeiro período do capitalismo. As pesquisas oficiais e os escritos de inúmeros cidadãos ingleses que estavam longe de serem comunistas revolucionários nos mostram a barbárie terrível existente. Ainda assim, é de grande importância se o autor de um livro como esse concebe a possibilidade de reformar essas condições ou pensa que uma reforma pacífica está fora de questão.

Engels não aguentava mais as fórmulas mágicas repetidas por Hess e pelos "socialistas verdadeiros"[39] – *Mensch, Wahrer Mensch, Gattungsmensch* [humano, verdadeiramente humano, gênero humano] e assim por diante. Nesse livro, ele deliberadamente deu as costas a essa linguagem. Para fazer isso, encontrou força na ideia redentora de que as imperfeições do sistema atual estavam vinculadas à sua necessidade inerente de produzir um sistema melhor. Embora a revolução inglesa ainda tardasse, ele aguardava ansiosamente o momento em que a concentração de capital e os efeitos devastadores das crises comerciais reduziriam toda a nação (com exceção de alguns milionários) ao nível proletário – e a levaria à ação. Agora via que a guerra de classes era a força motriz da revolta do proletariado. Mas como reconhecer esse fato brutal como uma necessidade histórica sem entrar em conflito com o credo humanista do idealismo alemão? Ele percebeu que, enquanto o capitalismo continuasse, haveria apenas duas alternativas para a maior parte da humanidade – abandonar-se ao destino ou pegar em armas por seus direitos enquanto homens. E assim a guerra de classes tornou-se um estágio do objetivo ideal dos humanistas. Quando Engels escreveu um novo prefácio para esse livro, três anos antes de sua morte, sentiu-se compelido a justificar-se pela afirmação enfática de que o comunismo não era um grito apenas em favor da classe trabalhadora, mas objetivava a libertação de toda a sociedade. Depois de meio século de luta contra a burguesia, ele admitiu que sua afirmação ainda era verdadeira "em abstrato", mas acrescentou que, na prática, ela era "pior do que inútil". Contudo, na juventude, ele estava inspirado pela crença de que o comunismo "não era um assunto dos trabalhadores, mas da espécie humana".

Engels retornou a Barmen com a determinação de abandonar sua carreira nos negócios o mais rápido possível, a fim de dedicar-se sem impedimentos à pesquisa científica e à propaganda comunista ao lado de Marx. Mas foi forçado a reconhecer que precisava esperar pelo menos alguns meses para que a decisão soasse aceitável para sua família, pois isso romperia com todas as suas tradições. Marx e ele perceberam que deveriam viver e trabalhar juntos; tinham que criar um novo comunismo com suas próprias forças, tanto um partido quanto uma filosofia. As primeiras reuniões de Engels com aqueles que se autodenominavam comunistas no distrito do Reno convenceram-no de que o futuro da causa dependia da construção de uma base teórica para o comunismo. Parecia-lhe especialmente urgente combater as dúvidas sobre sua viabilidade prática, que encontrava em todos os lugares. Ele prometeu a Marx que, dentro de três dias, escreveria um panfleto cobrindo esse ponto. Chocados ao assistirem às lutas mortais entre as indústrias domésticas, alguns espíritos escolhidos entre a burguesia alemã estavam voltados, naquele momento, a um socialismo moderado, e tinham fundado associações para promover o bem-estar das classes trabalhadoras. Esse movimento não desagradou os governos dos vários estados – eles ficaram satisfeitos com o fato de a atenção do público estar sendo desviada de questões mais embaraçosas, como governo representativo e liberdade de imprensa. Mas essas associações não eram um solo em que o comunismo poderia crescer.

Engels logo descobriu que era muito mais difícil fazer contato direto com a classe trabalhadora na Alemanha do que na Inglaterra. Os trabalhadores das áreas de tingimento e branqueamento de Wuppertal eram um esplêndido material para um movimento comunista. Mas como ele os alcançaria sob a onipresente vigilância da polícia? "Se alguém pudesse mostrar aos companheiros o caminho certo!", lamentou-se a Marx, depois de fazer inúmeras tentativas malsucedidas. Na época, ele estava trabalhando em colaboração com Hess, embora algumas discordâncias se fizessem sentir às vezes. Eles foram compelidos a, no mínimo, fazer o possível entre membros das classes educadas, alguns dos quais se mostravam naquele momento receptivos a novas ideias sociais. Era possível convocar reuniões sem a permissão da polícia desde que seu objetivo fosse fundar associações para a melhoria das condições de vida da classe trabalhadora. Em tais reuniões, Engels conheceu pessoas que tinham algumas ideias radicais; como sempre foi otimista, escreveu a Marx: "Onde quer que se vá, é possível defrontar-se com um comunista". A princípio, teve visões excessivamente esperançosas das perspectivas do movimento, como mostra seu artigo de 14 de dezembro de 1844 no *The New Moral World* intitulado "O rápido progresso do comunismo na Alemanha".

Engels e Hess planejavam fundar uma revista mensal que, sem correr o risco de fechamento imediato por propaganda comunista aberta, imprimiria relatos da situação da classe trabalhadora na Alemanha. Esse plano foi descrito pelo ilustre escritor socialista cristão V. A. Huber como "um empreendimento que poderia, em mãos mais respeitáveis, satisfazer uma necessidade real e difundir o conhecimento de possíveis melhorias". Ela foi publicada em Elberfeld. Os dois convenceram a editora de que pretendiam fundar uma revista popular não política, cujo propósito era relatar fatos simples e ser o órgão das novas associações para o aprimoramento da classe trabalhadora. Seu título era *Gesellschaftsspiegel* [Espelho da Sociedade]. O subtítulo, "Órgão para a representação das classes populares despossuídas e para o melhoramento das condições sociais do presente", pretendia persuadir o governo de que discutiria, mas não defenderia, os interesses do proletariado. No entanto, o governo logo se convenceu de que o novo empreendimento era perigoso. Embora não tenha sido capaz de fazer muito contra o livro de Engels, "quando seu conteúdo passou a ser divulgado por esses novos canais, a posição foi diferente". O *Espelho da Sociedade* logo foi quebrado.

Aos olhos dos proprietários de fábricas de Elberfeld e Barmen, o trabalho de caridade tinha fundamento nos ideais cristãos. Assim, nas primeiras reuniões convocadas para fundar uma associação para a melhoria da classe trabalhadora, houve disputas ferozes entre clérigos e racionalistas. Engels e Hess se aproveitaram da emoção para dar publicidade a suas próprias demandas, mais radicais. Havia alguns funcionários públicos e jovens comerciantes que desejavam maiores informações sobre os objetivos e a viabilidade prática do comunismo; para estes, Engels e Hess concordaram em realizar uma reunião privada em um dos melhores restaurantes dali. Havia mais presentes do que eles esperavam. Alguns dias depois, quando as discussões continuaram, estavam falando para uma audiência de mais de cem pessoas. Numa terceira reunião, a multidão era tão grande que as autoridades proibiram que tais assembleias fossem repetidas.

Temos o relato de uma testemunha ocular desses que foram, provavelmente, os primeiros encontros socialistas da Alemanha.

> Para fazer a coisa parecer inofensiva, alguns harpistas foram contratados. No início da reunião, foram lidos poemas baseados em temas sociais. Então Hess e "Friedrich Oswald" começaram seus discursos. Na audiência havia proprietários de manufaturas que vieram dar uma olhada e expressaram sua contrariedade com risadas e zombarias. A defesa da sociedade capitalista ficou a cargo do diretor do teatro local. Quanto mais violentamente ele atacava a possibilidade do comunismo, mais entusiasmados os notáveis bebiam por sua saúde.

Enquanto Hess elogiava o comunismo como a lei do amor, Engels achava mais apropriado apelar para a inteligência de seus ouvintes. Com frases lúcidas, ele analisou os absurdos que vira no sistema de livre concorrência da Inglaterra. Contrastou o sistema vigente com o comunismo, que removeria as diferenças entre as classes sociais e baniria as crises financeiras. Disse que havia várias maneiras de torná-lo realidade. Os ingleses fundariam alguns assentamentos comunistas e deixariam a cargo dos indivíduos aderir a eles se quisessem. Os franceses introduziriam o comunismo de Estado via legislação. Como os alemães ingressariam nele, ainda não era possível dizer. Após a discussão da segunda noite, foi objetado que ele não havia demonstrado de modo suficientemente convincente a necessidade econômica do comunismo na Alemanha, embora tivesse explicado sua inevitabilidade na França e na Inglaterra. Ao responder a essa objeção na terceira noite, ele percebeu que estava fazendo seu último discurso. Determinado como estava a deixar a Alemanha imediatamente, agora se aventurava a afirmar que a revolução social era necessária também nesse país. Um de seus principais argumentos era a futura rivalidade comercial entre Alemanha e Inglaterra. Defendeu-se que, se os alemães conseguissem fortalecer suas indústrias com tarifas altas e, assim, competir com a Inglaterra em mercados neutros, as indústrias alemã e inglesa poderiam existir lado a lado em perfeita paz. Engels contestou isso. Ressaltou que, para que uma indústria não seja deixada para trás, ela precisa encontrar novos mercados. Se não houvesse mais novos mercados, a Inglaterra teria que proteger suas próprias indústrias punindo as de outros países. O resultado seria uma luta de vida ou morte entre as indústrias alemã e inglesa; Engels considerava que a Inglaterra a venceria. Nesse caso, as indústrias deprimidas da Alemanha não poderiam mais alimentar o proletariado que haviam criado artificialmente e a revolução social viria imediatamente. Mas mesmo que a Alemanha vencesse, ela ainda estaria onde a Inglaterra estava naquele momento – à beira da revolução social. E era ainda mais provável que a ruína da Inglaterra apressasse a revolta do proletariado alemão e que a revolução inglesa se estendesse a toda a Europa.

Foi bom para Engels falar em público pela primeira vez. Ele confessou a Marx que o rabiscar de caneta abstrato era algo muito diferente de se levantar diante de homens reais e pregar diretamente a eles, cara a cara. Engels não era um orador nato. Se o fosse, teria sido mais difícil para ele conter, como fez, seu impulso de fazer contato político direto com o proletariado.

Desde que tinha saído da casa dos pais, nunca mais passara um período tão longo em sua terra natal. Pela primeira vez, ele via, e via todos os dias, o abismo insuperável que o separava das convicções e sentimentos de seu lar. Parece que até então seu pai não tinha percebido a extensão das atividades de Engels como propagandista de ideias subversivas. E agora Engels era forçado a chegar a algum entendimento sobre seu futuro. Ele era incapaz de levar sua consideração e respeito muito longe. A ansiedade de sua família o convenceu a retomar o trabalho comercial no escritório de seu pai; mas, quinze dias após sua chegada, descobriu que isso seria impossível. Escreveu a Marx em 20 de janeiro de 1845:

> Ficar contando centavos é horrível. Barmen é horrível, a perda de tempo é horrível,
> e acima de tudo é horrível continuar sendo não apenas um burguês, mas um

industrial, um burguês em oposição ativa ao proletariado. Precisei de apenas alguns dias na fábrica do velho para perceber o horror de tudo isso que outrora eu preferira ignorar. É claro que eu tinha planejado contar centavos o tempo que me conviesse, e então escrever algo proibido pela polícia, para enfim fazer uma saída graciosa pela fronteira. Mas mal posso esperar por isso. Acho que eu já estaria petrificado se não tivesse que escrever as histórias mais hediondas sobre as condições do povo inglês em meu livro todos os dias: isso pelo menos mantém minha indignação quente. Pode-se ser comunista e, ainda assim, manter a posição de burguês contador de centavos, desde que não se escreva. Mas a indústria, contar centavos e a propaganda comunista, tudo junto – impossível!

Impetuoso como era, ele achava a "vida enervante de uma família prussiana e cristã radical" cada vez mais intolerável à medida que as disputas entre ele e o pai aumentavam. Seu pai estava disposto a lhe dar dinheiro para estudar em Bonn, mas recusou-se resolutamente a sustentá-lo se estivesse pregando o comunismo. Ele ficou sabendo que Engels não deixara de receber comunistas em sua casa. As disputas descambaram para a guerra aberta quando Engels feriu o orgulho de seu pai (como destacado industrial e decano da igreja) pregando o comunismo em uma reunião pública. No dia 17 de março, Engels reclamou com Marx da "vida de cão" que estava levando em casa. "Você não pode imaginar", escreveu ele, "a perversidade da caça às bruxas cristã que grita atrás da minha alma." Disse que não começaria uma briga, pois sairia dali "em duas semanas, de um jeito ou de outro". Mas, "se não fosse por minha mãe – que é realmente gentil e humana (embora não tenha independência em relação a meu pai) e a quem realmente amo – eu não pensaria nem por um momento em fazer concessões a meu pai fanático e despótico".

Por fim, a relação entre pai e filho tornou-se tão intoleravelmente tensa que a polícia prestou um verdadeiro serviço a Engels ao demonstrar um interesse especial por ele. Uma prisão em Barmen significaria um escândalo que feriria mortalmente o orgulhoso pai. Assim, ele não opôs grande resistência quando Engels partiu para Bruxelas em busca de segurança. Marx fora expulso de Paris e estava morando em Bruxelas desde fevereiro.

VII
Na Bélgica e na França

Em Bruxelas, Engels sentiu-se livre de todas as restrições. Não havia uma detestável carreira de negócios para atrapalhá-lo, nenhuma consideração social a ser respeitada. Pela primeira vez, no contato próximo da vida cotidiana, ele e Marx aprenderam a entender o caráter intelectual um do outro e se conheceram como homens. Moravam um ao lado do outro em um subúrbio de classe trabalhadora[40]. Nunca mais trabalharam em contato tão próximo como nesses anos anteriores à revolução, quando estavam elaborando sua posição final, tanto em filosofia quanto em política prática.

No verão de 1845, os amigos viajaram juntos para a Inglaterra[41]. Engels queria restabelecer suas relações com os cartistas e buscar Mary Burns, que dali em diante permaneceu sua companheira constante. Marx desejava ter suas primeiras impressões da Inglaterra sob a orientação de Engels e, agora que havia mergulhado na economia, estudar os precursores ingleses do assunto. As semanas de sua estadia foram ricas em experiência. Muito tempo depois, em 1870, Engels rememorou a seu amigo a baia da Biblioteca de Manchester de onde olhavam, através de vidraças de cores vivas e brilhantes, o brilho do verão. Engels tornou-se colaborador regular do *Northern Star*. Em setembro de 1845, ele atacou em suas colunas a opinião que tinha apresentado anteriormente no *The New Moral World* – de que na Alemanha a revolução poderia ser obra de intelectuais. "As classes trabalhadoras farão isso sem ajuda. Não contamos com a classe média", escreveu.

Quando retornaram a Bruxelas, começaram um novo livro que deveria desenvolver e completar sua concepção econômica da história. Mais uma vez, voltaram-se com paus e pedras contra sua "antiga consciência filosófica", atacando Bruno Bauer, Stirner e até Feuerbach e os "socialistas verdadeiros". O livro se chamaria *A ideologia alemã* e, entre setembro de 1845 e agosto de 1846, eles quase o concluíram. O livro teve um destino singular. Devido à severidade

74 FRIEDRICH ENGELS: UMA BIOGRAFIA

da censura, nenhum editor alemão ou suíço ousava publicar nenhum de seus trabalhos. Enquanto isso, Marx terminara sua polêmica contra Proudhon, e também não conseguiu encontrar um editor para ela. Em março de 1847, Engels escreveu-lhe: "Se a publicação de nosso livro for prejudicar o seu, então, pelo amor de deus, enfie o nosso em uma gaveta – é mais importante que o seu seja publicado". E eles de fato abandonaram *A ideologia alemã* à "crítica roedora dos ratos"; apenas em 1932 essa abrangente exposição de sua concepção da história foi impressa. Marx também perguntou a Engels se ele poderia, em seu trabalho sobre Proudhon, usar algumas das ideias expressas em seu trabalho conjunto. A resposta de Engels: "É claro!". Os amigos sempre compartilharam sua propriedade intelectual. Pensavam apenas na finalidade que tinham em vista; e, dali em diante, essa seria sua finalidade. Embora se ressentissem de qualquer tentativa de terceiros de se apropriar de suas ideias sem reconhecimento, nunca pensaram em explicar à posteridade a diferença entre suas contribuições individuais. Portanto, é sempre difícil distinguir entre o trabalho de Marx e o de Engels, e nesse período o é muito mais. A maior parte da *Ideologia* foi escrita por Engels e alterada e complementada por Marx. Parte da obra foi copiada à mão por Joseph Arnold Weydemeyer, um ex-oficial da artilharia prussiana que se tornou amigo dos dois em Bruxelas. Portanto, a caligrafia não pode ser usada como um teste de autoria. A escrita de Marx era ilegível; por isso, muitas vezes, Engels fez a cópia final de passagens que ambos haviam elaborado anteriormente. Engels era o menos inibido dos dois, e é provável que por esse motivo muitas seções sejam de sua autoria exclusiva. Sabemos que ele era capaz de escrever com incrível rapidez artigos longos e até panfletos inteiros, que mais tarde descartava ou para os quais não encontrava editor. É impossível, portanto, concluir qual parte coube a cada um no trabalho conjunto, a menos que compreendamos claramente seus respectivos caracteres e educação[42]. Engels disse repetidas vezes que Marx lhe apresentou os princípios básicos de sua concepção de história de uma forma bastante completa quando se encontraram em Bruxelas. Mas reconheceu que também havia abordado gradualmente essa ideia alguns anos antes de 1845. Isso está de acordo com o que mostramos anteriormente neste volume.

Em *A ideologia alemã*, Marx e Engels se apresentam como os líderes de um partido comunista alemão. Essa é a primeira vez que ouvimos falar disso. Por enquanto, eles eram seus únicos membros – com talvez um punhado de outros intelectuais. Ainda não tinham apoiadores entre a classe trabalhadora. Apesar disso, sustentavam que o programa do novo partido não pretendia incorporar as opiniões de uns poucos secretários, mas ser o produto da verdadeira luta cotidiana de uma classe que agora reunia forças para o conflito político. As utopias de Charles Fourier e Étienne Cabet podiam ter sido adequadas à consciência subdesenvolvida do início do proletariado. Weitling adaptou as ideias francesas à perspectiva estreita dos artesãos alemães. Mas se um escritor teórico desejasse ajudar a causa proletária, deveria registrar as condições reais em que viviam os trabalhadores. A cada dia, a oposição entre a classe proprietária e os pobres na Alemanha tornava-se mais definida. Marx e Engels expressaram sua indignação com a conduta dos "socialistas verdadeiros" – um pequeno grupo de discípulos idealistas de Feuerbach – que obscureciam essa linha clara com construções como "a espécie humana" e "humanidade", em vez de proclamar firmemente a completa oposição do comunismo à ordem mundial existente.

Mas como Marx e Engels explicariam a nova doutrina comunista a seu público apropriado, os trabalhadores alemães? Para essa tarefa, precisavam da ajuda dos numerosos artesãos qualificados alemães que passavam os anos habituais no exterior para concluir seu treinamento. Muitos deles pertenciam à revolucionária Liga dos Justos[43]. A Liga tinha uma forte desconfiança de todos os intelectuais, e Engels viu que a tarefa seguinte dele e de Marx deveria ser superar essa descrença. Também era necessário conquistar os trabalhadores franceses e ingleses para a nova concepção da história e para a nova política que se baseava nela. Esses trabalhadores precisariam ser alcançados por meio de seus líderes. Engels conhecia alguns deles na Inglaterra e agora procurava amizades semelhantes na França.

Agora que Engels tinha elaborado com Marx uma base teórica firme para a revolucionarização da sociedade, considerava inimigos do comunismo todos os que pensavam que o proletariado poderia ser emancipado por qualquer outra via que não a descoberta por ele. Na Alemanha, havia dois rivais do novo comunismo: o comunismo dos artesãos de Weitling e o socialismo filosófico ("socialismo verdadeiro"), cujo defensor era Karl Grün. Ambos os movimentos tinham um número considerável de seguidores entre os artesãos qualificados que passavam um tempo em Paris. Essa cidade ainda era o principal centro de todas as atividades comunistas; e naqueles anos em que a monarquia burguesa estava cambaleando rumo à queda, sempre surgiam novos credos socialistas que encontravam mais ou menos apoio. Engels tratava o "socialismo verdadeiro" com uma mistura de desprezo e escárnio desde que se convencera de que apenas a luta de classes poderia emancipar a humanidade. Se alguém pensasse – com ou sem preconceitos cristãos – que o amor universal poderia regenerar a humanidade, Engels o consideraria um reacionário sentimental. Se um desses homens tentasse influenciar as massas, Engels o consideraria um perigoso falastrão. Se esse falso apóstolo chamasse seu entusiasmo insípido de "comunismo", Engels consideraria absolutamente necessário atacar um movimento que poderia dissipar a energia revolucionária dos trabalhadores.

No início de 1845, um estudante chamado Hermann Kriege apresentou-se na casa de Engels portando uma recomendação de Feuerbach. Engels o reencaminhou a Marx. De Bruxelas, esse louco fanático viajou para Nova York, ansioso para pregar seu evangelho no Novo Mundo. Lá, financiado por americanos ricos, fundou um jornal que declarava ser uma continuação de *Le Tribun du Peuple* [A Tribuna do Povo] de Babeuf, mas que era de fato apenas uma cópia pobre do "socialismo verdadeiro". Marx e Engels havia muito tempo pretendiam se dissociar desse movimento. Agora resolveram que seu "partido" precisava separar-se dele imediatamente.

Mas quem eram os membros de seu "partido"? As medidas tomadas pelo ministro Guizot contra os escritores radicais alemães que viviam em Paris fizeram da Bélgica o principal ponto de encontro dos comunistas alemães. Marx foi o primeiro a chegar e, gradualmente, quase todos os líderes do movimento se reuniram ao seu redor. Além de Engels e Hess, havia Weitling, que não estava mais de acordo com os líderes dos trabalhadores alemães em Londres. Havia também Sebastien Seiler e Weydemeyer; e Wilhelm Wolff, que tinha visto o interior de tantas fortalezas prussianas; Georg Weerth e Ferdinand Freiligrath. Somando-se aí alguns trabalhadores inteligentes, o grupo poderia chegar a vinte pessoas ao todo.

Engels sempre fizera justiça à importância histórica do pensamento de Weitling. Mas, logo depois que chegou à Bélgica, ele e Marx tiveram que admitir que não era possível estabelecer uma colaboração proveitosa com Weitling. Este não tinha formação filosófica nem senso histórico; não estava mais aberto a novas ideias; tinha abandonado suas próprias teorias estéreis e excêntricas. Além disso, estava cheio de desconfiança em relação aos dois jovens intelectuais que não o reconheciam como o líder instituído do comunismo proletário alemão; considerava-os apenas "astutos fabricantes de intrigas" que "denegriam" todos aqueles que consideravam rivais perigosos. Ele não conseguia perceber que esses jovens presunçosos acreditavam que a realização do comunismo deveria ser precedida por uma revolução burguesa, que desprezavam a propaganda secreta e que definiam toda emotividade como "poeira nos olhos". Por seu lado, Engels via em Weitling apenas um "grande homem", cheio de si, que carregava no bolso a receita para estabelecer o céu na terra e que sofria com a ilusão de que todo homem pretendia roubá-la dele. Uma cisão entre esses homens era inevitável. E ela veio em maio de 1846, em uma conferência do partido, quando Marx e Engels decidiram que deveriam circular um panfleto contra as atividades de Kriege. Sua moção foi levada adiante apesar da oposição de Weitling. Esse revés, bem como a pobreza que se abatia sobre ele, o levaram à fúria. Ele viu que sua participação no movimento da classe trabalhadora alemã tinha terminado e decidiu juntar-se a Kriege na América.

Hess não participou da reunião na qual Kriege foi proscrito, mas posteriormente criticou a severidade da decisão. Marx e Engels percebiam qualquer vacilação como perigosa e certa frieza instalou-se na relação com Hess. Engels não se esforçou para reconciliar-se com ele, embora lhe devesse muito. Mostrou a Hess que ele estava sendo deixado de lado – e, ao fazê-lo, garantiu o ódio de Hess.

Como vimos, Engels sempre se impacientou com o fato de a "única força" dele e de seu amigo estar na teoria. Agora que a estrela de Weitling minguava entre os trabalhadores alemães no exterior, Engels viu que tinha chegado a hora de convertê-los à nova doutrina. Decidiu dedicar todas as suas forças a isso. Não havia tempo a perder. Grün, que tinha aconselhado Proudhon sobre a filosofia alemã depois que Marx deixou Paris, estava tentando conquistar a fidelidade dos proletários alemães que viviam lá. Como Marx estava oficialmente exilado da França, Engels decidiu, em agosto de 1846, ir morar na capital francesa[44]. No entanto, os alfaiates, marceneiros e curtidores que Grün estava tentando converter não tinham nada em comum com o tipo de proletário com quem Engels contava para a realização de seus ideais. Paris era a sede da moda e das artes e ofícios; a maioria dos trabalhadores alemães tinha ido para lá para melhorar sua posição no comércio e depois voltar para casa, tornar-se mestres-artesãos dignos, casar-se e ter aprendizes próprios. Engels ainda tinha em mente as condições que vira em Lancashire; de modo que a princípio subestimou as dificuldades que enfrentaria. Elas surgiam, é claro, do fato de que o artesanato ainda era fundamental na Alemanha. Seus discursos aos trabalhadores alemães em Paris baseavam-se nas condições mais desenvolvidas da Inglaterra; portanto, tinham pouca atração para os alemães, pois ainda lhes era possível alcançar independência econômica e uma vida de relativa felicidade. Eles estavam predispostos a olhar mais favoravelmente para as teorias de Grün sobre a felicidade humana, a harmonia universal de interesses e assim por diante. Ainda assim, Engels inicialmente fez todos os esforços possíveis para convertê-los.

Grün tinha exaltado aos céus os esquemas cooperativos que Proudhon tinha desenvolvido recentemente em seu *Système de contraditions économiques ou Philosophie de la misère* [*Sistema de contradições econômicas ou Filosofia da miséria*]. E então Engels apareceu e perguntou ironicamente se eles realmente esperavam comprar a França e o mundo inteiro com suas economias. Esse "plano de libertação mundial", que prometia ser a "pedra filosofal" foi discutido durante três noites. No começo, todo o grupo estava contra Engels. Ele pregou a necessidade de uma revolução armada e acusou Grün e Proudhon de promoverem um ideal antiproletário e pequeno-burguês. A oposição que encontrou e os muitos ataques ao comunismo que ouviu o enfureceram. Engels propôs que fosse realizada uma votação para decidir se eles se reuniriam como comunistas ou como uma sociedade de debates. Caso se reunissem como comunistas, os ataques ao comunismo deveriam cessar. Caso contrário, ele não precisaria mais perder tempo com eles. Os apoiadores de Grün ficaram horrorizados. Explicaram que se reuniam "para promover o bem da humanidade" e que não eram doutrinários tendenciosos. Antes que pudessem decidir sobre o comunismo, precisariam saber quais eram seus objetivos. Engels deu a eles "uma definição clara e simples".

> Eu defini os objetivos do comunismo assim:
> (1) Atingir os interesses do proletariado em oposição aos da burguesia.
> (2) Fazer isso por meio da abolição da propriedade privada, substituindo-a pela propriedade comum.
> (3) Reconhecer a revolução democrática violenta como o único meio de alcançar esses fins.

Na terceira noite, Engels conseguiu convencer a maioria de seus ouvintes. Ele esperava ser seu líder reconhecido dali em diante. Mas Grün não pretendia deixar o campo para o recém-chegado sem alguma resistência.

Em janeiro de 1847, um jovem compositor chamado Stephan Born, que mais tarde desempenhou um papel importante no movimento operário alemão durante a revolução, visitou Engels e logo se tornou seu melhor aluno. Eles brigaram mais tarde, e Born, em suas *Memórias*, desenhou uma caricatura de seu ex-amigo como "o jovem burguês rico" que nunca se deu bem com trabalhadores. Engels, de fato, não era um demagogo. Sua honestidade e o orgulho natural de filho de uma família tradicional, pouco acostumado à dissimulação, o impedia de bajular homens de educação e caráter inferiores. Ele ficava irritado com o atraso dos artesãos e pode ter deixado que eles sentissem sua superioridade mais claramente do que era prudente. No entanto, isso não era arrogância burguesa, mas a inexperiência da juventude.

Engels tinha outro propósito ao ir para Paris – ele desejava estabelecer relações mais próximas com os líderes do movimento operário francês. Outro meio para esse fim era um comitê de correspondência comunista, que ele e Marx tinham acabado de criar[45]. (Esse órgão foi o precursor da Internacional Comunista: sua seção inglesa eram os Democratas Fraternos.) Agora os franceses deviam ser conquistados. Engels achou difícil convencê-los de que seus esforços eram apoiados por confederados valiosos e poderosos. Obviamente, era impossível converter Proudhon. Cabet também lhe deu as costas. E era impossível estabelecer qualquer conexão com o grupo Réforme[46]. Louis Blanc não podia conceber um ser humano sem religião. Quando Engels expôs seu ponto de vista, Blanc respondeu: "Então sua religião é o ateísmo!". Engels estava em constante confronto com a arrogância nacional que exalava de todas as palavras proferidas por esse socialista estatista francês.

Mesmo que seu sucesso não fosse grande, Engels ficou muito feliz com a vida e o movimento de Paris, que elogiou como "o coração e a cabeça do mundo". Ele admirava os parisienses por combinarem o poder do prazer com o da ação. Nenhum dos grandes homens que conheceu lhe causou uma impressão mais forte do que Heinrich Heine. Muito tempo se passara desde que ele reverenciava Börne – o marido tirânico da liberdade – em oposição a Heine, seu amante caprichoso. Engels agora estava cheio de simpatia pelo poeta da revolucionária "canção dos tecelões" (que ele tinha traduzido e resumido para os trabalhadores ingleses)[47], pelo profeta que predisse a aproximação da revolução e pelo satirista capaz de zombar tão brilhantemente do estado apodrecido do "velho e querido país". E sua simpatia foi dividida entre a admiração pelo gênio e a compaixão pelo sofredor. "É absolutamente horrível", lamentou a Marx em setembro de 1846, "ver um sujeito tão distinto morrer aos poucos." Ele considerou um dos piores sintomas da condição de Heine vê-lo falar gentilmente de seus conhecidos quando o visitou: essa era uma mudança triste!

Engels e Marx agora se sentiam compelidos a lutar pela alma do proletariado alemão contra os esforços do "socialismo verdadeiro" e do comunismo dos artesãos. Era a véspera de uma revolução, e a revolução dependia das massas. Mas as massas agora apoiavam a democracia *burguesa*, que varria a Alemanha como uma avalanche. Elas poderiam ter uma visão melhor de qual atitude deveriam adotar em relação a ela se se voltassem para o inimigo comum, a Reação. Desde a revolta dos tecelões de 1844, a imprensa reacionária nunca deixou de dizer ao proletariado que ele recebia mais simpatia dos proprietários feudais do que de seus inimigos naturais, os empregadores liberais. Engels e Marx se opuseram a essa atitude em um manifesto conjunto, publicado na *Deutsch-Brüsseler Zeitung* [Gazeta Alemã de Bruxelas] de 12 de setembro de 1847. Daí em diante, eles se referiram a esse manifesto sempre que viram algum perigo de que o governo prussiano alistasse os trabalhadores contra a burguesia liberal. O proletariado, disseram eles, não pergunta o que os burgueses *querem* fazer, mas o que ele próprio *precisa* fazer. "Ele pergunta se a situação atual – o regime burocrático – ou o regime burguês pelo qual os liberais estão lutando oferecerá mais oportunidades de atingir suas próprias finalidades." O proletariado alemão podia ver na Inglaterra, na França e nos Estados Unidos da América que a supremacia da burguesia daria às massas novas armas para a luta contra a própria burguesia, e também uma nova posição, a de um partido reconhecido. Seu manifesto dirigia--se contra a sedução da Igreja e do Estado existente. Por acaso, os princípios sociais cristãos alguma vez impediram o cristianismo de justificar a escravidão nos tempos antigos, de louvar a servidão na Idade Média ou de defender (com alguma tristeza, sem dúvida) a opressão do proletariado nos tempos modernos? Por acaso, esses princípios não explicavam que toda opressão vil era uma punição justa pelo pecado original ou posterior ou uma provação que o Senhor, em sua sabedoria, infligia a seus remidos? Engels e Marx afirmavam que era inútil para a monarquia tentar o povo novamente. O povo insistiria em seus direitos – sufrágio universal, liberdade de imprensa, direitos de reunião e associação e outras exigências igualmente desagradáveis. Quando os obtivesse, usá-los-ia para privar a monarquia de seu poder na primeira oportunidade.

Uma vez que se aproximava a hora do acerto de contas com as forças do conservadorismo, Engels e Marx consideraram vital estabelecer sua posição em relação à democracia burguesa. Precisavam mostrar por que ela jamais poderia realizar os objetivos do proletariado, por mais revolucionária que parecesse à primeira vista. Mas também tinham que deixar absolutamente claro que consideravam os democratas seus aliados mais próximos na revolução que se aproximava. Engels encontrou oportunidade para abordar esse ponto em resposta a um ataque democrata contra ele e seu amigo. Seu autor era o rude republicano burguês Karl Heinzen: o texto foi publicado na *Deutsch-Brüsseler Zeitung*, que na época era o palanque de Marx e Engels. Este escreveu no início de outubro de 1847 uma resposta direta. Heinzen tinha dito, e Engels agora negava, que o estado de desespero da Alemanha se devia não às condições gerais, mas aos príncipes – isto é, a certos indivíduos. Engels acrescentou que Heinzen nunca poderia esperar desviar o ódio do servo por seu senhor e do trabalhador por seu empregador para os príncipes e potentados. As opiniões de Heinzen eram, segundo ele, uma galáxia de utopias provincianas e sentimentais. Em todos os assuntos partidários, os comunistas se consideravam democratas. Eles sabiam que em todos os países civilizados a democracia inevitavelmente levaria ao governo do proletariado, e o governo do proletariado era a preliminar necessária a todas as medidas comunistas. Mas, até que a democracia vencesse, as diferenças entre democratas e comunistas eram puramente abstratas e podiam ser discutidas sem impedir a ação comum.

Quando a Dieta foi convocada, Engels, em frenesi de excitação, saudou o ato como o início de uma nova era. No *Northern Star* de 6 de março de 1847, ele afirmou que a história da Prússia estava repetindo os eventos de 1789. O rigor financeiro estava obrigando o governo a, contra sua vontade, convocar os estamentos, e isso era o prelúdio da revolução. A maioria liberal não ratificaria o empréstimo a menos que suas demandas mais importantes fossem atendidas. Até que a burguesia capture o Estado, a classe trabalhadora deve travar suas batalhas como se fossem suas. Mas, quando as antigas potências fossem derrubadas, a luta entre burgueses e proletários começaria.

Em seu discurso do trono em 11 de abril, o rei disse com grande expressividade: "Nós e Nossa Casa pretendemos servir ao Senhor". Engels, tomado por desprezo e fúria, pegou seu lápis e caricaturou a cena no Salão Branco. Marx reproduziu o desenho na *Deutsch-Brüsseler Zeitung* de 6 de maio. Em março, Engels tinha começado a escrever um panfleto sobre o governo da Prússia que deu a Marx "para guardar ou jogar fora", como desejasse. Ele nunca foi publicado, mas um esboço foi encontrado entre seus papéis após sua morte. Nele, Engels fundamentou sua opinião de que, com a aproximação da revolução alemã, apenas a classe média poderia assumir a liderança com sucesso.

Engels sabia muito bem que a onda crescente da revolução não atingiria apenas a Alemanha. A excitação política estava aumentando em todos os lugares, e a *Deutsch-Brüsseler Zeitung* tornou-se cada vez mais disposta a imprimir os pontos de vista de Marx e Engels à medida que as paixões políticas aumentavam. Engels aproveitou a chance e, em frases inflamadas, expôs as condições de outros países da Europa, onde o sentimento popular havia se libertado ou estava naquele momento forçando suas correntes.

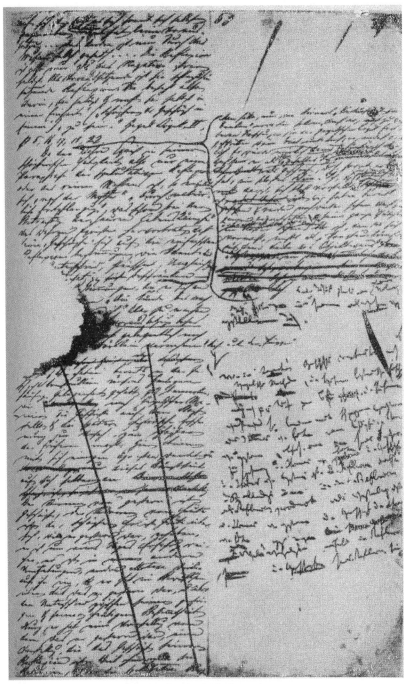

Manuscrito de *A ideologia alemã*,
escrito por Engels (coluna à esquerda) e Marx (coluna à direita).

VIII
O *Manifesto comunista*

Toda a Europa central estava passando por grande efervescência política. Sua violência foi aumentada por repetidas más colheitas, por uma terrível depressão econômica e pela pobreza generalizada que se seguiu. Em 1847, houve revoltas do pão em muitos países. O horizonte estava escuro com as nuvens da revolução. Em toda a Europa, as forças da democracia sabiam que era hora de se unir; a unidade nacional e internacional era indispensável; o futuro de todo o movimento dependia disso. E, quando o proletariado despertou para a consciência de classe, seus líderes também sentiram a necessidade da unidade. Desde meados dos anos 1840, os dois movimentos – o democrático e o proletário – cresceram constantemente, e Engels teve um papel de destaque em ambos. Nesse momento, se os líderes da democracia alemã desejassem obter algum sucesso, teriam que agir de fora do país. Mas a sua propaganda a partir da Suíça, da França e da Bélgica era frequentemente revidada pelo governo alemão, que buscava deportá-los desses países. Somente a Inglaterra estava a salvo das forças da reação continental. Mas ali também havia dificuldades. A insularidade dos ingleses e sua ignorância dos assuntos do continente dificultavam que os exilados alemães conseguissem uma verdadeira simpatia daqueles que defendiam as mesmas posições políticas na Inglaterra.

Engels parece ter participado da fundação da associação de George Julian Harney, os Democratas Fraternos, em 1845. A força motriz dessa inovação era uma associação alemã muito ativa em Londres, a Associação Educacional dos Trabalhadores. Ela estava intimamente ligada a uma organização secreta, a Liga dos Justos. Tanto a Associação quanto a Liga eram lideradas por Karl Schapper, Heinrich Bauer e Joseph Moll, que tinham tentado filiar Engels na Liga dos Justos em 1843, mas ele fora repelido por causa da grosseira filosofia dos "direitos naturais" deles. No entanto, como eram revolucionários experientes e comunistas convictos, Engels não rompeu sua amizade com eles e ficou contente por isso mais tarde. Quando visitou Londres no verão de 1845, encontrou-os prontos para se tornarem os representantes ingleses do Comitê de Correspondência Comunista. Como Engels, todos estavam deslumbrados com as lutas do proletariado da Inglaterra, e eles perceberam a insuficiência da interpretação de Cabet e Weitling das condições sociais e econômicas quando aplicada à Inglaterra. *A situação da classe trabalhadora na Inglaterra*, de Engels, foi a primeira obra a lhes dar uma explicação satisfatória da transformação social pela qual a introdução da máquina fora responsável. A nova percepção que eles deviam a esse livro foi afinada pelas circulares que Marx enviou de Bruxelas ao comitê de Londres. Logo os membros desse comitê estavam convencidos de que não deveriam mais lutar para estabelecer um sistema utópico, mas "desempenhar um papel consciente" nas mudanças sociais que estavam ocorrendo diante de seus olhos. As circulares que enviaram em 1846 e 1847 eram a prova de seu abandono do "sistema clandestino de atuação de casa em casa" e de seu crescente desejo de unir todas as forças do comunismo em uma organização única. Eles ficaram muito decepcionados com a visita de Weitling e sentiram o mesmo em sua conversa com Cabet em 1847. As incontáveis ações revolucionárias que esses homens promoveram desde 1830 visavam a algo maior que os ideais de Cabet – fundar uma colônia comunista na América às vésperas de um novo levante europeu!

Mesmo antes da visita de Cabet, a executiva central da Liga dos Justos tinha decidido que Moll deveria visitar Marx em Bruxelas e Engels em Paris para pedir sua ajuda na reorganização da Liga e na reconstrução de sua política. Mas não foi fácil para a executiva obter a aprovação da maioria dos membros da Liga para essa decisão, e o texto da autorização para Moll mostra claramente sua profunda desconfiança em relação aos intelectuais. Moll explicou a Marx e Engels que a Liga estava convencida da verdade geral da crença dos dois e decidira abandonar sua política clandestina, à qual ambos se opunham. A Liga tinha em vista uma reorganização completa. Se os dois amigos desejassem participar dessa reorganização, deveriam aceitar a proposta de Moll: eles precisariam se tornar membros da Liga e transformar o Comitê de Correspondência Comunista em uma de suas seções. Somente aceitando esses termos poderiam participar do congresso no qual as novas propostas seriam discutidas. Eles não poderiam formar uma nova sociedade por si mesmos e a única sociedade existente seria a Liga dos Justos. Por muito tempo, eles tentaram segurar a mão do proletariado alemão – agora que ela estava estendida, iriam recusá-la?

Marx e Engels se tornaram alegremente membros da Liga. O congresso decisivo foi marcado para junho de 1847. Engels considerou de vital importância que ele participasse como delegado da comunidade alemã em Paris. Isso foi possível porque Stephan Born estava no comando quando seu nome foi discutido, e questionou se alguém se opunha a sua candidatura, sem perguntar se alguém a aprovava.

Marx não tinha dinheiro e por isso não poderia participar do congresso, de modo que Engels ficou encarregado de obter a primeira vitória real de sua causa comum. Após longas e acaloradas discussões, ele assumiu a liderança da Liga, convertendo-a em uma associação abertamente dedicada à propaganda. Uma de suas propostas mais vitais era que os novos estatutos rompessem com toda a tradição de "decisões vindas de cima". Uma sociedade secreta estava fadada a ser governada ditatorialmente por um comitê central; mas em uma associação pública os mandatários devem ser eleitos por todos os membros. A Liga dos Justos tornou-se, então, a Liga dos Comunistas. Sua tarefa principal foi estabelecida, nas palavras de Engels, como a "derrubada da burguesia, o governo do proletariado, a abolição da antiga sociedade burguesa baseada em conflitos de classes e o estabelecimento de uma nova sociedade sem classes e sem propriedade privada".

De acordo com os novos princípios da Liga, os estatutos e programa foram distribuídos a suas várias seções para discussão. Na agenda do congresso, o futuro programa apareceu como um "credo comunista". Schapper e seus amigos se comprometeram a redigi-lo, mas viram que sua compreensão da teoria era inadequada para a tarefa. Decidiram fazer um primeiro rascunho e enviá-lo a seus "amigos no continente" e incorporar as emendas que eles sugerissem antes de publicá-lo. Anunciaram isso em uma edição solitária da *Kommunistische Zeitschrift* [Revista Comunista] em setembro de 1847. O quanto Engels era capaz de influenciar a mente daqueles que estavam prontos para ouvi-lo é demonstrado por um apelo que também foi impresso: muitas das frases ali presentes poderiam ter vindo de sua própria caneta. Os Democratas Fraternos haviam dado de empréstimo o lema da Liga dos Justos: "Todos os homens são irmãos". A *Kommunistische Zeitschrift* proveu um novo lema: "Trabalhadores do mundo, uni-vos". O novo grito de guerra não estava em contradição direta com o velho; mas há um significado histórico profundo no fato de a Liga dos Comunistas ter substituído uma afirmação geral de fraternidade por um grito de guerra direto do proletariado.

De Londres, Engels seguiu para Bruxelas. Lá, até outubro, ele representou Marx no movimento democrático. Esse movimento aumentara bastante sua força durante o ano de 1847, embora a maioria de seus novos membros não fosse belga. Uma associação democrata internacional foi fundada segundo o modelo dos Democratas Fraternos; com isso, Engels conseguiu impedir o editor da *Deutsch-Brüsseler Zeitung* de excluir Marx de suas páginas. (O editor era Adelbert von Bornstedt, um personagem sombrio que já fora oficial da Guarda Prussiana e não suportava ser instrumentalizado pelos comunistas.) A nova associação estava profundamente interessada no bem-estar das classes trabalhadoras e em sua unidade internacional. Esses ideais eram ainda os princípios da Associação Educacional dos Trabalhadores Alemães, fundada sob a influência de Engels. "Pelo menos uma coisa é certa", escreveu a Marx em 30 de setembro de 1847, "você, e eu logo atrás de você, somos os representantes reconhecidos dos democratas alemães em Bruxelas."

Se um agitador quiser alcançar resultados duradouros, ele deve falar como o representante de um corpo de opinião. Até homens importantes obtêm pouco quando falam apenas por si mesmos. Engels deve ter percebido isso durante sua primeira visita a Paris. Na segunda vez, descobriu que as portas nas quais batia se abriam mais facilmente. O socialismo francês ainda se recusava a se envolver com lutas políticas. Portanto, ele poderia procurar aliados para a batalha vindoura apenas entre os socialistas estatistas ligados ao Réforme. Esses homens, como Marx e Engels, defendiam que era necessário obter poder político antes de tentar qualquer transformação social. Engels estava pronto para trabalhar com qualquer movimento democrático; não podia se recusar a se associar a esse partido na França, embora desprezasse a crença de Louis Blanc no poder mágico da "organização". Ele tentou, portanto, vincular-se à ala de esquerda da democracia francesa assim como tinha feito com os cartistas. Tinha aprendido com a experiência; apresentou-se a Blanc como "o delegado oficial dos democratas alemães em Londres, Bruxelas e no Reno" e "o agente do movimento cartista". Não encontrou dificuldades para chegar a um acordo com o "pequeno sultão" sobre as tarefas da revolução vindoura – pois ocultou seu desprezo pelas teorias de Blanc. Falando por Harney, ele perguntou a Ferdinand Flocon, editor do *Réforme*, por que não prestava atenção no *Northern Star*. Flocon disse-lhe que ninguém do conselho editorial sabia inglês; de pronto, Engels ofereceu-se para escrever um relatório semanal para o jornal sobre a situação na Alemanha e na Inglaterra. "Se isso der certo", escreveu Marx, "teremos arrebatado o partido inteiro em quatro semanas."

O segundo congresso da Liga dos Comunistas, que terminaria o trabalho do primeiro, foi marcado para 30 de novembro de 1847. O esboço do "credo" redigido por Schapper e Moll tinha sido discutido por algumas seções da Liga, e outras haviam debatido seu conteúdo sem realmente poder lê-lo. A seção de Paris tomou como base para a discussão um "credo alterado" escrito por Moses Hess; mas as críticas que Engels lhe direcionou foram tão mortíferas que lhe foi pedido para escrever uma nova versão. Dessa vez, Engels foi eleito delegado sem debate. O segundo congresso cumpriu todas as expectativas nutridas por ele e Marx. Os dois receberam a solicitação oficial de dar ao programa do partido sua forma final. Devemos prestar especial atenção à maneira como esse famoso documento foi redigido. Com muita pressa, pouco antes de sua viagem a Londres, Engels anotou o "credo" que a seção de Paris tinha-lhe pedido para redigir. Ele se opôs ao termo "credo"; e decidiu que o formulário de perguntas e respostas, habitual em tais programas, não se adequava a um documento que "precisa conter um pouco de história". Assim, em 24 de novembro, ele propôs chamar "a coisa" pelo nome de "Manifesto comunista" – um nome tornado familiar à literatura política francesa pelo *Manifesto dos Iguais* de 1796.

Poucos dias antes de encontrar Marx em Ostende, Engels escreveu-lhe que seu rascunho era "nada além de narrativa, desesperadamente mal encadeado, com uma pressa terrível". Na mesma carta, ele adverte Marx: "Reflita um pouco sobre o credo" – o que mostra que não esperava que Marx produzisse uma versão própria. Infelizmente, as cartas trocadas por eles durante essas semanas estão perdidas: elas seriam muito esclarecedoras.

Como o *Manifesto comunista* finalmente tomou forma? Mais tarde, Engels costumava dizer que Marx e ele tinham elaborado rascunhos de forma independente, e que a versão definitiva fora feita depois disso. Engels condenou seu próprio esboço como mal encadeado, mesmo enquanto estava trabalhando nele. Mas o *Manifesto* ganha seu poder pela colossal urgência de sua mensagem: seu estilo é altamente elaborado e mostra que não foi concebido e escrito rapidamente, mas que seus autores – conscientes de sua missão histórica – pretenderam torná-lo perfeito antes que deixasse suas mãos. O livro se destina a leitores avançados[48]. Engels fora compelido a respeitar os trabalhadores de Paris que ele representava: esse fato atou suas mãos no "credo" inicial. Mas Marx estava se dirigindo a um público mais moderno, a Associação Educacional dos Trabalhadores de Bruxelas. E tão logo Engels conseguiu se livrar dos laços que o atrapalhavam, ele também se recusou a adaptar o *Manifesto* à mentalidade de uma seção atrasada do proletariado. O primeiro esboço não poderia pressupor nenhum conhecimento histórico ou de história econômica por parte de seus leitores, enquanto a linguagem do *Manifesto* mostra que seus autores não pertenciam às classes trabalhadoras. Enquanto os "Princípios" expressavam as reais necessidades e esperanças do proletariado, o *Manifesto* apresenta um fantástico panorama de passado, presente e futuro; ele emprega, com o poder do gênio, uma vasta massa de fatos analisados por um pensamento laborioso. "Os Princípios" reduziam-se a perguntas e respostas. O *Manifesto* ensina, profetiza, inspira, converte.

Em sua forma definitiva, o *Manifesto* tem o selo do gênio de Marx: ele tinha um dom para cunhar frases altamente sugestivas e de amplo significado, e no *Manifesto* podemos vê-lo guiando as palavras como metal fundido no molde de seu pensamento. Mas, embora tenha sido principalmente Marx quem cunhou o ouro, Engels não estava atrás dele quando se tratava de coletar o minério. No *Manifesto comunista*, dificilmente se pode encontrar um pensamento que esteja ausente do manuscrito (à época não publicado) de *A ideologia alemã*. Se esse trabalho tivesse encontrado um editor, teria antecipado o *Manifesto* em todos os seus relatos da história e tendências da vida econômica, as origens e a tarefa futura do proletariado moderno, a função da guerra de classes, o encolhimento das funções do Estado e a inevitabilidade da revolução comunista. Apesar da diferença de forma, há pouca variação entre o *Manifesto* e o esboço prévio de Engels. A lição de ambos os documentos é a mesma: a era do capitalismo, da livre concorrência e do governo burguês evoluirão para a era do comunismo, da propriedade comunitária dirigida conscientemente e do governo proletário devido às forças inerentes aos meios de produção. Ambos os textos examinam, com perspicácia penetrante, o desenvolvimento da indústria de grande escala nos estados continentais da Europa ocidental e central; em ambos, essas tendências são assinaladas como fatores principais dos desenvolvimentos políticos desses estados. Ambos subestimam muito os poderes de sobrevivência das velhas formas de organização e suas formas correspondentes de governo. Ao discutir as medidas a serem tomadas para realizar o comunismo após a vitória da democracia, o *Manifesto* vai além do esboço exigindo a expropriação da terra sem afirmar expressamente que a expropriação deve ser gradual e parcialmente acompanhada de compensações. E o *Manifesto* recomenda a abolição do direito de herança, enquanto o esboço de Engels propõe apenas restringi-lo. Se usássemos os métodos da erudição clássica para descobrir qual parte coube a Engels na escrita do *Manifesto comunista*, pouco se conseguiria. Ele sempre falou do assunto com grande modéstia. Por outro lado, devemos nos lembrar de que ele antecipou Marx na compreensão do capitalismo moderno, na definição da posição do proletariado em oposição a ele, na tentativa de síntese da filosofia alemã e da economia política inglesa, na aceitação do comunismo como seu credo e na exigência e prática da unificação internacional de todos os comunistas.

O *Manifesto* foi concluído em janeiro de 1848. Em 25 de janeiro, a executiva central de Londres enviou a Marx um ultimato exigindo sua entrega em fevereiro, sob pena das "medidas cabíveis". Ele foi impresso em Londres e enviado às seções da Liga alguns dias antes do início da revolução de fevereiro. O livro não teve influência significativa sobre os movimentos de 1848-1849. Era impossível encontrá-lo à venda e poucos o leram além de algumas centenas de membros da Liga dos Comunistas. Mas a posteridade vê nele um documento de importância incalculável. Foi publicado às vésperas de uma revolução inspirada por ideais liberais e nacionais – isto é, por ideais políticos. Mas ele convocava os trabalhadores de todos os países civilizados a lutar por seus interesses comuns, que nada tinham a ver com a nacionalidade. Em nome da primeira organização internacional militante de sua classe, pregava a subordinação dos ideais nacionais à solidariedade futura dos trabalhadores do mundo. No momento em que os conflitos políticos e nacionais estavam por toda parte, o *Manifesto* proclamava o primado da guerra de classes tanto como fator sociológico quanto como instrumento político.

O *Manifesto* declarava que os comunistas não eram um partido especial, diferente dos outros partidos dos trabalhadores. Marx e Engels adotaram essa tática em parte pelo respeito aos cartistas, em parte porque sabiam como os socialistas franceses eram moderados e o quanto as condições sociais e políticas na Alemanha ainda estavam subdesenvolvidas. Eles exigiam a conquista do poder pelo proletariado; mas, como não conseguiriam atingir seus objetivos com a revolução que se aproximava, declararam-se de todo o coração do lado da democracia. Engels ainda acreditava que o governo da burguesia duraria apenas por um curto período de transição. Alertou os burgueses de que o proletariado estava atrás deles em todos os lugares, compartilhando seus esforços e, às vezes, suas ilusões. "Mas vocês devem notar que é para nós que vocês realmente estão trabalhando", ele escreveu na *Deutsch-Brüsseler Zeitung* em 23 de janeiro de 1848.

Lutem bravamente então, senhores do capital! Precisamos da sua ajuda, precisamos até de seu governo em algumas ocasiões. Vocês devem limpar do nosso caminho as relíquias da Idade Média e a monarquia absoluta. Vocês devem abolir o patriarcalismo, vocês devem concentrar, vocês devem transformar todas as classes mais ou menos destituídas em verdadeiros proletários, recrutas para nós. Suas fábricas e conexões comerciais devem estabelecer as bases para a libertação do proletariado. Sua recompensa será um breve período de governo. Vocês ditarão leis, se deliciarão com o sol de sua própria majestade, farão banquetes nos salões reais e cortejarão a filha do rei – mas lembrem-se! o pé do carrasco já pisa o batente!

Primeiro rascunho do *Manifesto comunista* (1847-1848).

IX
A REVOLUÇÃO ALEMÃ

A revolução de fevereiro em Paris alarmou o governo belga[49]. Para impedir um levante desse tipo em Bruxelas, muitos revolucionários estrangeiros foram expulsos do país. Entre outros, Marx e Wilhelm Wolff foram enviados para a fronteira francesa; eles já desejavam entrar na França de qualquer maneira. Engels tinha sido o último a ser deportado pelo governo de Luís Felipe, mas não foi molestado em Bruxelas porque seu passaporte fora emitido pelas autoridades belgas. No entanto, logo seguiu Marx até Paris. Quando a revolução eclodiu na França e foi acompanhada de grande entusiasmo político na Alemanha e na Itália, a Liga dos Comunistas decidiu transferir sua sede de Londres para Paris. Enquanto isso, a revolução também eclodiu na Alemanha, e Marx e seus confederados começaram imediatamente a elaborar um plano de campanha para os comunistas alemães. As dezessete exigências do partido comunista alemão tinham o mesmo tom do *Manifesto comunista*; mas eram adequadas às condições de Alemanha – onde não havia muitos operários fabris e uma vitória democrata dependeria das atividades revolucionárias dos agricultores e da pequena burguesia. Engels já tinha percebido o efeito que a estrutura social peculiar da Alemanha teria no equilíbrio das forças políticas em uma situação revolucionária. Ele compreendeu que a nobreza ainda era poderosa, que a classe média alta não era, nem de longe, tão grande nem tão concentrada como na Inglaterra e na França, e que a maioria dos trabalhadores eram dependentes, não de industriais modernos, mas de pequenos mestres-artesãos. Ele depositava pouca confiança nos artesãos e no partido democrata que os representava. Por isso, de início, estava confiante que a classe média alta (que era o núcleo do partido constitucional ou liberal) usurparia a posição mantida pela antiga nobreza.

Ela, embora temporariamente aliada à Liga dos Comunistas, era sua inimiga natural e final. E a Liga não precisava salvaguardar os interesses dessa classe em seu plano de campanha. Pois a classe média estava obrigada a se opor à demanda de que a Alemanha fosse uma única república indivisível. E era ainda mais provável que ela se oporia à proposta de confisco (sem compensação) das grandes propriedades rurais e à nacionalização dos transportes, minas e bancos. Tampouco poderiam aceitar um salário uniforme para todos os funcionários públicos, a restrição do direito de herança e a garantia de um salário mínimo para todos os trabalhadores. A declaração que Engels ajudou a redigir proclamava o interesse comum de todos os trabalhadores alemães, pequeno-burgueses e agricultores em lutar pela aprovação dessas medidas. Se elas fossem aprovadas, anunciou, os milhões de trabalhadores até então explorados por uma pequena minoria conquistariam os poderes e direitos que lhes pertenciam como produtores de toda a riqueza.

Engels estava ansioso para ver sua terra natal, agora que ela finalmente se revoltara, e proclamar os objetivos de seu partido em um país livre de censura. Como ele, milhares de trabalhadores alemães na França desejavam ardentemente entrar na Alemanha. Marx e ele sentiram-se obrigados a organizar seu repatriamento calma e pacificamente; por isso, não deixaram a França até a segunda metade de abril. Mas de onde, na Alemanha, eles poderiam influenciar o curso da revolução mais livremente? Foram aconselhados a voltar para suas cidades natais e de lá se candidatar à Assembleia Nacional da Prússia. Mas nenhum dos dois era orador natural; não se sentiam impelidos a se tornar os Mirabeau da Prússia, e não estavam em contato com as massas de Berlim. Mas tinham muitas conexões no Reno e contavam com alguns apoiadores – mesmo que ainda poucos. A Renânia era o distrito mais desenvolvido, política e industrialmente, da Alemanha. Portanto, resolveram iniciar uma nova *Gazeta Renana* lá: a imprensa finalmente era livre e poderiam apresentar as demandas da democracia radical. Eles se alistariam no exército da democracia e, ao mesmo tempo, disseminariam entre as massas os princípios de sua nova concepção da história e as conclusões dela decorrentes. Três anos depois, no *New York Tribune*, Engels explicou a situação que vira ao chegar à Alemanha. Tinha encontrado a classe média alta em uma posição embaraçosa. Se a revolução prussiana não tivesse viajado no trem da revolução na França – onde o proletariado já manifestava suas exigências de transformação da sociedade –, a burguesia alemã talvez se juntasse ao povo para a derrocada total do feudalismo. Mas ela viu que o governo francês era liderado por homens que sabidamente desejavam a abolição da religião, da vida familiar e da propriedade privada. Seu ardor revolucionário foi resfriado e ela se salvou desses inimigos mais perigosos comprometendo-se com a monarquia.

Quando Marx e Engels chegaram a Colônia[50], já estavam em andamento os planos para a fundação de um grande jornal democrata. Seus patrocinadores não gostaram da ideia de que líderes comunistas retornassem do exterior para tomar seu lugar na administração de um projeto que pretendia ser local e provinciano. Mas, como diz Engels: "em 24 horas limpamos o terreno – Marx fez a maior parte do trabalho; o jornal estava em nossas mãos". O editor da antiga *Gazeta Renana* de 1842 foi encarregado do novo jornal, com a condição de o tornar um jornal democrata, e Marx não teve mais escrúpulos do que Engels em aceitar isso. Foi difícil arrecadar dinheiro para o projeto, uma vez que muitos dos capitalistas a quem apelaram conheciam algumas de suas ideias e intenções sociais. Marx coletou assinaturas em Colônia e Engels em Wuppertal. Por isso ele escreveu ao amigo: "Se uma única cópia de nossos Dezessete Pontos entrar neste distrito, nossa causa estará perdida. A perspectiva dos burgueses é realmente desprezível". Ele acrescentou que mesmo os burgueses radicais os consideravam seus futuros inimigos e tomavam cuidado para não ajudar a forjar uma arma que seria usada contra eles. Marx aconselhou Engels a pedir a seu pai para entrar na sociedade. Mas Friedrich Engels pai achava que mesmo a domesticada *Kölnische Zeitung* [Gazeta de Colônia] era um jornaleco de agitadores. Seu filho reclamou que "ele preferiria nos cravejar com mil balas do que nos enviar mil dólares". Durante sua estadia em Wuppertal, Engels traduziu o *Manifesto comunista* para o inglês para Harney e fundou uma seção da Liga dos Comunistas. Mas, quando a *Nova Gazeta Renana* fez sua primeira aparição em 1º de junho, ele foi para Colônia; a Liga dos Comunistas tinha se estabelecido também lá, e Schapper e Moll ofereceram seus serviços de agitação entre os trabalhadores renanos. Marx e Engels não esperavam que o movimento da classe trabalhadora alemã, ainda tão subdesenvolvido, influenciaria muito a revolução. Portanto, não participaram dele ativamente, a não ser na Renânia, deixando Stephan Born responsável por organizar os trabalhadores em outras partes da Alemanha, onde, naturalmente, ideias medievais de organização de guildas ainda exerciam influência.

A *Nova Gazeta Renana* reuniu uma equipe brilhante para "produzir o empreendimento jornalístico mais radical, espirituoso e cheio de personalidade da primeira revolução alemã". Mesmo aos setenta anos, Engels adorava recordar o prazer que sentia em seu trabalho diário no jornal, numa época em que ele e seus confrades podiam ver o efeito produzido por cada palavra que escreviam. Como um verdadeiro soldado de artilharia, ele disse que cada artigo batia e explodia como uma granada! Pela primeira vez, eventos dentro e fora da Alemanha eram analisados do ponto de vista do proletariado revolucionário de todos os países. Como o próprio Engels reconheceu, a política do jornal estava sob o inquestionável controle de Marx. Quando Marx estava fora, Engels tomava o seu lugar; mas Wilhelm Wolff, Georg Weerth, Ernst Dronke e o restante da equipe não se submetiam às suas ordens tão naturalmente. Marx seguia e analisava cada etapa da agitação alemã e prussiana por uma Constituição. A tarefa especial de Engels, determinada por seu talento para as línguas e por seu conhecimento dos assuntos estrangeiros, especialmente da Europa ocidental, era seguir o curso da revolução no exterior. Sua tarefa não era menos importante que a de Marx. Os dois amigos já sabiam o quanto a política externa e os assuntos internos estavam conectados; e percebiam que o futuro da revolução europeia não seria determinado pelos esforços de apenas um país.

Os amigos estavam agora trabalhando em colaboração mais próxima. Eram constantemente confrontados com decisões e exigências que não admitiam adiamento, e todos os dias davam novas provas de que tinham sido feitos um para o outro. Marx, torturado pela inibição, admirava os poderes de Engels: "ele consegue trabalhar a qualquer hora do dia ou da noite, alimentado ou em jejum: escreve com fluência incomparável". Ficou abismado com a rapidez com que seu amigo analisava e utilizava o material que encontrava em jornais ingleses, franceses, belgas, dinamarqueses, austríacos, italianos e espanhóis. Depois de ficar sentado o dia todo diante de um artigo ao qual não conseguia dar forma, Marx ouviu sem se ofender a sugestão de Engels de que ele não tinha nascido para ser jornalista. Mas Marx era claramente um melhor estrategista político. De vez em quando, Engels era levado a ver as coisas como desejava que fossem; mas o julgamento frio e certeiro de Marx o impedia de tirar conclusões precipitadas. Engels lamentou nunca ter tido o dom de Marx para avaliar a situação em um momento crítico e chegar à conclusão correta. Mais tarde, admitiu que às vezes, nos períodos de tranquilidade, ele estava certo e Marx errado; mas, em momentos revolucionários, o julgamento de Marx era inatacável.

Quando a primeira edição do jornal apareceu, os céus se abriram para sorrir à burguesia alemã. Ainda não tinham se passado duas semanas desde que as assembleias constituintes se reuniram pela primeira vez em Frankfurt e Berlim; quase todos os alemães esperavam milagres de suas deliberações. A Alemanha mal tinha noção do poder de sobrevivência e da ânsia de dominação que os velhos poderes ainda mantinham, apesar de sua momentânea paralisia. Quando a *Nova Gazeta Renana* expressou algum desprezo pelo novo Parlamento alemão (que a imprensa liberal estava elevando aos céus), perdeu metade de seus acionistas imediatamente. A outra metade deixou o jornal quando ele tentou glorificar a revolução de junho do proletariado parisiense. Seus editores não desejavam abandonar o trabalho, portanto decidiram renunciar a seus salários. Os democratas pequeno-burgueses queriam um Estado federativo, mas a plataforma da *Nova Gazeta Renana* era uma república unificada. De acordo com isso, ela censurou o Parlamento alemão por não ter se libertado do passado para consolidar as conquistas da revolução. Seus editores não queriam deixar que a turbulência dos últimos meses se acalmasse, pois estavam convencidos de que nada poderia realizar os objetivos da revolução burguesa (e *a fortiori* os seus próprios) a não ser uma luta decisiva em casa aliada a uma guerra entre os revolucionários e os Estados reacionários em toda a Europa. A política externa do jornal foi confiada a Engels. Ele a tornou fundamentalmente diferente daquela da burguesia liberal ao enfatizar a luta de classes; da democracia burguesa, na medida em que seu estudo da história o levou a preferir a força à varinha mágica das palavras de ordem políticas; e da direita, porque suas esperanças eram os medos desta e seus medos as esperanças dela. Os julgamentos de Engels sobre os eventos eram baseados em realidades, especialmente realidades econômicas. Ele considerava a "realidade férrea" a senhora de todas as "categorias morais". Durante o debate polonês em Frankfurt, Engels condenou a "teorização ingênua" de Ruge com as seguintes palavras: "a teoria propõe, os negócios dispõem". Como Marx, ele estava convencido de que a Liga das Nações que Ruge defendia seria apenas uma frase vazia enquanto o sistema capitalista de propriedade continuasse a existir. Originalmente, a *Nova Gazeta Renana* esperava que a Alemanha transmitisse parte de seu entusiasmo revolucionário a seus vizinhos. Muito dependia da atitude a ser adotada pela nova autoridade central em relação às aspirações das nações que faziam fronteira com a Alemanha e a Áustria, que em parte estavam sob seu domínio. Engels sabia que o povo alemão tinha cometido muitos crimes contra a revolução. Mercenários alemães tinham recebido ouro inglês para lutar contra a independência da América do Norte; tropas alemãs abateram os revolucionários franceses; na Holanda, Suíça, Hungria e Portugal, alemães eram detestados como carrascos da liberdade. E agora na Itália também! Engels pontuou que os franceses tinham conquistado a simpatia até de seus inimigos, mas ninguém amava os alemães. Isso, disse ele, era justificado. Ao longo de sua história, eles foram instrumento da opressão em outros países: antes que pudessem encontrar simpatia, precisavam mostrar que tinham realmente revolucionado sua natureza e seu país.

Mas, na política externa adotada por Berlim, Viena e Frankfurt, não havia qualquer traço de vontade de reconhecer a independência das outras nações. Quando Engels soube que as tropas do imperador austríaco estavam bombardeando Praga, escreveu que a nação alemã já tinha contribuído com "uma tropa sanguinária" para ajudar na opressão da Itália e da Polônia e agora estava fazendo o mesmo com a Boêmia. Mas revolucionários genuínos não podiam lutar pela causa de um monarca decaído. Uma aliança das potências ocidentais para combater a Rússia – essa era a política internacional que a *Nova Gazeta Renana* recomendava mais fortemente. Em tal guerra, a nação alemã seria compelida a centralizar seu poder, e assim, acreditava Engels, uma ruptura real e final com o passado ignominioso poderia acontecer. Ele se consolou diante dos perigos dessa política ao refletir que a guerra deveria significar a destruição das duas monarquias alemãs – Prússia e Áustria –, um objetivo extremamente desejável em prol da Alemanha. Ele sustentou que a Áustria seria dividida pelas lutas internas das várias nacionalidades que a compunham, e a Prússia pela divisão entre o povo e seus governantes dinásticos – uma divisão que seria definitiva se o rei se unisse ao tsar contra o povo alemão. Engels exigia que a Prússia concedesse à Polônia não apenas a região ao longo de seus grandes rios, mas também seus estuários e uma grande fatia da costa do Báltico; e reiterou essa exigência, pois pensava que uma revolução agrária na Polônia despertaria toda a Europa oriental. Mas quando ficou desapontado com essa previsão, reconheceu que a Alemanha estaria em uma posição perigosa se sua "fronteira dolorosamente fraca" fosse "completamente arruinada do ponto de vista militar".

A princípio, Engels não tinha dúvidas de que a revolução de fevereiro se espalharia também pela Inglaterra. Sua decepção foi grande quando a Assembleia Cartista se revelou impotente e quando Wellington mostrou aos líderes dos trabalhadores que as medidas militares mais simples eram suficientes para impedir qualquer manifestação proletária, por maior que fosse. Com o coração pesado, ele reconheceu que a queda da tirania do livre comércio e da cúpula da Igreja não era iminente. Viu que – fora a Rússia – a revolução europeia não tinha inimigo mais forte do que a "inabalável rocha contrarrevolucionária cercada pelo mar". A decisão da Inglaterra de apoiar os poderes da reação foi ditada pelo desejo de preservar seu monopólio comercial e o sistema social existente. A burguesia inglesa estava determinada, como classe, a oprimir as burguesias da Alemanha, França e Itália, assim como oprimia os proletários ingleses. Mas a revolução alemã alarmou a Inglaterra – talvez os ingleses não pudessem mais explorar os mercados alemães se a Alemanha se tornasse uma nação unificada.

Frustrado em sua esperança de uma revolução na Inglaterra, ele se consolou com a expectativa de que a França – fiel a suas tradições – voltaria a liderar a Europa. Em junho, chegaram as primeiras notícias das sangrentas lutas nos bulevares, e Engels começou a alimentar a esperança de que a burguesia estivesse travando sua última batalha naquele grande "duelo até a morte entre burguesia e proletariado!". Mas as notícias pioravam a cada dia: era certo que a burguesia vencera. Muitos anos depois, Engels contou com orgulho sobre como a *Nova Gazeta Renana* tinha tomado o partido das "vítimas da primeira batalha decisiva travada pelo proletariado". Inicialmente, ele não reconheceu que os combates de junho foram o golpe mortal na revolução europeia. Ainda alimentava esperanças – embora tenha sido forçado a admitir que, no verão de 1848, o movimento não estava seguindo o caminho que ele esperava. A burguesia estava vacilando e dando tempo aos reacionários de reunirem suas forças. E enquanto as divisões nas fileiras burguesas aumentavam diariamente, e as multidões de Berlim e outros lugares cresciam cada vez mais fora de controle, o rei da Prússia (como sabemos agora) estava se perguntando se não seria mais sábio forçar "os vermelhos a realizarem um ataque prematuro", antes "que a bandeira vermelha da guerra civil" fosse içada na Alemanha.

Essas esperanças foram fomentadas pela crescente excitação nos círculos democratas durante o mês crítico de setembro em Berlim e Frankfurt. Em meados de agosto, em uma reunião da União Democrática da província do Reno, em Colônia, Engels tinha dado vazão total a seu ódio pela burocracia e pelo prussianismo. Agora, a excitação política da província o levava a falar novamente. Para abafar qualquer tentativa de revolta armada, o governo concentrou uma poderosa força militar no Reno. Engels e Marx não desejavam entrar no jogo dos reacionários incentivando um levante fadado ao fracasso. A *Nova Gazeta Renana* alertou os trabalhadores a não serem atraídos para uma tentativa de golpe com poucas chances de sucesso. Tudo dependia de saber se o rei conseguiria dissolver a assembleia constituinte nacional por sua própria autoridade. No dia 13 de setembro, uma grande reunião pública em Colônia aprovou por unanimidade uma proposta feita por Engels num discurso: ele instava a assembleia nacional a não ceder nem às baionetas se houvesse uma tentativa de dissolvê-la. Com base em uma proposta de Wilhelm Wolff, apoiada por Engels, a reunião decidiu que um Comitê de Segurança Pública deveria ser criado para representar a parte da população de Colônia que estava à época sem representação constitucional. O discurso de Engels também foi aprovado por uma grande reunião que ocorreu no domingo seguinte, em um campo em Worringen, no Reno. Ela teve a participação de muitos cidadãos de Colônia, em grandes barcos em que tremulava a bandeira vermelha em suas proas, no lugar da habitual preta, vermelha e dourada. A delegação de Düsseldorf também empunhava a bandeira vermelha; era liderada por um jovem de 23 anos, Lassalle, com quem Engels se encontrava agora pela primeira vez. Engels estava entre os oradores; todos se autodeclaravam a favor de uma república social e democrática. Por sua iniciativa, a reunião enviou um documento ao Parlamento em Frankfurt prometendo lutar de coração e alma pela Alemanha contra a Prússia. A cada dia, a excitação crescia; embora a *Nova Gazeta Renana* tivesse aconselhado os trabalhadores a esperar até que a contrarrevolução tivesse sido desmascarada em Berlim, ela não pôde impedir os tumultos que eclodiram em Colônia em 25 de setembro.

Na manhã do dia 25, os dirigentes da Associação dos Trabalhadores, Schapper e Johann Philipp Becker (que, com Moll, formavam o comitê central do sindicato das associações democráticas da Renânia), foram presos. Naquela tarde, em uma reunião no Mercado Velho (que fora proibida por proclamações afixadas nas paredes), Moll exigiu a libertação deles. Enquanto isso, o chefe de polícia preparava a prisão de Moll e convocava tropas. No final da tarde, quando Moll estava novamente falando no mesmo lugar, correu um boato de que os soldados estavam chegando. Barricadas foram iniciadas, mas as tropas não apareceram e não houve derramamento de sangue. Contudo, o comandante das forças armadas declarou Colônia sob lei marcial. O direito de reunião foi suspenso e a *Nova Gazeta Renana* foi banida. Todos os membros da equipe editorial que apareceram em público foram processados por alta traição. Mas revolucionários não gostam de estar na prisão enquanto uma revolução está em curso. Engels precisava encontrar um esconderijo seguro. Seu pai ficou profundamente magoado com o fato de seu filho aparecer como um rebelde. No entanto, quando seus pais ficaram fora por alguns dias, o jovem Engels aproveitou a chance e se escondeu em Barmen. Seu pai ficou sabendo de sua chegada e houve um encontro doloroso; sua mãe em vão o alertou para não seguir um caminho que, ao cabo, o afastaria para sempre de sua família.

Ele seguiu para Bruxelas. Mas a polícia belga se lembrava de suas atividades anteriores e o enviou para a fronteira com a França como um vagabundo. Ele estava em Paris, no dia 12 de outubro, quando a *Nova Gazeta Renana* foi autorizada a retomar a publicação. Paris mudara tristemente desde aquele dia de primavera, quando a deixou com luminosas esperanças no coração. Em um diário destinado à publicação na página literária da *Nova Gazeta Renana*, ele escreveu: "Entre a velha Paris e a nova estão a batalha mais terrível que o mundo já viu, um mar de sangue e quinze mil cadáveres". Seria natural que Engels esperasse em Paris até que seus problemas fossem resolvidos e, enquanto isso, enviasse ao jornal relatórios das lutas que precederam a eleição de Luís Napoleão como presidente. Mas ele não suportava a "Paris morta" que se preparava para a ressurreição do bonapartismo. Sentiu que precisava ir para outro lugar – qualquer lugar! Decidiu viajar para a Suíça. "Como não tinha muito dinheiro, caminhei. E não segui o caminho mais curto: ninguém gosta de deixar a França." Assim, encontramos um Engels saudável e alegre, em um passeio a pé pelos distritos mais bonitos do leste da França, numa época em que a contrarrevolução preparava seu último golpe em Berlim, quando a Hungria estava se libertando do domínio dos Habsburgo e a revolução estourava mais uma vez em Viena. O cuidado amoroso com que descreve o povo e o país em seu diário nos mostra que prazer ele teve – após a tempestade e o estresse dos meses anteriores – nas sedutoras paisagens francesas. Ficou encantado com as boas-vindas que recebeu dos camponeses no distrito entre Sena e Loire; mas ficou chocado ao ver quão forte era seu senso de propriedade sobre a terra que seus pais tinham conquistado do clero e da nobreza. Na França como na Alemanha, escreveu, o camponês é o "bárbaro que vive no meio da civilização", e seu ponto de vista é tão limitado quanto poderia ser no mundo moderno. Grandes desenvolvimentos históricos não entram em sua cabeça; às vezes é levado por eles, mas nunca entende a natureza, a origem ou a direção da onda em que é transportado.

Engels acreditava firmemente que o futuro da revolução na França, e mesmo em toda a Europa, dependia da atitude dos camponeses franceses. Por isso, prestou muita atenção ao encontrá-los, dia após dia, aos motivos que os tinham influenciado desde a queda da monarquia burguesa. Onde quer que fosse, lhe diziam que apenas o povo da zona rural do país poderia salvar a França. Não era a terra que produzia tudo? As cidades não viviam dos seus grãos, não se vestiam com sua lá e linho? Quem senão o povo do campo poderia colocar as coisas em ordem novamente? Quando Engels perguntou o que eles queriam dizer com tudo isso, descobriu que falavam da eleição de Luís Napoleão como presidente. Ele não pôde deixar de ver que o sobrinho do grande Napoleão certamente seria eleito em dezembro. Sua viagem pela França lhe ensinou que os camponeses franceses eram o grande obstáculo à vitória do proletariado francês e que nada poderia adiar permanentemente um choque violento entre essas duas classes.

Quando deixou o vale do Loire, ele entrou em Borgonha e desfrutou "da mais doce das uvas e das mais adoráveis moças". Seu tempo na França foi um *intermezzo* lírico no ano louco de 1848, e nele cantou um hino aos vinhos da França. E às mulheres! As mulheres alemãs que não o levassem a mal, mas ele ficou encantado com as esbeltas garotas da Borgonha, com quem se deitava na grama, rindo e conversando, comendo uvas e bebendo vinho.

No entanto, exatamente na mesma época, o príncipe de Windisch-Grätz invadia Viena e o conde Jellachich triunfava com seus croatas sobre a cidade devastada. Como Engels poderia passar seu tempo em uma meditação tão pacífica quando sabia que a causa pela qual havia jurado estava sendo decidida? Marx sabia que seu amigo conseguia gastar alegremente seu tempo, força e conhecimento com algum capricho passageiro. Tal capacidade lhe era estranha, e ele frequentemente censurava Engels de maneira amigável por botar a perder seus esforços pela humanidade dissipando seus talentos. Contudo, Engels não era menos dedicado à causa do que Marx: quando os tempos exigiram (como logo aconteceu), ele não deixou de arriscar sua vida pela revolução. Mas era tão intimamente modesto que nunca acreditou que sua presença fosse um fator essencial para criar ou impedir grandes eventos. Tinha excelentes nervos e caráter inquieto, e às vezes se contentava em simplesmente aceitar as coisas como elas vinham. Nunca acreditou que era indispensável. Se estivesse envolvido em um movimento, se tivesse assumido uma tarefa, trabalhava com uma energia impressionante. Mas não era torturado pelo demônio da inquietação que impedia Marx de se render à alegria de experiências que este mundo tem a oferecer. Marx era movido pelo aguilhão afiado da genialidade, Engels vivia sob o domínio mais suave de sua rica humanidade.

No final de outubro de 1848, suas andanças cessaram e ele chegou a Genebra. Uma carta de Marx o avisou de que, durante sua ausência, foram envidados esforços para romper a amizade entre eles. O cunhado de Engels, Griesheim, acreditava que ele seria mais dócil se pensasse que Marx estava se afastando dele. Mas isso foi totalmente inútil. Engels logo achou a ociosidade e o exílio insuportáveis. Pediu a

Marx que lhe contasse exatamente qual era sua situação – ele disse que estava disposto a enfrentar dez mil júris, mas que "um prisioneiro aguardando julgamento não pode fumar, então não pretendo me tornar um". Para ocupar sua mente, Marx o aconselhou a escrever artigos em Berna "contra a república federativa" e sobre a "questão húngara". Um artigo desse tipo apareceu em seu jornal em 13 de janeiro de 1849, quando Engels já havia retomado seu cargo de coeditor. O tribunal de instrução informou-o de que não havia nada contra ele. Sua partida em setembro fora prudente, mas desde então as autoridades decidiram que os relatórios policiais que tinham dado início a um processo contra ele eram exagerados.

X
A QUESTÃO DA REVOLUÇÃO ALEMÃ

Durante a ausência de Engels, a *Nova Gazeta Renana* opôs-se corajosamente à crescente onda de reação. Em sua análise do ano de 1848, Marx escreveu que o fuzilamento dos trabalhadores franceses em junho tinha resultado no triunfo do leste sobre o oeste. O tsar era onipresente. Mas a Europa se libertaria novamente; e os passos para sua emancipação seriam "a derrubada da burguesia francesa, o triunfo do proletariado francês, a emancipação da classe trabalhadora em todas as terras". Em seu retorno, Engels concordou com esse "Prognóstico para 1849". Mas tinha mais esperanças na influência da revolução húngara sobre a Alemanha. Em tempos passados, ele criticara Lajos Kossuth severamente; mas agora admirava o ditador da Hungria como "uma combinação de Danton e Carnot". Todos os dias ele estudava as complicadas campanhas da guerra revolucionária húngara, o que despertou seu interesse permanente por problemas militares.

Ele não podia mais ter esperanças de que o norte da Itália fosse libertado pelo valor dos revolucionários germano-austríacos agora que os exércitos imperiais dos eslavos austríacos tinham conquistado Viena. Mas, e se os eslavos austríacos exigissem a liberdade como preço por trair a revolução? Engels sustentou que, se uma nação fosse tão atrasada a ponto de sabotar os povos progressistas na hora decisiva de sua luta por liberdade, essa ação particular determinaria de uma vez por todas o seu presente e o seu destino. Hegel afastara os eslavos de suas considerações afirmando que eles não tinham desempenhado um papel suficientemente ativo no desenvolvimento do espírito humano; na verdade, ele descrevera os eslavos dos Bálcãs como "resíduos dispersos de barbárie". Engels foi além de seu professor; não via futuro para nenhum povo eslavo, a não ser os russos e os poloneses. Em sua fúria revolucionária, não previa nem mesmo aos tchecos qualquer função, exceto a de desaparecer "no levante revolucionário mundial". Nessa época, Bakunin estava levantando o clamor por uma "revolução democrática nacional e social" e exigindo que a irmandade de todas as nações fosse construída sobre as ruínas das monarquias dos Habsburgo e dos Romanoff. Mas Engels disse que era absurdo fazer tais demandas "sem levar em conta a posição histórica e o desenvolvimento social de cada nação". Em nítido contraste com Bakunin, ele proclamava a aliança dos revolucionários contra os povos contrarrevolucionários. Não aceitava o direito das nações à autodeterminação *sans phrase* – o princípio norteador da política internacional democrático-burguesa. Parecia-lhe absurdo nutrir um interesse sentimental por "preconceitos nacionais estreitos" quando o que estava em questão era "a existência e o livre desenvolvimento das grandes nações". Os pan-eslavistas exigiam uma unidade eslava: isso significava para Engels "ou mero sentimentalismo ou domínio russo". De modo consistente, recusava-se a admitir qualquer tentativa de separar a Alemanha e a Hungria do Adriático a fim de engendrar uma nação independente a partir dos "farrapos" dos eslavos do sul. Em sua opinião, as categorias morais não tinham mudado de escala. Elas "não provam nada"; os "fatos de importância mundial" é que importavam. Os Estados Unidos da América tinham acabado de roubar dos mexicanos as minas de ouro californianas recém-descobertas. Isso era bastante injusto, admitia Engels. Mas ele aprovava a anexação porque os "enérgicos ianques" eram mais capazes do que os "preguiçosos mexicanos" de desenvolver as forças latentes da produção e de abrir o oceano Pacífico à civilização.

Mas, no início de 1849, Engels não contava somente com a Hungria para reviver a revolução. Quando a vitória de Radetzki reconquistou o norte da Itália para o imperador, Engels escreveu que a França não poderia permitir que os austríacos detivessem Turim e Gênova. O povo de Paris se levantaria e seria acompanhado pelo Exército francês. Uma nova revolução francesa resgataria a Hungria das forças russas que a ameaçavam e envolveria toda a Europa. Os revolucionários não deporiam as armas até terem vingado todas as traições e atrocidades dos últimos nove meses. De fato, a situação europeia parecia mais uma vez justificar suas mais róseas esperanças. Nos meses recentes, o barômetro político de Engels tinha lhe mostrado dois centros de tempestade, um na França e outro na Hungria; era sobre a Alemanha que eles se uniriam, caso se unissem. Uma explosão geral em toda a Europa era inevitável se os revolucionários tivessem condições de conquistar a Alemanha.

A burguesia alemã estivera confiante em que a unidade alemã seria criada em Frankfurt. Quando suas esperanças foram frustradas pela oposição de vários estados, ela apegou-se à Constituição do Reich que a Prússia, a Áustria e a Baviera tinham rejeitado. Essa era a única bandeira sob a qual burgueses, camponeses e trabalhadores ainda podiam se unir para salvar algo da derrota. A *Nova Gazeta Renana* não tinha nada além de desprezo por uma Constituição liderada por

Frederico Guilherme IV como *kaiser*. Mas adequou a política do jornal para fomentar qualquer agitação que intensificasse a revolução, agravasse conflitos e voltasse a opinião pública para o radicalismo.

Na segunda metade de abril e na primeira semana de maio, Marx fez uma viagem à procura de anunciantes a fim de recuperar as finanças do jornal. Enquanto isso, Engels ficou encarregado dos principais textos sobre política alemã. Ele considerava um sinal de esperança que a Alemanha fosse tão afetada por assuntos de outros países. Levando em consideração a vitória dos húngaros, a frouxa política da Áustria e a raiva do povo prussiano diante da dissolução da Câmara, ele esperava que Frankfurt e o sul da Alemanha se tornassem o núcleo temporário de uma nova revolução baseada na Hungria – caso se revoltassem em nome da Constituição alemã. Para que isso acontecesse, no entanto, era necessário que o Parlamento alemão não se abstivesse de declarar guerra civil e, ao menos, preferisse uma república unida indivisível à restauração da Dieta Federal. Ele não via muita energia revolucionária nos delegados de Frankfurt, mas achava que sua atitude mudaria se os hussardos húngaros e o proletariado vienense os arrastassem.

Os chefes do Exército prussiano tinham tomado muitas precauções para esmagar qualquer rebelião armada no Reno: quase um terço daquele Exército tinha sido convocado para a província. Por conta disso, a *Nova Gazeta Renana* advertiu seus leitores a evitar "tumultos desorganizados" e alertou os trabalhadores de Colônia para que não se tornassem massa de manobra da burguesia. Ela os aconselhava a aguardarem a decisão dos conselhos municipais da Renânia, convocados para uma reunião extraordinária por Colônia. Contudo, a excitação na província aumentava a cada dia. Ela chegou ao ponto de ebulição quando o governo convocou as milícias e, assim, expôs a burguesia a um conflito de lealdades. Os milicianos estavam dispostos a marchar contra inimigos estrangeiros, mas não a serem usados para a repressão do movimento com o qual toda a Alemanha contava para a defesa da nova Constituição. Em 5 de maio, os conselhos municipais da província do Reno aprovaram uma resolução de que a mobilização da milícia nessas circunstâncias era um grande perigo para a paz do país e que a continuidade da existência da Prússia em sua forma atual estaria em perigo se a ordem não fosse revogada. Simultaneamente, pediram ao Parlamento alemão que apoiasse a resistência do povo com a unidade e decisão necessárias para derrotar a contrarrevolução armada. Esse chamado revolucionário foi aprovado pelos conselheiros de cerca de trinta cidades da Renânia – um fato que tendeu a fazer que os pequeno-burgueses pensassem que as classes médias altas simpatizavam com eles. A classe média alta de Colônia disse que "a traiçoeira contrarrevolução" seria responsável por todo o sangue que fosse derramado; por outro lado, pedia aos cidadãos que não fizessem justiça com as próprias mãos.

Mas como esses soldados poderiam, ao mesmo tempo, defender a lei e se recusar a derramar sangue alemão? Engels provavelmente estava certo em afirmar que as hostilidades tinham sido deflagradas pela mobilização dos milicianos.

Nas principais cidades da área industrial de Bergisch-Märkisch, a relutância da milícia converteu-se em uma revolta aberta. Desde março de 1848, a supremacia indiscutível de industriais e clérigos tinha cessado, mesmo na terra natal de Engels. Mas foi lá o primeiro lugar onde o conflito veio à tona. A mobilização das milícias foi o incentivo final para uma rebelião violenta – o caminho tinha sido preparado pelo desemprego generalizado e pela crescente excitação política. Barricadas foram levantadas em Elberfeld no dia 9 de maio. A prisão foi invadida. A paz foi mantida em Barmen, mas dali e de outros lugares os elementos rebeldes fluíram para Elberfeld. As autoridades municipais desapareceram e a administração da cidade foi assumida por um Comitê de Segurança Pública liderado por democratas burgueses. Simultaneamente à notícia de que sua cidade natal estava em revolta, Engels ouviu que o levante em Dresden dominava a cidade, que havia luta nas barricadas em Breslau, que o movimento revolucionário no Palatinado estava crescendo, que em Baden um levante militar forçou o grão-duque a fugir e, finalmente, que os húngaros estavam prestes a marchar para a Áustria. Desde março de 1848, nunca houvera perspectivas tão boas de sucesso da revolução. Nesse momento, era imperativo para Engels, apesar de seus inevitáveis escrúpulos, tentar deflagrar uma revolta na Renânia. Se isso pudesse ser feito, a revolução seria irresistível.

Pouco antes de largar a caneta e se juntar aos insurgentes em Elberfeld, Engels comunicou a seus amigos um plano de campanha. A margem esquerda do Reno tinha que apoiar a direita. Algo tinha que ser feito nas cidades menores, nas áreas industriais e nos distritos do interior, para manter as guarnições ocupadas. Nos fortes e nas grandes cidades guarnecidas, todos os distúrbios desnecessários tinham de ser evitados. Todas as forças disponíveis deveriam ser direcionadas aos distritos da margem direita que já estavam em revolta, a fim de espalhar a revolução por lá. E, finalmente, a milícia tinha que ser usada na tentativa de organizar um exército revolucionário. O plano não era mal concebido; mas, como todos os planos promovidos por revolucionários obstinados em uma situação como essa, seu fracasso ocorreu porque seu criador julgou a vontade do povo de acordo com suas próprias paixões. A classe média educada e o proletariado atrasado não podiam ser transformados em um exército pelo som da trombeta. Os grupos revolucionários não tinham coesão, e sua energia foi dissipada antes mesmo de o levante alcançar uma unidade de comando. Assim, a rebelião no Reno foi facilmente reprimida.

Engels viu que republicanos e comunistas deveriam filiar-se ao grande partido constitucional que se desenvolvera sob liderança democrata. Já era bastante difícil deixar de lado seu objetivo real, e ainda mais difícil era se acomodar à mentalidade pequeno-burguesa que permanecia filistina, mesmo durante a revolução. As condições que ele encontrou em Elberfeld eram bastante diferentes do que supunha. É verdade que não estava convencido de que o proletariado, tão recentemente salvo "do gin e da hipocrisia", seria o principal pilar do movimento. No entanto, a irresolução que encontrou era decepcionante – a profunda desconfiança com que foi confrontado pelos líderes do movimento o espantou. Ele foi designado pelo Comitê de Segurança Pública para a Comissão Militar, que cuidava das defesas da cidade. A comissão confiou-lhe a inspeção das barricadas e a conclusão das fortificações. Engels reuniu uma companhia de engenheiros, montou canhões e requisitou os trabalhadores necessários. Foi por indicação sua que Otto von Mirbach, um ex-oficial de artilharia da Prússia, foi nomeado comandante em chefe. Em sua chegada, Engels foi questionado pelo Comitê de Segurança Pública sobre quais eram suas intenções. Ele respondeu que, como nativo do local, considerava uma questão de honra estar em seu posto na primeira revolta armada do povo de Bergisch. Desejava limitar-se às atividades militares e não participar do lado político do movimento, uma vez que compreendia plenamente que em Elberfeld um levante em preto, vermelho e dourado era a única possibilidade. Apesar das declarações de Engels, a notícia de que ele recebera uma posição de autoridade causou alarme generalizado entre os burgueses. Eles temiam que a "gangue comunista" pudesse controlar o movimento, e o resultado foi que o Comitê de Segurança Pública aproveitou a primeira oportunidade que teve para se livrar do "jovem visionário" que exigia que a Guarda Civil que desejasse permanecer neutra fosse desarmada, que suas armas fossem distribuídas entre os trabalhadores revolucionários e que uma taxa obrigatória fosse imposta para cobrir os custos de manutenção dos trabalhadores. Na inspeção de 14 de maio, o jovem impetuoso foi informado de que sua presença era altamente perturbadora para a burguesia e que ela exigia a sua retirada. No mesmo dia, o Comitê de Segurança Pública anunciou em cartazes: "Embora reconheçamos plenamente o valor dos serviços prestados até agora, solicitamos ao cidadão Friedrich Engels de Barmen (residente recente de Colônia) que deixe os limites da cidade hoje, pois sua presença pode dar origem a mal-entendidos sobre a natureza de nosso movimento". No entanto, Engels recusou-se a sair até que recebesse o pedido do comitê por escrito, com a assinatura do próprio Mirbach. Sob pressão de todos os lados, Mirbach deu seu aval no dia seguinte e Engels retornou a Colônia. Esse incidente despertou considerável indignação entre os trabalhadores armados, e Engels logo publicou seu conselho a eles em um artigo na *Nova Gazeta Renana*. "Este movimento", escreveu, "é apenas o prelúdio para uma verdadeira revolução na qual os interesses vitais dos trabalhadores estarão

106 FRIEDRICH ENGELS: UMA BIOGRAFIA

em jogo. Quando isso acontecer, vocês me encontrarão em meu posto, e nenhum poder na terra será capaz de me tirar de seu lado."

As lembranças de Engels dos dias que passou com os heróis das barricadas eram povoadas por lampejos do humor que lhe era característico. Contudo, sua estadia em Elberfeld foi memorável por outra cadeia de eventos que deixou uma marca muito mais profunda em sua vida futura. Na manhã do único domingo que passou em Wuppertal, ele foi inspecionar as barricadas para ver se tudo estava em ordem na ponte entre Elberfeld e Barmen. Ou talvez pretendesse incitar os trabalhadores de Barmen, que estavam detidos pela Guarda Civil dos proprietários das fábricas. Ele foi recebido por um delegado chamado Pagenstecher, que deixou um relato do incidente. Engels, cheio de entusiasmo alegre e usando uma faixa revolucionária, dirigia os artilheiros na ponte Haspeler quando seu pai (sem dúvida, a caminho da igreja) o encontrou. O doloroso encontro entre o "digno velho Engels" e seu "filho rebelde" despertou a indignação de todos os bem-pensantes. Não conhecemos os detalhes, mas podemos ver pelas cartas trocadas nos anos seguintes que houve um clímax dramático. A lembrança disso era inefável. Engels nunca conseguiu esquecer o abismo que se abriu entre ele e o pai.

Após a repressão da revolta, o partido militar vitorioso recusou-se a tolerar a existência de um jornal que pregara tão abertamente a secessão da Prússia. A *Nova Gazeta Renana* foi suspensa. A última edição foi impressa em vermelho[51]. Nela, Engels analisou os acontecimentos em Elberfeld e lamentou que as classes trabalhadoras armadas não tivessem usado seu poder de forma mais implacável para a "derrubada completa de uma burguesia covarde e traiçoeira". Felizmente, o sudoeste da Alemanha "tornou-se uma pílula que os eleitos de Deus teriam dificuldade de digerir". Na história alemã de 1849, o lugar de honra foi ocupado pelos soldados de Baden e do Palatinado, que quebraram "o juramento que tinham sido obrigados a fazer aos trapaceiros entronizados". O vulcão da revolução europeia estava à véspera de sua erupção. Logo, seus fluxos de lava vermelha submergiriam para sempre todo o sistema de oração e pilhagem. Toda a infame burguesia covarde, corrupta, hipócrita e arrogante seria lançada na cratera flamejante em sacrifício expiatório por um proletariado que finalmente alcançara a sabedoria e a unidade.

Engels não esperou na Prússia pelo aparecimento do número vermelho. O mandado de busca emitido em 6 de junho provou que ele fora sábio. Em vez disso, foi a Frankfurt com Marx, na esperança de que o Parlamento alemão, quando confrontado a decidir entre o governo existente e a Constituição exigida pelo povo, se voltaria para a revolução. Mas logo viram que falar disso em Frankfurt era como arar areia. Poucos delegados entendiam que uma assembleia revolucionária estaria fadada ao fracasso se permanecesse na defensiva numa situação como aquela. A maioria deles nunca sonhara em convocar o Exército de

Baden e do Palatinado em sua defesa. Em Frankfurt, Marx e Engels não encontraram vestígios do espírito que aposta tudo para vencer tudo. Esperavam encontrá-lo entre os rebeldes de Baden. Mas, assim que cruzaram as fronteiras de Baden, perceberam o amadorismo de seus comandantes militares. Quando chegaram a Mannheim, viram que o primeiro ímpeto fora gasto e que o movimento carecia de uma direção vigorosa. Em Karlsruhe, eles ofenderam o Comitê Distrital, condenando como um erro capital não ter feito marchar as tropas revolucionárias sobre Frankfurt desde o início e reclamando que pouco tinha sido feito para atrair toda a Alemanha para o movimento. No Palatinado, assim como em Baden, descobriram que o levante do sudoeste da Alemanha não era uma força séria; toda sua atmosfera era estranha demais a eles para que qualquer cooperação oficial do pequeno partido comunista tivesse algum valor. Ao voltar do Palatinado, foram presos por soldados em Hesse, sob suspeita de estarem envolvidos na revolução. Foram transportados para Darmstadt e em seguida para Frankfurt, onde os libertaram. Enquanto isso, tinham se decidido sobre o futuro. Marx foi a Paris, com autorização secreta do Comitê Central Democrata do Palatinado. Engels voltou ao Palatinado para assistir aos desenvolvimentos na Alemanha a partir dessa terra da revolução.

Engels era um refugiado democrata distinto. Como tal, foram-lhe oferecidos muitos postos militares e administrativos em Kaiserslautern. No entanto, absteve-se de participar dessa "revolução autoestilizada". Para provar sua boa vontade, concordou em escrever um pequeno artigo publicado pelo governo provisório. Mas, como tinha previsto, seu primeiro artigo desencorajou aqueles cavalheiros descontraídos a continuarem solicitando seus serviços. Nele, ele defendeu o povo de Baden e do Palatinado contra a acusação contrarrevolucionária de alta traição. Afirmou que eles não tinham se rebelado a fim de apoiar os déspotas na luta decisiva e ainda por vir entre o oeste livre e o leste despótico. Se os déspotas da Prússia, da Áustria e da Baviera ainda pudessem encontrar soldados dispostos a lutar sob a mesma bandeira de pandurs, bashkirs e bandidos semelhantes, esses mercenários não seriam bem recebidos por seus camaradas alemães no Palatinado.

> Em algumas semanas, talvez até dias, os exércitos do oeste republicano e do leste servil se moverão um contra o outro para travar sua grande batalha em solo alemão. Mas ninguém pedirá licença à Alemanha, e devemos agradecer a nossos príncipes e a nossa burguesia por isso. Não será uma guerra alemã, nem mesmo uma guerra travada com a aprovação da Alemanha, mas uma guerra em solo alemão que a Alemanha não poderá fazer nada para impedir. Não podemos falar de interesses alemães, liberdade alemã, unidade alemã, prosperidade alemã, enquanto a liberdade e o bem-estar de toda a Europa estão em jogo. Todas as questões

nacionalistas serão deixadas de lado. Há apenas uma questão em jogo – você será livre ou russo?

Mas, e se a batalha decisiva entre oeste e leste nunca ocorresse? E se a chama da revolução – tão difícil de reviver – tivesse se exaurido na França com as lutas de junho de 1848? E se todas as esperanças de Engels estivessem prestes a ser frustradas?

Na estalagem de Donnersberg, onde ele ficou, seu excepcional senso de humor encontrou alguma compensação pela gravidade das semanas anteriores. Todo o Palatinado parecia ter se transformado em uma enorme taberna. Ele não via ali nada da honestidade tranquila dos pedestres que marcara a revolução em Baden. O povo do Palatinado era sério apenas de quando em quando. "Quase ninguém acreditava que os prussianos estavam vindo; mas todos tinham certeza de que, se o fizessem, seriam derrotados com a maior facilidade." O governo indolente permitia que seus cidadãos tirassem sarro de suas "pequenas regulamentações". Assim, desarmou até mesmo um crítico tão severo quanto Engels. É claro que ele apontava o quanto de tempo valioso tinha sido perdido e o quanto ainda precisava ser feito – mas sempre tomando um copo de vinho em uma atmosfera amigável.

Essa situação idílica foi rudemente interrompida pela invasão prussiana. Engels descobriu a fraqueza do serviço de inteligência local quando um dia os informou – para a surpresa deles – da concentração de 27 batalhões de infantaria prussiana, 9 baterias de armas e 9 regimentos de cavalaria entre Saarbrücken e Kreuznach. Ele encontrou essa importante informação por acaso em um número atrasado da *Kölnische Zeitung*. Quando os prussianos chegaram, ele não resistiu à tentação de participar da guerra como representante da *Nova Gazeta Renana* no Exército de Baden e do Palatinado. Tornou-se *aide-de-camp* de August von Willich. Além de Gustave Adolph Techow, o chefe dos palatinos, Willich parecia a Engels "o único que vale alguma coisa" entre os oficiais de artilharia prussianos que se juntaram aos rebeldes. Embora seus talentos não fossem os de um grande general, era um comandante ideal para seiscentos ou setecentos voluntários. Era um "guerreiro estável, de sangue-frio, inteligente e perspicaz; mas, fora do campo de batalha, era um visionário bastante tedioso, um dos 'socialistas verdadeiros'". Essas palavras são de uma carta de Engels a Jenny Marx. Acrescentou que, depois de quatro batalhas, ele próprio descobrira que a coragem necessária para a luta corpo a corpo era a qualidade mais comum do mundo. O barulho das balas não era nada de que devesse falar. Durante a campanha, apesar de muita covardia, ele não tinha visto uma dúzia de pessoas se comportando como covardes no campo; mas tinha notado que onde todo homem era um herói individualmente, todo o batalhão agia como se fosse um.

A QUESTÃO DA REVOLUÇÃO ALEMÃ   109

Engels permaneceu em seu posto ao lado de Willich na batalha pela linha Murg, que deu o golpe final à revolta. Sempre se lembrava da retirada pelas colinas enfeitadas de flores na Floresta Negra como um encantador episódio de férias. Em Wolfach, ouviram com indignação a notícia de que o governo revolucionário estava decidido a se render a Freiburg sem uma batalha. Para evitar isso, decidiram marchar sobre a cidade sem demora. Mas, em Waldkirch, descobriram que a sede do governo já tinha sido transferida para Donaueschingen. Willich e Engels em vão exortaram os comandantes a usarem os sobreviventes do Exército e sua considerável força de artilharia em uma última batalha. No dia 12 de julho, as tropas de Willich, "as últimas do Exército de Baden e do Palatinado", foram forçadas a se retirar do solo alemão.

No outono anterior, Engels tinha visitado a Suíça com a expectativa confiante de ver seu lar em pouco tempo. Naquela época, a vitória final das forças revolucionárias ainda não estava decidida, e ele próprio era um homem menos marcado. Mas, mesmo assim, seu cunhado o incomodara com exortações banais; ele novamente amontoava conselhos e reprovações não solicitadas em vez de enviar o dinheiro que Engels pedia.

> Você me parece estar se comportando como um cão acuado, que não encontra lugar para descansar. Você não precisa me dizer que essa revolução não é do seu gosto. De fato, ela causou danos incalculáveis à realização de suas esperanças. Ela mostrou aos mais inteligentes de nós que nossa querida Alemanha ainda é terrivelmente grosseira e subdesenvolvida, e que qualquer transformação social seria seguida positivamente por um terror russo. Eu compreendo que você não pode apelar para seu pai; mas por que não se volta para sua mãe? Se você tivesse uma família para preocupá-lo, como eu tenho, teria que mudar seu modo de vida inquieto e, no círculo estreito de seu próprio lar, faria mais desta nossa curta vida do que jamais fará participando de uma gangue de falastrões covardes e ingratos. Acho que você ainda deve ter a ideia ingrata de se sacrificar pela incorrigível raça humana – de se arrogar na posição de um Cristo para salvar a sociedade e se tornar um egoísta completo para esse fim. Mas você ainda não está perdido para nós. Ainda pode, sem se humilhar, tomar cuidado para não se isolar completamente como um hipocondríaco chorão.

Assim Engels era tentado pelos filisteus. Mas ele sentia que "o mundo estava parindo uma nova era"; anunciara isso em um texto impresso no início do ano. Achava justo que cada indivíduo que não tivesse se afastado do ato da criação tivesse sua cota nas dores do parto. Partilhava da agonia com um coração alegre, porque sentia que o futuro estava ligado a ele.

Die heilige Familie,

oder

Kritik

der

kritischen Kritik.

Gegen Bruno Bauer & Consorten.

Von

Friedrich Engels und Karl Marx.

Frankfurt a. M.
Literarische Anstalt.
(J. Rütten.)
1 8 4 5.

Folha de rosto do livro *A sagrada família*, publicado em 1845.

XI
Reação e prosperidade.
A ruptura com a democracia burguesa

Na Suíça, Engels passou seu tempo em Vevey, Lausanne, Genebra e Berna. Em Genebra, ele encontrou pela primeira vez seu futuro discípulo Wilhelm Liebknecht, que ficou fascinado com Engels e espantado com o desprezo soberano que este demonstrou pela campanha da qual ambos haviam participado. Em Vevey, Engels finalmente entrou em contato com Marx, que estava muito preocupado em saber onde ele estava. Marx o encorajou a escrever um panfleto ou uma história do levante em Baden e no Palatinado. Engels começou imediatamente. De início, pretendia publicar seu trabalho em forma de panfleto na Suíça; mas, no final de agosto, quando Marx lhe disse que fora expulso da França e estava a caminho de Londres para começar um jornal alemão, ele decidiu guardar seu manuscrito para publicá-lo nesse jornal.

O trabalho é uma obra-prima da prosa narrativa. Na vivacidade, no escopo e na precisão da observação está muito acima de qualquer outro relato da campanha pela nova Constituição. Engels considerava que o movimento revolucionário de 1848 era tão importante na história social e política do sul da Alemanha quanto o levante de junho na história da França. Ressaltou que a classe predominante na revolução tinha sido a pequena burguesia, à qual seus líderes oficiais pertenciam. Agora tinha percebido que a classe pequeno-burguesa tinha pouco poder de ação revolucionária: ela não poderia mostrar energia real a menos que outras classes se juntassem ao movimento e, onde fosse possível, assumissem o controle. Se o proletariado das cidades ou alguns dos camponeses optassem por fazê-lo, a ala mais extremada da pequena burguesia se juntaria a eles por um tempo. Em Baden e no Palatinado, foram essas classes (lideradas pelo proletariado das cidades maiores) que dirigiram a pequena burguesia a uma ruptura aberta com a autoridade existente. A princípio, o movimento foi acompanhado pela seção mais resoluta da burguesia de classe alta e média. Mas a burguesia alemã recuou aterrorizada do campo de batalha tão logo viu a menor perspectiva do retorno da anarquia, "isto é, da luta realmente decisiva".

Engels previra o fracasso da revolta e isso era um consolo para ele. O desastre do dia 13 de junho em Paris e a recusa de Artúr Görgey de marchar sobre Viena teriam sido suficientes (ele acreditava) para destruir suas chances de sucesso, mesmo que ela tivesse se espalhado para Hessen, Wurttemberg e Francônia. Desde os combates de junho em Paris (ele agora reconhecia), a Europa civilizada tinha apenas uma opção: a supremacia do proletariado revolucionário ou a supremacia das classes que predominavam antes de fevereiro. O compromisso não era mais possível. Na Alemanha, a alta burguesia em especial havia demonstrado sua incapacidade de governar quando, para afirmar seu domínio contra o povo, permitiu que a nobreza e a burocracia se tornassem mais uma vez suas senhoras. Ao exigir a nova Constituição, a pequena burguesia tentava impedir a luta final com um compromisso impraticável. Sua derrota esclareceu as coisas. No futuro, a vitória residiria ou na verdadeira revolução ou em uma monarquia feudal e burocrática levemente constitucionalizada. Mas a revolução não poderia vencer na Alemanha até que o proletariado assumisse sua supremacia.

Em meados de agosto, Marx enviou a Engels sua opinião sobre as perspectivas da revolução na França e na Inglaterra. Mais tarde, essa opinião provou ser totalmente absurda, mas pode ter confortado Engels na época. Seu otimismo precisou ser fortalecido durante aquelas semanas em que – após o fracasso dos levantes na Renânia, na Saxônia e no sul da Alemanha – viu o colapso da revolta húngara, um movimento muito mais poderoso, no qual depositava esperanças ilimitadas. Marx declarou que o bonapartismo estava comprometido para sempre e que a opinião pública na França era mais uma vez antirreacionária, de modo que outro levante revolucionário poderia ser esperado em breve; ele acrescentou que, na Inglaterra, os favoráveis ao livre comércio e os cartistas estavam unindo forças para se opor às forças reacionárias no exterior por meio da política externa inglesa. Engels não queria acreditar que a revolução estava prestes a fracassar; quando ouviu tudo isso, quis ter esperanças de que a batalha seria travada pelos trabalhadores industriais dos países ocidentais mais desenvolvidos. Portanto, não seria nenhum sacrifício seguir o desejo de Marx e ir a Londres imediatamente. Marx supôs que seu amigo obteria uma "permissão de trânsito" para Londres da embaixada francesa em Berna. Mas Engels decidiu que era mais agradável e talvez mais seguro ir pelo mar. Ele embarcou em um veleiro em Gênova e passou cinco semanas no mar. Sempre interessado em aprender, usou essa "grande circunavegação" para aprender algo de marinharia. Entre seus documentos, há um diário no qual ele registrou as mudanças na posição do Sol, na direção do vento, nas condições do mar e na linha costeira.

Por fim, juntou-se a Marx e, do outono de 1849 até o outono de 1850, compartilhou com ele a dupla tarefa de montar uma revista mensal, a *Nova Gazeta Renana, Revista Político-Econômica*, e de reorganizar as forças dispersas da Liga dos Comunistas[52]. Seu jornal diário em Colônia tinha como subtítulo *O Órgão da Democracia*, mas o veículo mensal que eles mantiveram durante o exílio opunha-se à democracia burguesa. Em seu prospecto, expressaram a esperança de que seu trabalho em breve pudesse se transformar em diário na Alemanha. Isso nunca aconteceu. Mesmo com periodicidade mensal, ele não conseguiu sobreviver ao ano de 1850. Foi sua última tentativa de manterem o próprio jornal. Nele, Engels publicou um breve estudo sobre a jornada de trabalho de dez horas na Inglaterra, além de "A campanha constitucional alemã" e *As guerras camponesas na Alemanha*, publicado posteriormente em forma de livro[53]. Ele ainda considerava que os eventos dos dois anos anteriores eram apenas as escaramuças antes da luta final, que seria mais complicada e levaria mais tempo para se decidir. Mas ele e Marx acreditavam firmemente que essa luta seria fracassada e inútil se liderada pela pequena burguesia. Engels estava ansioso para acertar as contas com os revolucionários burgueses: lutara lado a lado com eles por mais tempo do que desejara. Sua atitude em relação ao passado e ao futuro era determinada apenas por seus desejos pessoais e seu ponto de vista subjetivo. Em oposição a isso, Engels e Marx agora tentavam afirmar a compreensão superior da teoria que eles próprios derivaram de sua concepção de história. Sustentavam que tinham acessado o segredo da mudança histórica, e por isso estavam qualificados para ver o significado oculto dos eventos enquanto estes ocorriam e reconhecer o curso que seguiriam.

Somente depois de se estabelecerem em Londres eles perceberam o quão fortemente os eventos políticos (mesmo durante a tempestade da revolução) tinham sido influenciados por fatores econômicos. Viram que a crise comercial de 1848 fora a fonte da revolução de fevereiro e março, e inferiram que o estado dos mercados mundiais determinaria se outro surto estava próximo ou distante.

No mesmo jornal, Marx usou a guerra de classes na França (1848-1850) e Engels a campanha pela nova Constituição na Alemanha para demonstrar que os eventos políticos eram, em última instância, determinados e condicionados por causas econômicas. Além disso, Engels fez um estudo detalhado da Guerra dos Camponeses, esperando, assim, penetrar nas formas externas dos eventos políticos e alcançar as forças econômicas que são o coração pulsante da história. Isso, pensou, lhe permitiria lançar luz sobre a recente revolução comparando-a com a maior revolução da história da Alemanha. Ainda esperava que o novo movimento não estivesse morto; e pretendia acelerar as percepções dos homens e redobrar sua energia apontando as inúmeras semelhanças entre a velha e a nova revolução. "Veremos que as classes e frações que desempenharam o papel de traidor em 1848 e 1849 fizeram o mesmo em 1525, em um estágio mais baixo de seu desenvolvimento." Esse é um dos princípios-guia da discussão. Outro está relacionado ao destino trágico de Thomas Münzer.

> A pior coisa que pode acontecer ao líder de um partido extremista, é ele ser obrigado a assumir o governo em um momento em que o movimento político não está suficientemente desenvolvido para manter no poder a classe que ele representa ou executar as medidas que a situação exige. Ele está então em um dilema insolúvel. Pois é obrigado a se defender, não por meio de sua própria classe ou partido, mas da classe a cujo domínio o movimento político é adequado no momento. O homem nesta situação infeliz está completamente perdido.

Será útil que nos lembremos desse julgamento de Engels quando chegarmos a suas críticas à política de Lassalle e Johann Schweitzer.

Agora que as forças da reação tinham se recuperado, a Liga dos Comunistas foi novamente obrigada a manter em segredo suas atividades na Alemanha. Os membros do Conselho Geral estavam quase todos em Londres. Eles consideravam de vital importância que na revolução que em breve eclodiria novamente houvesse na Alemanha um partido operário independente, que não poderia mais depender da burguesia. Heinrich Bauer comprometeu-se a investigar quaisquer associações de trabalhadores, camponeses, artesãos e atletas que ainda existissem na Alemanha, a fim de iniciar filiais da Liga em seu interior. Em março de 1850, Marx e Engels elaboraram juntos o programa no qual ele basearia suas operações[54].

Nele, eles lembravam o proletariado alemão de que a burguesia mal havia conquistado o controle do Estado e já lançara mão de seu poder para relegar seus aliados da classe trabalhadora à antiga condição. Para tanto, ela se unira ao partido feudal que havia derrotado e, no final, foi forçada a renunciar em favor dele. Agora a nova revolução era iminente. Dessa vez, os democratas pequeno-burgueses desempenharam o papel de traidor como as classes altas liberais o tinham feito em 1848. Mas o partido democrata era muito mais perigoso para os trabalhadores do que os liberais. Ele incluía não apenas os pequenos proprietários de fábricas, os comerciantes e os mestres artesãos, mas os camponeses e (por enquanto) o proletariado agrícola. Longe de querer revolucionar todo o sistema social no interesse das classes despossuídas, eles desejavam apenas modificá-lo e torná-lo mais tolerável. Para realizar tal propósito, precisavam de uma Constituição democrática para os governos central e local. Os trabalhadores deveriam ser mantidos em silêncio por instituições de caridade mais ou menos disfarçadas, e seu poder revolucionário deveria ser quebrado pela melhoria temporária de suas condições.

Mas um programa desse tipo não poderia satisfazer o partido do proletariado. A pequena burguesia desejava terminar a revolução rapidamente – mas *os proletários* precisavam se esforçar para tornar a revolução algo permanente, algo que dure até que todas as classes de proprietários tenham sido privadas de sua supremacia, até que os trabalhadores tenham chegado ao governo e até que o proletariado (não apenas em um país, mas nos principais países do mundo) esteja unido e controle as principais forças de produção. Eles não podiam se contentar em redistribuir a propriedade privada, tinham de aboli-la. Os conflitos de classes não devem ser negligenciados, e sim removidos. O objetivo final do partido não era a melhoria da sociedade existente, mas o estabelecimento de uma nova sociedade.

Mas que atitude os comunistas adotariam em relação à democracia pequeno-burguesa, já que ela também sofria opressão? Que relação deveriam ter com ela durante a iminente luta revolucionária? – ou mesmo depois da revolução, quando a pequena burguesia se levantaria suprema sobre os velhos governantes e o proletariado? No momento, ela estava convidando os trabalhadores a cooperar na tarefa de criar um grande partido de oposição. Mas não podia haver – é claro! – menção às demandas específicas dos trabalhadores. Marx e Engels, no entanto, defendiam que, dessa vez, o proletariado deveria se recusar a agir como lacaio da democracia burguesa. Os trabalhadores, liderados pela Liga dos Comunistas, precisavam criar uma organização independente (tanto secreta como pública) paralelamente à dos democratas oficiais. Eles deveriam criar associações de trabalhadores em todas as cidades e nelas a posição do proletariado tinha que ser discutida – sem interferência das influências burguesas. No momento, os interesses de ambos os partidos estavam unidos na luta contra a reação e, como antes, uma aliança temporária deveria surgir automaticamente. Mas, imediatamente após a vitória, os trabalhadores deveriam se opor à atitude pacífica da burguesia. Eles tinham que exigir garantias e, se necessário, extorqui-las. Tinham que garantir que o novo governo democrático se comprometesse com concessões e promessas. Lado a lado com os democratas oficiais, precisavam criar suas próprias organizações revolucionárias de trabalhadores, na forma de conselhos municipais, clubes de trabalhadores ou comitês de trabalhadores. Assim, o governo democrático burguês sentiria imediatamente que tinha perdido o apoio dos trabalhadores e que era vigiado e ameaçado por agentes apoiados por toda a força da classe trabalhadora.

Se os trabalhadores quisessem oferecer uma resistência enérgica e ameaçadora à democracia vitoriosa, precisariam estar armados e organizados. Eram necessárias medidas imediatas para suprir todo o proletariado com armas, pois o governo democrático burguês começaria a batalha contra os trabalhadores assim que se estabelecesse. A abolição do senhorio feudal seria a primeira ocasião para um conflito. A pequena burguesia entregaria as propriedades da nobreza aos camponeses como propriedade livre e, assim, garantiria a continuidade da existência de um proletariado no campo; o partido dos trabalhadores, por outro lado, deveria exigir que as propriedades feudais, quando confiscadas, permanecessem propriedade do Estado e fossem cultivadas pelo proletariado agrícola de modo cooperativo, mantendo todas as vantagens da agricultura em larga escala. Novamente, os democratas tentariam fazer da nova Alemanha uma federação de pequenos Estados; os trabalhadores deveriam exigir não apenas uma república alemã unida, mas também uma concentração de poder mais determinada nas mãos da autoridade central.

Os democratas seriam obrigados a propor certas medidas de tom mais ou menos socialista. Como os trabalhadores não poderiam exigir medidas diretamente comunistas, precisariam obrigar os democratas a interferir no maior número possível de pontos da ordem social existente, a perturbar seu equilíbrio e, assim, comprometer-se. Além disso, deveriam tentar concentrar todos os fatores de produção possíveis – transportes, fábricas, ferrovias e similares – nas mãos do Estado. Os trabalhadores deveriam levar ao extremo todas as propostas feitas pelos democratas, a fim de transformá-las em ataques diretos à propriedade privada. Se a pequena burguesia propusesse comprar as ferrovias e fábricas, os trabalhadores deveriam exigir que as ferrovias e fábricas fossem confiscadas pelo Estado sem compensação, por serem propriedades de reacionários. Os trabalhadores alemães não poderiam alcançar o poder sem passar por um longo período de desenvolvimento revolucionário. Mas, dessa vez, eles saberiam que a nova revolução começaria com a vitória direta do proletariado francês e que isso aceleraria a sua própria. Ainda assim, eles mesmos teriam que fazer a maior parte do trabalho, aprendendo a compreender os interesses de sua classe, aderindo à organização independente do partido proletário e seguindo o grito de guerra: "A revolução permanente!".

Quando Marx e Engels enviaram o tal Plano de Campanha contra a Democracia à Alemanha, ainda esperavam que a revolução ocorresse em breve e que, na verdade, o proletariado de Paris a iniciaria ao levantar-se em revolta durante uma guerra europeia. Em fevereiro de 1850, ainda estavam convencidos de que, dentro de alguns meses, a Rússia, a Áustria e a Prússia tentariam usar seus exércitos para a estabilização dos antigos governos.

Numa época em que todo o continente era afetado pela revolução e pela contrarrevolução, a Inglaterra (como reportava a *Revista da Nova Gazeta Renana*) aproveitou ao máximo sua prosperidade. Marx e Engels não acreditavam que isso pudesse durar. Eles profetizaram que, até o final da primavera de 1850 (ou, no mais tardar, em agosto), a crise econômica chegaria e, com ela, a revolução na Inglaterra. Mas, logo, todos os agrupamentos políticos da Europa foram ofuscados por um evento que Engels considerou mais importante que a revolução de fevereiro – a descoberta das minas de ouro na Califórnia dezessete meses antes. Até então, divergências comerciais tinham impedido a abertura do canal do

Panamá, mas, agora, o comércio no Pacífico não poderia mais ser conduzido pelo cabo Horn. O ouro da Califórnia estava inundando a América e as costas asiáticas do Pacífico; ele estava atraindo os povos nativos mais atrasados à civilização e ao comércio mundial. Nos tempos antigos, Tiro, Cartago e Alexandria eram os mercados do mundo. Na Idade Média, foram substituídos por Goa e Veneza, e, mais tarde, por Londres e Liverpool. Os novos mercados mundiais seriam Nova York, San Francisco, San Juan da Nicarágua, León, o Chagres e o Panamá – o centro de gravidade do comércio mundial agora era a metade sul do continente norte-americano. O comércio e a indústria europeus teriam que distender todos os nervos se não quisessem declinar como o comércio e a indústria italianos declinaram após o século XVI. Se o oceano Atlântico se tornasse um mero lago interior como o Mediterrâneo, nada que não a revolução social impediria a Inglaterra e a França de cair no tipo de subordinação industrial, comercial e política vivida pela Espanha e por Portugal. Enquanto ainda havia tempo, deveriam alterar sua técnica de produção e distribuição para atender às demandas geradas pelas invenções modernas. Assim, criariam novos fatores de produção que garantiriam a supremacia da indústria europeia e, portanto, compensariam a desvantagem de sua posição geográfica.

Engels e Marx foram melhores profetas do futuro distante do que dos eventos imediatos. Na França, a abolição do sufrágio universal não foi seguida pela revolução. A prosperidade da Inglaterra continuou a crescer. A ofensiva da Santa Aliança contra o Ocidente não se concretizou. No verão de 1850, o partido revolucionário já tinha sido posto em segundo plano em todos os países da Europa. Na Alemanha, as forças da reação desfrutavam de um novo acesso ao poder; e o capital (como Lassalle escreveu a Marx), "como um lacaio vulgar, saltou novamente para a carruagem dos grandes proprietários de terras". Chegara o momento em que Engels e Marx precisariam fazer um exame objetivo da situação.

Quanto mais cuidadosamente estudavam a depressão econômica que se seguiu ao curto *boom* de 1843-1845, mais claramente viam a conexão causal entre os movimentos do comércio mundial e as flutuações da política. A Exposição Universal, que seria realizada em Londres em 1851, parecia ser para Engels infinitamente mais significativa do que todos os congressos diplomáticos e partidários do continente. Ela dispôs lado a lado todas as forças produtivas da indústria moderna. Era uma exposição do material produzido por um sistema capitalista decadente, mas destinado à construção de uma nova ordem social. A burguesia estava construindo seu panteão quando sua glória já estava em declínio. Uma nova fase do ciclo comercial tinha se iniciado em 1850; se ela seguisse o mesmo curso do ciclo de 1843-1847, uma crise surgiria em 1852. A descoberta das minas de ouro da Califórnia significou mais do que um mero aumento na produção de ouro, foi também um estímulo para que o capital mundial buscasse novos canais. A maior parte do ouro californiano fluía para Nova York. Com o crescente interesse no transporte transatlântico e na abertura do canal do Panamá, Nova York estava se tornando o centro da especulação e, portanto, o centro da próxima grande crise. Mesmo que muitas empresas fossem arruinadas, ainda restariam as linhas de transporte marítimo que conectavam Austrália, Nova Zelândia, Cingapura, China e América, pelas quais se poderia percorrer o mundo em quatro meses. Engels publicou essas especulações na *Revista*. Embora achasse provável que os Estados Unidos conquistassem a hegemonia econômica do mundo civilizado, ele ainda acreditava que a Inglaterra era "o demiurgo do cosmos burguês". Até mesmo as crises que produziram revoluções no continente, pensou ele, sempre tiveram suas causas na Inglaterra.

Embora acreditasse que a crise mundial e sua sequência revolucionária não estavam muito longe, Engels achava a sociedade burguesa do momento tão próspera que faltavam condições para uma verdadeira revolução. Ele e Marx anunciaram no último número da *Revista* que "uma revolução só pode aspirar ao sucesso quando os fatores modernos de produção e a técnica burguesa de produção estiverem em desacordo. Uma nova revolução só será possível após uma nova crise. Mas a revolução virá tão certamente quanto a crise".

Engels apresentou sua nova teoria em um festival de Ano Novo realizado sob a presidência de Harney em Londres, que contou com a presença de exilados políticos de todas as nacionalidades. Isso perturbou a todos, mas ele não se importou com isso. Doutrinários que eram, esses exilados acreditavam que toda e qualquer revolução poderia ser *tornada* possível. Agora, Engels e Marx se opunham abertamente a essa ideia e, a partir de então, qualquer conexão entre eles e os exilados tornou-se impossível.

Engels, apesar de si mesmo, foi repelido pelos "hábitos dissolutos" desses emigrados errantes. As tradições de sua família estavam enraizadas demais nele para permitir que aceitasse os padrões da Boêmia. É verdade que na Antuérpia, em uma ocasião anterior, ele tinha apresentado sua amiga Mary Burns a uma reunião da colônia alemã, sabendo perfeitamente bem que reações provocaria. É verdade que ele desprezava o casamento burguês a ponto de não se incomodar em legitimar seu relacionamento. Mesmo assim, reconhecia a autoridade objetiva pelo que ela era; ele respeitava sua força quando a achava forte e tentava miná-la se julgasse necessário. Mas tinha apenas desprezo pela arrogância e autoimportância dos indivíduos que tinham perdido o contato com a sociedade e não viam a verdadeira natureza do drama no qual representavam papéis menores.

XII
LONDRES E MANCHESTER

Em Londres, foram os seguidores da *Nova Gazeta Renana* e da Associação Educacional dos Trabalhadores Alemães que primeiro enfrentaram a tarefa de prover os exilados políticos. Engels era um trabalhador confiável e entusiasmado por qualquer causa que adotasse, e agora se tornara secretário do comitê social-democrata para o bem-estar dos exilados. O comitê constatou que seus fundos estavam diminuindo constantemente, ao passo que suas atribuições aumentavam. Por isso, alugaram uma casa grande na Great Windmill Street, onde os exilados mais pobres podiam encontrar hospedagem e alimentação, e (caso quisessem) trabalhar nas oficinas vizinhas. Esses "imigrantes miseráveis" tinham apenas um desejo – um rápido retorno ao seu país e idolatravam Willich, que lhes prometia a realização de seu desejo. Marx e Engels se desentenderam com eles assim que contestaram a ideia de que a revolução logo eclodiria novamente. Houve uma cisão aberta na reunião do Comitê Central da Liga dos Comunistas em 15 de setembro de 1850. Engels e Marx ficaram quase sozinhos em sua posição. Por isso, propuseram e defenderam uma moção para que o Comitê Central fosse transferido para Colônia. Dali em diante, houve, então, duas seções no partido comunista de Londres. A maior era liderada por Willich e Schapper: defendiam a ação a todo custo, mesmo para um *putsch*. A menor era composta por Engels, Marx e seus amigos mais próximos.

Do mesmo modo, Marx e Engels se viram em desacordo com os exilados democratas burgueses, tanto da Alemanha quanto de outros países, assim que declararam abertamente que não acreditavam que a repetição da revolução fosse iminente. Todos os outros acreditavam no que queriam acreditar e se apegavam à esperança de que a hora da nova revolução chegaria em breve, momento em que seriam chamados de volta a seu amado lar; eles exageravam de maneira grotesca a importância de suas realizações passadas na Alemanha e de seus discursos e escritos em Londres. Os dois amigos não foram levados a sério por ninguém, exceto um pelo outro. Engels não conseguia perceber que havia um suprimento constante de tolos cuja maior ambição era entrar em algum tipo de governo no dia seguinte ao primeiro levante bem-sucedido – apenas para serem desacreditados e descartados um mês depois.

Entre os exilados, havia uma grande variedade de opiniões: eles se dividiam por peculiaridades nacionais e ambições pessoais. Mas quase todos estavam unidos por sua fé na magia da democracia e por sua convicção de que a segunda revolução que estava para acontecer finalmente a realizaria em seus países de origem. Mesmo a minoria socialista que reivindicava alguma reforma da estrutura de classes ainda estava preparada (com exceção do pequeno grupo de Marx) para formar uma frente única com os outros exilados para a conquista da democracia como o primeiro estágio no caminho para o socialismo. Mas os autores do *Manifesto comunista* não tinham nada com isso. Recusando-se a jogar o jogo da conspiração, permaneceram sob todas as aparências bastante inativos e zombaram da azáfama da vida dos emigrados. Os outros não podiam entender nem perdoar isso, e logo Engels e Marx tornaram-se os mais impopulares de todos os exilados. Eles retribuíram de coração o ódio dos "vis democratas". A democracia burguesa era o inimigo que eles teriam que combater amanhã. Não se importavam em resolver, e sim em enfatizar, a diferença entre eles. Vendo com desprezo essa multidão de teóricos vazios, perderam todas as chances de influenciá-los. Se os dois amigos não encontravam entendimento entre seus próprios simpatizantes, muito menos poderiam esperar de homens que acreditavam que, quando os governos existentes caíssem, não haveria mais guerras, nem mudanças, pois "a Era de Ouro da República Europeia" nasceria!

Os vários grupos nacionais tinham muitos motivos para desejar uma frente ampla. Devemos examinar seu caráter e suas atividades com algum cuidado, pois Engels encontrou-se com muitos deles e geralmente os encontros terminavam em brigas. Entre os exilados italianos, húngaros e franceses havia homens famosos em toda a Europa. O contingente alemão não tinha ninguém comparável a Mazzini, Kossuth, Ledru-Rollin ou Louis Blanc. Mas Gottfried Kinkel e Arnold Ruge (que eram funcionários de uma universidade) sentiam-se iguais a Mazzini e os outros.

Kinkel, o subpoeta, que tinha sido libertado da prisão de Spandau por Karl Schurz em circunstâncias tão românticas, era o "leão da estação". Engels o desprezava como um "símio vazio, afetado e presunçoso". Já Kinkel não podia perdoar Marx e Engels por tratá-lo com desprezo na *Revista* como um "sujeito inofensivo" enquanto ele estava na prisão. Engels tinha lutado lado a lado com Ruge no movimento Jovens Hegelianos, mas brigou com o "burguês próspero" quando deixou de filosofar e tornou-se um comunista confesso. Ele tinha pouco amor pelos patrícios que chefiavam os imigrantes alemães, e menos ainda pelos ex-oficiais da Prússia que tentavam tomar o centro do palco. Desde o levante em Baden, decidira fazer um estudo sistemático de estratégia e tática assim que as circunstâncias permitissem. A "gangue militar" deveria descobrir que "pelo menos um dos civis" era páreo para eles em seu próprio território. Já conhecemos a opinião de Engels sobre Willich. Este se considerava o líder de que a Alemanha precisava. O núcleo de seu "exército do futuro" eram os "homens de princípio" que estavam sentados a seus pés na Great Windmill Street e nas cervejarias alemãs. Após o sucesso do grande golpe no qual fazia questão de aparentar estar pensando dia e noite, ele se ergueria sobre os ombros de seu "exército" para ser o Ditador da Alemanha.

Engels e Marx estavam separados dos outros emigrados, bem como dos alemães, por crerem no poder dos fatores econômicos em vez de na vontade humana. Isso ofendia profundamente Mazzini, o apóstolo da ação, que pregava que o republicanismo e o nacionalismo deveriam andar de mãos dadas. Místico ferrenho, ele esperava a salvação apenas do "ato sagrado", e achava desmoralizante apenas negar a ordem existente. Com seu credo de autodeterminação nacional (ele foi apelidado por Marx de "o papa da Igreja Democrata *in partibus*"), ele fundou um Comitê da Europa Central com Ruge, Ledru-Rollin e outros, com a ideia de que os imigrantes que acreditavam na ação (i. e., quase todos, exceto Marx e Engels) deveriam cooperar a princípio, mesmo que tivessem que se separar mais tarde. Engels sabia que seus instintos o impeliam à ação. Por isso, sentiu-se justificado ao descrever a "paixão abstrata pela revolução" de Mazzini como inútil e boba.

No entanto, tinha mais respeito pela natureza desinteressada de Mazzini do que pelo desagradavelmente teatral Kossuth. Ele logo perdeu sua admiração pelo ex-ditador quando estudou a história da revolução húngara e leu a massa de "revelações" que os participantes começaram a publicar. Tanto Mazzini quanto Kossuth declaravam que o socialismo não era um problema que dissesse respeito a seus países. Achavam que isso não merecia sua atenção, pois estavam interessados apenas em ações imediatas. Engels e Marx, por outro lado, não podiam prestar atenção em nada que não uma revolução social que afetasse toda a Europa. No final de novembro de 1851, Marx explicou em um jornal cartista que ingleses, franceses e alemães defendiam a revolução como a cruzada do trabalho contra o capital; não queriam se rebaixar ao nível intelectual e social de uma raça meio civilizada como os magiares. Engels concordou com ele.

A liderança da colônia francesa era disputada por Louis Blanc (batizado por Marx de "o Napoleão do socialismo") e Ledru-Rollin, destinado por si mesmo e por seus numerosos apoiadores a ser o presidente da República. O panfleto de Ledru-Rollin sobre o iminente colapso da Inglaterra não aumentou a admiração de Engels por ele e sua democracia burguesa. Engels sentia que um grande abismo o separava também de Blanc. Ele sempre desprezara a crença de Blanc na França como o messias da civilização e da revolução, e o chocava que ele empenhasse tanto esforço em conseguir apoio entre os imigrantes burgueses. Os únicos exilados franceses por quem Engels e Marx sentiam simpatia eram os adeptos de Blanqui. Com eles, Harney e Willich, Marx e Engels planejavam uma Liga Mundial dos Socialistas Revolucionários antes que a Liga dos Comunistas se dispersasse. Seu objetivo seria "a derrubada das classes privilegiadas pela ditadura do proletariado, pela manutenção permanente da revolução até a conquista do Estado comunista". O plano era natimorto. Mas temos que abordá-lo, pois foi a primeira ocasião em que Engels proclamou a necessidade da ditadura do proletariado "para alcançar a forma final da organização da sociedade humana". Desde a revolução, Marx e ele tinham percebido que a ditadura do proletariado era uma etapa preliminar necessária para o comunismo. No entanto, podemos ver quão elástica era essa noção pelo fato de que em seu artigo sobre o Projeto de Lei das Dez Horas inglês, Engels ainda declarava que o sufrágio universal era suficiente para dar à classe trabalhadora o poder supremo na Inglaterra.

Temos um registro de uma discussão política que ocorreu pouco antes do cisma na Liga dos Comunistas. As partes eram Marx, Engels e Gustave Adolph Techow, que tinha sido tenente do Exército prussiano e cujo apoio eles teriam ficado felizes em receber. Techow os criticou fortemente depois, mas o relato que deu à época a seu camarada de armas Alexander Schimmelpfenig mostra o quão profundamente sentia a superioridade intelectual de Marx. Os oponentes de Marx e Engels podiam estar justificados em chamar seu partido de "totalmente impotente", mas nessa conversa eles descreveram a si mesmos como os líderes de um partido "no sentido histórico mais amplo" – um partido que, mais cedo ou mais tarde, contaria com milhões de apoiadores. É impressionante ler com que confiança eles disseram a Techow que a força de seu partido era a "força da necessidade histórica" e que por isso não se importavam em permanecer sempre na oposição. Podemos ver que Engels de fato acreditava nisso ao observarmos o contentamento com o qual ele discutiu com Marx o cisma na Liga dos Comunistas. Disse que, agora que eles tinham sido abandonados por todos, podiam renegar a popularidade, como sempre fizeram inconfessadamente, podiam renunciar a qualquer exigência de uma posição oficial em um partido.

Os parentes de Engels em Barmen estavam constantemente preocupados com seu futuro, agora que ele tinha arruinado suas esperanças de voltar para casa. Sua irmã Marie (cujos conselhos ele não estava disposto a ouvir) escreveu-lhe uma carta com o conhecimento de seu pai e por solicitação de sua mãe. Ela disse que achava perigoso que ele ficasse tanto tempo no local de encontro de todos os exilados políticos; seria melhor ir para outro lugar, onde o *hobby* ao qual ele tinha se dedicado alegremente por tantos anos seria menos encorajado. Ela prosseguiu: "Chegamos a pensar que talvez você queira entrar seriamente nos negócios por enquanto, a fim de garantir uma renda; você poderia desistir assim que seu partido tiver uma chance razoável de sucesso e você reassuma seu trabalho nclc". Quando Fricdrich recebeu essa carta, já tinha decidido voltar à sua antiga carreira nos negócios. A fim de dificultar a retomada de atividades revolucionárias, seu pai tentou encontrar um posto para ele em Calcutá. Engels preferiria ter ido a Nova York, pois Marx teria ido com ele. Mas, para sua grande satisfação, esses dois planos fracassaram. A solução final foi a mais à mão. Não havia representante pessoal da família Engels na fábrica de Manchester, que era dirigida apenas pelos dois irmãos Ermen; e Friedrich já tinha aprendido o funcionamento do negócio. Um relatório secreto da política prussiana, datado de setembro de 1850, dizia que ele consentira em ir a Manchester porque, caso contrário, "não teria meios visíveis de sustento". Mas um homem que escrevia tão fluentemente como Engels não precisava se preocupar com seu futuro. No entanto, se ele voltou aos "negócios imundos", foi por causa de Marx; pois Engels achava que os grandes talentos de Marx eram vitais para o futuro da causa. Marx não tinha como sustentar a si e sua família: ele não deveria se tornar uma vítima da vida de emigrado. Para evitar isso, Engels ficou feliz em voltar à mesa do escritório.

O pai de Engels, com seus princípios severos, não aceitava displicência em um negócio no qual derramava toda sua energia. Mas sua atitude mudou rapidamente quando Friedrich foi por vontade própria a Manchester em novembro de 1850 e imediatamente enviou a ele uma série de ótimos relatórios sobre os negócios. Em janeiro de 1851, escreveu ao filho: "Posso imaginar que ficar em Manchester não seja muito agradável para você, mas, nas atuais condições peculiares, isso seria algo excelente para o nosso negócio". Em fevereiro, o velho confirmou seu pedido: "Você realmente me agradou muito com sua proposta de ficar em Manchester, onde está no lugar certo: você é o melhor representante possível dos meus interesses". Pai e filho não tinham se encontrado desde o trágico domingo na ponte Haspeler. Eles se encontraram novamente em Manchester em junho, e a sra. Engels aguardou o resultado com ansiedade. Ela ficou animada com o fato de Ermen ter convidado o marido para ficar e escreveu a Friedrich: "Acho que provavelmente é melhor você não ficar junto dele o tempo todo, pois você nem sempre consegue ficar falando de negócios, e seria melhor evitar a política, sobre a qual vocês têm visões tão diferentes". Sua ansiedade era justificada. O jovem Engels ficou muito decepcionado com os louvores feitos por seu pai ao país que o rotulara de traidor. Exasperado, escreveu a Marx: "Algumas palavras e um olhar desagradável foram suficientes para calá-lo, mas também foram suficientes para nos deixar frígidos como sempre um com o outro". Mas ele aceitou a situação e acrescentou: "Se não houvesse um lado prático no assunto, a saber, minha renda, eu preferiria ter esse relacionamento frio de negócios do que qualquer bobagem carinhosa".

Pai e filho logo chegaram a um acordo nos negócios. Friedrich desejava ser o representante em Manchester da firma alemã, sem depender da empresa inglesa para receber seu salário. Esse era o único modo de garantir tempo livre para o trabalho que era sua verdadeira preocupação. Ele alcançou seu objetivo. "No geral, estou satisfeito com o resultado de minha entrevista com o velho", disse ele a Marx; "ele precisa de mim aqui por pelo menos três anos, e eu não assumi nenhuma obrigação permanente – nem estou vinculado por esses três anos. Não há objeções à minha escrita e nem a obrigação de ficar aqui se uma revolução eclodir. Ele parece não pensar em uma revolução – as pessoas estão tão seguras hoje em dia! Mas concordou em me dar desde o início, como despesas de representação e de entretenimento, cerca de £200 por ano." Marx acabara de perder seu filho mais novo – ele o chamou de "uma vítima da miséria burguesa". A sra. Marx, em sua resposta à carta de condolências de Engels, expressou livremente seu prazer pelo fato de Friedrich estar a caminho de se tornar "um grande magnata do algodão". Ela sabia que Marx nunca encontraria um amigo mais compreensivo ou abnegado, e não havia ninguém cuja ajuda o embaraçasse menos.

Engels subestimou enormemente a grandeza e a duração de seu sacrifício ao retornar após oito anos a uma carreira nos negócios. Na verdade, ele esperava que a crise econômica seguinte lhe devolvesse sua liberdade e ainda acreditava que a crise chegaria em breve. Seu livro sobre as condições da classe trabalhadora na Inglaterra tinha mostrado que ele não gostava de Manchester. Quão difícil foi para ele se acostumar, vemos nas cartas que escreveu durante seus primeiros meses na grande cidade manufatureira "que transforma água em lama fedorenta". Em dezembro de 1850, Harney respondeu: "Não estou surpreso com suas palavras fortes sobre Manchester. É um maldito buraco imundo. Prefiro ser enforcado em Londres do que morrer uma morte natural em Manchester".

Mas Lancashire e suas chaminés fumegantes (se julgada pelo conteúdo real de sua vida) provou-se um objeto valioso para a análise de Engels. Era o centro do movimento pelo livre comércio e também das lutas políticas da classe trabalhadora britânica. Engels ainda não suspeitava que o fracasso do cartismo em responder ao apelo da revolução continental era o prelúdio de seu declínio final. Pouco tempo antes, ele discutira o projeto de lei das dez horas na *Democratic Review* de Harney, e escrevera da maneira mais otimista possível. Disse que um julgamento do Conselho Privado tinha revogado "efetivamente" o projeto de lei. Mas os trabalhadores que, com lorde Ashley e Oastler, tinham apoiado o projeto de lei, se aliariam aos cartistas e lutariam com eles pelo domínio político do proletariado. O projeto de lei só poderia ser revivido por meio do sufrágio universal. A crise comercial que se aproximava seria o sinal da mudança; e ela seria acompanhada por grandes revoltas no continente.

O movimento cartista mudara bastante durante a ausência de Engels. A estrela de O'Connor estava em declínio e os líderes mais jovens estavam ascendendo – Harney e Ernest Jones. Engels vinha trabalhando havia anos com Harney para estabelecer contatos entre os socialistas dos países mais desenvolvidos. Podia confiar em Harney como agitador, mas não conseguia convertê-lo à sua interpretação econômica da história. Ele considerava sua missão especial converter os líderes do partido dos trabalhadores inglês à teoria da guerra de classes. O momento era auspicioso. O'Connor estava absorvido pelos esquemas pequeno-burgueses de assentamento de terra; para evitá-los, era necessário que Harney e Jones enfatizassem a luta de classes. Jones, que estudara em Berlim, sabia alemão e teve mais facilidade do que os outros líderes dos trabalhadores ingleses para compreender Engels e Marx. Os amigos se responsabilizaram por sua adesão à ideia de conflito de classes quando a maioria dos trabalhadores tinha havia tempos chegado a um acordo com a burguesia. Jones tentava fazer a transfusão do novo sangue do conflito de classes no cadáver do cartismo. Assim como Engels, ele estava relutante em reconhecer que os trabalhadores eram tão amplamente beneficiados pelo alto desenvolvimento do comércio e da indústria que inevitavelmente atribuiriam o aumento dos salários e a queda dos preços à vitória do livre comércio e ao poder crescente dos sindicatos e cooperativas.

Em uma conferência realizada em Manchester em 1852, os cartistas tentaram reformar o partido. Por instigação de Jones, repudiaram qualquer tipo de aliança com a Liga da Reforma Nacional de O'Brien e exigiram que o ódio de classe inato dos trabalhadores continuasse sendo a base de sua propaganda. Engels ficou tão satisfeito com essa resolução que se tornou colaborador do *Notes to the People* de Jones. Os líderes cartistas foram muito cortejados pelos imigrantes democratas e socialistas. À medida que eram isolados, Marx e Engels ficaram mais amargurados pela maneira como Harney aceitou contribuições de seus inimigos para os jornais que publicou. Harney também compareceu às reuniões organizadas pelos exilados e, com isso, lhes deu publicidade na imprensa de Londres. Estava claro para Marx e Engels que Harney tinha duas almas – uma dele e outra forjada por Engels; numa um homem natural, noutra, uma espécie de camisa de força.

Enquanto Engels esteve em Londres, o minúsculo grupo comunista podia apontar a *Revista* como um indício sério de que sua causa não tinha sido abandonada. Mas, quando o periódico deixou de ser publicado, Engels decidiu que nesses tempos pouco auspiciosos mais bem seria feito se eles (ou pelo menos Marx) pregassem sua mensagem "em livros sólidos". Em fevereiro de 1851, ele escreveu a Marx: "O que acontecerá com toda a tagarelice da gangue dos emigrados, se você responder-lhes com um trabalho sobre economia?". Essa carta mostra com maravilhosa clareza o que Engels sentiu quando foi obrigado a se afastar da política ativa.

> Agora, finalmente, após longa espera, temos outra oportunidade de mostrar que não precisamos do apoio de nenhum partido em nenhum país e que nossa posição é totalmente independente de qualquer bobagem desse tipo. De agora em diante, somos os únicos responsáveis por nós mesmos. Quando chegar a hora e nossos bons amigos precisarem de nós, poderemos ditar nossos próprios termos. Até lá, pelo menos gozemos da paz – e, é claro, de um certo isolamento.

Quando sua irmã Marie perguntou o que ele queria em seu 32º aniversário, ele respondeu com um tom de resignação:

> *Ma chère sœur*, deixei de ter desejos há algum tempo, pois nada vem deles. De qualquer forma, eu realmente não tenho talento para desejar. Se em um momento de fraqueza me pego desejando algo, é sempre algo que não posso ter. Portanto, é melhor para mim abandonar esse hábito. Como você pode ver, quando abordo esse assunto, moralizo como Salomão, o pregador, e, quanto menos falarmos sobre isso, melhor será.

Somente sua irmã favorita captou a suave melancolia por meio da qual seu humor brilhava: "Nos últimos seis meses", continuou ele, "não tive oportunidade de exercitar meu conhecido talento e preparar uma salada de lagosta. *Quelle horreur!* Isso deixa um sujeito bastante azedo!". Mas Engels não corria esse risco. Assim que percebeu que poderia ficar preso em Manchester por anos, ele mandou buscar seus livros e começou a "se sacudir" (como dizia) em seu tempo livre. O estado-maior comunista não pode estar despreparado na próxima revolução. Em vista da "importância colossal" que atribuía ao "ramo militar" em um evento como esse, ele agora voltava sua atenção principal ao estudo da ciência militar.

Ainda estava convencido de que a crise econômica seguinte traria consigo a revolução mundial. Em seu escritório, leu um fluxo constante de informações sobre o mercado de algodão – estimativas de safras e movimentos de preços. Acorrentado em Manchester, ele acolhia qualquer coisa que parecesse um sinal da tempestade. No final de julho de 1851, informou a Marx que o mercado sofreria uma grande queda. Ao mesmo tempo, havia relatórios de crescente agitação política; e Engels expressou grande satisfação com o fato de as lutas no continente na primavera seguinte coincidirem com uma crise econômica. Mas nem Marx nem Engels tinham a mesma fé cega no ano de 1852 que os outros exilados políticos. Para os franceses especialmente, era um artigo de fé que, depois da eleição do presidente e dos deputados em 2 de maio, eles poderiam retornar imediatamente a Paris. Engels subestimava demais Luís Napoleáo para poder prever seu decisivo golpe de Estado. Estava mais inclinado a prever que o general Louis-Eugène Cavaignac se tornaria presidente. E ainda esperava, em um futuro próximo, uma guerra entre a Santa Aliança e a França, na qual a tradição revolucionária seria revivida. Um artigo que ele escreveu no outono de 1851 (mas descartado após o golpe de Estado em dezembro) tratava dos aspectos militares de tal guerra. Podemos ver aqui com que entusiasmo ele tinha enfrentado aqueles problemas que ficariam sob sua responsabilidade na parceria de vida com Marx. Em julho, ele tinha pedido a Weydemeyer uma bibliografia exaustiva sobre o assunto, dizendo que a autoeducação era sempre estúpida, "e se não se estuda sistematicamente, nunca se chega a lugar nenhum". Com a mesma intensidade que demonstrou em ação durante a campanha de 1848-1849, ele agora mergulhou nas guerras da Revolução Francesa e de Napoleáo I, lendo todos os livros que pôde encontrar sobre o assunto.

O golpe de Estado levado a cabo pelo "homem mais insignificante do mundo" pareceu a Engels "apenas uma farsa do 18 de brumário" que não poderia durar. Ainda assim, ele admitiu a Marx que "se tratava de um negócio desesperado!". Uma semana depois, acrescentou: "O que é claro em toda a transação é isto – os vermelhos viraram a casaca, completamente"; e, no dia seguinte, "o proletariado não se uniu e lutou porque conhecia sua própria impotência". Engels agora tinha perfeitamente claro "que, em um momento revolucionário, se o partido revolucionário começar a deixar pontos de inflexão passarem sem levantar a voz, ou se intervir sem ganhar seu ponto, pode-se considerá-lo fora de combate por um bom tempo".

Temos poucos detalhes da vida cotidiana de Engels em Manchester. Ele morava com Mary Burns, mas, por uma questão de respeitabilidade, era forçado a ter locais na cidade onde poderia encontrar conhecidos de negócios e acomodar seu pai e irmão quando eles visitassem a Inglaterra. Em seu tempo livre, estudava ciências militares, além de fisiologia e etnologia e, às vezes, línguas – especialmente russo. Escreveu a Marx que um deles deveria ao menos conhecer a língua, a história, a literatura e as instituições sociais das nações que seriam seus oponentes na próxima luta internacional. Ocasionalmente, suas cartas reclamavam de solidão e tédio. Quando seu pai visitou Manchester em 1852, combinou-se que Friedrich deveria ser o gerente do escritório. Por isso, ele receberia £100 por ano e 5% dos lucros nos primeiros quatro anos, 7,5% nos quatro seguintes, e 10% nos quatro anos posteriores. Mas ainda levaria muitos anos para que sua renda fosse suficiente para garantir a Marx um meio de subsistência. Embora Jenny Marx fosse uma mulher de caráter e intelecto excepcionais, era uma aristocrata prussiana e nunca aprendeu a administrar uma casa tão simples quanto as poucas finanças de seu marido exigiam. Foi um golpe de boa sorte para Marx quando, em 1851, o

New York Tribune (na pessoa de seu editor-chefe, C. A. Dana) ofereceu a ele o cargo de correspondente regular. Mas Marx ainda não possuía domínio suficiente do inglês e, portanto, foi forçado a depender de Engels para escrever, ou pelo menos traduzir, seus artigos. Por anos, inúmeros artigos enviados em seu nome foram, na verdade, escritos por seu amigo[55]. Os editores de Nova York nunca souberam que um industrial de Manchester contribuía com o seu jornal.

Quando o prazo para seus primeiros artigos venceu, Marx estava profundamente mergulhado em seus estudos econômicos e perguntou a Engels se ele escreveria uma série para ele sobre a revolução alemã. Assim, entre agosto de 1851 e outubro de 1852, Engels escreveu um conjunto de artigos intitulado *Alemanha, revolução e contrarrevolução*, que foram publicados em forma de livro após sua morte por Kautsky, com o nome de Marx na primeira página[56].

Weitling e Karl Heizen estavam fazendo agitação contra Marx e Engels entre os teuto-americanos. Uma vez que Willich, e por um tempo até Kinkel, começaram a associar-se a eles, Engels e Marx sentiram-se obrigados a prestar uma atenção especial às atividades dos democratas que emigraram para os Estados Unidos. À época, não podiam publicar nada em alemão na Europa ou na América, enquanto seus oponentes democratas comandavam uma imprensa de alcance e influência crescentes. Eles estavam, portanto, muitos dispostos a usar Weydemeyer como seu agente na América. Nessa época, Engels esperava que seu pai lhe permitisse visitar pessoalmente as plantações de algodão na América. Mas o tempo de prosperidade "sem precedentes" continuou, e o pessoal em Barmen considerou essa viagem desnecessária. As sinceras tentativas de Weydemeyer de converter os trabalhadores alemães da Nova Inglaterra em comunistas revolucionários não surtiram efeito. Ele começou um jornal chamado *Die Revolution*, que desapareceu após dois meses; a tentativa de mantê-lo com periodicidade mensal também fracassou[57]. Engels tinha lhe assegurado sua cooperação, mas suas primeiras contribuições perderam-se no caminho, e dois artigos posteriores chegaram tarde demais. Um deles discutia a probabilidade de uma invasão francesa às Ilhas Britânicas – um tópico comum na Inglaterra depois do golpe de Estado.

Engels afirmava que o perigo de guerra aumentara com a tomada do poder por Bonaparte. Ele imaginava, como todos, que o novo imperador teria como lema vingar Waterloo. Engels considerou um exagero deliberado a agitação em curso na Inglaterra a respeito da inadequação dos armamentos do país. Mas considerava necessário que não se deixasse de tomar todas as precauções possíveis para impedir o sucesso do detestável imperador dos franceses. Em sua opinião, os portos ingleses eram tão pouco fortificados que os franceses poderiam obter vitórias temporárias contra cidades individuais, e, se a sorte os favorecesse, poderiam até destruir Woolwich. Mas não mais que isso. Se haveria uma guerra real, dependia inteiramente da velocidade do ataque francês e do número de tropas que eles poderiam desembarcar na Inglaterra. Para começar, a frota francesa estaria totalmente ocupada em guarnecer os transportes. Depois, ela teria dificuldade em impedir que a Marinha inglesa rompesse as linhas de comunicação com o outro lado do canal. O tempo seria aliado dos ingleses. A princípio, a Inglaterra não tinha uma grande força armada, mas o povo tinha muito espírito e era um excelente material militar. Somente se os franceses pudessem transportar 400 mil homens para a Inglaterra seria possível conquistar e manter o país até o rio Clyde.

Engels tinha razões ainda melhores para desejar uma vitória britânica. Considerava extremamente importante para o desenvolvimento da Europa que o conflito entre burguesia e proletariado (mais fortemente marcado na Inglaterra) pudesse ser travado até o fim. Embora a Inglaterra tivesse obstaculizado as revoluções vitoriosas no continente em 1793 e 1848, ele via em seu desenvolvimento mais material para uma revolução do que em todas as nações continentais juntas. A grande Revolução Francesa encalhara na conquista da Europa; mas a Inglaterra estava revolucionando a sociedade com o motor a vapor, conquistando os mercados do mundo e, assim, preparando o terreno para a batalha final entre capitalistas e trabalhadores industriais. O enfraquecimento das antigas instituições e o revolucionamento da sociedade pela indústria de larga escala continuavam ali sem serem perturbados pelas vitórias efêmeras da revolução ou da contrarrevolução no continente. O desenvolvimento da Inglaterra não estava condicionado por distúrbios políticos no continente, mas por crises econômicas mundiais. Se ela fosse subjugada pelos soldados de Napoleão, isso apenas adiaria o conflito decisivo entre burguesia e proletariado industrial. Somente na Inglaterra a indústria tinha atingido dimensões tais a ponto de se tornar o interesse nacional supremo. Todos os outros setores do povo estavam se agrupando em torno da burguesia industrial e do proletariado. É por isso que a Inglaterra seria – se algum lugar o fosse – o local onde o proletariado industrial poderia tomar o poder político, e onde a técnica industrial estava tão avançada que uma completa revolução social e a abolição do conflito de classes eram possibilidades reais. Engels admitiu que o temor a respeito da falta de defesa nacional esmagaria o pacifismo doutrinário com o qual o liberalismo do livre comércio tinha infectado não apenas a burguesia, mas também seções inteiras dos trabalhadores.

> A burguesia industrial finalmente se afastará de toda a confusão de congressos e sociedades de paz, que a expôs a um desprezo tão merecido e prejudicou seu progresso político e todo o desenvolvimento da Inglaterra. Se a guerra chegasse, a conhecida ironia da história poderia forçar o sr. Cobden e o sr. Bright (em sua

dupla capacidade de membros da Sociedade da Paz e de futuros ministros da Coroa) a travar uma guerra obstinada, talvez contra todo o continente europeu.

Ainda possuímos o manuscrito de outro artigo destinado a Weydemeyer. Ele lida com a extensão do sufrágio proposta pelo ministério liberal de John Russell. Engels só estava interessado em saber quanto de seu poder político os proprietários de terra estariam preparados para sacrificar à alta burguesia. Ele ainda via a burguesia como a classe realmente revolucionária e o proletariado como uma figura análoga ao Destino nas antigas tragédias, que entra no palco apenas em grandes momentos de inflexão da ação.

Nessa época, o rei da Prússia optou por invocar o espectro do comunismo a fim de privar a burguesia alemã dos últimos vestígios de iniciativa independente. Para o trabalho de inventar uma conspiração e puni-la nos tribunais, ele encontrou um certo Wilhelm Stieber, um "sujeito impagável", chefe da polícia de Berlim. Em maio de 1851, o alfaiate Peter Nothjung (um emissário da Liga dos Comunistas) foi preso em Leipzig. Os documentos em seu poder divulgaram às autoridades a existência do Comitê Central em Colônia. Entre outras coisas encontradas com Nothjung estava uma cópia do Plano de Campanha contra a Democracia de Engels e Marx, escrito em março de 1850. As autoridades o publicaram nos jornais; e Engels considerou essa ação uma propaganda "tremendamente valiosa" para o comunismo. Quando o Comitê Central foi preso em Colônia, Marx aconselhou Engels a, por segurança, entregar seus documentos a Mary Burns ou a um funcionário confiável de sua empresa. Engels acompanhou o julgamento preliminar com o maior interesse. Mas Marx e Engels não participaram dele de fato até surgir a oportunidade de um duelo entre seu pequeno partido e a polícia política da Prússia. A energia incansável de Marx tornou os estratagemas de Stieber e seus agentes cada vez mais transparentes: havia boas razões para esperar que poderiam fazer os reacionários prussianos sofrer uma derrota aberta e séria. Engels arranjou vários "endereços comerciais" e muita "correspondência comercial" e, assim, ajudou seus amigos a contrabandear os documentos de que seus advogados precisavam. Ele tinha o melhor domínio do inglês; por isso também escreveu a versão final, e frequentemente a primeira, das cartas que Marx, Wilhelm Wolff, Freiligrath e ele enviaram aos jornais, e às vezes conseguiram a publicação. Eles descreviam como dever da imprensa britânica dar publicidade a todo tipo de ilegalidade ou opressão nos países em que a liberdade de imprensa tinha sido abolida. No final de 1852, um relato publicado em cinco jornais de Londres concentrou a atenção do público nas revelações de falsificações e perjúrios da polícia prussiana, o que seria a linha de defesa dos advogados no julgamento em Colônia.

Quando Marx conseguiu provar a fraude no protocolo e a falsidade de algumas das evidências de Stieber, Engels passou a esperar que o júri da Renânia seria forçado pela opinião pública a absolver os prisioneiros. Quando eles foram julgados culpados, Engels explicou no *New York Tribune* que o veredito se devia a ameaças do governo de que uma absolvição significaria a abolição do sistema de jurados. Marx escreveu seu "Revelações sobre o processo dos comunistas"[58] sem esperar a ajuda de Engels, já que a pressa era necessária; e, pela mesma razão, a Liga dos Comunistas foi dissolvida antes que a ordem chegasse de Manchester. Os motivos apresentados para a dissolução foram: (1) que o contato com o continente tinha cessado desde a prisão do Comitê Central e (2) que uma liga de propaganda desse tipo não estava adaptada às novas condições.

Como disse Engels, esse foi o fim do primeiro período do movimento dos trabalhadores comunistas alemães. A partir de então, ele se sentiu livre de todas as lealdades partidárias. Agora podia dedicar aos estudos todo o tempo que pudesse poupar dos negócios; e ele sabia que, ao fazer isso, estava dando continuidade ao trabalho ao qual dedicara sua vida.

Notas cronológicas de Engels sobre a Guerra da Crimeia.

XIII
A Guerra da Crimeia e a depressão econômica

Desde o estabelecimento do Segundo Império, Engels mantinha a certeza de que a apatia política da Europa não poderia durar por muito mais tempo. As nações que ainda não tinham assegurado sua independência estavam prestes a fazer uma tentativa para conseguir a liberdade. Ele esperava que elas fossem libertadas não por Napoleão III, o inimigo jurado da democracia e do socialismo, mas por uma grande guerra que despertaria e encorajaria as forças da revolução. Quando a luta pelo poder no Leste começou, ele a viu como a mina cuja explosão abriria a estrada. À medida que o conflito aumentava, Engels se voltou ao estudo exaustivo dos importantes problemas geográficos, etnológicos, econômicos, políticos e militares envolvidos nele. Isso o habilitou a prestar um grande serviço a Marx, pois escreveu muitos dos artigos de Marx sobre assuntos atuais no *New York Tribune* e mais tarde na *Neue-Order Zeitung* de Breslau. Política internacional, estratégia militar e política comercial estavam tão interconectadas que Engels poderia unir seus estudos sobre esses assuntos em um todo abrangente. Somente depois que a vasta massa de seus escritos ocasionais foi coletada e selecionada nos últimos anos, tornou-se claro que, nessas esferas, Engels foi um dos pensadores mais originais da segunda metade do século XIX.

A partir de 1848, ele dedicou atenção constante ao futuro dos povos eslavos. Lembramos que Engels tinha "muito pouca simpatia" pelas minorias eslavas do oeste e do sul. Ainda achava que os tchecos eram uma "nação que desapareceria". A Alemanha e a Hungria nunca deveriam permitir que formassem um Estado independente. Os Estados Unidos permitiriam que os agricultores alemães da Pensilvânia se tornassem independentes? Quanto à mistura de raças e nacionalidades que habitavam os Bálcãs, havia muito que Engels achava a suserania turca menos cruel do que qualquer outra solução. Via claramente os fatores que retardavam a criação de uma grande nação sérvia. Levou tempo para começar a ver a península balcânica como a herança natural dos eslavos do sul e que eles eram, se não uma nação totalmente desenvolvida, pelo menos o núcleo poderoso e comparativamente civilizado de uma. Os sérvios, os búlgaros, os cristãos da Bósnia e os camponeses eslavos da Trácia e da Macedônia tinham mais pontos de contato espiritual com a Rússia, mas isso não impediria o surgimento de um partido progressista antirrusso entre eles assim que alcançassem sua independência. Engels diferia dos liberais ingleses ao pensar que a Turquia tinha perdido toda a sua vitalidade. Em março de 1853, escreveu no *New York Tribune* que a Turquia era como o cadáver de um cavalo morto, que, apesar de todos os congressos e protocolos, perfumaria toda a vizinhança enquanto o *status quo* fosse mantido. Ele profetizou corretamente que, caso se separasse da Turquia, o Egito passaria ao domínio da Inglaterra; e também estava correto ao reconhecer a Ásia Menor como o foco de qualquer força que a nação turca possuísse.

Marx e Engels pensaram inicialmente que irromperia uma guerra entre a Santa Aliança e a França jacobina. Se assim fosse, a situação teria sido mais fácil para eles do que a que realmente aconteceu – um conflito entre o tsar e o usurpador francês, com a Grã-Bretanha apoiando a França. Engels poderia desejar a vitória de uma coalizão à qual Luís Bonaparte pertencia? Ele se apegou à esperança de que, quanto mais tempo durasse a guerra iminente e quanto mais países estivessem envolvidos nela, mais garantida estava a liberação das forças da revolução. Os diplomatas, como de costume, lutaram para manter o *status quo*; e Engels não tinha nada além de desprezo por seus esforços. Em um artigo para o *New York Tribune* sobre "O futuro da Turquia na Europa", ele disse:

> Acompanhe o curso da história. Veja como as rodas passam sem piedade sobre as ruínas de impérios poderosos e esmagam gerações inteiras com seu peso. Considere as revoluções da época moderna, uma época em que o vapor e o vento, a eletricidade e a impressão, a artilharia e as minas de ouro produzem mais transformações e revoluções em um ano do que se produziam antes em um século. Se você considerar essas coisas, não deixará de perguntar "o que será da Turquia europeia?", simplesmente porque a resposta correta pode envolver uma guerra europeia.

Em oposição a Richard Cobden, que era fascinado pelo novo grande mercado fornecido pela Rússia, Engels declarou no *New York Tribune* que a Inglaterra estava muito interessada em manter a Rússia longe dos Dardanelos e do Bósforo. Ele escreveu que havia apenas dois poderes restantes na Europa, a Rússia, com sua filosofia absolutista, e a Revolução, com sua filosofia democrática. Um confronto violento entre esses poderes era uma ameaça havia tempo. Se isso ocorresse, a Inglaterra seria obrigada a se aliar à democracia revolucionária.

A Guerra da Crimeia e a depressão econômica   135

Nenhum governo inglês poderia permitir à Rússia uma saída do Mar Negro, uma concessão que tornaria a Rússia predominante em toda a Europa.

Em novembro de 1853, a Turquia declarou guerra à Rússia; dois meses depois, uma frota anglo-francesa navegou pelo Bósforo[59]. Engels declarou nesse momento que uma guerra geral europeia era inevitável. Ele estava erroneamente convencido de que a Prússia e a Áustria se aliariam à Rússia. Em outubro de 1854, escreveu no *New York Tribune* que, "se eclodisse uma guerra regular de larga escala, suas batalhas seriam apenas o prelúdio para outras batalhas mais decisivas – as batalhas das nações da Europa contra os déspotas europeus em sua segurança temporária".

Quando a guerra irrompesse, Engels pretendia desistir de seus negócios e ganharia a vida com seu conhecimento da ciência militar. Parecia possível que Marx conseguisse um posto permanente para ele no jornal liberal *Daily News*. Mas, embora seu primeiro artigo, sobre as fortificações de Kronstadt, já estivesse sendo impresso, as negociações fracassaram devido a intrigas que Marx atribuiu aos russos Alexander Herzen e Ivan Golowin. Mais tarde, o *The Times* recusou seu artigo sobre "Napoleão como tenente de artilharia". Engels não encontrou onde publicar seus conhecimentos, exceto as cartas de Marx ao *New York Tribune*. Seus pontos de vista causaram um rebuliço considerável na América: Dana, o editor, escreveu a Marx que muitos leitores os atribuíram ao general Scotts, que concorreu à presidência em 1853. Em 1859, acreditava-se na Alemanha que seu panfleto *Pó e Reno* era obra de um general prussiano[60].

Como se sabe, os fatores decisivos na guerra da Crimeia foram os seguintes: a abstenção da Prússia e da Áustria impediu grandes batalhas terrestres; e a mobilização da Áustria manteve um número considerável de tropas russas afastadas, além de convencer a França e a Inglaterra a adiar a luta final. Engels descreveu como um erro imperdoável elas deixarem passar cinco meses antes de enfrentar a Rússia. Ele estudou com atenção especializada a organização e as qualidades táticas das várias seções dos exércitos combatentes. Mesmo em 1892, Engels descreveu a guerra da Crimeia como uma luta sem esperança entre uma nação com uma técnica primitiva de produção e outras que detinham as tecnologias mais avançadas. Mas também dirigiu críticas devastadoras à organização do Exército inglês, que permitiu que as tropas inglesas sofressem com falta de comida, roupas, abrigo e assistência médica. Na Inglaterra, a opinião pública debateu apaixonadamente as causas desse escândalo: Engels atribuiu a culpa principal à oligarquia dominante.

A guerra se distinguia pela importância das estratégias de cerco e das fortificações. Observadores superficiais chegaram à conclusão de que a arte da guerra tinha recuado da época de Napoleão para a época de Frederico, o Grande. "Nada poderia estar mais distante da verdade", escreveu Engels no *New York Tribune* após a queda de Sebastopol. Fortificações e anéis de fortalezas representavam, disse ele, nada mais que posições valiosas, que poderia ou não ser prudente defender até o fim. Os russos fizeram bem em considerar a segurança de seu Exército mais importante do que o valor abstrato de uma fortaleza. Se a Prússia e a Áustria permanecessem neutras, a Entente teria uma tarefa difícil pela frente se sua intenção fosse conquistar a Crimeia e depois atacar a Rússia. Ele percebeu que as potências ocidentais tinham boas razões para desejar que a guerra terminasse. Sua *ultima ratio* era travar uma "guerra de princípios" de caráter mais ou menos revolucionário, em aliança com a Alemanha, os húngaros, os poloneses e os italianos. A *ultima ratio* da Rússia era um apelo ao pan-eslavismo. Mas Nicolau e Napoleão estavam preparados para só usar essas táticas de sabor revolucionário como último recurso. Engels estava absolutamente correto em sua estimativa da situação. Se a paz não tivesse chegado em março de 1856, a guerra poderia ter continuado (como Napoleão III disse à rainha Vitória) apenas chamando às armas os povos que estavam lutando por independência. Engels teria ficado satisfeito se as coisas tivessem mudado, mas os monarcas se encolheram diante dos perigos envolvidos.

A simpatia de Engels pelo pan-eslavismo não aumentou quando este concentrou sua agitação na Rússia. Odiava todo o movimento, mas teve de apoiá-lo novamente quando um sentimento pró-russo apareceu entre os editores do *Tribune*. Esse sentimento foi fomentado pelo ex-revolucionário polonês conde Adam Gurowski. Ele escolheu seus argumentos com cuidado, para apelar ao partido republicano, cujo principal órgão era o jornal: apontou que a Rússia e a América eram dois jovens impérios, com necessidades comuns diferentes das da Europa ocidental. Suas grandes populações e seus enormes territórios os compeliam a desenvolver sua própria indústria o mais rápido possível. Para tanto, eles precisariam instituir barreiras tarifárias e libertar escravos e servos. A Turquia, onde a escravidão continuava, não tinha chance de seguir existindo: se pretendesse desenvolver suas instalações comerciais e industriais, seria melhor que estivesse sob o controle da Rússia, que era naturalmente uma nação democrática. Inicialmente, Engels e Marx não sabiam o nome do homem que trabalhava com tanto sucesso contra eles no jornal cuja atitude em relação à política europeia eles tinham influenciado profundamente até então. Em setembro de 1853, Engels declarara sua disposição de resistir às pancadas que recebia, mas o curso da guerra o obrigou a escrever nada além de artigos militares. Na primavera de 1855, escreveu seu primeiro ataque – uma série de artigos sobre o pan-eslavismo. O primeiro desses artigos foi impresso com grandes inserções: os demais não chegaram a ser impressos.

Uma imagem mais fiel das opiniões de Engels é dada pelos fragmentos de um panfleto intitulado *Alemães e eslavos*: ele trabalhara nele desde o final de 1854 e Marx fez pesquisas para o texto na sala de leitura do Museu Britânico. Nele,

Engels argumentou contra os "horríveis reacionários europeus", como seu ex--camarada Bruno Bauer, que elogiava a unidade e a força da Rússia contra a hipercivilização e desunião da Europa, e que elogiava a obediência dos súditos do tsar em contraste com a rebeldia generalizada dos povos europeus. As observações de Engels sobre as fronteiras e o futuro do Império russo mostram que ele tinha uma profunda convicção da inferioridade dos russos em comparação com outros países em um estágio igual ou superior de desenvolvimento. No entanto, concedeu aos defensores da "Grande Rússia" que, sendo eles próprios semibárbaros, sabiam assimilar tribos bárbaras. Ele acreditava firmemente que a Rússia tinha ultrapassado suas fronteiras ocidentais naturais. Pensou que ela tinha que, ou ir além e conquistar as províncias orientais da Prússia, Galícia, Moldávia, Hungria e Bálcás, ou então sacrificar a Polônia e a Lituânia. Para exportar seus gráos, a Rússia não precisava nem de Riga nem de Odessa, pois possuía portos no rio Dnieper, no Bug e no mar de Azov, bem como em Petersburgo e Reval. À medida que seus transportes, indústria e educação se desenvolvessem, Moscou tenderia a se tornar uma capital mais adequada do que Petersburgo. O futuro da Rússia estava na Ásia. Se ela não reconhecesse esse fato, isso teria que lhe ser ensinado à força. Manchúria e Amur cairiam em suas mãos, e na Sibéria ela tinha uma posição no Pacífico, o oceano do futuro.

Marx, que achava difícil dedicar seus pensamentos ao jornal, admirava a agilidade mental de seu amigo e sua memória maravilhosa e enciclopédica. A gratidão se misturava à sua admiração, o que era justificado. De 1851 a 1859, nenhum dos escritos de Engels foi publicado em seu próprio nome. Seu único objetivo era permitir que Marx sustentasse sua família nas ruas impiedosas do maior mercado do mundo, e continuasse os estudos e amadurecesse os pensamentos que eram necessários à conclusão do poderoso trabalho com que ele tinha se comprometido – o trabalho que demonstraria ao duro mundo ao seu redor a inevitabilidade de seu próprio colapso.

No verão de 1853, o velho Engels visitou Manchester. A supervisão por Friedrich da filial inglesa e seus relatórios regulares sobre seu progresso tinham melhorado a opinião do pai sobre ele. Como resultado, sua própria renda tinha aumentado, embora ainda estivesse longe de responder aos numerosos chamados financeiros feitos a ele. Além de sustentar Marx, ele mantinha Mary Burns e seus parentes. A fim de ajudar Marx ainda mais, ele mudou-se por um tempo para acomodações mais baratas, transferindo-se para outras melhores quando recebia visitantes de Barmen. Marx escreveu uma vez a Weydemeyer: "Devo avançar em direção a meu objetivo nos altos e baixos, e não permitir que a sociedade burguesa me transforme em uma máquina de ganhar dinheiro". Ele conseguiu, apesar dos sofrimentos terríveis, mas Engels foi o único responsável por seu sucesso. É impossível imaginar como Marx teria terminado a obra de sua vida se não fosse pelo apoio de Engels. Mas seria errado creditar a Engels apenas a ajuda material que deu a Marx e ignorar sua assistência de outras maneiras ainda mais importantes. O encontro de Marx com Engels foi a primeira confirmação real de sua posição filosófica. Foi conversando com Engels e ouvindo a voz de seu amigo que ele encontrou forças para suportar sua constante pobreza e se opor à sua própria "consciência burguesa", que o torturava perguntando se era justo que ele deixasse sua família na pobreza enquanto gastava seu tempo em estudos teóricos. Na primavera de 1855, Marx perdeu seu único filho, a quem amava mais do que a qualquer outro ser humano. Ele escreveu a Engels: "Durante toda a agonia que sofri recentemente, me deu forças pensar em você e em sua amizade e na esperança de que ainda temos um trabalho real a fazer juntos". Marx era um homem duro, e seus inimigos enfureciam Engels ao descrevê-lo como "insensível"; ele só expressava seus verdadeiros sentimentos quando a infelicidade batia à sua porta ou à do amigo a quem amava.

O exílio estanca as emoções mais calorosas. Em países estrangeiros, os revolucionários radicais não falam de boa vontade de sua "nação" e de sua "pátria": essas palavras se referem a coisas pelas quais eles não conseguem mais sentir simpatia. Na Alemanha, durante a década de 1850, tudo tendia a provocar as críticas mais amargas de Engels e Marx. O movimento da classe trabalhadora fora exterminado. O partido democrata dissolvera-se voluntariamente. Os democratas exilados eram seus inimigos. Seus verdadeiros simpatizantes podiam ser contados nos dedos de uma mão. Os poucos amigos que ainda tinham na Alemanha achavam perigoso se corresponder com eles. Suas opiniões radicais afastaram suas próprias famílias. Também na Inglaterra sentiram mais ódio que amor. Quem não estava com eles estava contra eles. No entanto, quem estava do lado deles nas lutas políticas daqueles anos? Estavam cercados de mal-entendidos e inimizades: todos os seus atos, todas as suas aspirações, todas as suas profecias eram mal interpretados. Engels não tinha ilusões quanto a isso. Eles eram considerados fanáticos polemistas a quem era mais sensato deixar em paz.

Se nos colocarmos no lugar desses dois homens e percebermos como, na convicção de que possuíam padrões históricos mais corretos do que seus contemporâneos, eles se esforçaram em direção a seu objetivo sem poder e sem um partido digno do nome, podemos compreender que puderam manter uma crença em si mesmos apenas se fechando na própria fé. Era um empreendimento desesperado defender contra o mundo inteiro a glória de uma bandeira então desconhecida, mas que um dia deveria tremular no Palácio de Buckingham, no Louvre, no Palácio de Berlim, no Kremlin e no Vaticano! Nenhum estranho poderia ver com qual direito eles reivindicavam a infalibilidade de suas crenças. Se considerarmos que eles tinham empreendido uma tarefa de magnitude incomparável, como poderíamos condená-los por transgredir os cânones do bom gosto burguês em suas cartas e conversas particulares, e por cederem (mais especialmente Marx) a um ressentimento que era alimentado e fomentado por sua vida cotidiana? Suas cartas não se destinavam à leitura por uma terceira pessoa. Se frequentemente difamavam seus contemporâneos e até seus aliados políticos e se escolhiam usar o burguês "sr." para marcar desgosto (e quem não provocava seu desgosto?), tudo isso ainda é pouco comparado com as ideias novas, férteis e importantes que dão à sua correspondência um significado universal na história da humanidade.

Até um amigo como Freiligrath às vezes reclamava do "tom irresponsável" que Engels assumia em suas cartas; mas, em outra ocasião, ele expressou sua admiração pela "nobre audácia" de Engels. Impulsivo, seguro de si e enérgico, Engels era capaz de ofender seus inimigos sem querer. Mas, na sociedade em geral, ele se curvava às convenções e estava pronto para admitir sua culpa quando ofendia alguém sem o pretender. Por outro lado, tinha uma "antipatia quase criminosa" pela caça à popularidade e detestava pessoas culpadas disso.

Engels era alto e magro, saudável, mas não de compleição pesada. Ele endureceu seu corpo cavalgando, nadando, esgrimindo e se exercitando ao ar livre, até que seu físico correspondesse a suas expectativas. Em suas raras doenças, não confiava exclusivamente em médicos, e tentava descobrir o tratamento correto. Fez isso lendo tratados médicos no verão de 1857, quando teve problemas glandulares e ficou gravemente doente, com recaídas e complicações. A princípio, recusou-se a parar de trabalhar. Marx precisou insistir. Por fim, ele cedeu e passou vários meses à beira-mar, perto de Liverpool, na ilha de Wight e, finalmente, em Jersey. Marx escreveu que os relatos de Engels o perturbavam tanto quanto se ele próprio estivesse doente; e fez "estudos médicos meticulosos" no Museu Britânico. Enviou os resultados a Engels, que respondeu com longas deduções sobre o valor do óleo de fígado de bacalhau e do iodo para a saúde.

Mas, mesmo doente, ele não conseguia abandonar completamente a caneta. A situação financeira de Marx ainda estava instável, pois o *New York Tribune* tinha cortado seu honorário pela metade. Quando, na primavera de 1857, Dana pediu a Marx que contribuísse para uma nova enciclopédia, sua oferta foi bem-vinda[61].

Engels ainda estava em boa saúde naquele momento e teria aceitado a proposta de que eles escrevessem toda a enciclopédia. "Nós a terminaríamos rapidamente", ele exclamou. Marx poderia se encarregar da filosofia alemã, das biografias dos estadistas ingleses e franceses modernos. Cartismo, comunismo, socialismo, Aristóteles, Epicuro, o Código Napoleônico, e alguns assuntos financeiros. Engels trataria de literatura alemã, literatura do alto-alemão antigo, do alto-alemão médio e do romance (especialmente provençal). No entanto, o editor na América não pediu a Marx para tratar desses assuntos; ele lhe designou assuntos militares. Imediatamente, com a ajuda de um manual militar e do material que Marx coletou para ele no Museu Britânico, Engels começou a escrever muitos artigos sobre batalhas, exércitos, generais, fortificações, organização do Exército e assim por diante. E apreciou a tarefa. Mas o trabalho dos amigos foi interrompido em 1857, não apenas pela doença de Engels, mas pela crise econômica mundial.

Em seu "Esboço de uma crítica da economia política", Engels tinha declarado que a lei da concorrência que provocou crises não era um princípio filosófico, mas simplesmente uma lei da natureza. Naquela época, ele tinha afirmado que as crises se repetiam em intervalos de cinco a sete anos e que cada uma devia ser mais universal e mais paralisante que a anterior. Ele acrescentara que o proletariado inglês aguentaria apenas mais uma. O *Manifesto comunista* declarava que as medidas usadas pela burguesia para combater uma crise só produziam crises maiores e mais universais – uma máxima que apenas expandia a ideia já expressa no "Esboço de uma crítica...". Como sabemos, Engels considerava as crises econômicas um dos agentes mais poderosos de mudança política. Em 1850, ele primeiro arriscou a conjectura de que o enorme crescimento dos meios de produção traria crises separadas apenas por curtos períodos de recuperação parcial. Na *Democratic Review* de Harney, escreveu sobre os vários reveses que felizmente foram compensados pela abertura de novos mercados ou pelo aprimoramento da exploração de antigos mercados pela diminuição dos custos de produção. Mas, segundo ele, isso também tinha

> um limite. Não há mais novos mercados para abrir. Quando vemos que, embora seja impossível encontrar novos mercados, o sistema capitalista é constantemente forçado a aumentar a produção, é óbvio que o domínio dos donos de fábricas chegou ao fim. O que acontecerá, então? Ruína e caos universais, dizem os defensores do livre comércio. Revolução social e ditadura do proletariado, dizemos nós.

Quando Engels voltou aos negócios, esperava que a próxima crise viesse no ano seguinte. Quando, no final de fevereiro de 1852, ela não tinha chegado, ele culpou a abertura das colônias holandesas, reduções de tarifas em vários países e a queda no preço do algodão. Alguns meses mais tarde, ficou intrigado e começou a se perguntar se não deveria prognosticar uma longa vida ao *boom* que não dava sinais de que chegaria ao fim. Falou a Marx da inesperada elasticidade do mercado das Índias Orientais, da "confusão introduzida pela Califórnia e pela Austrália", do baixo preço da maioria das matérias-primas e dos produtos industriais e da ausência de especulação. Mas, ainda assim, tentou se apegar à sua previsão anterior: meio ano a mais ou a menos, pensou, não faria muita diferença. Em agosto, ele esperava que a crise viesse naquele outono; ficou perturbado apenas com a questão de saber se poderia ser intensa o suficiente para provocar uma revolução em poucos meses. Os enormes mercados criados do nada pela descoberta de ouro na Califórnia eram fatores que o *Manifesto comunista* não tinha previsto. Nos meses seguintes, a esperança e o desapontamento se sucederam e, no final de novembro, suas antecipações estavam esfriando. Ele mesmo profetizou que apenas um fracasso efetivo na colheita de grãos faria qualquer diferença notável em 1853. Engels diagnosticou corretamente por que o *boom* durou tanto, mas seu julgamento foi perturbado por sua impaciência revolucionária e crença na regularidade do ciclo comercial. Em uma carta a Weydemeyer, em abril de 1853, fez um cálculo da quantidade de material inflamável armazenado para a próxima revolução europeia: "A Europa está admiravelmente preparada; precisa apenas da centelha de uma crise". Esse resultado, disse ele, pode ser alcançado "pelo raciocínio mais sóbrio". Mas a crise não veio. Mesmo a Guerra da Crimeia não afetou a prosperidade universal. Do outono de 1853 até a primavera de 1856, suas cartas a Marx não mencionam as esperanças de uma crise que sempre alimentou nele sonhos de uma revolução.

Finalmente, em 1857, ocorreu o evento pelo qual ele tinha esperado com tanta impaciência. No segundo semestre daquele ano, a primeira crise mundial efetiva abalou as bases do sistema econômico que durante os últimos dez anos expandira as forças produtivas do mundo a uma velocidade sem paralelo. Engels tinha certeza de que haveria um choque terrível. Todos os elementos estavam à mão: a intensidade e universalidade da depressão e a implicação das classes proprietárias e dominantes nela. Ele zombou dos ingleses por confiarem calmamente na solidez do mercado doméstico e na prosperidade de sua indústria, sem perceber que foram seus investimentos no continente e nos Estados Unidos que causaram o *boom* especulativo.

Em setembro de 1856, a especulação excessiva na Alemanha criou uma escassez alarmante de capital. Engels viu isso corretamente como apenas um prelúdio da tempestade. Quando a crise chegou, ele escreveu a Marx que ela significaria um *Dies Iræ* de gravidade inédita: "toda a indústria europeia arruinada, todos os mercados tragados, todas as classes proprietárias envolvidas, a burguesia completamente falida, guerras terríveis e caos absoluto". Ele não se importava que tudo isso estivesse um pouco atrasado. Se a crise financeira aumentasse em intensidade durante o inverno, ele esperava efeitos ainda mais mortais quando chegasse a primavera.

Enquanto isso, os observadores no continente viram que uma tempestade terrível estava rebentando. Em janeiro de 1857, o *Frankfurter Handelszeitung* [Jornal do Comércio de Frankfurt] perguntou ansiosamente qual seria o resultado da luta entre o novo sistema econômico e os recursos de capital da Alemanha. Nos Estados Unidos, houve um influxo de capital inglês e os imigrantes alemães levaram mais; consequentemente, os preços e as importações aumentaram, enquanto a produção interna não desacelerou. Por mais que os mercados internos se expandissem rapidamente, a demanda não conseguia acompanhar o ritmo da oferta. O resultado foi que os mercados ficaram estagnados e o crédito tornou-se muito escasso e, portanto, assim que foi anunciado que as safras europeias eram muito promissoras, a crise eclodiu em todas as bolsas americanas. Como Engels tinha profetizado, a Inglaterra foi pega completamente de surpresa; nenhum alarme foi sentido até que as altas taxas de juros nos Estados Unidos começassem a atrair dinheiro inglês, com o resultado de que, na segunda quinzena de outubro, os preços começaram a cair rapidamente. Engels não estava em Manchester quando isso aconteceu; ele estava se recuperando de sua doença em Jersey, onde chegaram cartas de seu escritório para protestar contra sua ausência. Ele voltou bem a tempo de ver o pânico que se iniciou quando vários bancos escoceses faliram. Em 15 de novembro, começou a enviar a Marx relatórios regulares sobre a crise. Disse que o fato mais notável era que os Estados Unidos tinham especulado com capital estrangeiro (como de costume) e, dessa vez, captado principalmente do continente europeu. A crise logo afetaria também o continente europeu; ela foi adiada pela pequena crise preliminar que tinha ocorrido na Alemanha em setembro. Nas Índias Orientais, outra crise estava se preparando "caso este primeiro golpe não seja suficiente para entornar o caldo". Engels era um homem de negócios excêntrico – ele ficou encantado ao ver o pânico na bolsa. "As pessoas estão muito preocupadas com meu repentino e estranho bom humor", disse ele a Marx, e acrescentou que a bolsa era o único lugar que poderia transformar a fraqueza que sua doença causara em vigor e alegria.

A confiança de Engels no "desenvolvimento maravilhoso" da crise aumentou quando, "no primeiro golpe", a Lei dos Bancos de Peel foi suspensa. A princípio, ele esperava que o Banco da Inglaterra seria envolvido por meio da expansão de sua emissão de títulos. Seu otimismo não foi enfraquecido quando foi obrigado a prever um certo grau de recuperação do mercado de algodão durante os meses seguintes. Ele desejou que essa "melhora" passasse a uma crise crônica antes que o segundo e decisivo golpe fosse desferido. Tais crises nunca se esgotam em um choque; e essa certamente não seria exceção à regra; na verdade, ela deveria assumir enormes dimensões por causa do aumento colossal da produção de ouro e da vasta expansão da indústria decorrente desse aumento.

Ele agora previa a revolução com absoluta certeza. Mas esperava que as massas tivessem tempo para serem despertadas pela depressão crônica. "Depois de uma depressão como essa, o proletariado ataca com mais força e unidade, com mais *conhecimento de causa*, assim como um ataque de cavalaria é mais bem-sucedido se os cavalos tiverem que trotar por quinhentos metros antes de atingir o inimigo." Durante toda a sua vida, Engels receara que uma revolução proletária pudesse eclodir prematuramente. Agora ele escreveu a Marx: "Não quero que nada aconteça cedo demais, antes que toda a Europa esteja sob o martelo – se isso ocorresse, a luta seria mais difícil, mais tediosa e menos decisiva". Ele ficou encantado com o pensamento de que talvez em breve pudesse trocar a bolsa pelo campo de batalha e o banco do escritório por um cavalo. Transbordava vitalidade: o homem de ação reviveu nele. "No sábado passado", ele escreveu a Marx em dezembro, "eu estava caçando – sete horas na sela. Esse tipo de coisa me deixa infernalmente excitado por alguns dias, é o maior prazer físico que conheço." Ele sentia que o "lixo burguês" dos últimos sete anos tinha sido uma carga sobre seu pescoço e que agora estava se tornando um novo homem. Escreveu a seu amigo:

> Em 1848, dissemos "Nossa hora está chegando", e, de certa forma, ela chegou. Mas desta vez ela está chegando em plena medida: uma luta de vida ou morte. Meus estudos militares de uma hora para outra se tornarão mais práticos. Estou me lançando imediatamente às táticas e à organização dos exércitos prussiano, austríaco, bávaro e francês: além disso, não faço nada além de cavalgar, ou seja, caçar, pois a caça é a verdadeira escola de cavalaria.

Os dois amigos confessaram sua alegria um ao outro: Marx disse que, apesar de sua constante pobreza, ele não se sentia tão feliz desde 1849, e Engels que, nesse colapso geral, sentia-se "terrivelmente confiante". Marx virava as noites para avançar em suas pesquisas em economia. Ele queria montar um esquema geral claro antes do dilúvio. Engels enviou-lhe todo o material que pôde coletar sobre a crise, em um fluxo apressado de mensagens sombrias. Lemos que ele se envolveu bastante nos negócios da sociedade nesse momento para obter informações sobre o curso da crise.

Até o final do ano, os relatórios de Engels para Marx eram constantemente encorajadores. Ele percebeu que sua doença o tornara mais excitável do que antes. Profetizou "resultados fantásticos" do fato de que o mercado de grãos e o mercado colonial estavam envolvidos na crise. Enquanto a superprodução estivesse confinada à indústria, escreveu, a história seria contada pela metade; mas, quando ela afetasse a agricultura, e não apenas nas zonas temperadas, mas nos trópicos, a coisa seria "grandiosa". Também achou "grandioso" quando a crise envolveu dezenas de empresas em Hamburgo, incluindo algumas do primeiro escalão. "Nunca houve um pânico tão grande como agora em Hamburgo. Tudo, menos prata e ouro, é inútil, absolutamente inútil." Isso no dia 7 de dezembro; no dia 9, ele escreveu a seu amigo que as coisas pareciam terrivelmente ruins em Liverpool também. "As pessoas estão absolutamente empobrecidas e quase não têm coragem de pedir falência. Um homem que estava lá na segunda-feira me disse que os rostos na bolsa estão três vezes mais mal-humorados que aqui." Mas em Manchester também a situação estava ficando mais escura. "Os fiandeiros de algodão e os fabricantes estão pagando em salários e custos de combustível todo o dinheiro que recebem por seus produtos e, quando eles desaparecerem, seu preço deve subir ao céu também." Acrescentou que só agora as pessoas estavam descobrindo que a especulação financeira é a coisa menos importante na crise. Dois dias depois, ele disse que a forma pela qual a superprodução se ocultava dessa vez era o comércio de câmbio. Essa era uma boa oportunidade para estudar o crescimento da superprodução pela expansão do crédito e de falsa especulação. Em 17 de dezembro, ele escreveu que a crise o mantinha terrivelmente ocupado: todos os dias os preços caíam. Até seu pai tinha estipulado um adiantamento em dinheiro de Manchester. "Não acho que seja sério, mas nada disso importa agora", ele disse. E mais tarde no mesmo dia: "Manchester está se envolvendo cada vez mais: a pressão constante no mercado está tendo um efeito incrível. Vendas são impossíveis. Todos os dias ouvimos ofertas mais baixas e ninguém com algum respeito próprio ainda tenta vender seus produtos".

Mas ainda não havia sinal do segundo terremoto que Engels tinha previsto. No final de dezembro, as coisas estavam mais silenciosas e a taxa de juros afundou tão rápido quanto tinha subido antes. Engels ainda estava convencido de que o verdadeiro colapso era iminente, mas o desenvolvimento dos mercados o contradisse: as ondas afundaram e a "crise crônica" não levou à revolução. Durante muito tempo, ele se perguntou como a superprodução poderia ser absorvida. Só poderia explicar esse milagre pelo clamor por importações na Índia e na China. A explicação de Marx foi que, desde que a Califórnia e a Austrália foram colonizadas e a China e o Japão abertos ao comércio, um mercado mundial e uma produção baseada nesse mercado foram finalmente conquistados. A sociedade burguesa cumprira sua tarefa. Mas ele hesitou em dizer com que rapidez ela chegaria à agonia. Se a sociedade burguesa estava em alta em uma parte tão grande do mundo, seria possível, em um futuro próximo, a uma revolução que eclodisse no continente europeu e imediatamente assumisse um caráter socialista, manter-se nesse "cantinho"? Pouco sabemos da resposta de Engels à pergunta ansiosa de seu amigo, que pela primeira vez na história apontou as raças não brancas como um fator importante no processo histórico.

Durante o intervalo pacífico que Marx e Engels saudaram com tanta decepção, eles conseguiram retomar seus estudos. Marx começou a preparar uma versão para leitura de sua *Crítica da economia política* e pediu constantemente a Engels informações sobre fatos da vida econômica. Em abril de 1858, ele lhe enviou uma sinopse da primeira seção. Infelizmente, as críticas detalhadas de Engels ao plano não sobreviveram.

XIV
ENGELS E LASSALLE. A GUERRA DE 1859

Desde que fora expulso da Alemanha pelo triunfo da contrarrevolução, Engels prestara pouca atenção à política alemã. Sentia-se envergonhado de voltar a assuntos tão paroquiais enquanto todos os homens em Manchester estavam negociando com os Estados Unidos, Índia e China e discutindo problemas de interesse mundial. E ele não compartilhava das esperanças extravagantes com que a burguesia prussiana saudou a criação de uma regência para substituir o enfermo Frederico Guilherme IV[62]. Os eventos de 1848 o ensinaram que as classes altas liberais não tinham força para assumir e manter o domínio da Prússia. Na Alemanha, não havia agora nenhum partido ou grupo ao qual Engels e Marx pudessem pertencer. Ferdinand Lassalle era praticamente o único homem que não permitiu que a interferência da polícia o impedisse de escrever para eles. Durante a revolução, ele enviara contribuições de Düsseldorf à *Nova Gazeta Renana*. Seu respeito por Marx tinha se tornado amizade e ele aceitava as reservas de Marx como naturais. Engels reconhecia os talentos de Lassalle e seu zelo pela causa; mas tinha aversão ao seu caráter. Ele não confessou essa antipatia a Marx até 1856, quando um conhecido de Marx em Düsseldorf o visitou e lhe disse que Lassalle tinha deixado o partido da classe trabalhadora e estava fazendo propostas aos liberais. A partir de então, as descrições de Engels sobre "o judeu das fronteiras eslavas" passaram a se tingir fortemente de antissemitismo; e mesmo Marx costumava chamar Lassalle de "barão Ikey" e "sr. Ephraim Cute". Lassalle não tinha discernimento para reprimir sua exuberante presunção. No entanto, tinha uma concepção elevada de amizade. Revelou-se livremente em suas cartas a Marx, sem imaginar que cada palavra seria pesada e ridicularizada em Manchester e Londres. Ele se tornou uma piada permanente entre Engels e Marx quando se mudou para Berlim, começou a publicar livros e "jogou fora toda a sua reputação". Mas, em 1859, eles recuperaram a crença em sua honestidade política e

146 FRIEDRICH ENGELS: UMA BIOGRAFIA

começaram a pensar que poderia ser útil ser seu amigo; pois ele encontrou um editor para o livro de Marx sobre economia[63] e para um panfleto em que Engels discutia a ameaça de um conflito com o ataque da França à Áustria no norte da Itália.

Quando essa luta eclodiu, Engels e Marx se viram pela primeira vez realmente em oposição a Lassalle. Ele queria que a Prússia utilizasse o constrangimento da Áustria para fortalecer sua hegemonia entre os Estados do norte da Alemanha – considerava a Áustria o inimigo mais perigoso da democracia na Europa. Mas Engels acreditava que o verdadeiro inimigo era a Rússia. Ele supôs que houvesse um acordo militar secreto entre a França e a Rússia, que entraria em vigor assim que a Rússia ajudasse a Áustria contra a França. Por mais que detestasse o domínio austríaco sobre o norte da Itália, ele não poderia desejar que a Áustria abandonasse sua posição estratégica na Lombardia a Napoleão III. Também estava convencido de que a Áustria precisava dessa posição para sua própria segurança – desde que ela fosse independente da Alemanha. A Grande Alemanha unida do futuro não precisaria de tropas na fronteira italiana. Inspirado pelo medo de que a Alemanha pudesse ter que travar uma guerra em duas frentes (contra a Rússia e a França), ele escreveu a Lassalle: "Nós, alemães, devemos estar na situação mais desesperadora antes de sermos movidos em massa pelo *furor teutonicus*, e desta vez nossa situação parece suficientemente desesperadora. *Tant mieux*. Numa crise como essa, os poderes estão fadados a cair, e chegará o momento em que apenas o partido mais determinado e implacável poderá salvar a nação".

Engels escreveu dois excelentes panfletos sobre os eventos militares e políticos daquele ano. O primeiro, *Pó e Reno*, tratou da situação antes do início da guerra. O outro, *Saboia, Nice e o Reno,* discutia a situação após a paz de Villa Franca[64]. Além disso, ele acompanhou o curso da guerra no *New York Tribune*, e em um pequeno e efêmero jornal alemão, *Das Volk* [O Povo], publicado em Londres. Suas observações sobre estratégia em *Pó e Reno* merecem menção especial porque foram surpreendentemente corroboradas pela Guerra Mundial. Naquela época, o argumento de "fronteiras naturais" era usado para apoiar a reivindicação do norte da Itália pela Áustria e da margem esquerda do Reno pela França. Engels tentou mostrar que a França poderia renunciar a sua reivindicação à fronteira militar do Reno agora que ela tinha fortificado Paris. Sua fronteira belga era deploravelmente frágil. A Bélgica era obviamente neutra – mas a história ainda teria que demonstrar que na guerra a neutralidade "é mais do que um pedaço de papel". "A Bélgica", continuou ele, "circunda todo o leste da França, de Verdun e do alto Marne até o Reno. Assim, um Exército que entrasse pela Bélgica poderia estar em Paris antes que um Exército francês estacionado entre Verdun ou Chaumont e o Reno pudesse voltar para defendê-la. Portanto, o Exército invasor poderia – se sua ofensiva fosse bem-sucedida – erguer uma barreira entre Paris e o Exército francês do Reno ou de Mosela." A França teria que se defender por meio de uma ofensiva sobre a fronteira belga, a partir de Paris e seus fortes. "Se essa ofensiva for repelida, o Exército terá que assumir uma posição final na linha de Oise-Aisne; seria inútil para o inimigo avançar mais, já que o Exército invasor da Bélgica seria fraco demais para agir sozinho contra Paris. Atrás do Aisne, com uma comunicação inexpugnável com Paris – ou, na pior das hipóteses, atrás do Marne, com seu flanco esquerdo em Paris –, o Exército francês do norte poderia iniciar uma ofensiva e aguardar a chegada das outras forças." Assim, Engels profetizou o milagre do Marne.

Mas, apesar de todos os seus interesses militares, ele não abandonou suas esperanças de revolução. Estava, como todo mundo, interessado na Paz de Villa Franca. Escreveu no *Das Volk* que, exceto por uma guerra contínua que envolvesse toda a Europa, uma paz como essa era a melhor, porque apenas os russos e os revolucionários ganhavam com isso.

No segundo panfleto, ele expressou seu receio de que Napoleão III, depois das pálidas glórias de Magenta e Solferino, buscasse novos louros no Reno com a ajuda da Rússia. A Rússia precisava dessa aliança para dar xeque-mate na Áustria, pois os austríacos estavam sendo cada vez mais provocados pela invasão russa no Vístula e no Danúbio. Para sorte do tsar, o imperador francês tinha que fazer guerra para manter seu trono e não conseguia encontrar em nenhum outro lugar o aliado necessário. Mas a França era um perigo para a Alemanha apenas se ela fosse apoiada pela Rússia, enquanto a Rússia era uma ameaça constante – ela poderia incitar a França oferecendo a margem esquerda do Reno sempre que quisesse. Mais uma vez, vemos que Engels considerava o tsarismo o inimigo mais perigoso da liberdade europeia e da vitória da revolução. Quando Alexandre II estava considerando a abolição da servidão, Marx e Engels pensaram que "a história russa estava começando"[65]. E quando os nobres foram convocados no outono de 1858, eles acreditavam que isso era um sintoma "de que a revolução havia começado na Rússia". Quando as revoltas camponesas e a agitação constitucional entre a nobreza aumentaram sua força, Marx, como comandante em chefe da revolução mundial, emitiu comandos napoleônicos de sua casa miserável em Londres: "na próxima revolução", escreveu ele, "a Rússia se juntará gentilmente aos rebeldes". Então, em seu segundo panfleto, Engels explicou ao público alemão as conclusões a que ele e Marx tinham chegado em comum.

> Todo o sistema da política externa russa será agora minado pela guerra que eclodiu na Rússia entre a classe dominante e os camponeses oprimidos. O sistema era possível apenas enquanto a Rússia não possuísse uma história política própria. Mas esse tempo acabou. Os desenvolvimentos industriais e agrícolas incentivados pelo governo e pela nobreza alcançaram um estágio que impossibilita o atual

sistema social. Por um lado, é necessário aboli-lo e, por outro, sua abolição é impossível sem uma mudança violenta.

Até então, Engels nunca tinha acreditado que a Rússia pudesse ter uma revolução. A partir daí, essa revolução se tornou um fator permanente em suas especulações políticas.

No verão de 1859, o pai de Engels visitou Manchester. Friedrich passou setembro com seus pais na Escócia. Esta seria a última vez que veria seu pai. Em março de 1860, a notícia de sua morte chegou a Engels. A anistia permitiu que ele voltasse à Alemanha – essa foi sua primeira visita desde a revolução[66]. Seus irmãos tinham como certo que herdariam a fábrica alemã e que Friedrich se contentaria com a filial de Manchester. Não imaginavam que ele pudesse ser um parceiro nos negócios alemães, mesmo morando no exterior. Mas a lei inglesa não permitia que o herdeiro do chefe de uma empresa se tornasse sócio automaticamente com a morte de seu pai. Friedrich ficou amargurado com a atitude dos irmãos. Contudo, assinou o acordo proposto para poupar os sentimentos de sua mãe. Escreveu a ela: "Farei qualquer sacrifício para evitar que você seja importunada por esses negócios. Não vou me opor a meus irmãos, e nunca farei nada contra eles, a menos que eles me obriguem a isso. Está tudo acabado e não quero dar importância demais ao fato de que abri mão de um bom acordo em favor deles". A resposta de sua mãe se perdeu. Mas há uma carta que Friedrich escreveu a ela quinze dias depois para lhe assegurar mais uma vez que não guardaria rancor. "Posso conseguir uma centena de outros negócios, mas nunca outra mãe." Engels era um bom lutador. Se pensasse que estava certo, se mantinha firme, mas aqui parece que ele estava quase feliz em mostrar à mãe (que estava tão atormentada por suas opiniões políticas) que seu rompimento com a tradição familiar não diminuía seu amor por ela.

Seus irmãos disseram que estavam dispostos a deixar £10.000 no negócio de Manchester. Foi assegurada a Friedrich uma porcentagem do lucro líquido maior do que antes. Ele também herdou algum dinheiro de seu pai, de modo que sua renda foi consideravelmente aumentada. Tornou-se sócio em 1864[67], mas tudo isso apenas confirmou sua decisão de abandonar a vida comercial assim que o interesse em seu capital fosse suficiente para sustentar a si e à família Marx.

XV
A Guerra Civil Americana

Embora Lassalle, com seu hegelianismo mais rígido, descrevesse todos os eventos americanos como desinteressantes (porque os americanos não tinham "Ideias"), Marx e Engels sempre perceberam que possuíam um "significado que transformaria o mundo". Tanto a abolição da escravidão nos Estados Unidos quanto a abolição da servidão na Rússia pareciam ser etapas decisivas no processo de desenvolvimento da liberdade, pois, com Hegel, sustentavam que toda a história consistia nesse processo. Em 1850, Engels supunha que a futura abolição da escravidão negra arruinaria o sistema produtivo existente. Seu entusiasmo foi grande na primavera de 1861 quando, após a cisão entre os estados do Norte e do Sul, a guerra civil começou, para terminar, depois de quatro anos de batalhas, com a vitória dos opositores da escravidão. Durante esse tempo, seu interesse político e militar fixou-se na América; e, como a guerra afetava o mercado de algodão, ela também lhe interessava do ponto de vista dos negócios.

Politicamente, Engels via a guerra como uma guerra de conquista travada pelo Sul, a fim de espalhar e perpetuar a escravidão. A oligarquia que dava o tom ao Sul sabia que, caso não fossem criados novos territórios escravistas (ao que Lincoln se opunha), o sistema de escravidão pereceria mesmo nas regiões onde ele ainda prosperava. Os governantes da Inglaterra viam no rápido crescimento dos Estados Unidos uma ameaça ao seu monopólio mundial. O Norte possuía indústrias e as protegia com barreiras tarifárias; o Sul produzia a matéria-prima para as mais importantes indústrias da Inglaterra. Os britânicos temiam que, se a Marinha superior do Norte pudesse bloquear os portos do Sul, os teares de Lancashire seriam forçados a interromper a produção. Parecia ser do interesse britânico que a cisão na grande república norte-americana não fosse eliminada; consequentemente, a Inglaterra se apressou em reconhecer os Estados Confederados do Sul como uma potência beligerante. Gladstone, que era chanceler do

Tesouro, declarou publicamente em outubro de 1862 que a vitória do Sul era certa e que ele se tornaria não apenas um novo Estado, mas uma nova nação. Mas, na Inglaterra liberal, dificilmente seria decente para a imprensa assumir a causa da escravidão. Ela, portanto, ocultou o objetivo real da guerra e mentiu dizendo que o Norte, em seu desejo de ascensão, estava apelando para a força das armas para manter o Sul em uma União que o Sul tinha o direito de rejeitar. Muitos na Inglaterra não perceberam que a questão era a abolição ou a continuação da escravidão até as grandes manifestações realizadas pelos trabalhadores em Londres, Manchester e Sheffield a partir de dezembro de 1862 para se opor à declaração de guerra aos estados do Norte. A guerra era então iminente, pois os construtores navais ingleses estavam apoiando os corsários do Sul; o Norte, levado a realizar represálias, prendeu alguns diplomatas confederados em embarcações postais inglesas. Engels desaprovou as bobagens dos ianques. Ele escreveu a Marx: "prender viajantes em um navio estrangeiro sob uma acusação política é o *casus belli* mais claro do mundo".

Eventos contemporâneos mantiveram Engels ocupado escrevendo continuamente artigos sobre ciência militar. Entre a guerra italiana e a Guerra Civil Americana, escreveu no *New York Tribune* sobre as recentes mudanças nos armamentos de infantaria e artilharia, as reformas do Exército nos estados alemães, a guerra da Inglaterra na China, a expedição siciliana de Garibaldi, as perspectivas de uma invasão francesa à Inglaterra e as defesas das Ilhas Britânicas. Escreveu (sob o pseudônimo de um oficial estrangeiro) um artigo sobre a eclosão da guerra civil, mas não foi publicado no *New York Tribune*. Seus artigos foram publicados em dois jornais especializados – o *Allgemeine Militär-Zeitung* de Darmstadt, e o *Volunteer Journal for Lancashire and Cheshire* (Isaac Hale, o editor do *Journal*, tentava constantemente fazer Engels aceitar um cargo em sua equipe). Engels reuniu alguns desses artigos em um panfleto, publicado em 1861, sob o título *Essays Addressed to Volunteers* [Ensaios aos voluntários]. Em um breve prefácio, ele observava que não reivindicava originalidade pelos fatos discutidos, mas apenas pelas opiniões que expressou e pelas inferências que realizou. Via as formações de carabineiros com alguma simpatia, porque estavam sujeitos a um sistema mais permeável do que o Exército regular. Mas sua simpatia não o cegou à fraqueza dessas formações, que haviam sido organizadas quando a França aumentou seu Exército imediatamente após a guerra italiana, além de estabelecer novos navios de guerra.

A confiança dos ingleses na segurança de sua ilha foi abalada quando a França aumentou a proporção de navios a vapor em sua frota. Não apenas a opinião pública, mas mesmo o governo liderado pelo francófilo Palmerston estava inclinado a desconfiar de uma política que começara a colocar em prática o princípio das "fronteiras naturais" anexando Saboia e Nice. As pessoas perguntavam ansiosamente a quem Napoleão escolheria atacar em seguida. Na *Allgemeine Militär-Zeitung* de setembro de 1860, Engels enfatizou que a origem e os princípios dos carabineiros voluntários os tornavam inimigos do bonapartismo. Em 1861, acrescentou no *Volunteer Journal* que se eles trocassem tiros com um inimigo, esse inimigo seria a infantaria leve francesa. Em campo aberto, não considerava que os voluntários ingleses estavam à altura da "melhor organização militar da Europa": ele se opôs ao plano da Comissão de Defesa Nacional, que estava determinada a fortificar uma série de grandes portos militares, mas não a própria capital. Temia que, se novas fortificações fossem estabelecidas, elas teriam que ser guardadas por muitos homens do Exército regular, ao passo que uma batalha perdida significaria a perda de Londres e de todo o país.

Na Guerra Civil Americana, Engels esperava que a democracia do Norte, superior em homens e equipamentos, demonstrasse essa superioridade cada vez mais conforme a guerra progredisse, até a vitória final. Por um tempo, essa previsão se mostrou errada, quando os exércitos improvisados e generais inexperientes do Norte sofreram derrota após derrota. Na Europa, era difícil obter fatos nos quais basear um julgamento da guerra. O serviço de notícias a cabo era muito limitado; os jornais americanos e os relatórios dos correspondentes de imprensa europeus levavam semanas para chegar e não davam respostas completas às perguntas que um especialista militar desejava fazer. Além disso, não havia bons mapas das áreas de operação mais importantes. A natureza da guerra era muito diferente daquelas que Engels tinha visto ou estudado. Ele a considerou um "drama sem paralelo nos anais da história militar", devido à enorme área em disputa, à vasta extensão em que as operações militares eram realizadas, ao tamanho dos exércitos em oposição, aos custos fabulosos envolvidos, aos tipos de estratégia e ao perfil de comando empregado. Como sabemos, essa foi a primeira guerra em que se fez uso estratégico importante de ferrovias e navios blindados. A princípio, nenhum dos dois lados tinha um Exército de verdade; havia uma terrível falta de oficiais treinados, e (como observou Engels), não fossem os soldados experientes que tinham entrado nos Estados Unidos após a revolução europeia – especialmente da Alemanha –, a formação do Exército da União levaria mais tempo do que foi gasto. A maioria dos oficiais treinados na América pertencia ao Sul aristocrático, de modo que os confederados puderam desenvolver seus recursos mais rapidamente que o Norte; os soldados do Norte entraram na guerra "sonolentos" e "relutantes". Mas, como Engels disse a seu amigo Weydemeyer no final da guerra, ele nunca tinha percebido qual o nível de disciplina do Exército do Norte, que moral demonstravam sob ataque ou sua capacidade de resistir à fadiga – em suma, que demandas poderiam ser feitas a ele sem causar desmoralização.

Engels ficou perturbado com as constantes derrotas do Norte, mas ainda mais com o fato de o Norte não parecer perseguir seu objetivo com "energia revolucionária". Ficou perplexo com o fato de dependerem tanto dos resultados de grandes batalhas e estarem tão pouco inclinados a pegar em armas eles mesmos. Pensou que o grito de guerra deles "Guerra até a morte!" era uma bravata vazia e foi forçado a reconhecer, como todo mundo, que Lee tinha mais habilidade militar que McClellan – que, como Engels disse amargamente, estava menos preocupado em atacar o inimigo do que em evitar ser atingido. Engels confessou a Marx que não ficaria desanimado com a derrota de McClellan na Virgínia e os outros fracassos do Norte, se não temesse que o Norte pretendia apresentar apenas um Exército de esqueletos "para desfilar durante as negociações de paz". Ele contrastou essa "gestão negligente" com a mortal firmeza de propósito do Sul. No final de julho de 1862, declarou a Marx que, se o Norte não se tingir de cores revolucionárias, ele será sonoramente derrotado. Marx também culpava o Norte por tentar travar constitucionalmente uma guerra que deveria ser travada de maneira revolucionária. Mas advertiu Engels repetidamente para não formar preconceitos com base em uma atenção unilateral ao aspecto militar e, na verdade, foi Marx quem provou ser o verdadeiro profeta: "O noroeste e a Nova Inglaterra desejam e forçarão o governo a parar de travar a guerra apenas com armas diplomáticas... Se Lincoln não ceder (mas ele vai), haverá uma revolução". Lincoln, como sabemos, cedeu, e, no dia do Ano-Novo de 1863, garantiu a liberdade de todos os negros. Esse foi, finalmente, o ato realmente revolucionário!

Isso foi antes de Engels deixar de temer que a guerra levasse, não a uma decisão clara da questão dos escravos, mas a uma paz vazia. Mesmo nos meses seguintes, quando ele percebeu que não haveria paz prematura, e que os estados do Norte estavam finalmente preparando armamentos em grande escala, ainda não tinha uma confiança inabalável na determinação deles e em suas chances de vencer. Suas dúvidas duraram até o general Grant se tornar mais proeminente. Então, finalmente, viu que as forças confederadas estavam enfraquecidas. Ele ainda estava pronto para reconhecer a superioridade da estratégia de Lee. No verão de 1864, após a magistral defesa por Lee do campo fortificado de Richmond, Engels escreveu a Marx que os prussianos (se não fossem tão presunçosos) poderiam aprender com Lee exatamente como conduzir uma campanha em torno do campo fortificado de Coblença. Quando Lee foi cercado pelos exércitos do Norte na primavera seguinte e teve que depor armas, Engels viu o posicionamento estratégico como uma repetição exata de Jena. Como Napoleão, Grant tinha capturado todo o Exército do inimigo.

Depois que a guerra terminou, Engels condenou amargamente o ódio racial que eclodiu nos Estados Unidos e a hesitação de seus estadistas em apostar nos negros. Profetizou corretamente o futuro do grande novo país: a escravidão, disse ele, era o maior obstáculo ao desenvolvimento político e social dos Estados Unidos, e quando fosse removida, o país receberia um ímpeto que logo lhe daria uma posição completamente diferente na história e no mundo. Também conjecturou que a União adotaria, mais cedo ou mais tarde, uma política imperialista, empregando assim o Exército e a Marinha que tinham sido criados pela guerra civil.

A guerra durou tanto tempo que a indústria de algodão inglesa ficou sem matéria-prima, apesar de suas precauções em comprar estoques de reserva. A produção teve que ser limitada ou até interrompida; os trabalhadores foram dispensados e os que se mantiveram empregados sofreram terrivelmente com a pobreza. Engels acompanhou de seu escritório o progresso diário da fome do algodão. Na verdade, a pressão do trabalho extra e a diminuição de sua renda sugaram a sua atenção. Em *O capital*, Marx deixou um relato admirável da escassez do algodão. Engels estava muito ocupado para ter tempo de escrever uma descrição detalhada em sua correspondência com Marx ou em outro lugar. Os poucos comentários que possuímos mostram que ele estava muito menos confiante com os resultados dessa crise do que com os de 1857, que surgiram de outras causas. A decepção que sentiu em 1857 deixou efeitos duradouros. Em particular, foi mais reservado em seus julgamentos sobre os efeitos políticos imediatos das crises, mesmo quando causadas por superprodução. Em novembro de 1864, quando o pior da escassez terminou, ele reclamou com Marx "que algo assim raramente chega a esse ponto hoje em dia". Marx respondeu que as crises da época apresentavam em frequência o que lhes faltava em intensidade.

Em 1857, uma pequena herança permitiu a Marx conseguir uma casa pequena e mobiliá-la: mas, exatamente nesse momento, a crise econômica produziu uma diminuição considerável de seu mercado literário na América. Engels imaginava que tudo estava indo "às mil maravilhas" para seu amigo e, portanto, aceitou um cavalo de presente do pai no Natal de 1856. Quando viu que Marx estava novamente em apuros, ficou muito envergonhado por seu pequeno luxo. Toda a ajuda que era capaz de dar não era suficiente para manter seu amigo sem problemas financeiros. Marx odiava ter que "espremer" Engels constantemente, mas, quando disse isso, Engels simplesmente respondeu que desejava ter mais "que pudesse ser espremido". A família de Marx sofreu uma crise especialmente grave quando, em fevereiro de 1861, o *New York Tribune* reduziu sua equipe de correspondentes na Europa e Dana suspendeu a publicação da enciclopédia. Dessa vez, Marx decidiu procurar um remédio efetivo para seus problemas. Foi ver sua mãe em Trier e seu tio na Holanda, e decidiu fazer uma viagem a Berlim, pois recentemente Lassalle lhe pedira para ajudá-lo a publicar um grande jornal radical. Na Prússia, naquele tempo, o conflito entre a monarquia e a Câmara dos Deputados estava ficando cada vez mais agudo. Mas Marx não o considerou agudo o suficiente a ponto de aceitar a oferta: era apenas sua posição desesperada fazendo-o pensar em sacrificar seus escrúpulos. Passou um tempo com Lassalle em Berlim[68] e evitou tomar uma decisão direta – disse que não poderia fazê-lo sem Engels e que seu amigo deveria se tornar coeditor com ele. Mas Engels recusou. Ele não viu sentido em abandonar sua autonomia na Inglaterra (em um momento em que a revolução não era iminente) para se tornar mais ou menos dependente de Lassalle. Marx respondeu a Lassalle de acordo com isso. A determinação de Engels tornou mais fácil para Marx recusar uma proposta que também não lhe agradava.

Marx trouxe algum dinheiro para casa, mas não era o suficiente para que pudesse dispensar as "remessas de Manchester" para as despesas correntes, ou mesmo para liquidar as dívidas. Em dezembro, suas dívidas voltaram a atingir £100. Dava-lhe tanta agonia confessar ao amigo que estava mais uma vez em dificuldades que, por algum tempo, não tocou no assunto. Mas finalmente revelou: "Você faz tantos esforços por mim – maiores do que pode suportar – e é odioso para mim atormentá-lo constantemente com mensagens sombrias". Seis meses depois, foi obrigado a escrever novamente: "É odioso falar com você sobre minha miséria mais uma vez – mas, *que faire?* Todos os dias minha esposa me diz que preferiria que ela e as crianças estivessem mortas e enterradas; e realmente não posso culpá-la, pois as humilhações, torturas e medos que temos que enfrentar nesta situação são literalmente indescritíveis". Foi muito doloroso para Engels ouvir seu camarada dizer que era um fardo para ele. Tentou fazer Marx se sentir menos dependente dizendo que não importava, de fato, quem "espremia" e quem era "espremido". Mas Marx respondeu: "Querido, você pode dizer o que quiser, mas é realmente muito doloroso para mim causar-lhe tanto incômodo com minha pobreza. Se eu pudesse começar algum tipo de negócio!". Em setembro de 1862, ele realmente se candidatou a um cargo no escritório da ferrovia. Mas foi recusado por sua caligrafia.

Bem quando os assuntos de Marx estavam em sua condição mais desesperadora, no verão de 1862, Lassalle apareceu em Londres para assistir à Exposição[69]. Ele imaginou que a visita de Marx tinha restabelecido completamente sua antiga amizade. Mas, na verdade, Marx tinha sido diplomático. E continuou a sê-lo; fez uso de Lassalle, mas reconheceu para si que sua relação era vazia. Devido à pressão dos negócios, Engels não viu Lassalle novamente, e o encontro final entre Marx e Lassalle em Londres foi decisivo para o futuro. Marx rompeu tacitamente com Lassalle quando este lhe disse que pretendia reiniciar o movimento da classe trabalhadora alemã, colocar-se à sua frente e fazer do velho grito cartista do sufrágio universal sua plataforma principal. O que ele disse sobre esse plano foi suficiente para mostrar a Marx que ele e Engels já não tinham princípios, táticas nem objetivos em comum com Lassalle. É verdade que este pediu a Marx para ajudá-lo nisso também. Mas Marx poderia compartilhar a presidência de um partido baseado na liderança de um homem? Marx disse-lhe na cara que Engels e ele não concordavam com isso. Mas essa posição não fez Lassalle vacilar em sua determinação.

Engels ficou muito satisfeito com o fato de, após um longo intervalo, a Alemanha estar mais uma vez despertando para questões sociais, criando assim uma "base para a ação antiburguesa". Infelizmente, era Lassalle que estava "conquistando uma posição" através dela e assumindo o controle das ações! Engels sempre se apegou à crença de que Lassalle era aluno de Marx – uma crença que continha apenas uma pequena porção de verdade. Os dois amigos sempre criticaram seu trabalho como agitador porque Lassalle negligenciava as doutrinas que expuseram em seus escritos. Eles tinham aplicado o ácido da teoria do conflito de classes ao Estado, e viram este dissolver-se no teste. Lassalle não: ele ainda reverenciava o Estado e, portanto, ainda podia fazer malabarismos com a ideia do *Volksstaat*. Engels o desaprovava por se opor aos liberais que estavam em guerra com Bismarck; ele não sabia que Lassalle e Bismarck tinham feito uma espécie de aliança. Em junho de 1863, Engels escreveu a Marx: "O sujeito está agora servindo a Bismarck, completamente: um dia pode ser que Monsieur Bismarck mude de ideia sobre ele e ele será atirado na cadeia". Por enquanto, Marx e Engels não queriam se declarar a favor ou contra a agitação de Lassalle.

A situação de Marx foi momentaneamente facilitada por um empréstimo que obteve de Lassalle (com Engels como fiador) antes de Lassalle deixar Londres. Mas, antes do fim do ano, todos os móveis de sua casa estavam na casa de penhores mais uma vez. Novamente os comerciantes começaram a pressionar e as crianças tiveram que ficar em casa, pois suas taxas escolares não podiam ser pagas. Marx achou que dessa vez a ruína não poderia ser evitada. Ele estava prestes a escrever para o amigo quando recebeu a notícia inesperada de que Mary Burns estava morta. Por quase vinte anos, ela fora a fiel camarada de Engels, com quem ele podia relaxar após os detestados trabalhos na cidade e reunir forças para o seu trabalho real. Ela era muito querida por ele. "Não sei dizer como me sinto", escreveu ele, na carta que comunicava a Marx a notícia: "a pobre menina me amava de todo o coração". Mas, naquele momento, a mente de Marx estava tão ocupada com sua própria ruína iminente que, em vez de expressar verdadeira simpatia por seu amigo enlutado, ele respondeu sem rodeios que ficou surpreso e entristecido pela notícia. Então, depois de acrescentar que Mary fora muito gentil e espirituosa, e que ela estava profundamente ligada a Engels, passou imediatamente a descrever suas próprias dificuldades em grande detalhe. Ele mencionou que era "espantosamente egoísta" de sua parte contar a Engels tudo isso naquele momento, mas se consolou (e Engels também, ele pensou) chamando sua conduta de um remédio homeopático, com base no princípio de que um mal afasta outro. "E *au bout du compte*", ele acrescentou para apaziguar o amigo, "o que devo fazer? Não há ninguém em toda a Londres com quem eu possa falar livremente"; nessas condições, escreveu, era impossível trabalhar. Em um pós--escrito, perguntou onde e como Engels pretendia morar agora que tinha perdido o lar em que passava o tempo sempre que quisesse, "livre e fora do alcance deste mundo ruim".

Não sabemos de outra ocasião em que Engels se sentiu ferido por Marx. Mas, dessa vez, ele ficou profundamente magoado. Quando recebeu a carta, não pôde deixar de sentir que Marx (cuja esposa era uma igual, do ponto de vista social e intelectual) não entendia o que a morte de Mary significava para ele – Mary, que ainda não estava em seu túmulo. Ele deixou passar uma semana sem resposta. Quando finalmente respondeu, ficou com tanto medo de dar vazão a seus sentimentos que escreveu primeiro um rascunho da carta.

> É claro que você perceberá que, neste caso, meu próprio infortúnio e a maneira frígida como você o tratou, tornaram absolutamente impossível que eu respondesse antes. Todos os meus amigos, até meus conhecidos filisteus, me mostraram nessa ocasião, que – sabem os céus – me atingiu com bastante força, mais simpatia e amizade do que eu poderia esperar. Você considerou um momento adequado para deixar clara a superioridade de sua atitude filosófica calma. Aproveite o seu triunfo, não vou desafiá-lo.

Mas, quando copiou a carta, ficou preocupado com sua agressividade. Então cancelou a última frase e baixou o tom da anterior. E passou em seguida a discutir as necessidades de seu amigo; explicou o que podia e o que não podia fazer no momento, e concluiu com a garantia: "Farei minha parte".

Marx decidiu que era melhor esperar um pouco antes de responder, pois, como as coisas estavam, era difícil para ambos "ter uma ideia 'calma' de sua posição". Em seguida, garantiu ao amigo com franqueza que tinha se arrependido de sua carta assim que a enviara e pediu que ele não o acusasse de insensibilidade. "Minha esposa e meus filhos testemunharão que, quando recebi sua carta de manhã cedo, fiquei tão abalado como se meu parente mais próximo e mais querido tivesse falecido. Mas escrevi a você no fim da tarde, quando as coisas estavam me desesperando." O proprietário do imóvel no qual morava acionara o oficial de justiça, o açougueiro enviara um pedido de pagamento imediato, não havia carvão ou comida na casa, uma das crianças estava doente na cama. Em situações tão desesperadoras, ele geralmente recorria "ao cinismo". Estava sendo especialmente perturbado pelas constantes censuras de sua esposa por não contar toda a verdade sobre sua situação a Engels. Agora ela finalmente concordara com a proposta dele de que as duas filhas mais velhas procurassem vagas como governantas; e Marx e sua esposa se mudariam para um cortiço com os mais novos. Na resposta de Engels, ainda podemos ver quão profundamente ele foi afetado pelo incidente; mas sua raiva tinha esfriado.

Agradeço por sua sinceridade. Você mesmo compreende o tipo de impressão que sua carta causou em mim. Ninguém pode viver tanto tempo com uma mulher sem ficar terrivelmente comovido com sua morte. Sinto que com ela enterrei o que restava de minha juventude... Devo lhe contar que sua carta ficou na minha cabeça por uma semana inteira, eu não conseguia esquecer. Não importa, sua última carta fez que isso parasse: e fico feliz que, ao perder Mary, não perdi também meu melhor e mais antigo amigo. Agora, sobre os seus assuntos...

Engels escreveu que não podia permitir que Marx levasse esses planos adiante, e que se apossara de cem libras por meio de "uma manobra muito ousada". Marx respondeu com profunda gratidão por esse ato abnegado de amizade; e prosseguiu com clara sinceridade:

Devo lhe dizer sem evasiva que, apesar da pressão sob a qual tenho vivido nestas últimas semanas, nada me preocupava tanto quanto o medo de uma ruptura de nossa amizade. Repeti várias vezes para minha esposa que não me importava com todos esses negócios imundos, mas com o fato de que toda essa maldade burguesa e o comportamento histérico dela me tornaram capaz de empurrar minhas necessidades particulares a você, em vez de consolá-lo em tal momento...

Engels ficou mais calado do que o normal durante as semanas seguintes, e Marx teve medo de ter lhe dado mais com o que se ofender. Mas Engels explicou seu silêncio pelo "estado muito melancólico" em que se encontrava. Tentara superar isso aprendendo línguas eslavas, mas achava a solidão insuportável. "Eu tive que me distrair. Isso ajudou. Sou meu antigo eu novamente."

A recuperação de Engels deveu-se principalmente ao fato de suas relações com a irmã de Mary Burns, Lizzy, se tornarem mais íntimas. Mas o interesse militar e as esperanças revolucionárias despertadas nele pelo levante na Polônia russa também ajudaram a animá-lo[70]. Acreditava que, se o levante continuasse por tempo suficiente, ele contaminaria a Rússia e levaria a uma revolução europeia geral. Em junho de 1863, disse a Marx que esperava que até a burguesia, tendo perdido todo o medo dos comunistas, se juntasse a eles rapidamente. O argumento de Proudhon e seu grupo, de que a Rússia estava libertando seus escravos enquanto os nobres e padres poloneses sempre se recusaram a fazê-lo, parecia-lhe esfarrapado. Ele acreditava firmemente que uma Polônia independente levaria a Rússia tsarista, o inimigo mais perigoso da revolução europeia, de volta ao Oriente.

Marx e Engels foram forçados a vigiar de perto seu rival Lassalle. Por isso, foi muito bem recebida por eles a notícia de que, com uma anistia, seu adepto mais confiável se mudara para Berlim em 1862. Liebknecht tornou-se membro da Associação Geral dos Trabalhadores Alemães[71], entrou em contato com Lassalle e ficou atento às suas atividades. Como exilado político, Liebknecht parecia a Engels um bom camarada de partido, mas não um homem capaz de desempenhar um papel importante na política. Engels e Marx sabiam que sua cabeça quente o tornava uma presa fácil de ilusões, e achavam necessário examinar com um olhar crítico todas as informações que ele enviava. Mas Liebknecht (eles o chamavam de seu "governador-geral na Alemanha") nunca contou a eles, enquanto Lassalle viveu, das intrigas deste com Bismarck. Achava que a política de Lassalle era perigosa, mas não que ele fosse um traidor da causa dos trabalhadores. Liebknecht pretendia controlar sua influência e, se não pudesse aboli-la, colocar Marx em seu lugar. Sem o consentimento de seus amigos na Inglaterra, ele organizou uma conferência entre eles e Lassalle para o mês de setembro seguinte para determinar se poderiam ou não trabalhar juntos no futuro. Sob a influência de um equívoco grosseiro a respeito do verdadeiro equilíbrio de poder no interior do pequeno partido, ele escreveu a Marx pouco antes da morte de Lassalle dizendo que, caso quisesse assumir a liderança da Associação, bastava dizer. Embora Engels falasse mal de Lassalle enquanto ele estava vivo, as notícias inesperadas de sua morte[72] o inspiraram a caracterizar seu antigo inimigo de acordo com a objetividade histórica. Ele escreveu a Marx: "Independentemente do caráter e dos talentos literários e científicos de Lassalle, do ponto de vista político, ele era uma das pessoas mais importantes da Alemanha. Foi para nós até hoje um amigo muito incerto e, no futuro, seria um inimigo bastante certo – mas isso não significa mais nada...". E é claro que Engels não conseguia entender como "um político como ele poderia aceitar e combater um duelo com um aventureiro da Valáquia. Isso só poderia acontecer com Lassalle, com sua mistura singular de frivolidade e sentimentalismo, judaísmo e pseudocavalaria: uma mistura peculiar". Durante a vida de Lassalle, Engels muitas vezes se sentiu incomodado por seu "respeito judeu pelo sucesso efêmero"; e agora ele perguntava seriamente se "sua agitação era apenas fogo de palha ou havia realmente algo nela?". Por mais modestos que tenham sido os resultados imediatos de sua agitação, sabemos agora que havia algo nela – algo com vitalidade suficiente para impedir que Marx e Engels ou seus confederados assumissem a liderança do jovem movimento e o levassem aonde desejavam. Assim que Engels reconheceu esse fato, ele viu que, morto, Lassalle era um inimigo muito mais perigoso do que quando estava vivo, e que ele deveria perder toda a sua influência – não apenas fisicamente, mas historicamente – para que o proletariado alemão pudesse se unir à bandeira do *Manifesto comunista*.

De qualquer maneira, nem Marx nem Engels foram atraídos pela perspectiva de iniciar uma pequena guerra com a polícia prussiana, como Liebknecht estava fazendo e esperava que eles fizessem. Consideravam seu dever óbvio assumir posições em qualquer crise revolucionária, mas, até que isso ocorresse, eles preferiam deixar a agitação para pessoas menos qualificadas para a teoria. Além disso, o próprio Liebknecht sustentou que ainda não tinha chegado o momento em que se poderia abrir uma brecha no "lassalismo" com alguma chance de sucesso. Os dois amigos foram levados a admitir que eram os elementos realmente proletários do movimento que estavam entre os maiores devotos do "homem que colocou espadas em nossas mãos", e que eles não tinham qualquer influência sobre os membros da Associação. A realidade era quase exatamente como o seu antigo inimigo Hess (recentemente aliado a Lassalle) a descreveu: o partido marxista consistia apenas no próprio "mestre", em seu "secretário" Engels e em seu "agente" Liebknecht. Os elementos mais importantes da Associação Geral não se preocupavam em enfatizar a conexão do novo movimento com o antigo, de 1848, que tivera a *Nova Gazeta Renana* como foco.

Marx e Engels sabiam da fraqueza de sua posição e, por esse motivo, não puderam rejeitar quando, em novembro de 1864, o editor do novo órgão do partido lhes ofereceu a oportunidade de lembrar o proletariado alemão de sua existência e seu ponto de vista. Johann Baptist von Schweitzer, um aristocrata decadente, ambicioso e inteligente, um produto das escolas jesuítas, dirigiu-se a eles com muito respeito como "fundadores do movimento da classe trabalhadora alemã" e os convidou a colaborar com ele no *Sozialdemokrat*. Embora tenham se mantido firmes em sua crença de que mais adiante a Associação teria que ser "desmembrada", concordaram com a maior boa vontade possível. Eles o fizeram logo antes de ouvirem de Liebknecht (que estava editando o jornal junto com Schweitzer) a verdade sobre a conexão de Lassalle com Bismarck.

Violando a promessa expressa que Schweitzer tinha feito a Liebknecht e Marx, o *Sozialdemokrat* logo retomou as táticas de Lassalle, concentrando seus ataques no Partido Progressista e mostrando uma apreciação às políticas de Bismarck que quase se tornou simpatia ativa. A princípio, Liebknecht escreveu para dizer a Engels e Marx que esperava gradualmente dar "uma atitude correta" ao jornal, e que sua tarefa seria mais fácil se eles "trabalhassem com vontade" como colaboradores. Engels quis testar isso. Declarou-se pronto para entregar o artigo sobre as reformas do Exército prussiano que o conselho editorial tinha pedido para ele escrever. Marx temia que seu amigo, ao lidar com esse assunto, caísse em uma disputa unilateral com os progressistas. Mas Engels prometeu atacar o governo tanto quanto a oposição burguesa. Estava satisfeito por se dirigir ao público alemão sobre a reorganização do Exército como especialista militar e como político revolucionário na luta pela Constituição, e gostou de usar o órgão da Associação para empregar contra as táticas de Lassalle e Schweitzer as táticas prescritas para situações semelhantes pelo *Manifesto comunista*.

Engels tinha acompanhado cuidadosamente as reformas do Exército desde o início. Mas, vivendo no exterior, não conseguiu fazer uma estimativa adequada das capacidades de combate do Exército reorganizado. Ele conseguiu perceber ainda menos a boa sorte que os Hohenzollern tiveram ao serem servidos por Helmuth von Moltke e Bismarck. Ele estava em Wuppertal visitando sua família quando Bismarck foi nomeado primeiro-ministro, e descreveu para Marx as gargalhadas com as quais a burguesia comemorou a notícia.

Engels ficou satisfeito com o fato de que "a burguesia liberal, catorze anos depois de 1848, era forçada ao dilema revolucionário mais extremo". Mas ele "não confiava" na "débil democracia progressista" e esperava que a "briga inevitável" começasse entre "os soldados comuns, que pensarão duas vezes antes de aceitar três anos de serviço em vez de dois". Sua desconfiança renana em relação a todas as coisas prussianas estava tão enraizada que não depositaria sua confiança em uma revolução se ela começasse em Berlim.

Quando as negociações diplomáticas em torno do estado de Schleswig-Holstein começaram, ele pensou em escrever um panfleto para mostrar que a única chance de seus habitantes serem libertados pela Alemanha seria numa guerra da Alemanha contra a Rússia em defesa da Polônia. O colapso da revolução polonesa o dissuadiu da ideia. Ele acompanhou os eventos da guerra dinamarquesa com atenção[73]. Em meados de fevereiro de 1864, estabeleceu, em um artigo no *Manchester Guardian*, que a superioridade numérica da infantaria alemã sobre os dinamarqueses era suficiente para a conquista de Dannewerk, Düppel e da Fredericia. Ficou surpreso com a velocidade com que os prussianos tomaram Düppel: "os rapazes superaram as expectativas de todos". Lembrou a Marx que sempre dissera que "as armas de fogo prussianas, tanto rifles quanto artilharia, eram as melhores do mundo". Passou suas férias anuais em Schleswig-Holstein logo após a conquista prussiana, e percorreu o interior com olhar atento à sua língua e aos problemas de sua nacionalidade, o que o interessava especialmente, pois estava usando seu tempo livre com o estudo da filologia frísia, angliana, juta e escandinava.

Os escritos de Engels sobre as reformas do Exército tornaram-se um panfleto em vez de um artigo. Ele foi publicado no final de fevereiro de 1865 em Hamburgo, sob o título *Die preussische Militärfrage und die Deutsche Arbeiterpartei* [A questão militar prussiana e o partido da classe operária alemã]. Suas premissas eram de que a luta entre o governo e os conservadores de um lado e a burguesia liberal e radical de outro estava agora se aproximando de uma crise, e que era hora de o partido da classe operária se manifestar. Era-lhes indiferente de quantos soldados o Estado prussiano precisava, mas não quantos trabalhadores estavam treinados para as armas. Quanto mais, melhor. Para a classe trabalhadora alemã, o conflito entre o governo e o Parlamento era mais importante do que as reformas do Exército. Nos países onde a revolução industrial estava completa, o único oponente da classe trabalhadora era a burguesia. Mas, na Alemanha, ainda havia senhores feudais, escudeiros, guildas, conselheiros privados, conselheiros estaduais etc. Em um conflito como esse, deve chegar o momento em que ambas as partes pedirão o apoio do proletariado. Nenhum deles estaria preparado para atender aos seus desejos, mas ambos estariam dispostos a fazer concessões se um partido independente da classe operária pudesse desempenhar algum papel.

De qual dos lados os trabalhadores poderiam esperar concessões maiores? Em sua resposta a essa pergunta, Engels aproveitou a oportunidade para escrever uma crítica condenatória à política de Schweitzer, sem mencionar seu nome. Toda vitória das forças da reação, explicou, adiava a data em que os trabalhadores poderiam chegar ao poder. Mas toda vitória da burguesia era uma vitória para os trabalhadores; ela ajudaria a esclarecer o conflito de classes e apressaria o momento em que o proletariado conquistaria a burguesia. Ultimamente, um novo tipo de reação entrara na moda entre certas pessoas (uma alusão a Bismarck): o bonapartismo. Em um Estado bonapartista, todos os vestígios de poder político eram retirados tanto de trabalhadores quanto de capitalistas, a liberdade de imprensa e o direito de associação eram proibidos e o sufrágio universal era reduzido de uma maneira que tornava quase impossível eleger candidatos de oposição. Nesse sistema, nenhum dos lados poderia esperar mais do que um descanso da batalha, no qual a indústria poderia se desenvolver rápido e muito e criar os elementos para uma luta nova e mais violenta.

No conflito que ocorria na Prússia, a questão era se o governo desejava manter todo o poder real ou compartilhá-lo com o Parlamento. Um Parlamento não servia de nada a menos que mantivesse "uma mão nas rédeas". Se o Parlamento pudesse fazer isso, não era do interesse do proletariado privá-lo de todo o poder. Mas, se o governo impusesse o sufrágio universal a partir de cima (como Lassalle pressionara Bismarck a fazer) e a classe trabalhadora consentisse com isso, estaria reconhecendo o direito do governo de abolir o sufrágio universal outra vez por um novo decreto. Em comparação com a burguesia, na Alemanha, os proprietários feudais ainda exploravam o dobro de trabalhadores. Por conta do paternalismo dos nobres rurais, da má educação, da brutalização sistemática e do afastamento em relação ao mundo, o proletariado agrícola tornou-se a parte da classe trabalhadora que demoraria mais tempo para perceber sua própria condição social. Em um país onde havia dois trabalhadores agrícolas para cada um da indústria, qual seria o resultado do sufrágio universal? Enquanto os trabalhadores da terra não fossem atraídos para o movimento proletário, o sufrágio universal era para o proletariado das cidades não uma arma, mas uma armadilha. A inevitável batalha entre o partido da classe operária e a oposição burguesa não poderia ser travada até que eles ficassem cara a cara, sozinhos. A burguesia não poderia chegar ao poder político sem exigir sufrágio universal, liberdade de imprensa e liberdade de associação. Mas isso era o mesmo que o partido dos trabalhadores precisava em sua própria luta pela emancipação. Portanto, era do interesse deles apoiar os burgueses contra as forças da reação, desde que os burgueses permanecessem fiéis aos interesses e aos princípios de sua própria classe.

Antes de enviar o manuscrito, Engels escreveu para Marx: "Ikey[74] deu ao movimento um caráter conservador-cartista que será difícil de eliminar; e estabeleceu um caminho anteriormente desconhecido entre os trabalhadores. Essa submissão repugnante à reação está sempre aparecendo por aí. Teremos alguns problemas com isso". E, falando do provável efeito de seu panfleto sobre os proletários alemães, ele acrescentou: "Guarde minhas palavras, os sujeitos dirão: 'O que esse Engels quer dizer? O que ele fez esse tempo todo? Como ele pode falar em nosso nome e dizer o que devemos fazer? O sujeito fica sentado em Manchester e explora os trabalhadores etc.'. Para mim dá tudo no mesmo, é claro, mas isso será dito sem dúvida e temos que agradecer ao barão Ikey por isso". Nisto ouvimos um novo motivo que aumentaria o desejo de Engels de se libertar da vida de negócios o mais rápido possível.

À medida que liam o *Sozialdemokrat*, Marx e Engels ficavam cada vez mais indignados com o "flerte covarde de Schweitzer com Bismarck e sua constante adoração a Lassalle como um herói". Mas não romperam definitivamente com o jornal até que Liebknecht os notificasse de sua renúncia, e Schweitzer escrevesse a Marx negando sua competência para interferir em questões de "tática do dia a dia". Em uma carta a Weydemeyer, Engels enfatizou o importuno culto do *Sozialdemokrat* a Lassalle, que era ainda menos justificável porque Schweitzer era obrigado a saber que havia uma aliança formal entre Bismarck e Lassalle.

Schweitzer não arriscou nada ao se livrar do "círculo antiquado de Marx" devido a sua falta de influência. Ele sentiu o vento a seu favor. O problema da unidade alemã acabara de vir à tona na guerra de 1866[75], e era cada vez mais provável que Bismarck concedesse o sufrágio universal à Alemanha e, assim, realizasse o último desejo de Lassalle. Engels e Marx não foram atraídos por uma agitação da classe operária que só era permitida enquanto assumisse uma "forma que Bismarck pudesse aprovar". Eles preferiam "uma centena de vezes uma agitação em Londres por meio da Associação Internacional dos Trabalhadores"[76]. Essa Associação foi fundada enquanto Engels estava em Schleswig-Holstein[77]. Marx ajudou em sua fundação porque "forças reais" na Inglaterra e na França estavam participando. Os primeiros anos do jovem partido não têm importância na biografia de Engels. Ele tornara-se recentemente um dos proprietários da fábrica de Manchester e, portanto, era incapaz de fazer mais pelo partido do que contribuir com dinheiro. Profetizou que a nova associação se dividiria "assim que os problemas em questão fossem definidos com maior precisão", e ele temia que as atividades de Marx na Internacional o impedissem de completar *O capital*. Mas concordou que Marx deveria se esforçar nessa nova tarefa, que abria perspectivas tão amplas. Os amigos ficaram completamente fascinados ao pensar nisso – que finalmente tinham encontrado um meio de inspirar o movimento da classe operária inglesa com o espírito da revolução. Se essa "nova carga de eletricidade" fosse bem-sucedida, disse Engels a Marx em 1º de maio de 1865, a Internacional já teria feito mais pelo movimento operário europeu do que poderia ter sido realizado de qualquer outra maneira.

Johann Kaspar Schmidt, mais conhecido como Max Stirner, desenhado por Engels.

XVI
A ascensão da Prússia. O problema irlandês

Engels não tinha nada além de desprezo pela Prússia e pela dinastia prussiana. Ele confiava quase inteiramente nos jornais ingleses para notícias dos eventos na Alemanha e, portanto, demorou mais que Lassalle e Schweitzer para reconhecer a importância política adicional que a Prússia galgara com o caráter e a direção de Bismarck. Como em 1863, e também no início de 1866, ele considerou que uma revolução era possível em Berlim quando as tropas foram mobilizadas e retiradas da capital. Mais uma vez, acreditava que havia um consórcio entre Prússia e Rússia. Se houvesse uma guerra com a Áustria, ele temia que Napoleão pudesse se estabelecer na margem esquerda do Reno. Um sucesso prussiano envolveria a interferência da França; portanto, Engels esperava que seus compatriotas "sofressem uma derrota terrível". Para todos os responsáveis por essa guerra de alemães contra alemães, ele não poderia desejar um destino melhor que a forca.

Como a maioria dos democratas, ele inicialmente considerou a proposta de Bismarck ao Bundestag de convocar uma assembleia popular alemã como nada mais que um ardil. Mas, depois de dois dias, convenceu-se de que os liberais alemães, após uma breve resistência, permitiriam à monarquia prussiana realizar seu próprio programa. Ele via agora que o bonapartismo de Bismarck era "a verdadeira religião da burguesia moderna". Em uma carta a Marx de 13 de abril, ele enfatizou a incapacidade da burguesia para a ação política independente.

> Está ficando cada vez mais claro para mim que a burguesia, por si, não é capaz de obter nenhum controle real; portanto, a forma normal de governo é o bonapartismo, a menos que, como na Inglaterra, uma oligarquia possa assumir a tarefa de guiar o Estado e a sociedade segundo os interesses burgueses – por uma rica recompensa. Uma semiditadura no plano bonapartista mantém os principais interesses materiais da burguesia, mesmo em oposição à burguesia, mas não

deixa a ela nenhuma participação no controle dos assuntos de governo. Por outro lado, a ditadura é forçada, contra sua vontade, a adotar os interesses materiais da burguesia.

Nesse momento de incerteza na Alemanha, Engels acalentava grandes esperanças. Se houvesse guerra, ele disse a Marx em meados de maio, Bismarck teria que "mover o próprio inferno", e o inferno o engoliria. Mas mesmo uma vitória direta do Partido Progressista teria, nessas circunstâncias, um caráter revolucionário e levaria a novos desenvolvimentos. "Apesar de tudo", disse ele, "ainda não consigo pensar que, em meados do século XIX, as Alemanhas do Norte e do Sul virão à tona simplesmente porque Bismarck quer que elas o façam no interesse de Bonaparte e da Rússia." Em caso de guerra, Engels profetizou a derrota da Prússia. Nessa ocasião, seu julgamento militar estava mais errado do que nunca, antes ou depois, devido à sua crença errônea de que a disciplina do Exército prussiano havia sido minada pela luta constitucional. Ele predisse a Marx que uma revolução militar estouraria no final de junho: "Se essa chance passar sem ser usada, e se o povo deixá-la passar, então podemos fazer as malas revolucionárias e começar a estudar teoria pura". Foi uma descrição correta da enorme importância da decisão iminente para o futuro do partido revolucionário alemão. Em Sadová, a decisão foi tomada – pelo resto da vida, Engels pôde fazer as malas revolucionárias e, pelo menos no que dizia respeito a assuntos militares, prosseguir com a teoria pura.

O desejo de Marx de que Engels se tornasse correspondente militar de um grande jornal inglês era agora realizado. O *Manchester Guardian* imprimiu cinco artigos escritos por ele sobre os recursos e as perspectivas dos Estados beligerantes e sobre o curso da campanha. Esses ensaios nos mostram a enorme surpresa que a Guerra Austro-Prussiana reservava para Engels. Com espantosa miopia, ele profetizou a derrota da Prússia. E no dia da grande vitória prussiana, ele submeteu o plano de campanha de Moltke a duras críticas. No dia seguinte, foi forçado a admitir que os generais da Prússia, apesar de seus pecados contra as "leis superiores da guerra", não tinham se saído mal. E no mesmo lugar em que pouco antes falara com tanto desprezo do Exército prussiano, expressou sua admiração incondicional por ele no dia 6 de julho.

Engels viu imediatamente as consequências políticas da vitória da Prússia. Em 4 de julho, escreveu a Marx: "De qualquer forma, Bismarck tentará agora dar vida a seu Império alemão". Bismarck, disse ele, ficou grande demais para seu mestre Napoleão III e mostrou a toda a Europa a insignificância desse "árbitro da Europa". No dia 9 de julho, ele continuou: "O simples fato é esse. A Prússia possui 500 mil espingardas de agulha e o resto do mundo não possui 500. Nenhum Exército pode ser equipado com rifles de retrocarga em menos de dois, três ou talvez cinco anos.

A ascensão da Prússia. O problema irlandês   167

Até lá, a Prússia está no topo. Você acha que Bismarck não aproveitará seu momento? Claro que sim!". Repentinamente, os olhos de Engels se abriram. Agora ele via quem era o inimigo mais perigoso com quem tinha que lutar. Não era mais Bonaparte, mas Bismarck, que encarnava as forças que deveriam ser derrubadas antes que o proletariado europeu pudesse ser vitorioso.

Engels foi alertado pelas decepções que sofreu naquele verão. Nunca mais permitiu que a repulsa o cegasse para a verdade. Enquanto Liebknecht se recusava a acreditar que a vitória decisiva de Königgrätz era irreversível, Engels percebeu imediatamente que teria que aceitar o fato e se conformar com ele. Deplorou "o resultado inevitável: a Alemanha seria inundada de prussianismo" e lamentou "a separação temporária da Áustria alemã", o que levaria imediatamente a um aumento do eslavismo na Boêmia, Morávia e Caríntia. Mas ele esperava que a Áustria alemã logo se unisse mais uma vez ao resto da Alemanha.

Durante essas grandes mudanças políticas na Alemanha, Marx estava ocupado dando os retoques finais no primeiro volume de *O capital*, em cujo destino Engels estava tão profundamente envolvido. Torturado por doenças e pela pobreza, Marx reconheceu a seu amigo que era indiferente se ele "batesse as botas" hoje ou amanhã, desde que o livro ficasse pronto e sua família tivesse o que comer. Engels respondeu: "Você sabe que estou pronto para fazer o que puder e, nesse caso extremo, para fazer mais do que poderia arriscar em outras circunstâncias. Mas seja razoável e faça a mim e à sua família o favor de consultar um médico. O que aconteceria com todo o movimento se algo desse errado com você?". Quando Engels ouviu, em novembro de 1866, que o primeiro lote do manuscrito fora enviado para impressão, ele bebeu "um copo especial pela boa saúde" de seu autor. Como Marx, Engels estava convencido de que o livro causaria uma "ótima impressão" e que também acrescentaria algo à renda futura de Marx. E com essa expectativa veio a esperança de que ele próprio pudesse, em um futuro não muito distante, abandonar a vida de negócios que temia estar destruindo-o. Ele agora confessava isso a Marx, acrescentando que, se desistisse do comércio, sua renda seria muito mais escassa: "e isso sempre esteve em minha mente – o que devemos fazer com você, então? Mas se as coisas agora se saírem como prometem, isso logo se estabilizará, mesmo que a revolução não ocorra nesse meio-tempo para acabar com todo esse planejamento financeiro". Há uma frase significativa na resposta de Marx: "Sem você eu não poderia ter completado o livro, e garanto que sempre foi uma carga para minha consciência pensar que você, principalmente por minha causa, estava desperdiçando seus brilhantes poderes em uma rotina de negócios, e tinha que compartilhar à força todas as minhas pequenas misérias".

Marx e Engels pretendiam que *O capital* tivesse seus méritos reconhecidos o mais rápido possível, que fosse vendido e traduzido para outras línguas sem demora. Engels se permitiu garantir isso com "pequenas manobras". Escreveu um grande número de notas anônimas sobre o livro, e seus seguidores na Alemanha viram que elas foram inseridas em jornais burgueses. Liebknecht colocou seu *Democratisches Wochenblatt* [Semanário Democrático] à disposição de Engels. Mas um trabalho científico desse tipo nunca é um *best-seller*. E na Inglaterra demorou ainda mais do que na Alemanha até que fosse noticiado. O historiador Edward Spencer Beesly era amigo de Marx e, como subeditor da *Fortnightly Review*, tinha prometido aceitar uma resenha de Engels. Mas o editor, John Morley, a devolveu com a observação de que o assunto era muito árido para uma revista. Todos esses materiais foram escritos com a intenção de dar uma primeira ideia das doutrinas econômicas de Marx a um público que ainda não tinha sido educado para receber sua mensagem. Mas eles também nos permitem ver o que Engels mais admirava no trabalho científico de seu amigo. Um deles diz que *O capital* contém uma crítica de todos os sistemas da economia política anteriores, e, por fim, dá às aspirações socialistas uma base científica "que nem Fourier nem Proudhon e nem mesmo Lassalle foram capazes de lhes fornecer até aqui". Com essas palavras, Engels declarou a razão mais profunda dos sacrifícios materiais e espirituais que fez para permitir que *O capital* fosse finalizado – sacrifícios tão grandes que ele não poderia justificá-los a si mesmo apenas com base na amizade pessoal. Podemos ver que Marx percebeu isso em uma carta que escreveu a seu amigo em 22 de junho de 1867: "Que você esteja satisfeito até aqui, é mais importante para mim do que qualquer coisa que o resto do mundo possa dizer sobre o livro".

Qual foi o significado da ascensão da Prússia para o futuro do movimento operário na Alemanha? Engels e Marx viram claramente que a criação da Liga do Norte da Alemanha[78] oferecia uma nova oportunidade para unir e organizar o proletariado em todo o país – uma oportunidade que teriam que explorar da melhor maneira possível. Mas foi difícil para eles fazer tudo o que era necessário, pois seu único aliado confiável na Alemanha parecia não ter outro objetivo nos anos seguintes a não ser a destruição da hegemonia da Prússia. Por outro lado, Schweitzer considerou que o problema nacional estava realmente resolvido e, portanto, poderia dedicar sua energia a enfatizar os interesses sociais e econômicos do proletariado. Marx e Engels devem ter sentido um verdadeiro prazer quando Liebknecht começou a produzir um jornal próprio em janeiro de 1868. Mas Liebknecht dificultou a sua colaboração! Engels era um homem de negócios e se esforçara bastante para ser cuidadoso e prudente nos assuntos comerciais: ele ficou chocado com a negligência desse jornalista e agitador boêmio. Engels era um homem bastante lido e um político sólido: ele se desesperava com a recusa de Liebknecht de "olhar para os fatos". Engels era, afinal, um filósofo formado e não podia desculpar Liebknecht por duvidar da importância da teoria na política prática. Na verdade, ele não achava que as realizações de Liebknecht justificassem a sua suposição de que Marx e Engels o ajudariam intelectual, moral e material-mente em seus empreendimentos políticos. Fez tentativas repetidas e malsuce-didas de explicar a Liebknecht como era errado considerar toda a situação política apenas do ponto de vista de seu antiprussianismo e escolher seus amigos apenas de acordo com isso. Quando Engels apontou isso, Liebknecht garantiu-lhe que ainda não podia pedir aos seus partidários que rompessem com o pequeno--burguês Partido Popular do Sul da Alemanha. "Aqui não tenho comunistas altamente treinados com quem lidar, mas recrutas comunistas: e eles ainda têm al-guns preconceitos que devem ser poupados". E ele os exortou: "Não culpem apenas a mim; conquistei uma certa posição aqui: agora é minha tarefa mantê-la e consolidá-la; usá-la para os interesses do nosso partido é o seu trabalho. Então façam isso!". Ele aludiu à influência que tinha adquirido, por meio de Bebel, no Partido Popular Saxão, composto principalmente de operários.

Entre as guerras Austro-Prussiana e Franco-Prussiana, o movimento operário alemão foi afetado por conflitos internos. Uma vez que Bismarck concedeu o sufrágio universal em toda a Liga do Norte da Alemanha e fez as pazes com os liberais, tornou-se necessário redefinir os objetivos do movimento operário. Em um ponto Engels e Liebknecht concordavam – que era necessário quebrar a influência do falecido Lassalle e destruir a rígida organização da Associação Geral dos Trabalhadores Alemães. Mas Engels não conseguiu se reconciliar com as táticas de Liebknecht. Ele foi perseguido pelo pensamento de que o proletariado poderia mais uma vez se tornar um mero apêndice da democracia pequeno--burguesa. Enquanto isso, surgiu um perigoso rival ao partido de Schweitzer, na forma das Associações Educacionais da Liga dos Trabalhadores Alemães. Essas associações cresceram gradualmente até se tornarem um partido democrático radical, e a diplomacia de Liebknecht os fez desenvolverem simpatia pela Asso-ciação Internacional dos Trabalhadores. O partido de Lassalle era principalmente prussiano, mas esse novo partido operário era composto principalmente por alemães de fora da Prússia. Seu coração e alma eram o mestre-torneiro August Bebel – um jovem impetuoso, mas confiável, com consciência e sede de conhe-cimento. Em Bebel, Liebknecht encontrou o aliado de que precisava para colocar as classes trabalhadoras sob sua influência, pois ele próprio era apenas um escritor, sem raízes em seu país natal. Em sua luta mortal contra Schweitzer, defenderam apaixonadamente o princípio da organização democrática contra o princípio da liderança ditatorial no movimento operário alemão.

No verão de 1868, o movimento sindical alemão entrou em plena atividade pela primeira vez, e Schweitzer imediatamente tentou dominá-lo. Engels consi-derou um erro grave que ele tentasse centralizar os sindicatos como tinha cen-tralizado o partido. Durante sua primeira estadia na Inglaterra, Engels tinha se convenceu da importância dos sindicatos para melhorar as condições de vida da classe trabalhadora. Mesmo nessa época, ele os descreveu como impotentes contra "todas as causas maiores" que afetavam o mercado de trabalho, e poderosos apenas "contra causas menores com efeitos individuais limitados". Quando os sindicatos começaram a ganhar terreno na Alemanha, ele declarou a Marx: "Os negócios sindicais são uma questão de dinheiro, e aí a ditadura para automaticamente". Schweitzer e companhia logo descobririam que nessa esfera seus "truques e tentativas de impor sua vontade ao movimento real não eram mais efetivos". Engels não tinha dúvida de que o movimento da classe trabalhadora na Alemanha tinha superado a idade em que poderia ser liderado por uma pessoa só. Sua opinião foi confirmada pela reunião em Nuremberg no outono de 1868, na qual Bebel e Liebknecht conquistaram sua primeira grande vitória sobre Schweitzer e atraíram alguns de seus tenentes. No verão seguinte, o Partido Social-Democrata dos Trabalhadores foi fundado em Eisenach e, pouco mais tarde, ele finalmente rompeu com as relíquias da democracia burguesa. Liebknecht poderia, portanto, esperar que sua antiga disputa com Engels tivesse chegado ao fim. Consequentemente, tentou novamente fazer Engels ver a justificativa para sua tática dos anos anteriores. "Tive a opção de mergulhar na corrente que passava ou ficar parado na margem fazendo observações filosóficas. Escolhi a primeira e, embora saiba que dei muitos passos em falso, acho que, em geral, eu estava absolutamente correto e que agi no interesse de nosso partido. Simplesmente usei outros partidos, sem me deixar usar por eles – o que, penso eu, deveria estar suficientemente claro com o resultado de tudo isso." Liebknecht, naqueles anos de suas lutas mais difíceis e vitórias mais óbvias, estava se aproximando de seu objetivo, e pouco lhe importava se sua ação política em um momento ou outro estivesse de acordo com as prescrições do *Manifesto comunista*. Se ele tivesse sido mais escrupuloso a esse respeito, teria se poupado de muitas censuras de Marx e Engels, mas dificilmente conseguiria, em um país ainda muito pouco industrializado, recrutar tantos proletários impermeáveis à influência de Lassalle e Schweitzer, ou seus dissidentes.

O sócio de Engels, Ermen, sabia que ele não gostava dos negócios e queria desistir. O contrato entre eles terminaria no verão de 1869; assim, no outono de 1868, Ermen fez a oferta de que ele retirasse seu capital da empresa, compensando-o por sua boa vontade até ali. Engels ficou muito satisfeito. Durante as negociações sobre a quantia a ser paga como compensação, ele foi governado pelo pensamento de que os juros sobre seu capital deveriam ser suficientes para satisfazer as necessidades de Marx ano a ano, bem como as suas. Embora tenha retirado £7.500 da empresa em maio de 1869, as negociações continuaram por algum tempo depois disso. Mas, em julho, ele conseguiu escrever para Marx: "Viva! De hoje em diante, nada mais de *doux commerce*. Sou um homem livre". Naquela época (como ocorreu com frequência), a filha mais nova de Marx,

Eleanor, estava na casa de Engels. "Jamais esquecerei o triunfante 'Pela última vez!' que ele gritou ao calçar as botas de manhã para fazer sua última jornada aos negócios", disse ela após a morte dele. "Algumas horas mais tarde, quando estávamos à porta esperando por ele, o vimos atravessando o pequeno campo em frente à sua casa. Ele estava florescendo no ar, cantando e sorrindo de orelha a orelha." Engels escreveu para sua mãe:

> Desde ontem sou um sujeito diferente e dez anos mais jovem. Hoje de manhã, em vez de adentrar a cidade sombria, caminhei por algumas horas nos campos com um tempo bonito; e em minha escrivaninha, em uma sala confortavelmente mobiliada, onde se podem abrir as janelas sem escurecer tudo com fumaça, com flores na janela e algumas árvores na frente de casa, o trabalho é muito diferente do trabalho em minha sala sombria no armazém com vista para o quintal de um bar.

Fazia dezoito anos que Engels tinha retornado ao cargo nos negócios, acreditando que, quando a crise econômica seguinte eclodisse, a revolução renovada o levaria de volta à atividade plena na tarefa de sua vida. Ele não permitiu que outros vissem grande parte da decepção que sentiu quando, repetidas vezes, foi enganado por suas esperanças. Mas conhecia muito bem o perigo que todo homem talentoso corre se permanecer acorrentado por muito tempo a um trabalho em que sua natureza real não pode se expressar. Desde que se tornara sócio, sentia-se ainda mais confinado do que antes: e seu receio de que seus talentos enferrujassem e sua fertilidade perecesse aumentaram o medo de que a hora da libertação pudesse chegar tarde demais. Mas ela finalmente chegara, e não era tarde demais! É verdade que ele tinha agora 49 anos, e não era mais o jovem impetuoso que conhecera muitos homens em Paris, e também muitas mulheres: uma queda do cavalo quando estava caçando lhe causara uma fratura, e ele não era mais o mesmo cavaleiro imprudente, pois Marx ficava muito inquieto com isso. Mas ele ainda se sentia no auge da vida – um homem cuja barba castanha tinha alguns fios brancos, mas que ainda não possuía "a *dignitas* que deveria vir com eles", como ele próprio reconheceu. Animado com a vida, ativo, alegre e bom bebedor – esse era Engels, e ele permaneceu assim até uma idade avançada; sabia maravilhosamente bem como usar seu tempo e não era dado a ataques de depressão. Mesmo então, ele não precisava esperar para saber qual tarefa iniciar em sua aposentadoria. Foi um daqueles afortunados mortais que escolheram sua vocação no início da juventude, e nunca duvidou de sua importância e mesmo de seu caráter sagrado.

Em setembro, fez uma viagem à Irlanda com Lizzy Burns (a quem, daí em diante, sempre descreveu como sua esposa) e Eleanor Marx[79]. A Irlanda assumiu uma importância duradoura em seu pensamento. Lizzy tinha muita inteligência prática, embora não soubesse escrever nem ler corretamente. Toda a sua alma estava cheia de amor pelo seu povo, e ela simpatizava apaixonadamente com os fenianos revolucionários[80]. Mais de um deles encontrou abrigo em sua casa, e ela estava sempre envolvida com as conspirações planejadas por eles. O próprio Engels não passou incólume pela atmosfera de uma casa em que as cores do movimento, o preto e o verde, eram sempre reverenciadas. Ele achava que o caráter do movimento ("em primeiro lugar violento e em segundo lugar anti--inglês") era algo "inédito nas condições inglesas, e realmente incrível". Suas expectativas revolucionárias foram aumentadas pela simpatia que uma parcela considerável do proletariado de Londres manifestava pelos fenianos. Mas ele encarava com desaprovação fundamental a "propaganda por meio da ação, bakuninista, bravateira e sem rumo", e insistia que o comunismo não deveria ser responsabilizado por tais "burrices". Ainda assim, estava convencido de que os assassinatos agrários na Irlanda não poderiam ser interrompidos enquanto fossem "o único meio real de defender o povo contra o seu extermínio pelos proprietários de terras".

Durante anos, Marx e Engels estiveram preocupados em descobrir as causas econômicas da constante agitação na Irlanda e os resultados políticos do crescente distanciamento entre ingleses e irlandeses. Quando o conflito se acentuou após o fim da Guerra Civil Americana, os amigos imaginaram que, no tempo devido, isso poderia desencadear a revolução social geral pela qual esperavam por tanto tempo. Eles ainda viam na burguesia inglesa o inimigo a ser vencido antes que o comunismo pudesse triunfar em qualquer parte do mundo; e somente a classe trabalhadora inglesa poderia destruir o poder da burguesia inglesa. Engels havia muito esperava que a chama do cartismo pudesse explodir com um brilho renovado. Mas, no final da década de 1850, percebeu "que o movimento proletário inglês, na forma cartista tradicional", deve "ser completamente destruído" antes de poder reviver com alguma chance de sobrevida. Mas não conseguia imaginar qual seria a nova forma que o movimento deveria assumir. Quando se lembrou das condições em que tinha encontrado a classe trabalhadora britânica em sua chegada a Manchester, foi forçado a reconhecer que ela havia sido beneficiada com o aumento do comércio britânico e começou a temer que, na "mais burguesa de todas as nações", "uma aristocracia burguesa e um proletariado burguês" pudessem um dia surgir ao lado da burguesia atual. Ele até pensou que isso estaria "justificado até certo ponto" em uma "nação que estava explorando o mundo inteiro".

Na Internacional, Engels acreditava ter encontrado o instrumento que despertaria a classe trabalhadora inglesa. Mas seu sucesso inicial na conversão de alguns trabalhadores ao radicalismo terminara, se não com o estabelecimento da Liga pela Reforma, ao menos quando as reformas do sufrágio foram realizadas.

Na visão de Engels, Disraeli teria sido o responsável por dar início a um movimento que já não podia mais ser parado. Ele ficou desapontado com o fato de John Bright ser considerado o líder político das classes trabalhadoras; mas esperava, mais uma vez, a ascensão de um partido dos trabalhadores realmente revolucionário e que as condições revolucionárias logo aparecessem. Entretanto, suas expectativas estavam muito adiantadas em relação à realidade – como demonstrado pelas eleições de novembro de 1868, quando os trabalhadores votaram em massa pela primeira vez. Ele chamou de "uma prova desesperada da incapacidade do proletariado inglês" o fato de nenhum candidato dos trabalhadores ter sido eleito, enquanto, como reclamou a Marx, "qualquer bom *parvenu*" obtinha "os votos dos trabalhadores e era bem recebido por eles". Ficou furioso com isso: como um verdadeiro renano, ele embebedou o genro de seu médico (que tinha dado o seu melhor em favor dos liberais) "como um rei" na noite das eleições. Como a extensão do sufrágio não levou os trabalhadores ingleses a uma ação independente, a questão irlandesa ganhou um novo significado para ele: e a hipótese de Marx – de que a queda da oligarquia fundiária e o renascimento do espírito revolucionário na Inglaterra teriam de ser iniciados e incitados pela Irlanda – parecia cada vez mais atraente.

Durante suas viagens à Irlanda com Lizzy, ele decidiu escrever uma história social do país[81]. Quando a visitou em 1856 com Mary, seus olhos se abriram para o fato de "que a chamada liberdade da burguesia inglesa depende da opressão das colônias". Desde então, manteve discussões frequentes com Marx sobre a opressão à Irlanda. Engels estava inclinado a acreditar que a Irlanda não obteria justiça até que a classe trabalhadora inglesa tomasse o poder. As eleições tinham mostrado a ele quão profundamente enraizada no coração dos trabalhadores ingleses estava a aversão a seus concorrentes irlandeses com seus padrões de vida mais baixos. Ele viveu esse desgosto novamente depois disso, mesmo no Conselho da Internacional. Lá, opôs-se à proposta de que as seções irlandesas estivessem sujeitas a um conselho federal britânico, mas foi apenas com oposição violenta que conseguiu fazer o Conselho da Internacional olhar para a Irlanda como uma nação independente. Engels agora estudava o movimento Irish Home Rule[82] *in loco*. Contou a Marx as dificuldades que surgiam do fato de a maioria dos líderes daquela nação de camponeses serem provenientes da burguesia das cidades: os camponeses, portanto, não conseguiam perceber "que os trabalhadores socialistas são seus únicos camaradas na Europa". Ele estava especialmente impressionado pelo fato de a população agrícola irlandesa ainda estar vivendo sob ideias da era gentílica e não compreender uma noção de "propriedade acompanhada de direitos, mas não de deveres".

Em seu retorno a Manchester, ele começou a reunir todo o material que tratava da história irlandesa que pôde encontrar nas bibliotecas da cidade e nos livreiros de Londres. Ficou encantado ao descobrir que caçar fontes era um prazer muito superior a caçar clientes no "maldito" comércio. Seu trabalho foi planejado em quatro seções. As duas primeiras, "Condições naturais" e "Irlanda antiga", foram encontradas entre seus papéis depois de sua morte. A terceira, sobre a conquista inglesa, e a quarta, sobre o domínio inglês, não existem. A quarta seção deveria ter três subseções: "Código Penal", "Rebelião e União 1780-1801" e "A Irlanda no Reino Unido". Engels concordou com Marx em dividir a última subseção em dois períodos: a época dos pequenos agricultores, 1801-1846, e a época do extermínio, 1846-1870.

O livro pretendia, primeiro, explicar o destino da Irlanda por suas "condições naturais" – mostrando que, assim que os ingleses se tornaram uma nação unificada, passaram a aspirar à assimilação dos irlandeses.

> Se eles conseguissem assimilá-los, todo o curso da história irlandesa pertenceria à Inglaterra. Isso poderia ser criticado, mas jamais desfeito. Mas e se, depois de setecentos anos de luta, eles não tivessem conseguido assimilar os irlandeses? E se, em vez disso, toda nova onda de invasores fosse assimilada pelos irlandeses? E se, hoje, os irlandeses não forem mais britânicos ocidentais do que os poloneses depois de um século de opressão são russos ocidentais? E se a luta ainda não tiver terminado e não houver perspectiva de que acabe senão pelo extermínio da raça oprimida? *Então*, todas as desculpas geográficas do mundo não serão suficientes para provar que a Inglaterra tem a missão de conquistar a Irlanda.

Engels considerou que a "má sorte" da Irlanda começara havia milhões de anos, quando os depósitos de carvão da ilha foram limpos e ela foi condenada ("como se por decreto da Natureza") a ser um país agrícola vizinho de uma grande área industrial.

A Irlanda estava predestinada por seu clima à agricultura, à criação de gado ou a ambas? Uma resposta a essa pergunta (como Engels tentou mostrar) envolveria um julgamento sobre a atitude da Inglaterra em relação à ilha oprimida.

> Em comparação com a Inglaterra, a Irlanda é mais adequada para a criação de gado – mas, em comparação com a França, a Inglaterra é mais adequada. Devemos concluir que toda a Inglaterra deve ser transformada em fazendas de gado e toda a população agrícola enviada para as cidades fabris ou para a América (exceto alguns criadores de gado) para dar espaço ao gado que será enviado à França em troca de sedas e vinhos?

Assim, Engels se opõe à ideia de que o povo irlandês estaria condenado pelo destino a ser enviado além-mar para que seu país pudesse fornecer carne e manteiga à Inglaterra.

Os proprietários de terras irlandeses aumentam seus aluguéis e a burguesia diminui seus salários – induzindo assim uma revolução social em uma terra dedicada principalmente à agricultura em pequena escala; e essa revolução social significa o desterro de 4 milhões de pessoas, o extermínio do povo irlandês.

Hoje a Inglaterra precisa de grãos de maneira rápida e confiável – e a Irlanda parece ter sido feita para o cultivo de trigo. Amanhã a Inglaterra precisa de carne – e a Irlanda é adequada apenas para a criação de gado. A própria existência dos 5 milhões de irlandeses é um insulto direto a todas as leis da economia política.

Assim, a própria natureza do solo irlandês torna-se motivo de discussões entre as duas nações. A condição social dos irlandeses, segundo Engels, não sofreu nenhum revés considerável nos quatrocentos anos desde a primeira invasão inglesa. Mas essa primeira invasão "desviou a Irlanda de seu pleno desenvolvimento e a atrasou centenas de anos". Não podemos ter dúvidas sobre a linha de pensamento que Engels teria adotado nos dois capítulos faltantes. Como Marx, ele pensava que a Irlanda era o baluarte da aristocracia agrária inglesa. Se a aristocracia agrária caísse do poder na Irlanda, cairia na Inglaterra. E então a condição preliminar para a revolução proletária na Inglaterra estaria realizada.

Assim, a questão irlandesa deu a Marx e Engels argumentos importantes para apoiar suas deduções teóricas e práticas. Mas também afetou Engels pessoalmente. Em uma página de anotações encontrada entre seus papéis, lemos esta observação:

Os ingleses tentaram conciliar sob seu domínio pessoas de raças muitos diferentes. Os galeses davam grande importância à sua nacionalidade e sua língua, mas foram assimilados ao Império britânico. Os celtas escoceses, embora tenham se rebelado até 1745, foram quase exterminados desde então, primeiro pelo governo e depois por sua própria aristocracia, e agora não pensam mais em rebelião. Os franceses das Ilhas do Canal lutaram duramente contra a França durante a grande revolução. Apenas os irlandeses opõem resistência insuperável aos ingleses, e o motivo disso são os terríveis poderes de recuperação de sua raça. Após a opressão mais cruel, após todas as tentativas de exterminá-los, os irlandeses logo levantaram suas cabeças novamente, mais fortes do que nunca.

Engels amava com todo o seu coração a infeliz nação que lhe dera Mary e Lizzy. Ele estava pensando nelas quando descreveu o clima irlandês: "O clima, como os habitantes, é cheio de contrastes violentos: o céu é como o rosto da mulher irlandesa, a chuva e o sol se sucedem repentina e inesperadamente, e não há nada da monotonia cinza da Inglaterra".

F. Engels discursando no Congresso de Haia da Primeira Internacional.
Nikolai Nikoláevitch Júkov, 1939.

XVII
A Guerra Franco-Prussiana

No outono de 1870, Engels e Lizzy se mudaram para Londres e alugaram uma casa na Regent's Park Road, a apenas quinze minutos da casa de Marx[83]. Como proprietário de fábrica, Engels não conseguira participar ativamente da política, mas, como escritor independente, foi imediatamente eleito para o Conselho Geral da Internacional[84], que naquele momento alcançara o auge de seu prestígio e influência no movimento da classe trabalhadora europeia. Após um longo intervalo, Engels agora entrava em contato mais uma vez com as principais personalidades do movimento dos trabalhadores britânicos. Em todos os outros países, havia conselhos federais especiais, mas, na Inglaterra, as funções de um conselho federal eram desempenhadas pelo Conselho Geral. Isso aumentou a influência pessoal de Marx (e agora de Engels também) sobre os ingleses. Liebknecht ficaria feliz em ver Engels retornar à Alemanha e ser eleito para o Reichstag. Mas Engels acreditava que poderia fazer um trabalho mais duradouro mantendo-se fora do alcance da polícia de Bismarck e seguindo os desenvolvimentos no continente a partir da Inglaterra, levantando a voz apenas quando havia algo de real importância a dizer. Ele sempre levou essa tarefa muito a sério e, por conta dela, estava disposto a interromper seus estudos – apesar de resmungar por ter que deixar o trabalho que lhe dava tanta satisfação pessoal.

Quando deixou Manchester, a guerra entre a França e as tropas alemãs do rei prussiano estava em pleno andamento[85]. Engels nunca duvidou de que toda a França, incluindo o proletariado e os socialistas, responderia ao chamado para conquistar a margem esquerda do Reno. Ele próprio era da Renânia e um revolucionário, e sempre desprezara a fábula jacobina sobre a libertação dos povos oprimidos. Agora, mais uma vez (como mostra sua correspondência com Marx), defendeu que os socialistas franceses não deveriam acreditar que o "bismarckismo" fosse "algo natural da Alemanha", cuja destruição justificaria intervir nos assuntos domésticos alemães. "Acho extremamente importante", escreveu ele, "particularmente no caso de uma revolução, que esses senhores se acostumem a nos tratar *d'égal à égal.*"

O movimento socialista da classe trabalhadora na França tinha sido suprimido pelo Segundo Império, mas, na Alemanha, ele despertara para uma nova vida. De fato, foi no movimento alemão que Marx e Engels depositaram todas as suas esperanças. Ainda havia muita coisa que desejavam alterar, mas eles tinham começado, não sem sucesso, a inspirá-lo com sua concepção de história e com sua aplicação à política prática. Quando a guerra eclodiu, Liebknecht (agora editor do *Volksstaat*) e o comitê do Partido dos Trabalhadores Social-Democratas entraram em desacordo em vários pontos – suas diferenças eram muito parecidas com as que, posteriormente, dividiriam a social-democracia durante a Grande Guerra. Marx foi chamado para resolver a disputa, mas não disse nada antes de consultar Engels.

A resposta de Engels (em 15 de agosto) começou com a afirmação de que Napoleão tinha "envolvido a Alemanha em uma guerra por sua existência como nação". Se a Alemanha fosse derrotada, estaria arruinada por anos, talvez por gerações.

> Então não se falará mais de um movimento operário alemão independente. Todas as energias serão absorvidas na luta para restaurar a existência da Alemanha como nação e, na melhor das hipóteses, a classe trabalhadora alemã se tornará um mero apêndice da francesa. Se a Alemanha conquistar a França, o bonapartismo será destruído, a disputa interminável sobre a unificação da Alemanha será encerrada, os trabalhadores alemães poderão se organizar em uma escala nacional maior do que antes, e os trabalhadores franceses (qualquer que seja o tipo de governo que obtenham) certamente terão mais espaço de manobra do que sob o bonapartismo.

Engels aconselhou, então (e Marx concordou com ele), que as classes trabalhadoras alemãs apoiassem o movimento nacional, na medida e contanto que ele se restringisse à defesa de seu país. Se, como resultado de uma vitória alemã, um governo republicano não chauvinista fosse estabelecido em Paris, o partido deveria trabalhar por uma paz honrosa. É necessário enfatizar a comunidade de interesses entre as classes trabalhadoras de ambos os países; elas não tinham aprovado a guerra e, em nenhum sentido, eram inimigas umas das outras.

As tentativas de Wilhelm Liebknecht de se opor ao movimento nacional provocaram o riso desdenhoso de Engels. Ele disse a Marx: "Se esse fosse o sentimento geral na Alemanha, em breve teríamos novamente a Confederação Renana, e o nobre Wilhelm veria que tipo de papel desempenharia nela e onde o movimento da classe operária seria deixado. Um povo que não recebe nada além de duras pancadas é o povo certo para fazer uma revolução social!". Engels desejava a queda do bonapartismo na França e a unificação da Alemanha e, portanto, a princípio deu boas-vindas às vitórias da Alemanha.

Durante a campanha, Engels discutiu a luta no jornal liberal *Pall Mall Gazette*. Publicou cerca de sessenta *Notas sobre a guerra* entre 29 de julho de 1870 e 18 de fevereiro de 1871, que foram reimpressas como livro durante a Guerra Mundial. Engels gostava de trabalhar com ciência militar e ficou satisfeito com a atenção favorável que seus artigos receberam. O *Spectator* os descreveu como os únicos artigos importantes publicados pela imprensa inglesa sobre o assunto. *Frau* Marx e suas filhas estavam constantemente irritadas com os "plágios" deles que apareciam em *The Times* e outros grandes jornais. Sua admiração foi ilimitada quando Engels predisse com precisão, uma semana antes do evento, a capitulação do Exército de MacMahon em Sedan. Marx escreveu para ele em 2 de setembro: "Agora é a hora, após a brilhante confirmação de seu primeiro artigo sobre MacMahon, de você começar o próximo artigo com um resumo de suas *Notas sobre a guerra*. Você sabe que, para que um inglês perceba alguma coisa, é preciso enfiá-la debaixo de seu nariz, e que muita modéstia prosaica não dará conta do John Bull de boca cheia".

O homem mais poderoso da Europa estava prisioneiro dos alemães, e uma república burguesa tinha sido proclamada na França. Agora que ficara claro que não havia nada no caminho da unificação da Alemanha, a atitude de Engels em relação aos eventos mudou. Agora via o perigo não no chauvinismo dos franceses, mas nas demandas chauvinistas alemãs pela extensão de seu território. Concordou com Marx que a anexação da Alsácia-Lorena era o maior perigo que a Europa poderia correr. Achava ridículo que a Alemanha se ligasse à sua fronteira ocidental, "uma Veneza de língua alemã", e não acreditava que a França "pudesse aceitar a perda de uma faixa de terra com cerca de 1,25 milhão de habitantes". Mesmo que Metz fosse anexada, assim como Estrasburgo, isso não impediria os franceses de criar uma nova linha de combate em Nancy ou Verdun. Na famosa mensagem de 12 de setembro na qual a Internacional predisse o perigo de uma anexação forçada da Alsácia-Lorena, os pontos militares são claramente inspirados por Engels.

Na segunda fase da guerra, a atitude de Engels foi determinada por seus temores pelo futuro do movimento da classe trabalhadora europeia caso a luta terminasse com um triunfo completo do militarismo prussiano. Ele achava que se os exércitos populares que Gambetta estava criando no país conquistado conseguissem expulsar da França os exércitos dos príncipes alemães, tanto a França quanto a Alemanha teriam provado uma à outra que eram invencíveis. Suas simpatias pelas nações beligerantes mudaram tanto que, no final de 1870, ele esboçou um plano de campanha que poderia permitir aos franceses levantar o cerco de Paris e libertar a França. (Afirma-se sem provas que ele enviou esse plano ao governo francês por meio de Lafargue.) Não tinha muita opinião sobre o valor das manifestações realizadas no Hyde Park a partir de setembro, nas quais radicais, proletários e irlandeses exigiam a intervenção da Inglaterra em favor do lado francês. Mas quando, em 31 de outubro, a Rússia repudiou as disposições da Paz de Paris celebrada em 1856, pelas quais sua soberania no Mar Negro era limitada – um ato que causou muita comoção no governo e nos círculos burgueses da Inglaterra –, ele fez alusões cautelosas na *Pall Mall Gazette* à possibilidade de tal intervenção britânica. No dia 21 de novembro, acrescentou que, agora que a Rússia tinha abordado a questão oriental, era possível que o destino de Paris fosse decidido não nas trincheiras, mas no gabinete de uma potência que ainda não estava em guerra. Mas ele estava longe das palavras fortes de lorde Granville, da empolgação da imprensa e do partidarismo das multidões de Londres e da *intelligentsia* radical com a intervenção armada. O premiê, sr. Gladstone, não estava inclinado a seguir esse caminho.

Engels já não tinha mais escrúpulos em afirmar na *Pall Mall Gazette* que a cumplicidade prussiana na quebra do pacto pela Rússia era altamente provável. Ele disse que, se a Prússia não pudesse se livrar dessa suspeita, e se a Europa decidisse se opor à Rússia, tudo isso poderia acontecer antes que a França fosse derrotada. Se a Prússia não desse uma explicação categórica de sua conduta, teriam que ser tomadas medidas imediatas para aumentar as esperanças da cidade sitiada. Trinta mil soldados britânicos desembarcados em Cherbourg ou Brest e somados ao Exército do Loire o reforçariam enormemente: a influência de um corpo de Exército desse tipo seria muito maior do que sua força numérica. Na Espanha e na Índia, a infantaria inglesa tinha provado que seus méritos e defeitos a tornavam particularmente adequada para fortalecer as tropas recém-recrutadas. Na *Gazette*, ele também especulou que tropas austríacas, dinamarquesas e especialmente italianas poderiam ser empregadas para afastar o Exército alemão de Paris.

Mesmo quando já era tarde demais, ele ainda levava muito a sério sua ideia de estabelecer limites ao avanço da Alemanha por meio de uma coalizão europeia. No último dia de janeiro de 1871, o Conselho Geral da Internacional iniciou uma discussão, que se estendeu por várias reuniões, sobre a atitude passada, presente e futura do proletariado britânico em relação aos desenvolvimentos no continente. A discussão abordou três teses propostas e elaboradas por Engels. A primeira afirmava que o movimento operário inglês tinha que dirigir todos os seus esforços para induzir o governo britânico a reconhecer a República Francesa. A segunda estabelecia que a intervenção militar em favor do lado francês só poderia ter sido bem-sucedida em um momento específico que já havia passado. A terceira declarava que a Inglaterra seria incapaz de desempenhar um papel nos assuntos continentais e de se defender contra os Estados militares absolutistas da Europa até que recuperasse a liberdade de usar sua força real, ou seja, seu poder naval. Mas ela só poderia recuperar tal liberdade se repudiasse a declaração feita por lorde Clarendon no Congresso de Paris. Em 27 de setembro, Marx reivindicara, no Conselho Geral, que a Inglaterra repudiasse a declaração contra os corsários, feita em Paris, em 16 de abril de 1856.

O discurso de Engels na ocasião é um dos mais longos que ele proferiu, pois normalmente preferia apresentar suas opiniões por escrito. Falou com desaprovação sobre a cisão no movimento causada por certos líderes da classe trabalhadora britânica (ele aludiu especialmente a George Odger e Robert Applegarth) que tentaram forçar Gladstone à intervenção armada. Agitadores que não tinham conseguido obter o reconhecimento da República dificilmente induziriam a Inglaterra a declarar guerra. A organização militar antiquada da Inglaterra dificilmente seria adequada para fornecer uma grande força expedicionária. A única ajuda real que a Inglaterra poderia ter dado à França era responder à nota do chanceler russo Alexander Gortschakoff com uma declaração de guerra. Engels acrescentou que não tinha dúvidas de que havia um acordo secreto entre Prússia e Rússia. Se os dois Estados tivessem agido em conjunto no outono, teriam encontrado toda a Europa contra eles e a França teria sido salva. Desde então, Jules Favre tinha admitido abertamente a derrota da França, e não havia mais dúvida de que a República burguesa precisaria da paz em breve. Por isso, as intenções da Rússia tinham de ser reveladas. A Rússia e a Prússia precisavam de guerras, bem como Napoleão III, a fim de impedir os movimentos populares domésticos e manter suas posições no exterior. Embora todo o poder da Inglaterra dependesse de sua frota, ela ajudou, na Declaração de 1856, a criar uma nova lei marítima que aboliu os corsários. Ela abriu mão do direito de revistar navios estrangeiros, de modo que mercadorias inimigas em navios neutros e mercadorias neutras em navios inimigos eram agora invioláveis. Não se sabe quem concedeu a lorde Clarendon autoridade para fazer seu pronunciamento em Paris, pelo qual privou a Inglaterra da possibilidade de ferir a Rússia por mar. Caso se quisesse colocar a Rússia fora de ação, seu comércio exterior teria de ser prejudicado. Portanto, a Inglaterra teria de recuperar o seu poder, ao qual sua burguesia renunciara com a declaração de que a propriedade privada deve estar tão segura no mar quanto em terra. A classe trabalhadora não tinha propriedade privada a perder e, portanto, não tinha interesse em garantir sua segurança. Mas tinha interesse em que a Inglaterra recuperasse os instrumentos de poder que lhe eram indispensáveis e na preservação deles até a dissolução do Império russo. Todos os Estados baseados na pura força teriam de ser destruídos um dia, o Império britânico entre eles. Mas essa não era uma questão imediata, e talvez pudesse ser resolvida de maneira pacífica. Nenhum país, a não ser a Inglaterra, poderia combater com tanta eficácia a iminente guerra de conquista russa, para a qual já haviam sido feitos extensos preparativos. Portanto, a Inglaterra tinha de restaurar seu direito de usar corsários pelo menos até a Polônia voltar a ser um Estado independente.

Em seu discurso de encerramento em 14 de março, Engels enfatizou que o acordo a que se referia nunca fora ratificado pelo Parlamento, portanto não obrigava a Inglaterra. Ele citou lorde Derby, que tinha declarado que a necessidade de legítima defesa prevalecia sobre todos os tratados. Retirou suas duas primeiras teses depois que elas foram esclarecidas pela discussão. A terceira foi aprovada por unanimidade.

Vemos então que Engels desejava ver a supremacia naval da Inglaterra mais uma vez restaurada porque considerava importante que, agora que a França tinha colapsado, existisse um poder militar forte na Europa ocidental para contrabalançar a hegemonia russo-alemã. Ele e Marx sempre desejaram que esses Estados fossem humilhados ou destruídos, pois os consideravam os maiores baluartes contra um ataque do proletariado revolucionário, estivesse ele próximo ou remoto. Se o domínio da casa dos Hohenzollern, dos *junkers* e da casta militar fosse estabelecido sobre a Alemanha, o novo Império alemão se tornaria supremo na Europa. E isso não era do interesse do comunismo.

XVIII
A luta contra Bakunin

Na visão dos autores do *Manifesto comunista*, Bakunin era para o movimento operário internacional o que Lassalle fora para o alemão. Em sua opinião, para que o movimento se desenvolvesse no único sentido que consideravam correto, seria preciso neutralizar a influência do líder anarquista. Não só na política, mas também no temperamento, eram polos opostos. Havia diferenças fundamentais entre seus objetivos, escala de valores e perspectiva; e essas diferenças tinham raízes em diferenças sociais, nacionais e culturais impossíveis de superar. Suas disputas políticas foram tornadas ainda mais amargas pela incompatibilidade de temperamentos. No calor da luta, cada lado acusou o outro de causar problemas por pura ganância pelo poder, enquanto, na verdade, suas brigas pessoais eram provenientes de diferenças infinitamente mais profundas. Nem mesmo um revolucionário pode apagar todos os vestígios da nação e da classe social à qual pertence. Engels e Marx eram filhos de famílias burguesas alemãs. Sua atitude revolucionária era baseada em pensamentos profundos e sistemáticos; estavam prontos para esperar muito tempo pelo cumprimento de seus ideais, e seu impulso primário para a revolução não vinha da emoção, mas da pressão de fatores objetivos. Mas a revolução, para o aristocrata russo Bakunin, era realmente um arrebatamento emocional. Alguns homens têm uma superioridade intelectual à qual aqueles que os conhecem têm de se curvar – era o caso de Marx. Outros têm uma vitalidade superabundante que enfeitiça os homens – era o caso de Bakunin. Mas o aristocrata errático diferia ainda mais amplamente de Engels do que de Marx. O treinamento de Engels para os negócios transformara a condução de sua vida de modo ordenado em uma necessidade espiritual. Mas Bakunin não gostava de estudos sistemáticos – sua paixão não eram os livros, mas os homens, e passou a vida fazendo deles instrumentos de sua vontade. Para ele, havia um abismo entre a ciência e a vida, e a ciência lhe parecia uma busca árida.

Engels, por outro lado, acreditava que a ciência poderia mapear o caminho que ele, como revolucionário, deveria seguir. Engels estava familiarizado com a indústria de larga escala desde a infância. Na terra onde Bakunin cresceu não havia fábricas; o mundo inteiro parecia ser feito de grandes propriedades e pequenas fazendas. E mesmo mais velho, ele nunca acreditou que a indústria de larga escala pudesse afetar os povos eslavos e latinos tão profundamente quanto afetara a Inglaterra. Engels era um homem de organização – suas finanças, suas roupas, seus documentos, seus pensamentos eram sistematizados. A vida de Bakunin era um caos. Ele próprio era um caos – mas um caos de calor e fogo, disparando constantemente pensamentos e emoções ardentes. Essas faíscas deveriam incendiar a Europa, mas, no fim, desapareceram como foguetes na névoa.

Bakunin reivindicava a libertação da humanidade pelo absoluto autossacrifício do indivíduo. Engels buscava essa libertação pelo lento desenvolvimento de forças suprapessoais e não, como Bakunin, pelo esforço de pequenos grupos de conspiradores dedicados, cuja tarefa era pôr em movimento as massas das quais a realização do objetivo dependia. Bakunin tinha uma profunda confiança nas forças que se erguiam "de baixo" – detestava toda autoridade, fosse do Estado ou da Igreja, de uma concepção de história ou de uma personalidade dominante. Um homem que deposita tanta fé nos esforços individuais precisa confiar no indivíduo; e Bakunin tinha um gênio para a amizade. Ele podia ser generoso até com seus oponentes. Engels, por outro lado, era facilmente levado a uma admiração excessiva daqueles que amava, mas nunca se sentiu atraído a fazer justiça a personagens aos quais era indiferente ou hostil. Ele se sentia um lutador, que não veio para trazer a paz. *À la guerre, comme à la guerre*. E motivos suprapessoais o impediam de ser gentil com aqueles que se opunham a sua política. Não havia mais lugar para personalidades isoladas em sua concepção de história do que na de Hegel. Quando Marx e ele encontravam charlatães com alguma panaceia social ou revolucionários de cabeça quente que queriam um mundo em ruínas, eles os tratavam como pragas perigosas. E viam Bakunin como uma dessas pragas – pois ele alardeava que a abolição do Estado lhe permitiria curar todos os males da sociedade.

Depois de escapar de um longo aprisionamento na Sibéria, ele começou a retomar seus antigos esforços para revolucionar os eslavos. Assim, em um congresso da Liga Democrática pela Paz e Liberdade[86], em 1868, ele reivindicou a abolição de todos os Estados e a instituição de uma federação mundial de associações produtivas livres. Quando a proposta foi ridicularizada pela conferência, ele voltou sua atenção pela primeira vez à Associação Internacional dos Trabalhadores. Marx e Engels o conheceram na juventude e não desconfiaram dele até começarem a suspeitar que era um general sem exército com pretensões de transformar as forças do proletariado (representadas pela Internacional) no instrumento de sua ambição e de seu anarquismo. Não foi uma tarefa fácil mesmo para eles – em uma associação contendo tantas diferenças de posição social e maturidade política – mostrar a frieza necessária ao apresentar suas ideias. Eles deveriam permitir que "doutrinas antiquadas", que só poderiam prejudicar "o movimento real da classe operária", se implantassem na Internacional e criassem "um Estado dentro do Estado"? Pois esse era, de fato, o objetivo de Bakunin. O poder da Internacional era suficiente apenas para organizar a classe trabalhadora; portanto, ele considerava indispensável que houvesse uma organização invisível dentro dela, visando à "ação coletiva". Ele acreditava que era sua tarefa organizar e liderar essa organização no interior do movimento da classe operária.

Assim, Bakunin trouxe para a Associação o germe que seria fatal para a continuidade de sua existência. Anteriormente, ele tinha fundado uma organização anarquista de nome Aliança da Democracia Socialista, que precisou dissolver para introduzir seus membros na Internacional. Mas Marx e Engels sempre suspeitaram de que ela tivesse sido dissolvida apenas formalmente. Descreveremos os detalhes da grande luta que eclodiu no verão de 1870 apenas na medida em que afetaram a vida de Engels.

Bem antes, Engels tinha dito a Marx que temia que a classe trabalhadora parisiense se revoltasse contra o Governo de Defesa Nacional antes mesmo do fim da guerra. Quando ela se levantou, em março de 1871, ele estava interessado em Paris com maior paixão do que em junho de 1848. Enquanto a guerra prosseguisse sob a regência do Comitê Central da Guarda Nacional, ele continuaria esperançoso. Foi ele quem deu o conselho que Marx transmitiu a Paris, de fortalecer as encostas do norte de Montmartre. Mas a Comuna deixou passar o momento certo para a ofensiva. Enquanto milhares de proletários eram massacrados nas ruas de Paris, Marx declarou ao Conselho Geral que a Comuna poderia cair, mas seus princípios nunca morreriam até que a classe trabalhadora fosse libertada. Foi no Conselho Geral que ele leu o famoso discurso no qual explicava o significado histórico daqueles dias sangrentos. Quando Engels republicou esse discurso, vinte anos depois, os fatos históricos da Comuna tinham se transformado, sob sua influência, em um mito proletário, que tinha existência própria e nem sempre correspondia ao que efetivamente ocorrera. Engels estava bastante ciente da origem e existência desse mito. No dia de Ano-Novo de 1884, ele admitiu a Bernstein que Marx "tinha elaborado o que eram tendências inconscientes da Comuna como projetos mais ou menos conscientes", e acrescentou que essa melhoria era "justificada, e mesmo necessária, nas circunstâncias".

Depois de sufocada a Comuna, começou uma perseguição a todas as pessoas e organizações que tinham sido partidárias dela. Os governos continentais e a imprensa de quase toda a Europa juntaram-se à caça com entusiasmo. Na Inglaterra, tanto os jornais liberais quanto os conservadores competiam entre si em ferocidade. Engels, portanto, cortou suas relações com a *Pall Mall Gazette*. Embora ele não aprovasse todos os atos da Comuna, a fúria unânime da burguesia o levou a defender suas ações e objetivos sem reservas. Até sua mãe ouviu falar disso. Em uma carta à qual não tivemos acesso, ela lamentou que seu filho mais velho pertencesse à gangue suja de quem todo mundo se afastou horrorizado, e sugeriu que suas opiniões políticas seriam diferentes se Marx, o gênio do mal, não estivesse com ele. Friedrich respondeu: "Você sabe que minhas opiniões não mudaram nos últimos trinta anos, e não poderia te surpreender que, quando os eventos me obrigassem, eu não apenas as mantivesse, mas também cumprisse meu dever de outras maneiras. Você teria motivos para se envergonhar de mim se eu não o fizesse. Se Marx não estivesse aqui, se ele não existisse, isso não faria a menor diferença nesse assunto". Cartas posteriores a sua mãe não foram preservadas. Mas não se pode duvidar de que o retorno da velha disputa de Engels com sua tradição familiar não alterou seriamente o relacionamento terno que manteve com sua mãe ao longo da vida.

O ódio burguês que se alastrou em torno da Internacional após a Comuna e o entusiasmo universal que ela despertou entre a classe trabalhadora do continente levaram Engels e Marx a se identificarem com ela o mais plenamente possível. Por outro lado, os dois líderes sindicais ingleses Odger e Lucraft (cofundadores da Internacional) tomaram o discurso de Marx como pretexto para renunciarem de uma associação tão revolucionária. Engels os censurou por permitirem que a Internacional apoiasse a Liga pela Reforma enquanto eles estavam realizando agitação pela extensão do sufrágio, apenas para abandoná-la agora que não queriam brigar com os liberais, que estavam prestes a lhes conseguir assentos no Parlamento. Após a Comuna, houve um fluxo de refugiados à Inglaterra procurando assistência da Internacional. Foram dias de ansiedade para Engels, que estava entre os líderes do movimento de assistência. Em uma reunião do Conselho Geral, lamentou a relutância dos trabalhadores ingleses em ajudar os refugiados: "eles não têm vida política", queixou-se.

Enquanto os membros da Internacional estavam sendo perseguidos e processados na França, os conflitos internos na Associação aumentaram em violência. Seria prudente levá-los à tona em um congresso público? Engels considerou mais sábio "apresentar um palavreado em público e fazer negócios em segredo". De acordo com Marx, ele propôs que os pontos controversos de organização e política fossem resolvidos em uma conferência privada em Londres. Ambos consideravam indispensável para a sobrevivência da Internacional preservar a ascendência plena do Conselho Geral. Estavam convencidos de que a Associação pereceria se as conexões entre o centro e suas seções fossem afrouxadas. Portanto, Engels (com Marx, e muitas vezes antes dele) se tornou a força motriz da luta defensiva contra os ataques crescentes à predominância do Conselho Geral.

Na conferência fechada de setembro, quase não havia representantes da oposição. Ela consistiu, como Bakunin declarou mais tarde, quase "inteiramente dos íntimos de *herr* Marx – cuidadosamente escolhidos por ele mesmo – e alguns enganados". Um comitê trabalhando inteiramente sob influência de Engels e Marx formulou as resoluções que seriam adotadas. Uma delas interrompia todos os esforços de descentralização que pudessem prejudicar a influência do Conselho Geral. Outra declarava que não seria possível obter sucessos econômicos senão pela ação política, e descrevia como essencial que a classe trabalhadora se constituísse em todos os lugares como um partido político independente. Esse foi o sinal para a guerra aberta, pois Bakunin considerou essas resoluções um golpe de Estado destinado a transformar a Internacional em uma máquina centralizada, com o Conselho Geral como ditador, tornando o programa marxista obrigatório para toda a Associação.

Será que o congresso público seguinte sancionaria essas resoluções? Era de extrema importância para ambos os partidos opostos garantir sua maioria no congresso. Engels tinha sido eleito secretário correspondente da Internacional para a Itália e a Espanha. Esses países eram as fortalezas de seus oponentes e, durante os meses seguintes, ele multiplicou seus esforços para convencê-los. Na Espanha, contava com Lafargue, um refugiado da Comuna. Na Itália, ele confiava no jovem Carlo Cafiero, que fora seu aliado próximo em Londres. Mas, em seu retorno à Itália, Cafiero logo encaminhou-se ao partido antiautoritário e antipolítico que predominava ali, tornando-se o líder do movimento contra o Conselho Geral no país. Ele estava na presidência da conferência em Rimini, em agosto de 1872, que se dissociou do Conselho Geral e, inclusive, se recusou a participar do congresso público seguinte na Holanda.

Inicialmente, a maioria do Conselho Geral pensou que ninguém da oposição compareceria a Haia. Um subcomitê sob a presidência de Engels encarregou-se dos preparativos para o congresso. Em 2 de julho, na reunião do plenário, Engels defendeu que o Conselho deveria ser fortalecido, e não enfraquecido. A única concessão que ele faria era que todos os poderes concedidos à executiva fossem devidamente salvaguardados. Fez esforços especiais para garantir ao Conselho Geral o direito de suspender seções individuais ou conselhos federais inteiros até o congresso anual seguinte. Mas a discussão suscitada por essa proposta mostrou a ele e a Marx que o Conselho Geral não era mais apenas o instrumento de seus desejos. Nessa discussão preliminar, Engels permaneceu firme no princípio de que a criação de partidos políticos especiais era indispensável para a tomada do poder, e a tomada do poder era indispensável a toda revolução social. Consequentemente, opôs-se às táticas dos sindicatos ingleses, que não pregavam a guerra de classes.

Mesmo aqueles líderes da classe operária inglesa que ainda estavam no Conselho Geral e apoiavam a ação política tornaram-se menos amigáveis com Marx e Engels agora que a oposição a eles aumentava tão rapidamente no continente. Um Conselho Federal inglês existia desde o ano anterior e realizou seu primeiro congresso em julho de 1872. Nesse congresso, John Hales (secretário tanto do Conselho Geral quanto do Conselho Federal) propôs que a Federação inglesa tivesse o direito de estabelecer relações diretas com as federações de todos os outros países – eliminando assim o Conselho Geral. Ele admitiu publicamente que isso era um ataque à vigilância incômoda de Marx e Engels. Em 6 de agosto, quando Engels, em nome do subcomitê, apresentou uma queixa formal ao Conselho Geral contra Bakunin e sua "aliança secreta", Hales defendeu a alegação de Bakunin de que havia de fato duas sociedades secretas lutando pelo poder dentro da Internacional. Portanto, não surpreende que, no Congresso de Haia, quase toda a delegação inglesa tenha apoiado a oposição anarquista, cuja tendência descentralizadora eles aprovaram nesse caso.

Quando chegou à Holanda, Engels descobriu que podia contar com uma maioria segura. Ele sabia que a decisão estaria tomada assim que as credenciais dos delegados fossem examinadas. O salão em que a reunião foi aberta (em 2 de setembro) se chamava Concórdia... mas o processo esteve longe de ser harmonioso! Bakunin não compareceu. A oposição foi liderada pelo suíço James Guillaume. A tática de Engels funcionou perfeitamente. Marx propôs que um subcomitê julgasse as evidências que Engels tinha coletado contra a "aliança secreta". Os dois amigos fizeram seus depoimentos pessoalmente e conseguiram expulsar Bakunin e Guillaume. O veredicto condenava Bakunin não apenas por conduta irregular, mas também por chantagem comum. Não seria razoável culpar Bakunin por chamar o congresso de "um produto lamentável de mentiras e intrigas" após sua injusta condenação. Marx merece censura por estender a guerra contra seu oponente político à vida privada, e Engels por não o dissuadir disso.

Mas havia mais por vir. Para surpresa de todos, Engels propôs que a sede do Comitê Central fosse transferida para os Estados Unidos. Além de Londres, a causa do proletariado internacional não estava tão viva em nenhum lugar quanto em Nova York, e parecia não existir outro lugar com tão pouco risco de a polícia interferir nos arquivos da Internacional. Ele disse que as reuniões do Conselho Geral (cujas funções eram de supervisão e administração geral) tinham se tornado cada vez mais parecidas com acalorados debates parlamentares desde a chegada dos refugiados da Comuna. Isso não era do interesse da Internacional. Engels recomendou que a mudança fosse provisória e durasse um ano. A proposta foi aceita. Ele e Marx acreditavam que não poderiam fazer muito em um Conselho Geral situado em Londres, agora que os líderes do movimento operário inglês os tinham abandonado. A esperança de influenciá-los tinha tirado Marx, havia já oito anos, de sua reclusão acadêmica. Mas, agora que as disputas dentro da Internacional estavam cada vez mais violentas, ele lamentava a interrupção de seus estudos científicos por trabalhos práticos. Enquanto moraram juntos em Londres, Engels assumira a maior parte do fardo; mas isso se tornou pesado demais até mesmo para ele quando viu que a Internacional tinha cumprido sua missão.

Foi a Internacional que despertou pela primeira vez o movimento da classe trabalhadora de seu sono profundo em muitos países, dando-lhe consciência de classe. Mas, à medida que a força do movimento aumentou, tornou-se cada vez mais claro que ele diferia em aspectos essenciais de país para país. Todos eles tinham um ponto de partida comum, mas parecia inevitável que o restante da jornada fosse realizado de forma independente pelo proletariado de cada país. O curso a ser seguido dependeria das condições históricas e econômicas predominantes em cada caso. No início, Engels subestimou seriamente os problemas apresentados pelas diferenças no grau de desenvolvimento entre as várias nações. Mas, agora que fendas e cismas dividiam a Internacional em facções radicalmente opostas, ele começou a ver que era trabalho inútil e infrutífero tentar impor as mesmas táticas a ingleses e italianos, espanhóis e alemães.

Mas, se percebeu isso, por que lutou até o amargo fim, como se a Internacional pudesse ser salva apenas tirando Bakunin de circulação? A resposta é mais óbvia do que pode parecer à primeira vista. Independentemente do quanto Engels tornara isso uma disputa pessoal, no fundo seus motivos eram totalmente desinteressados. Seu verdadeiro objetivo não era preservar a unidade e a continuidade da organização existente, mas dar a maior unidade e compacidade possível ao movimento da classe trabalhadora europeia em seu desenvolvimento futuro. Ele estava lutando pela vitória do comunismo contra o anarquismo.

A Comissão de Controle de Haia recebeu instruções para preparar um memorando sobre a "conspiração" e a "aliança secreta" de Bakunin. Ele se destinava principalmente aos países latinos e, portanto, foi escrito em francês – Lafargue ajudou Engels a redigi-lo. *L'Alliance de la Démocratie Socialiste et l'Association International des Travailleurs* é o discurso apaixonado de um promotor público convencido da justiça de sua causa e não omite nenhum argumento que possa levar à condenação do acusado. Não aspira a ser uma história objetiva ou imparcial. Mesmo antes de 1870, o fanático Netschaieff induzira Bakunin a escrever panfletos muito mais violentos do que qualquer outra coisa que ele já escrevera em qualquer idioma europeu. Engels declarou que apenas um agente provocador seria capaz de (como nesses panfletos) glorificar bandidos como os verdadeiros revolucionários russos, pregar o culto da ignorância aos jovens e identificar a revolução com atos de assassinato individual e coletivo.

Bakunin nunca tentou publicar uma resposta a essas acusações. Ele foi acometido por um problema cardíaco e obrigado a descansar. Desde que o centro de gravidade da política europeia mudou-se para Berlim, perdera a fé na iminência da revolução social. Com a saúde em declínio, sua última esperança era uma guerra mundial na qual enormes Estados militares, mais cedo ou mais tarde, devorariam uns aos outros.

Engels esperava que seu panfleto tivesse um grande efeito, considerava-o a sentença de morte política de Bakunin. Mas os eventos ocorridos antes e durante o Congresso de Haia tinham abalado irreparavelmente o prestígio da Internacional. Os fios que tinham sido unidos em Londres não podiam ser mantidos juntos em Nova York. Engels e Marx foram obrigados a reconhecer que a Associação, em sua forma antiga, não poderia sobreviver. Dois anos depois de Haia, Engels (escrevendo ao secretário-geral Friedrich Sorge em Hoboken, Nova Jersey) disse que o mundo proletário tinha se tornado grande demais para uma nova Internacional à semelhança da antiga, uma aliança de todos os partidos proletários de todos os países. Mas ele estava esperançoso, mesmo na derrota. "Acredito", prosseguiu na mesma carta, "que, depois que a influência dos escritos de Marx for sentida por alguns anos, a próxima Internacional será puramente comunista e realmente disseminará nossos princípios."

Para que a futura Internacional fosse fundada no *Manifesto comunista*, todas as outras doutrinas concorrentes teriam que ser privadas de sua influência no movimento da classe trabalhadora. Engels viu que, para esse propósito, a primeira necessidade era a conclusão e publicação de *O capital*. Com o objetivo de dar mais tempo a Marx para se dedicar a isso, ele próprio assumiu cada vez mais a tarefa de combater as opiniões de seus oponentes na imprensa.

XIX
O Império alemão e
a unificação da social-democracia alemã

Embora Engels já morasse na Inglaterra havia mais de vinte anos, não se sentia em casa lá. Ele era alemão por natureza e por sentimento. Mas não tinha sentimentos de simpatia pela Alemanha unificada criada pela vitória sobre a França. Suas simpatias pan-germânicas lamentavam a separação da Áustria alemã e, como cidadão da Renânia, ele não gostava da mudança da predominância política para o leste da Alemanha. Mas seu maior desapontamento era com o fato de que a burguesia, tanto tempo depois de 1848, ainda não era a principal força do país; e ele desejava sinceramente a queda da monarquia militar, que apoiava todas as forças da autoridade e da contrarrevolução na Europa. Ainda assim, Engels não acreditava que ela seria derrubada pelo inevitável triunfo da ideia de direito (como acreditavam os democratas burgueses), nem pelos instintos revolucionários dos camponeses ou pelo desespero dos estudantes sem carreira (como acreditava Bakunin). Suas esperanças se baseavam no desenvolvimento progressivo das forças produtivas – um desenvolvimento que nem Bismarck era suficientemente forte para deter. Assim, via o novo Império simplesmente como um fenômeno histórico como outro qualquer, que era tarefa do proletariado autoconsciente suprimir. Ele não subestimava o fantástico equipamento militar do Império – ao contrário, considerava impossível que qualquer coalizão de seus inimigos o superasse no futuro próximo. Por isso, esperava com maior confiança seu colapso sob a consciência de classe em constante desenvolvimento dos trabalhadores que compunham suas forças de combate.

Engels era o mais importante pensador político alemão vivendo no exterior durante o período de Bismarck. Por meio de sua concepção econômica da história, ele era capaz de olhar através dos fenômenos políticos da Alemanha e ver os fatos econômicos e sociais mais importantes abaixo deles. Engels acreditava (apesar de muitas diferenças) se tratar do mesmo Império que terminara tão ingloriamente na França, agora transplantado para a terra de seu conquistador. As eleições alemãs foram conduzidas com base no sufrágio universal, mas a polícia era todo-poderosa. O povo não tinha voz na condução do país; tudo era feito pelo imperador, com o aconselhamento do chanceler e do Estado-Maior. Mas, de acordo com a teoria exposta no *Manifesto comunista*, o proletariado não podia esperar tomar o poder até que a burguesia tivesse garantido sua supremacia política e criado uma democracia e uma república. Embora a inclusão do sul da Alemanha no Império tivesse dado uma maioria numérica às seções da população que tinham se afastado do feudalismo *junker* havia muito tempo, ainda era improvável que qualquer frente democrática unida fosse construída em um futuro próximo. Em janeiro de 1873, Engels publicou no *Volksstaat* de Liebknecht uma comparação entre a antiga monarquia prussiana e a nova monarquia "bonapartista", que, segundo ele, estava surgindo rapidamente. O princípio básico da primeira, conforme ele apontou, tinha sido o equilíbrio de poder entre a burguesia e a aristocracia proprietária de terras; já o desta última, era o equilíbrio entre burguesia e proletariado. Em ambas, o poder real estava nas mãos de uma casta especial de oficiais e burocratas que pareciam superiores ao resto do povo e independentes dele, de modo que o próprio Estado parecia independente do povo. As contradições desse sistema social estavam fadadas a levar a um constitucionalismo simulado.

Por mais que Engels odiasse a classe dos *junkers*, não podia negar que eles estavam ansiosos para governar; e lamentou a ausência de tal ansiedade na burguesia alemã, que tinha comprado sua emancipação social do governo à custa do sacrifício imediato de sua reivindicação ao poder político. No entanto, os burgueses justificavam sua posição pela indústria e pelo comércio e, portanto (conforme ele acreditava), suas reivindicações teriam que ser atendidas mesmo que mil Bismarcks as recusassem. Ele observou com muita satisfação a surpreendente explosão da expansão industrial que se seguiu à unificação da Alemanha. Em 1874, escreveu:

> Finalmente criamos um comércio mundial para nós, indústrias realmente grandes e uma burguesia realmente moderna. Consequentemente, também tivemos uma crise real e agora temos um proletariado realmente poderoso. O historiador do futuro considerará os trovões das batalhas de Spicheren, Mars-la-Tour e Sedan, com tudo o que delas dependia, eventos muito menos importantes na história da Alemanha entre 1869 e 1874 do que o desenvolvimento silencioso, modesto, mas ininterrupto do proletariado alemão.

Durante as décadas de 1870 e 1880, Engels não admitiria que a Alemanha tinha indústrias de grande escala, a não ser a siderurgia. Mesmo em 1884, afirmou que as indústrias alemãs ("apesar de finalmente serem de grande escala") produziam

O Império alemão e a unificação da social-democracia alemã   193

apenas artigos "que eram muito insignificantes para os ingleses e muito vulgares para os franceses".

Engels e Marx deixaram de ver importância em preservar sua neutralidade em relação às duas facções em guerra no movimento socialista alemão[87], pois Liebknecht rompeu sua aliança com a democracia burguesa e uniu-se a Bebel e vários distintos ex-discípulos de Lassalle na fundação do que os dois amigos consideraram um verdadeiro partido *de classe* – embora certos pontos da teoria no programa de Eisenach não os satisfizessem completamente. Engels, que detestava o espírito ditatorial da Associação Geral, considerava sua destruição e a eliminação dos ideais de Lassalle a missão mais importante que ele tinha na política alemã. Mas esses objetivos estavam fora de seu alcance, uma vez que a Associação Geral dos Trabalhadores Alemães comandava uma organização mais eficiente, um número maior de membros, finanças mais fortes e uma imprensa mais influente do que o Partido Socialista dos Trabalhadores. Após a guerra, Schweitzer aposentara-se da política. Esse fato, assim como a fundação do Império e a necessidade de cooperação frequente no trabalho eleitoral e no Reichstag, contribuíram muito para facilitar as relações entre as duas facções. A necessidade de reconciliação tornou-se urgente no início de 1874, quando Bismarck alinhou os tribunais, a polícia e os legisladores em um ataque feroz a ambos os partidos social-democratas. Mas, toda vez que uma ponte entre eles era construída, ela logo era varrida pelo fluxo de ódio e desconfiança que crescera e se acumulara durante anos. Engels e Marx eram contra qualquer fusão enquanto o socialismo com o qual as massas estivessem familiarizadas fosse baseado nos panfletos de Lassalle – isto é, enquanto previssem que o partido unificado seria governado pelos princípios de Lassalle em vez dos deles. Engels opunha-se em particular a qualquer compromisso que deixasse espaço para uma cooperação com o Estado existente, como Lassalle e Schweitzer tinham tentado. Esforçou-se, portanto, em nome de Marx, para convencer Bebel e Liebknecht a não dar "atenção demais aos concorrentes". Mas, como sabemos, Liebknecht alegava ter mais experiência prática do que Engels, que, segundo ele, subestimava a diferença entre "um partido puramente teórico e um partido militante".

Tornou-se absolutamente necessário que os dois partidos negociassem uma aliança quando, em junho de 1874, a Associação de Lassalle foi dissolvida pela polícia. Engels e Marx queriam que o Partido Socialista dos Trabalhadores esperasse alguns meses, até que a "multidão desorganizada" de lassallianos procurasse refúgio nele. Não queriam que os líderes partidários alemães pensassem que eles eram simples doutrinários, tentando impedir um passo prático necessário a fim de satisfazer escrúpulos teóricos. No entanto, eles atribuíam muito mais importância do que seus colegas práticos à forma que o programa do novo partido assumiria. Liebknecht sabia que a fusão era impossível sem concessões às antigas demandas políticas de Lassalle; ele temia as objeções de Marx e Engels, e por isso não lhes disse nada sobre os detalhes das negociações nos meses seguintes. Bebel ainda estava na prisão, de modo que Liebknecht tinha as rédeas em suas mãos. Apenas no início de março de 1875, Engels e Marx receberam o esboço do programa que os negociadores de ambos os lados pretendiam apresentar na reunião em Gotha, onde a fusão deveria ser ratificada. Ambos ficaram absolutamente horrorizados.

O programa proposto lhes pareceu uma "prostração sem igual do grande proletariado socialista diante da imagem de Lassalle". Eles esperavam que Bebel (que estava prestes a ser libertado) se opusesse a ele, e, por isso, enviaram-lhe os argumentos teóricos contra o programa em uma carta escrita por Engels em 8 de março. Seu conteúdo e seu ponto de vista eram os mesmos dos "Comentários críticos" que Marx enviou no dia 5 de maio aos líderes do Partido Socialista dos Trabalhadores[88].

Nesse "programa frouxo e insípido", como o chamou, Engels reclamou da "historicamente falsa palavra de ordem lassalliana" sobre "uma massa reacionária, composta por todas as classes não proletárias em oposição ao proletariado". Ele disse que isso era verdade apenas em certos casos excepcionais – por exemplo, em um país onde a burguesia tinha formado o Estado e a sociedade à sua própria imagem e também onde a democracia pequeno-burguesa levou essa transformação às suas últimas consequências. Em seguida, Engels criticou o programa por negar que o princípio do internacionalismo do movimento operário fosse imediatamente aplicável, por não mencionar os sindicatos e por mencionar o plano lassalliano de assistência pública como o único ponto de partida para resolver o problema social. Essas grandes concessões ao partido de Lassalle, declarou, eram equilibradas apenas por uma série de demandas puramente democráticas, algumas das quais poderiam muito bem compor qualquer plataforma liberal burguesa. Fora da Alemanha, disse Engels, ele e Marx eram responsabilizados pelas palavras e atos do Partido Socialista dos Trabalhadores Alemães. Mas, se um programa desse tipo fosse adotado, Marx e ele não poderiam pertencer a nenhum novo partido baseado em tais princípios.

Bebel recebeu a carta de Engels? Pelo menos, ele não respondeu. E hoje sabemos que Liebknecht não enviou a ele os "Comentários críticos" de Marx.

Na verdade, Liebknecht não enviou uma resposta à violenta crítica até que um mês tivesse se passado. Não tentou defender as falhas, mas explicou que ele e seus amigos concordaram com o programa porque o partido de Lassalle os enfrentara com duas alternativas: aceitá-lo ou interromper as negociações. Ele garantiu a Engels, um pouco prematuramente, que a unificação dos partidos significaria não apenas a morte das ideias de Lassalle, mas a vitória completa do comunismo marxista sobre o sectarismo lassalliano, e disse estar pronto para fazer mais concessões a fim de garantir essa vitória. Após sua libertação, Bebel foi forçado à convicção de que as massas, que clamavam por uma aliança, tinham avançado demais nas negociações para permitir que alguém levantasse maiores dificuldades em relação ao programa, pelo menos se esse alguém pretendesse obter audiência.

Engels e Marx sofreram uma dupla decepção. A oposição que tentaram promover entre os líderes do partido tinha fracassado; e suas próprias críticas (da qual poucos tomaram conhecimento) foram bastante negligenciadas pelo congresso. Sentiram sua derrota de maneira particularmente aguda, uma vez que tinham acabado de perder o controle da Internacional. E agora ameaçavam cortar todas as conexões com seus aliados alemães – apenas para descobrir que, sob a pressão das circunstâncias, esses aliados os deixariam cumprir tais ameaças! A prática se mostrara mais forte que a teoria. Liebknecht impusera com sucesso seus desejos em um assunto importante, embora fosse muito fiel a eles e, consciente de sua própria inadequação em termos de teoria, tivesse um respeito absoluto por sua superioridade nessa esfera. Com o passar do tempo, Engels começou a depositar mais confiança implícita em Bebel do que nele. Bebel era um homem de negócios treinado; era preciso, não um falastrão como o inquieto jornalista Liebknecht. Engels o considerava cada vez mais indispensável como correspondente no partido dos trabalhadores alemão. Bom orador e grande organizador, ele era mais um proletário por origem e instinto do que o outro; e também um crítico mais afiado dos intelectuais que se introduziram no partido. Embora seu otimismo o levasse a esperar um progresso demasiado rápido em situações políticas concretas, Engels via nele um julgamento sóbrio. Na esfera da teoria, à época do Congresso de Gotha ainda tinha muito a aprender, e desapontou Engels com frequência antes que este conseguisse transformá-lo em um discípulo sólido.

Conforme ficou claro que o movimento da classe trabalhadora tinha aumentado seu poder de recrutamento a partir da nova frente unificada, Engels tornou-se mais disposto a aceitá-la como um "experimento educacional". Mas Liebknecht antecipara de modo magnífico o processo real de desenvolvimento quando declarou que a eliminação da organização de Lassalle significaria a vitória final do comunismo marxista. De fato, quase nenhuma pessoa influente no partido (muito menos a massa de seus membros comuns) entendia a base da teoria de Marx e Engels ou as deduções políticas extraídas dela. Os líderes não tinham tempo de mergulhar em um livro como *O capital*. No máximo, conheciam o *Manifesto comunista* e percebiam que ele desenvolvia a teoria do conflito de classes mais profundamente do que o *Programa dos Trabalhadores* de Lassalle, que era a introdução usual à educação socialista na Alemanha da época. A maioria dos membros do partido acreditava em um socialismo do senso comum, que enfatizava muito mais o fim político a ser alcançado do que a causalidade econômica. Até então, não existia uma apresentação simples da concepção materialista da história; ninguém compreendia a doutrina marxista como um todo conectado. Falava-se com muito respeito de Marx e Engels, mas seus pontos de vista, como eram entendidos, foram frequentemente criticados por apelarem mais à cabeça dos trabalhadores do que ao seu coração. Mesmo no domínio do conflito de classes, o sentimento alemão teria que ser satisfeito. Novamente, Engels desprezou "as imagens utópicas da sociedade futura". Mas Marx e ele viram o quanto essas fantasias eram populares quando o livro de Bebel, *A mulher e o socialismo*, encontrou um mercado mais entusiasmado do que qualquer um de seus trabalhos[89].

Durante as negociações da aliança, um jovem de Berlim, chamado Eduard Bernstein, apareceu pela primeira vez. Era funcionário de um banco e filho de um maquinista judeu. Conhecia os pontos de vista de Marx e Engels apenas de ouvir falar, mas estava impressionado com o fato de, diante da queda no esquecimento das ideias de Lassalle, os líderes políticos não terem encontrado um substituto teórico. Nessa época, ele tinha uma grande admiração pelo trabalho do filósofo positivista Eugen Dühring, o auxiliar de ensino cego da Universidade de Berlim. Portanto, tentou preencher esse vazio exaltando os livros de Dühring, que ele mesmo enviou aos dois agitadores mais poderosos do Partido Social-Democrata, Bebel e Most, que estavam ambos presos à época.

Sob um aspecto, Dühring tinha uma ligeira semelhança com Marx e Engels. Ele diferia da maioria dos professores alemães ao tentar relacionar a ciência política aos problemas reais da sociedade. Mas, em outros sentidos, Marx e Engels eram polos opostos a sua "Filosofia da Realidade", que era na verdade um positivismo otimista de matriz estadunidense. Sua *História crítica da economia política* não tinha nada de bom a dizer sobre *O capital*. Ele descreveu Marx como uma "ridícula figura científica" no tom de arrogância grosseira que usava contra Helmholtz e outros que imaginava serem seus rivais. Suas próprias ideias econômicas eram tomadas de empréstimo do estadunidense Henry Charles Carey. Ao comunismo dialético de Marx, ele opunha seu próprio socialismo "anticrático", cujas sólidas propostas práticas se adequavam à mentalidade dos políticos e agitadores que assistiam a suas palestras. Eles ficavam encantados com o fato de Dühring negar que o processo econômico fosse governado por leis imutáveis e por ele reservar grande margem para a ação individual. Ficavam extasiados quando ele falava em suas palestras sobre o problema dos trabalhadores como o problema do século, e – com desprezo contra todos os que diferiam dele – exigia a completa reconstrução da indústria de acordo com sua própria receita "socialitária". Dühring conquistava os sentimentos deles. Simpatia, por conta de sua enfermidade física; confiança, por sua adesão determinada aos

O Império alemão e a unificação da social-democracia alemã   197

objetivos socialistas; e respeito, por seus ataques maliciosos a grandes acadêmicos e cientistas.

Nem Bernstein nem os intelectuais socialistas que (em número cada vez maior) foram atraídos por Dühring percebiam que admirá-lo significava opor-se a Marx. "Se o conteúdo for bom", escreveu Bebel a Bernstein, "não me interessa o método." E Most, com sinceridade ainda maior, reclamou que eles "tinham que pegar o melhor" onde quer que o encontrassem. Na prisão, Bebel escreveu um artigo (publicado no *Volksstaat* sem sua assinatura) cheio de admiração pelo "novo comunista". Em uma carta ao editor, Engels atacou esse artigo como "adulação" a Dühring. Ele ficou furioso ao descobrir, mais tarde, que fora Bebel quem chamou o *Curso de economia política e social* de o melhor trabalho moderno sobre economia depois de *O capital* de Marx! A princípio, nem mesmo Liebknecht desconfiou de Dühring. "Vocês têm alguma razão para supor que ele é um canalha ou um inimigo disfarçado?", perguntou a Engels em 13 de junho de 1874. Mas sua tolerância cedeu quando se convenceu pessoalmente de que Dühring era um megalomaníaco, e ao saber que a segunda edição de sua *História crítica da economia política* repetia todas as suas "bobagens invejosas" contra Marx. Ele imediatamente pediu a Engels que escrevesse uma "dura repri-menda" e acrescentou que o homem caíra nas graças de muitos membros do partido, especialmente em Berlim. Durante 1875, ele repetiu suas tentativas de fazer Engels dedicar-se a Dühring. Engels e Marx não estavam dispostos a in-terromper seus estudos, mas começaram a prestar atenção quando Liebknecht lhes enviou cartas de trabalhadores alemães que provavam que o "perigo de uma campanha para diluir o programa" (como Marx agora o chamava) realmente ameaçava o partido. Finalmente se decidiram quando, em maio de 1876, rece-beram de Liebknecht um artigo manuscrito exaltando as realizações filosóficas de Dühring e sua luta pela causa do conhecimento. Most tinha enviado tal artigo ao *Vorwärts*, mas Liebknecht recusou-se a publicá-lo. Quando foi acusado (no congresso do partido em agosto) de conspirar para silenciar Dühring, ele res-pondeu que já tinha contratado Engels para escrever um artigo sobre ele.

Engels acreditava firmemente que não apenas Marx, mas ele próprio, eram obrigados pelo interesse do movimento a realizar determinados estudos cien-tíficos, e que o tempo sem intercorrências em que viviam deveria ser usado para completá-los. Mas, logo que leu a glorificação de Dühring por Most, concor-dou com Marx que medidas imediatas e impiedosas tinham que ser tomadas contra esse "produtor de confusões". Não se podia mais introduzir confusão na mente dos líderes do partido, ou então seria necessário esperar por ainda mais tempo até que a classe trabalhadora alemã se acostumasse com o ponto de vista de Marx e Engels. Marx não podia interromper seu trabalho em *O capital*, isso era certo. Mas Engels também estava relutante em se afastar de seus estudos para realizar o que ele considerava, a princípio, uma tarefa ingrata. Não suspeitava que estava prestes a dar o golpe decisivo para a conversão da social-democracia continental ao marxismo.

O título de seu livro era *A revolução da ciência segundo o senhor Eugen Dühring*[90] – uma alusão a *A revolução da economia segundo Carey*, do próprio Dühring. Foi o primeiro livro a revelar o conteúdo e o ponto de vista do marxismo aos líderes da social-democracia alemã. E mais, ele ganhou milhares e milhares de trabalhadores, na verdade gerações inteiras, para o marxismo. Nele, pela primeira vez, a verdadeira posição de Marx e Engels foi revelada às mentes mais claras da geração mais jovem de sociais-democratas – Bebel, Bernstein, Kautsky, Plekhanov, Axelrod, Victor Adler, Labriola, Turati –, homens que fizeram o máximo para divulgar as doutrinas marxistas entre o proletariado do continente. Agora, pela primeira vez, uma verdadeira escola marxista, uma verdadeira tradição marxista, era criada no continente. Hoje, as longas polêmicas contra um autor que praticamente ninguém lê podem parecer tediosas. Mas o livro apresentou ao público da década de 1870 um sistema difícil e até então ininteligível em linguagem lúcida e simples. Foi aí que outras pessoas começaram a entender como Marx e Engels interpretavam o curso da história e os problemas de seus dias, e quais inferências políticas extraíam de sua interpretação. O livro foi imediatamente proibido na Alemanha[91]. Portanto, sua influência não foi totalmente sentida até que a introdução e o capítulo final sobre o socialismo fossem impressos na Suíça como um panfleto – muito revisado e simplificado, omitindo a maior parte da polêmica. Ao lado do *Manifesto*, *Do socialismo utópico ao socialismo científico* é o produto mais provocador da oficina de Marx e Engels. Foi logo traduzido para quase todas as línguas europeias e, em todos os lugares, abriu caminho para a aceitação de sua concepção econômica e dialética da história e para a política revolucionária que era sua consequência.

No prefácio de *Anti-Dühring*, Engels verbalizou sua tristeza pelo fato de a Alemanha ter conquistado seu império e a prosperidade industrial à custa de sua preeminência intelectual. A vida espiritual do país fora destruída, e Dühring era apenas um exemplo típico da nova "pseudociência" vulgar. Engels foi um dos primeiros a observar como a riqueza material trouxera consigo o empobrecimento espiritual da burguesia. A tentativa de Dühring de transformar o socialismo alemão em um "absurdo superior" estava fadada a se romper diante da solidez essencial do trabalhador alemão. Dez anos depois, o mesmo pensamento se repete em seu *Feuerbach*[92]. "Somente entre os trabalhadores ainda encontramos a tradição alemã de integridade científica. Pois ninguém se preocupa com sua carreira, com lucros ou com patrocínio. Pelo contrário, quanto mais livremente a ciência se desenvolve, mais ela se harmoniza com os interesses e objetivos dos trabalhadores. [...] O manto da filosofia clássica alemã recaiu sobre o movimento operário alemão."

XX
A legislação antissocialista. A morte de Marx

Mesmo em janeiro de 1877, *Frau* Marx poderia escrever para Sorge em Hoboken: "Nosso amigo Engels está melhor do que nunca. Ele é sempre saudável e caloroso, alegre e feliz". No ano seguinte, um agente da polícia prussiana achou que algumas cartas de Engels interceptadas em Paris provavam o contrário. Mas os sofrimentos de Engels não eram físicos. A saúde de Lizzy lhe causava ansiedade desde setembro de 1877, e em setembro de 1878 ele ficou pela segunda vez ao lado do leito de morte de uma camarada e amante. Catorze anos depois, ele escreveu sobre ela para Julie Bebel: "Ela veio do cepo do verdadeiro proletariado irlandês, e o sentimento apaixonado por sua classe, que era instintivo nela, valia mais para mim do que todas as elegâncias de origem aristocrática que as garotas burguesas 'educadas' e 'sensíveis" pudessem ter". As opiniões de Engels sobre o casamento seriam expostas mais tarde em *A origem da família, da propriedade privada e do Estado*[93]. Nem suas convicções nem seus sentimentos permitiram que reivindicações do Estado e da Igreja legitimassem seu relacionamento humano mais próximo. Mas, para dar um último prazer a Lizzy, ele se casou com ela em seu leito de morte. Não podemos saber o que ele, então com 59 anos, sentiu ao perdê-la. Engels ainda estava no auge da vida; e sua vida ganhara riqueza e significado pelas inúmeras tarefas e planos com os quais a preenchera. Ele estava envolvido demais com os conflitos do mundo para se permitir ceder à melancolia duradoura pela perda de sua companheira. No entanto, a morte de Lizzy foi um momento decisivo de sua vida privada. Significou uma mudança que ele deve ter sentido sem traí-la. O meio-dia de sua vida acabara e o pôr do sol estava se aproximando.

A morte de Lizzy pode ter ajudado a impedir Engels de oferecer sua ajuda imediata e incondicional ao partido alemão em outubro de 1878, quando o decreto especial contra suas "atividades perigosas" foi promulgado. Mas havia outras razões mais importantes para sua relutância. Ele e Marx ainda estavam deprimidos pela negligência com que foram tratadas suas críticas ao programa de Gotha e indignados com a censura ao ataque de Engels a Dühring que tinha sido expressa no congresso do partido.

Mesmo antes de a legislação antissocialista entrar em vigor, Engels tomou como certo que, com essa medida, Bismarck só beneficiaria o partido que pretendia esmagar. "Se estivéssemos pagando ao velho garoto, ele não poderia trabalhar melhor para nós", disse ele em uma carta privada enviada à Alemanha. E, no mesmo tom, escreveu a Pierre Lawroff: "O senhor Bismarck trabalha para nós há sete anos como se estivéssemos lhe pagando, e agora ele parece incapaz de moderar seus esforços para acelerar o advento do socialismo. 'Depois de mim o dilúvio' não é suficiente para ele; ele insiste em ter o dilúvio durante sua vida". Enquanto o decreto especial permaneceu em vigor, Engels evitou entrar na Alemanha. Mas acompanhou todos os eventos de lá com muita atenção. Marx e ele sempre consideraram que seu principal dever para com o movimento alemão era garantir que seu princípio norteador em todas as circunstâncias fosse a guerra de classes. Isso significava que, na nova situação, o partido não deveria fazer concessões essenciais ao governo, apesar de sua posição precária, mas manter-se firme em seus objetivos revolucionários. Os membros da fração parlamentar eram agora seus únicos representantes públicos; e apenas uma minoria deles (embora uma minoria importante, uma vez que incluía Liebknecht e Bebel) era obstinadamente devota da guerra de classes. A maioria (na maior parte desprovida de formação teórica) defendia que a política apropriada para o partido na nova situação seria abandonar sua perspectiva de classe e buscar apoio na ala democrática da burguesia. Essa atitude frouxa da maioria levou Engels a desconfiar de toda a liderança do partido. Suas cartas a Bebel, Liebknecht, Bernstein e Becker estão cheias de expressões de desprezo por aqueles "sociais-democratas pequeno-burgueses". Ele acreditava que os burgueses convertidos à social-democracia eram visivelmente os mais propensos a se aliar à burguesia. Sua desconfiança em relação aos membros "educados" do partido contrastava fortemente com sua fé inabalável nos instintos de classe dos trabalhadores. Como um general que encoraja boas tropas, Engels exaltava constantemente esses "esplêndidos camaradas". "Diga o que quiser", escreveu ele ao "único general revolucionário alemão" (como chamava o velho Becker), "nunca vimos um proletariado que aprendeu tão rapidamente como agir coletivamente e manter uma frente ininterrupta."

Naquela época, Bebel e Liebknecht tiveram que se defender não apenas da forte oposição da direita, mas também de alguns pequenos ataques da esquerda. A esquerda censurava os líderes, que estavam determinados a manter-se dentro da lei a fim de preservar a existência e a eficácia do partido. Mas Liebknecht e Bebel declararam que não fazia sentido partir para o ataque sem uma esperança de vitória, ou ao menos de provocar um efeito moral, e isso era ainda mais sem sentido porque eles sabiam que o governo queria um golpe para calar o partido pelos anos seguintes. Se alguém não pudesse aceitar sua decisão de não agir e desejasse dar vazão total a sua exasperação com o decreto, seria obrigado a ir ao exterior para fazê-lo. Johannes Most, o maior demagogo do partido, decidiu-se por esse caminho. Sem fazer nenhum acordo prévio com os outros líderes, ele emigrou para Londres e abriu um jornal defendendo a realização de propaganda ilegal na Alemanha. Seu nome era *Die Freiheit* [A Liberdade]. Ele expunha incansavelmente as disputas internas que perturbavam a social-democracia. Inicialmente, Engels não desgostou de seu tom revolucionário, embora visse os avanços de Most com reservas. Mas, assim que o jornal aderiu à causa do anarquismo e começou a comprometer o movimento da classe trabalhadora com suas invectivas sedentas de sangue, ele lhe deu as costas. Quando Most foi expulso do Partido Social-Democrata, Engels não se opôs à decisão.

Como o partido não tinha permissão para publicar um jornal na Alemanha, um novo órgão do partido foi fundado em Zurique. Mas, durante anos, Engels recusou-se a contribuir com o *Sozialdemokrat*, com medo de que os elementos pequeno-burgueses do partido pudessem assumir o controle do jornal. Uma vez despertada, era difícil aplacar sua desconfiança. Bebel experimentou isso nessa época, embora tenha argumentado constantemente com Engels que sua caneta fluente seria o instrumento mais valioso para inspirar o novo órgão do partido com a perspectiva que ele desejava que tivesse. Certa vez, Engels lhe enviou esta resposta irritada:

> Você e Liebknecht sabem que a única coisa que sempre pedi ao partido é que me deixe em paz para terminar meu trabalho científico. Você sabe que, apesar disso, há dezesseis anos tenho sido constantemente abordado para escrever para jornais do partido – e o fiz, escrevi diversas séries de artigos e panfletos a pedido especial de Liebknecht. Você sabe também que Marx e eu continuaremos a defender voluntariamente o partido contra seus oponentes fora da Alemanha, enquanto o partido existir, e que a única coisa que pedimos em troca é que o partido permaneça fiel a si mesmo.

Era evidente, prosseguiu, que Marx e ele estavam satisfeitos com todas as vitórias conquistadas pelo partido na Alemanha, pois ele sempre dependeu de algum modo da teoria marxiana. Mas, por esse motivo, era especialmente importante aos olhos deles que a conduta prática do partido, e especialmente as declarações públicas de seus líderes, continuassem a se harmonizar com a teoria geral do marxismo. Isso foi muito antes de Engels começar a se sentir seguro novamente. Uma visita de Liebknecht a Londres esclareceu os maiores mal-entendidos. E a desconfiança de Engels ficou ainda mais apaziguada quando o primeiro congresso do partido, realizado sob a legislação antissocialista (na Suíça), aprovou resoluções cheias de determinação e espírito de luta.

No Natal de 1880, Bebel foi a Londres com Bernstein para ver se conseguiam melhorar a relação de Engels com o partido. Essa foi a primeira vez que Engels e Bebel se encontraram pessoalmente, e eles chegaram a um completo acordo sobre questões de princípio e tática. Engels ficou seduzido pela natureza confiável de Bebel, seu "justo senso tático" e sua inteligência clara. Ele depositou total confiança em seu novo amigo e a manteve enquanto viveu. Mas Bernstein, o ex-apoiador de primeira hora de Dühring, também tinha sido convertido pelo *Anti-Dühring*, de Engels, em um defensor tão sem reservas do materialismo histórico que seu anfitrião certamente ficou satisfeito com ele. Engels, inclusive, aprovou a nomeação provisória de Bernstein para o cargo de editor responsável em Zurique e, quando ele passou a ocupar o cargo, exigiu que fosse efetivado permanentemente. Considerou uma vantagem que Bernstein "não fosse um homem da universidade" como Kautsky, que tinha um perfil mais adequado para ser o editor de um periódico.

Um dos pontos mais importantes na conversa de Bebel com Marx e Engels foi a grave crise econômica que estava ocorrendo na maioria dos países da Europa e, principalmente, na Alemanha[94]. Bebel estava convicto de que a crise se arrastaria progressivamente como uma doença até a iminente "explosão geral" que daria início à revolução. Marx e Engels eram mais experientes em termos de teoria e sentiram que o julgamento de Bebel não estava suficientemente baseado em fatos. A essa altura, eles defendiam que, desde que a Inglaterra passara a ser obrigada a compartilhar seu monopólio industrial com os Estados Unidos, a Alemanha e a França e que as tarifas protecionistas começaram a aumentar na América e na Europa, o caráter e o ritmo das crises tinham mudado. Por mais condenatórios que fossem seus augúrios de longo prazo ao sistema econômico e social capitalista, sua perspectiva imediata era de um novo período de prosperidade, de duração desconhecida. Mas eles esperavam que no futuro não haveria mais *booms* de desenvolvimento. Segundo Engels, as quedas decenais nas quais acreditara anteriormente eram agora coisa do passado, mas crises intermediárias ocorreriam em períodos mais curtos – uma "prova da exaustão completa dos métodos de produção capitalistas". Ele estava de acordo com Bebel quanto aos efeitos políticos da crise na Alemanha. Ambos estavam convencidos de que isso aceleraria o inevitável avanço da social-democracia. A correspondência deles sobre esse tópico é cheia de otimismo.

As primeiras eleições para o Reichstag sob as leis que reprimiam o socialismo impuseram ao partido uma perda de votos no interior e nas cidades menores, mas houve um aumento nas cidades maiores. Essa prova da "vitalidade intacta" do partido foi um dos últimos prazeres que Jenny Marx teve – como Engels disse no obituário que escreveu para o *Sozialdemokrat* após a morte dela, em 2 de dezembro de 1881. O próprio Marx estava agora constantemente doente e sobreviveu apenas quinze meses a mais do que sua corajosa esposa. Durante esse período, sua saúde debilitada o manteve quase sempre longe de Londres e ele e Engels só puderam conversar por carta. No outono de 1882, Marx voltou para passar algumas semanas em sua casa enlutada, e várias vezes escalou com Engels as alturas de Hampstead, como costumavam fazer juntos – alturas a partir das quais, como costumava declarar o "general", Londres poderia tão bem ser bombardeada. Engels sabia que os médicos poderiam ter possibilitado a Marx viver como um vegetal por mais alguns anos. Mas (como escreveu a Sorge no dia seguinte à morte do amigo) Marx nunca teria suportado isso.

> Viver com o vasto trabalho incompleto diante de si, com a sede de Tântalo para terminá-lo e sem poder fazê-lo – isso seria mil vezes mais amargo para ele do que a morte suave que sobreveio. Ele costumava dizer, com Epicuro, que "a morte não é um infortúnio para quem morre, mas para quem sobrevive". Ver aquele gênio colossal sobrevivendo como uma ruína morta-viva, sobre a qual os médicos poderiam felicitar-se e os filisteus amontoar seu escárnio – os mesmos filisteus a quem, com toda sua força, Marx lançara tantas vezes ao chão –, de jeito nenhum! Está mil vezes melhor do modo como está... é mil vezes melhor que, daqui a dois dias, o deitemos na cova onde sua esposa está dormindo.

Durante anos, Engels foi forçado a ver que a energia de seu grande camarada estava começando a diminuir. Ele temia que as estatísticas de *O capital* ficassem desatualizadas antes da publicação e que isso prejudicasse a enorme influência que esperava da obra: portanto, pressionava Marx frequentemente a se apressar, dar continuidade e concluir seu trabalho. Mas Marx estava ficando velho. Ele sentia que não tinha mais forças para dominar a massa sem fim de material novo que se amontoava diariamente. Ele pode ter ficado incomodado com o entusiasmo impetuoso de Engels. Após sua morte, Bebel expressou surpresa ao saber que Engels ignorava o estágio em que o trabalho se encontrava. "Isso ocorreu simplesmente porque, se soubesse", respondeu Engels, "eu não daria a ele nenhuma noite ou dia de paz até que estivesse pronto e impresso." Marx sabia disso e disse a sua filha que, se o pior acontecesse, Engels poderia publicar o manuscrito da maneira que achasse melhor.

Foi Engels também que escreveu para outros dois velhos amigos, Becker e Liebknecht, bem como para Bernstein, o editor do *Sozialdemokrat*, para contar sobre a morte de Marx. Para Becker, ele escreveu: "A maior mente de nosso partido deixou de pensar, o coração mais forte que já conheci deixou de bater". E para Bernstein: "A menos que se estivesse continuamente com Marx, seria impossível conceber seu valor para nós na esfera da teoria, e também na prática quando grandes decisões tinham que ser tomadas. Sua poderosa visão será enterrada com ele nos próximos anos". Liebknecht tornou-se especialmente apegado a Marx e sua família durante o exílio. A ele, Engels escreveu: "Embora o tenha visto ontem à noite deitado em sua cama com o rosto fixo da morte, não posso acreditar que esse espírito brilhante tenha deixado de enriquecer o movimento proletário dos dois mundos com seus pensamentos poderosos. Somos o que somos por causa dele; e o movimento é o que é hoje por causa de suas atividades teóricas e práticas. Sem ele, ainda estaríamos afundados em confusões".

Engels fez o discurso do funeral em inglês. Ele tentou expressar o que Marx tinha feito pela humanidade em geral e pelo proletariado mundial em particular.

> Assim como Darwin descobriu a lei da evolução da natureza orgânica, Marx descobriu a lei da evolução da história humana. [...] Marx também descobriu a lei especial do movimento que governa o atual método capitalista de produção e a sociedade que esse método de produção criou. [...] Por maior que fosse a alegria com que acolhia uma nova descoberta em alguma ciência teórica cuja aplicação prática talvez ainda não fosse possível imaginar, ele experimentava um tipo de alegria muito diferente quando a descoberta envolvia mudanças revolucionárias imediatas na indústria e no curso geral da história. [...] Sua verdadeira missão na vida era contribuir de uma maneira ou de outra para a derrubada da sociedade capitalista e das formas de governo que ela criou, contribuir para a libertação do proletariado atual, que ele foi o primeiro a tornar consciente de sua própria posição e de suas necessidades, das condições sob as quais poderia conquistar sua liberdade. A luta era seu elemento. E ele lutou com uma paixão, uma tenacidade e um sucesso com o qual poucos poderiam rivalizar. [...] E, consequentemente, Marx foi o homem mais odiado e caluniado de seu tempo. Governos, tanto absolutistas quanto republicanos, o deportaram de seus territórios. A burguesia, seja conservadora ou democrata, competia entre si para amontoar calúnias sobre ele. Ele afastou tudo isso de sua frente como se fosse uma teia de aranha, ignorando-os, respondendo apenas quando a necessidade o obrigava. E agora ele morreu – amado, reverenciado e chorado por milhões de camaradas revolucionários, das minas da Sibéria à Califórnia, em todos os pontos da Europa e da América. [...] Seu nome e seu trabalho perdurarão ao longo dos tempos.[95]

Engels jurou a si mesmo preservar e continuar o trabalho científico e político de seu amigo enquanto tivesse forças. Em vista dessa tarefa, abandonou silenciosamente o próprio trabalho com o qual estava envolvido. Daí em diante, dedicou a maior parte de seu tempo a essa tarefa, pois tinha certeza de que só ele poderia editar o manuscrito de Marx. Este havia deixado o segundo livro de *O capital* tão próximo da conclusão que Engels pôde escrever uma introdução a ele no aniversário de seu autor em 1885. Porém, descobriu que apenas um "primeiro rascunho extremamente incompleto" do terceiro livro tinha sido escrito. Embora seus deveres políticos e jornalísticos tivessem se tornado mais pesados com o crescimento do movimento e tivesse começado a sentir problemas físicos, ele conseguiu publicar também o terceiro livro no último ano de sua vida. Em uma primeira aproximação, considerou-o melhor que o primeiro. Mas, à medida que avançou no trabalho de editá-lo, viu como a energia de seu autor tinha diminuído, bem como o tamanho da responsabilidade que ele próprio teria de suportar. Costumava dizer aos amigos que o trabalho partia de uma concepção da década de 1860 e se baseava em dados que não iam além da primeira metade da década de 1870.

Após a morte de Marx, os amigos íntimos de Engels o aconselharam a se mudar para Zurique. Não acreditavam que ele estivesse ligado à Inglaterra por quaisquer laços inquebráveis. Mas ele considerava Londres um ambiente onde o pesquisador poderia se sentir completamente neutro. Suas relações com o movimento operário inglês estavam cortadas, e Engels não podia mais esperar retomar qualquer influência real nele. Quando militantes alemães o visitaram com cartas de apresentação, alertou-os para que não mencionassem seu nome como uma recomendação aos líderes da classe trabalhadora inglesa, pois ele estava "em sua lista negra". Seu círculo de amigos na Inglaterra tornara-se muito menor. Os únicos verdadeiros amigos que teve na velhice foram seu camarada e conterrâneo Carl Schorlemmer, do Owen's College, em Manchester, e o ex-industrial Samuel Moore, que tinha sido juiz sênior na Nigéria após o fracasso de sua usina em Manchester, e que traduziu *O capital*.

Os líderes da luta da social-democracia alemã contra Bismarck acreditavam que o conselheiro a quem tanto honravam ficaria feliz em morar perto deles. Mas Engels não achava que mudar de ambiente o ajudaria em suas tarefas mais importantes. E também não queria ir para um país do qual pudesse ser exilado. Disse a Bebel que a Inglaterra lhe oferecia a maior vantagem – paz para continuar seus estudos teóricos. Em qualquer outro lugar, seria levado a participar ativamente da agitação, embora não tivesse qualquer habilidade especial como agitador. E não conseguia ver ninguém para substituir a ele e a Marx na esfera da teoria.

> E agora, quando tenho 62 anos, trabalhando o máximo que consigo, e com a perspectiva de um ano de trabalho no segundo volume de *O capital* e um segundo na biografia de Marx, bem como de uma história do movimento socialista alemão de 1843 a 1863 e uma história da Internacional de 1864 a 1872, eu teria que estar louco para abrir mão de meu retiro pacífico aqui e ir a lugares onde teria que participar de reuniões, tomar parte em controvérsias de jornal e, necessariamente, perturbar minha visão clara das coisas. Se fosse como em 1848

e 1849, eu montaria em meu cavalo novamente se necessário. Mas, do modo como as coisas estão, prefiro um cronograma severo de trabalho. Devo até me afastar o máximo possível do *Sozialdemokrat*. Pense apenas na fantástica correspondência que eu costumava ter com Marx, com a qual não pude contar em minha jornada solitária no último ano. Quero, na medida do possível, preservar intactos no futuro os fios que vieram de todos os países para o estudo de Marx.

Essa passagem nos mostra quantas obrigações Engels sentia em seus ombros quando Marx foi retirado de seu lado. É triste que ele tenha conseguido realizar apenas um fragmento do programa que mapeou para si.

Não foi sem timidez que Engels assumiu o lugar de Marx na esfera da teoria; seus escrúpulos são traídos na carta a Becker na qual ele chama a si mesmo de o segundo violino de Marx. Ele olhava com ansiedade para as revoluções futuras, porque se sentia um observador menos seguro, um juiz mais falível do que seu amigo morto. Em uma crise revolucionária, Engels teria se sentido mais à vontade em um alto posto militar do que como líder político. E ele não tinha nada de diplomata.

No dia seguinte à morte de Marx, ele escreveu a um camarada da época do levante de Baden: "Ainda mantemos nossa posição. As balas estão assobiando e nossos amigos estão caindo, mas já passamos por tudo isso antes. E se uma bala encontrar um de nós – mesmo isso será bom, desde que nos leve diretamente para casa e não nos mantenha lutando por muito tempo". E assim foi. Seu bom camarada tinha caído: o homem que estava mais próximo dele, o único homem a quem olhava de baixo para cima, não existia mais. Mas a luta mundial continuava, a luta cujo curso futuro os dois amigos pensavam ter sido os primeiros a revelar – a luta que exigia agora uma porção dupla de atenção, esforço e responsabilidade da pessoa que foi deixada para trás.

Engels era capaz de julgar mais friamente os conflitos no interior do partido alemão quando tinha certeza de que seu organizador e parlamentar mais importante e o editor de seu jornal se oporiam a qualquer tentativa de negar o princípio do conflito de classes. Os conflitos internos tornaram-se mais acentuados como resultado do sistema estatal de segurança introduzido por Bismarck[96], a fim de fazer que as massas proletárias (de cujos direitos como cidadãos ele abusou) esquecessem seu "ódio pelo Estado" em troca da satisfação de suas necessidades pelos benefícios materiais que lhes oferecia. Bismarck consolou a burguesia pelos sacrifícios financeiros que exigia dizendo que o sistema era realmente um seguro contra a revolução. Os professores de economia política alemães enalteceram a nova seguridade estatal como um ponto de inflexão na história mundial. Muitos parlamentares social-democratas chegaram a considerá-la um sinal de esperança e flertaram com o pensamento de que Bismarck poderia levar a sério as promessas feitas a Lassalle, e criar uma "monarquia popular dos Hohenzollern". Engels ficou horrorizado com o fato de que a nova onda do socialismo de Estado (que era, na verdade, um lassallianismo ressuscitado) poderia significar uma ameaça mesmo no interior do partido. Ele imediatamente induziu o *Sozialdemokrat* a publicar vários artigos explicando aos trabalhadores que o tal "socialismo" do governo era simplesmente um pretexto para permitir a organização de um exército disciplinado de trabalhadores paralelo ao exército de soldados e oficiais que ele já comandava. Bernstein teria preferido que o próprio Engels escrevesse contra a ressurreição do lassallianismo; mas, quando Engels ouviu relatos mais favoráveis da situação, recusou-se a fazê-lo.

O segundo congresso do partido sob a legislação antissocialista foi realizado em 1883 em Copenhague, e mais uma vez foram aprovadas resoluções com as quais Engels concordou totalmente. Ele ficou satisfeito com o fato de "os socialistas de meia-tigela terem sido completamente derrotados". Não queria que o partido se dividisse enquanto a legislação contra o socialismo continuasse em vigor. Mas considerou um equívoco os esforços bem-sucedidos de Liebknecht em Copenhague "para conciliar e encobrir, para adiar a crise". Por trás de todos os conflitos que perturbavam o partido naqueles anos, havia uma pergunta decisiva: se uma revolução na Alemanha poderia ou não ser esperada no futuro próximo. Bebel afirmou que sim, e Wilhelm Bloss, Ignaz Auer e outros negaram isso com igual convicção. Bebel tocou no ponto correto quando escreveu a Engels: "Um homem que acredita que devemos esperar pelo menos um século pela revolução social agirá de maneira diferente de um homem que acha que ela virá num futuro próximo".

Engels contava com uma revolução na Alemanha durante a década de 1880? Só poderemos responder a essa pergunta se compreendermos quais eram seus pontos de vista sobre Bismarck e sobre o que ocorreria se o onipotente chanceler perdesse seu poder. Desde os primeiros sucessos de Bismarck, a admiração de Engels por essa "criatura cujas ideias eram tão irracionais e cuja conduta era tão mutável" não crescera. Uma comparação com o cesarismo de Napoleão III foi útil para permitir que ele julgasse qual posição o sistema de Bismarck ocuparia na história. Ele considerava que, se Bismarck tivesse uma vontade mais forte, teria visões mais estreitas. O cavalheiro francês pelo menos tinha suas "ideias napoleônicas", enquanto o prussiano "nunca conseguiu produzir algo parecido com uma ideia política original". A burguesia lhe mostrou o objeto e Luís Napoleão lhe mostrou o caminho: tudo o que ele fez foi viajar por esse caminho. Quando completou, à sua maneira, a missão que outros lhe tinham prescrito, ele mostrou-se "um ignorante em teoria", incapaz de "compreender a situação histórica que ele mesmo tinha criado". Sua força de vontade fez dele o tirano da burguesia alemã e, contra seu melhor julgamento, ela nunca deixou de fazer as manobras que ele queria. Mas as classes trabalhadoras alemãs mostraram ao chanceler mais claramente e a cada eleição que sua vontade não podia ser dominada por ele, por mais forte que fosse. Engels materializou essas opiniões em um ensaio redigido pouco antes da queda de Bismarck. Não chegou a terminá-lo, mas um esboço sobreviveu, o que nos mostra a conclusão a que deveria levar. Encontramos nele os seguintes tópicos: "Transformação completa de Bismarck em um *junker*", "Política social *à la* Bonaparte", "falsas reformas sociais" e uma expressão lapidar dos pressentimentos sombrios de Engels sobre o Império alemão: "Resultado: (a) uma situação que entra em colapso com a morte de alguns personagens – não há Império sem um imperador! o proletariado pressionando em direção à revolução, um *boom* inédito na social-democracia após a revogação do decreto [antis]socialista – caos: (b) uma paz pior que a guerra, o resultado líquido de tudo, se tudo correr bem, ou então uma guerra mundial".

Se, como esperava Engels na década de 1880, a revolução russa estivesse prestes a eclodir, suas faíscas necessariamente voariam sobre a Europa central. Ele falava frequentemente com Bebel sobre o caráter e o curso da futura revolução alemã. Bebel não podia imaginar que, em tal revolução, a democracia burguesa ainda pudesse ter alguma tarefa a cumprir, mesmo que temporária. Engels sabia que sim. "Num momento como esse", disse ele a seu amigo em dezembro de 1884, "toda a massa da reação recua para trás da bandeira da democracia burguesa e a fortalece: tudo o que é reacionário se disfarçará de democrático." Ele não queria que a burguesia alemã se resumisse "a uma massa reacionária". Explicou a Bernstein em junho de 1883: "Não podemos avançar até que pelo menos uma parte da burguesia seja empurrada para o lado do movimento real, por uma mudança dos eventos internos ou externos. Portanto, já tivemos o suficiente do regime de Bismarck; agora ele só pode nos ajudar com um conflito ou com sua renúncia". E, dois meses depois, ampliou esse ponto:

> Na Alemanha, o primeiro resultado imediato da revolução deve assumir a forma de uma república burguesa. Mas esse será apenas um breve estágio de transição, já que felizmente não temos um partido burguês puramente republicano. A república burguesa – talvez encabeçada pelo Partido Progressista – nos dará a chance de ganhar as massas da classe trabalhadora para o socialismo revolucionário (o que levará um ou dois anos) e dará aos partidos de centro a chance de provarem sua futilidade ou de cometerem suicídio. Somente depois que isso for feito poderemos nos mover.

O impulso para uma revolução na Alemanha (ele via claramente) só poderia vir do Exército, se não viesse de uma revolução russa. "Uma população desarmada", escreveu a Bebel em dezembro de 1884, "contra um Exército moderno é, no sentido militar, apenas uma quantidade negativa. Suponha, no entanto, que nossas reservas (homens de 25 anos que não votam, mas são soldados treinados) fiquem do lado da revolução, com isso seria possível pular a etapa da democracia pura." Um mês antes ele tinha explicado a Bebel: "Com a situação militar presente, não podemos abrir o ataque, pois temos uma força armada contra nós. Podemos esperar até que essa força armada deixe de ser uma força contra nós. Antes disso, qualquer revolução, mesmo que bem-sucedida, daria o poder não a nós, mas aos elementos mais radicais da burguesia, isto é, a pequena burguesia".

Um observador sempre atento do equilíbrio de poder militar, ele tinha percebido cedo que a lealdade absoluta do Exército ao *kaiser* estava sendo minada pela propagação da agitação social-democrata. Mas, com um olhar estratégico para todas as possibilidades, refletiu que a social-democracia alemã poderia ser "varrida por uma inundação europeia" e chegar ao poder cedo demais, antes que "os partidos burgueses e pequeno-burgueses deixassem óbvia e palpável sua incapacidade de governar". Preferia "o ritmo lento, mas certo, da história" a qualquer desenvolvimento precipitado, pelo qual o partido poderia ser chamado a assumir a responsabilidade cedo demais.

Ele acreditava implicitamente que Bismarck temia mais uma revolução russa do que qualquer outra coisa. Engels esperava o fim da estagnação política interna que marcou os últimos anos de Bismarck assim que o príncipe herdeiro (o marido da princesa real) tomasse o poder. "A burguesia será finalmente levada a derrubar outra regra do antigo regime e a desempenhar um papel na política, como bem deveria. Apenas um pouco de vida nova, isso é tudo que precisamos." No outono de 1886, Bebel repetiu suas dúvidas a respeito de se poderiam esperar que a burguesia alemã tomasse novamente a iniciativa. Engels respondeu que ele também não tinha dúvida de que os burgueses estavam prontos para abandonar suas frases liberais: a única questão era se seriam capazes de fazê-lo sem Bismarck para governá-los. "A indústria de grande escala não permite que a covardia dos magnatas industriais lhe dite leis; o desenvolvimento econômico causa colisões constantes; ele as aumenta e agrava, e não permite que *junkers* semifeudais com gostos feudais o dominem para sempre."

Se a situação exigisse, Engels estava pronto para uma aliança com um partido burguês realmente radical, a fim de obter a revogação da legislação antissocialista, a abolição das tarifas protecionistas, o morgadio e outras prescrições feudais. Em 1889, ele disse a um membro do partido dinamarquês chamado Trier: "Sou revolucionário o suficiente para adotar mesmo essa política como meio para um fim, em uma situação em que seja a mais vantajosa ou a menos prejudicial". "Questões morais à parte", acrescentou, "em minha opinião, qualquer meio é justificável se ele alcança seu fim – o mais violento e também o mais gentil." Tudo isso, é claro, partindo-se do pressuposto de que a orientação de classe proletária do Partido Social-Democrata não entrasse em questão: pois esse permaneceu para sempre o princípio de seus julgamentos. Ele considerou, com razão, a última grande vitória de Bismarck nas eleições, em fevereiro de 1887, como apenas um episódio. Os sociais-democratas podiam ter perdido assentos, mas ganharam eleitores. Tudo corria de modo excelente, escreveu ele a Sorge em 7 de janeiro de 1888. Se Guilherme I morresse logo e o príncipe herdeiro, irremediavelmente enfermo, assumisse o governo por apenas seis meses, tudo ficaria confuso. No dia seguinte, escreveu no mesmo tom para Liebknecht concluindo: "Agora não quero guerra nem golpe: tudo está indo muito bem". Em agosto de 1888, ele disse a Sorge que o conflito entre Guilherme II e Bismarck era iminente. Em fevereiro de 1889, acrescentou: "A velha gangue reacionária, clérigos e *junkers* da corte estão fazendo todo o possível para provocar o *kaiser* contra Bismarck e iniciar um conflito". Em fevereiro de 1890, ele declarou a Bebel que Guilherme II sempre lhe parecera ter sido criado especialmente para destruir o sistema aparentemente estável da Alemanha. "Mas eu não poderia esperar que ele fosse capaz de fazer isso tão rápida e brilhantemente quanto fez. O homem vale o dobro de seu peso em ouro para nós. Ele não precisa temer tentativas de assassinato; não seria apenas um crime matá-lo, mas um erro gigantesco. Se necessário, devemos lhe dar um guarda-costas contra as tolices anarquistas."

Em fevereiro de 1890, as vitórias dos sociais-democratas nas eleições do Reichstag superaram as mais brilhantes esperanças de Engels[97]. Ele escreveu exultante para Liebknecht: "Em três anos, podemos ganhar os trabalhadores agrícolas, e então teremos a nata do Exército prussiano. E há apenas um meio para evitar isso, que será usado incansavelmente, já que é o único ponto sobre o qual Guilherminho e Bismarck ainda concordam: um massacre regular e um reino de terror. Eles usarão qualquer pretexto para pôr isso em prática". Engels estava fascinado com o pensamento de que a social-democracia estava prestes a inundar o maior reservatório de recrutas do Exército prussiano. Em abril, ele disse também a Sorge que havia uma boa chance de trazer para o movimento do proletariado agrícola as províncias orientais da Prússia, e com elas os soldados das tropas de choque: "então tudo explodiria, e nós estaríamos no controle". Mas não acreditava que a vitória já estivesse ao alcance de seu partido, ou que ela viria sem luta. "Os generais da Prússia", continuou, "se provarão mais burros do que eu seria capaz de imaginar se eles não souberem disso tão bem quanto nós; e, portanto, devem estar ardendo de vontade de nos tirar de circulação por um tempo com um massacre. Aí está uma dupla razão para mantermos nossas aparências de quietude." A estimativa que Engels fez dos generais era justa. Hoje sabemos que o chefe do Estado-Maior, o conde Waldersee, pensava que apenas um golpe de Estado salvaria a situação, e estava "muito disposto a ajudar". Se a luta fosse realmente inevitável, a monarquia não ganharia nada adiando-a. Waldersee concordou inteiramente com Engels ao escrever em seu diário: "A segunda geração de uma família social-democrata leva ideias subversivas já prontas para dentro do Exército". Mas Engels tinha certeza de que o tempo era o aliado da social-democracia: tudo que o partido precisa fazer é não dar ao governo nenhuma chance de interferência violenta. Em abril de 1888, o periódico da social-democracia militante tinha sido expulso da Suíça (sob pressão de Berlim) e forçado a se mudar para Londres. Ele passou a ser editado por Bernstein sob a superintendência de Engels, e, especialmente em questões de política internacional, sob sua influência direta. Em fevereiro, publicou-se um número especial em comemoração à vitória nas urnas. Nele, Engels perguntava "E agora?", e respondia que o dia 20 de fevereiro significava o início do fim da época de Bismarck. Nada poderia ajudar Bismarck, exceto uma revolta provocada por sua brutalidade, que seria reprimida com brutalidade redobrada. "Esse é o único meio do qual ele dispõe – e sabemos que Bismarck é uma daquelas pessoas que pensam que qualquer meio para seus fins é correto." Portanto, o partido não pode se deixar levar a nenhuma ação desaconselhada. "Ele nunca mais deve fazer isso. A legislação antissocialista educou muito bem nossos trabalhadores, e temos muitos soldados experientes em nossas fileiras – entre eles, muitos que aprenderam a ficar atentos em meio a uma chuva de balas esperando o momento certo para atacar." Essas analogias militares fluíam espontaneamente da caneta do velho "general" quando apelava para a disciplina dos trabalhadores alemães que ele tanto amava e admirava justamente por tal disciplina.

A queda de Bismarck se seguiu mais rapidamente do que o mais perspicaz de seus inimigos pudera prever. O jovem *kaiser* pensou que a legislação antissocialista poderia ser dispensada, e ela desapareceu em 1º de outubro de 1890. Era o começo de um novo período histórico para a Alemanha e para o movimento operário alemão. Engels viu com maior clareza do que a maioria dos políticos de sua época que a nova era não traria "dias gloriosos" para o povo alemão, como o *kaiser* profetizava orgulhosamente. Em vez disso, ele proferiu o sombrio oráculo: "Se Creso atravessar o Hális, ou Guilherme o Reno, ele destruirá um grande império".

Página de abertura do estatuto da Primeira Internacional.

XXI
Da Primeira à Segunda Internacional

No período entre a Guerra Franco-Prussiana e a Guerra Mundial, os partidos da classe trabalhadora de outros países passaram a olhar para a social-democracia alemã com admiração e muitas vezes procuraram sua ajuda. Mesmo nos dias da Primeira Internacional, ela sempre dirigiu seus esforços em paralelo às linhas da democracia política, de modo que ficou imune às brigas que dividiram a Associação Internacional dos Trabalhadores. E, como suas táticas se mostraram bem-sucedidas, os líderes da classe operária de outros países se convenceram de que o melhor caminho era a agitação dentro da legalidade, na imprensa, em reuniões e associações, eleições e parlamentos. O exemplo alemão provocou muitas conversões, mesmo naqueles países que tinham sido induzidos por Bakunin a desconfiar de toda ação política.

Engels ficou satisfeito com todas as novas provas da influência decrescente do anarquismo no movimento da classe trabalhadora europeia. Mais e mais jornais anarquistas faliam, e a Contra-Internacional bakuninista se dispersou. Mas Sorge também se cansou da Primeira Internacional, que sobreviveu muito enfraquecida após sua mudança para os EUA, e em 1876 a suspendeu "por tempo indefinido". Engels acreditava que era chegada a hora de ela morrer, pois cumprira sua missão. Mas sua tradição deveria ser mantida por um jornal publicado em Nova York: o *Labor Standard*, editado por Joseph Patrick MacDonnell, que representara a Irlanda no Conselho Geral de Londres. Para esse jornal, Engels escreveu uma série de artigos intitulados "The European Working Class in 1877" [A classe trabalhadora europeia em 1877], nos quais descreveu o movimento como obtendo "resultados não apenas favoráveis, mas também rápidos". Recordando as recentes disputas entre as várias facções, ele disse que era especialmente notável o fato de um único espírito permear agora todo o movimento; mas foi um pouco prematuro em sua profecia: "Chegamos mais uma vez à completa harmonia, e com ela surgiu um intercurso constante e regular entre os trabalhadores de vários países"; e em sua declaração de que

> os homens que fundaram a Associação Internacional dos Trabalhadores em 1864, que mantiveram sua bandeira hasteada durante as lutas contra inimigos externos e internos, até serem levados mais pela pressão política do que por seus próprios erros à derrota e à aparente aposentadoria – esses homens agora podem afirmar com orgulho que a Internacional completou seu trabalho, alcançou seu grande objetivo, a unidade do proletariado em todo o mundo contra seus opressores.

A essa altura, a parte mais importante da luta proletária eram as batalhas que estavam sendo travadas em cada país, e os interesses políticos estavam principalmente focados nos problemas internos que diferiam de acordo com as condições especiais de cada lugar. Lassalle sempre soubera que a ascensão dos partidos nacionais da classe trabalhadora era uma etapa necessária do movimento, enquanto Marx e Engels, que tinham negligenciado esse ponto de vista, aprenderam com seus erros. No final de 1876, Johann Philipp Becker, em Genebra, propôs ressuscitar a Internacional como uma federação de partidos nacionais individuais. Engels se opôs fortemente a isso e fez o mesmo em 1882, quando Becker repetiu sua proposta. Um dos pontos de Engels era que, em uma nova Internacional, os emigrados ainda teriam um papel muito importante. Somente quando houvesse uma perspectiva de grandes eventos de importância europeia o movimento ganharia força ao agrupar suas unidades nacionais em torno de um centro principal. Nesse caso, a Internacional deixaria de ser uma organização de propaganda para se tornar uma organização para a ação.

O significado pessoal de Engels para o desenvolvimento do movimento da classe trabalhadora europeia desde a queda da Primeira Internacional pode ser mais bem compreendido se considerarmos sua conexão com a origem e o desenvolvimento dos partidos socialistas nos diferentes países[98]. Marx e Engels consideravam sua tarefa especial observar o desenvolvimento do movimento em conexão com o curso da política internacional e a expansão da produção em todo o mundo. Eles eram exilados políticos e não pertenciam a nenhum partido nacional. Sem ocupar nenhuma posição oficial, seu objetivo era dirigir e influenciar os movimentos socialistas dos vários países. Mas a experiência tinha lhes ensinado que isso tem de ser feito com extremo tato e prudência. Pouco antes da morte de Marx, Engels elaborou esse ponto para Eduard Bernstein. "Marx", escreveu ele em 1881, "tem o crédito por realizações tais nas esferas da teoria e da prática, que as melhores pessoas em todos os vários movimentos da classe trabalhadora têm total confiança nele. Em momentos críticos, recorrem a ele em busca de conselhos, e geralmente acham que seu conselho é o melhor. Essa é a posição que ele ocupa na Alemanha, na França e na Rússia, para não falar dos países menores." E acrescentou: "Temos contato constante com eles, na medida em que valha a pena, e na medida do possível. Mas qualquer tentativa de influenciar as pessoas contra a própria vontade apenas nos machucaria e destruiria a antiga confiança que remonta à Internacional. Temos muita experiência *in revolutionaribus rebus* para cometermos esse erro".

Em questões práticas, portanto, Engels manteve sua reserva em relação aos movimentos da classe trabalhadora nos vários países; nunca forçou sua opinião sobre eles, mas não se furtava a opinar quando solicitado. Considerava que sua tarefa especial era preservar a pureza da teoria marxista onde ela possuísse adeptos e tentar divulgá-la sempre que possível. Sua missão, pensava, era seguir o curso do movimento em todo o mundo e, quando lhe eram feitas perguntas (especialmente pelos líderes dos partidos continentais), fornecer informações e conselhos a partir da vasta experiência que ele e Marx possuíam. Em tudo isso, tinha o mesmo objetivo final em vista, que tentara alcançar de maneira excessivamente direta e mecânica durante a luta com Bakunin: conquistar o movimento da classe trabalhadora do mundo para as ideias, objetivos e métodos que Marx e ele consideravam ser o único meio possível de abolir o proletariado. O antagonismo de classe, acreditava, só poderia ser dominado se os trabalhadores de todos os países estivessem decididos a moldar seu próprio destino e se organizassem como partidos políticos independentes, com base na luta de classes. Esse era o princípio subjacente a todos os conselhos que Engels deu aos vários partidos.

Havia um consenso crescente sobre esse objetivo final nas décadas de 1870 e 1880; mas, mesmo nessa época, o movimento da classe trabalhadora europeia estava longe de ser homogêneo. A cada vez que lhe pediam conselhos, Engels descobria que precisava lidar com um problema completamente diferente; não poderia esperar produzir soluções harmoniosas para responder a todos eles sem os princípios orientadores claros que sua grande concepção da história lhe deu. Já vimos sua atitude em relação ao movimento na Alemanha. Ali, ao menos havia um partido que expressava a intenção de trabalhar a partir dos princípios do *Manifesto comunista*. A situação na França era muito mais difícil. Lá Marx e Engels tiveram que lançar suas sementes no chão que já tinha sido arado e plantado por outros. Engels fora otimista demais ao pensar que a Comuna tinha matado o velho "socialismo eclético do homem comum" e que o futuro pertencia ao comunismo internacional. Nas décadas seguintes, as coisas não correram tão bem quanto ele esperava; e havia muitos impedimentos que se mostraram muito teimosos para sua impaciência revolucionária.

O propagador mais zeloso e bem-sucedido do marxismo na França era o ex--bakuninista Jules Guesde. Marx e Engels não trocavam cartas com ele, pois podiam influenciá-lo indiretamente por meio de seu coadjutor Lafargue, que era genro de Marx. Guesde, porém, procurou-os pessoalmente para aconselhamento quando chegou a hora de elaborar um programa para o primeiro partido da classe trabalhadora de tipo marxista. A reunião ocorreu no escritório de Engels[99]: um evento importante, pois foi a primeira oportunidade que os amigos tiveram de exercer influência direta sobre as ideias do proletariado francês. O novo partido (o Parti Ouvrier) encontrava seu principal apoio nas áreas industriais. Em Paris, os *possibilistes* ainda dominavam o campo[100].

Após a morte de Marx, Engels buscou influenciar o movimento francês em duas linhas principais. Por um lado, tentou (como veremos) reconciliar os sociais-democratas da França e da Alemanha, a fim de combater o perigo de uma guerra. Por outro, encorajou todos os esforços para criar na França um partido social-democrata tão forte e unido quanto o alemão. Em 1893, pela primeira vez, um número considerável de socialistas foi eleito para a Câmara. Mas apenas uma minoria deles endossava o programa que tinha sido elaborado na Regent's Park Road[101]. A maioria pertencia a um grupo de socialistas independentes que declaravam a impossibilidade de reduzir seus princípios a uma fórmula. Engels disse que eles não tinham ido além do amor platônico pelo socialismo. Considerava Alexandre Millerand um dos homens mais perspicazes do partido, mas temia (corretamente) que ele tivesse "muitos preconceitos jurídicos burgueses" mais difíceis de extirpar do que ele próprio imaginaria. Engels inicialmente descreveu Jaurès[102] como um professor que gostava de ouvir os próprios discursos e a quem a Câmara preferiria ouvir a Guesde ou Édouard Vaillant, o blanquista, porque tinha uma mentalidade mais burguesa. Mas ele lhe dava crédito por sua intenção honesta de "tornar-se um socialista regular". No ano de sua morte, escreveu a Plekhanov: "Jaurès está no caminho certo, ele está aprendendo o marxismo. Não devemos apressá-lo demais. Ele já fez um excelente progresso – muito melhor do que eu esperava. De qualquer modo, não podemos exigir muita ortodoxia! O partido é grande demais e as teorias de Marx são difundidas demais para que algumas pessoas mais ou menos isoladas nos países ocidentais causem muitos danos". Engels estava convencido até o fim de que as doutrinas de Marx e dele acabariam moldando o movimento da classe trabalhadora, mesmo na terra de Proudhon.

Morando na Inglaterra, Engels observara com profunda atenção o desenvolvimento do proletariado inglês por mais de meio século. Mas estivera em contato estreito com o movimento apenas durante o período cartista e enquanto os líderes mais distintos da classe trabalhadora britânica ainda pertenciam à Internacional. Sabemos que sua trajetória, ano a ano, lhe trouxe apenas decepções. Em 1879, ele escreveu para Bernstein: "É preciso reconhecer que, neste momento, não existe na Inglaterra um verdadeiro movimento da classe trabalhadora no sentido continental".

Alguns anos antes, Harney (que havia muito se mudara para a América) tinha oferecido ajuda financeira para permitir que Engels ou Marx escrevesse uma exposição sistemática de sua doutrina para o proletariado inglês, mas Engels não tinha muita fé na ideia. A influência dos dois amigos crescia constantemente no continente europeu, mas eles não conseguiram se estabelecer de modo algum no país que lhes despertara tantas esperanças. Em 1881, o sindicalista George Shipton fundou um jornal semanal, o *Labour Standard*, para defender o renascimento de um movimento político de trabalhadores independentes na Inglaterra, e Engels concordou em contribuir com artigos regulares[103]. Neles, fez total justiça ao serviço prestado pelos sindicatos na defesa do padrão de vida dos trabalhadores e na redução da jornada de trabalho. Mas, ao mesmo tempo, censurou-os por ignorarem as tarefas de tornar a classe trabalhadora dona dos meios de produção, de abolir o trabalho assalariado e de travar a guerra contra o capitalismo com armas políticas. A classe trabalhadora inglesa tinha sindicatos mais bem organizados do que qualquer outra na Europa: não merecia ficar tão atrás dos movimentos continentais em termos de atividade política. Em todos os lugares, o proletariado buscava o poder político – em todos os lugares, exceto na Inglaterra, onde a democracia completa traria consigo a supremacia da classe trabalhadora. Como o proletariado britânico poderia assumir o governo desse grande império se não se preparasse de uma vez e não usasse todos os meios de poder que pudesse comandar? Era necessário apenas vontade: se existisse vontade, a maioria potencial que o proletariado detinha tanto local quanto nacionalmente seria convertida em uma maioria efetiva. Em um artigo sobre a teoria do salário da Liga Contra a Lei dos Cereais, Engels explicou aos trabalhadores que os homens do campo liberal em quem eles confiavam apoiavam o livre comércio apenas porque desejavam tornar a indústria inglesa um competidor mais forte no mercado mundial por meio da redução do preço do páo inglês. Por cinco meses, ele tentou influenciar os trabalhadores britânicos no espírito do cartismo e do *Manifesto comunista*. Mas, ao cabo, abandonou esses esforços; pois a única resposta que eles provocaram foi que até mesmo o editor "se assustou com as heresias continentais". Ele escreveu a Marx resignado: "O trabalhador britânico não irá adiante: ele precisa ser sacudido pelos fatos, pela perda do monopólio industrial britânico".

Depois dessa decepção, Engels estava convencido de que o proletariado britânico nunca se organizaria como um partido político baseado no conflito de classes até que o monopólio inglês do comércio mundial fosse quebrado – e sustentou que ele já tinha recebido golpes severos. Voltou ao problema nos prefácios que escreveu para as traduções ao inglês das obras de Marx e de seus próprios trabalhos, e também em artigos para a imprensa e cartas particulares. Enfatizou o fato de que a doutrina do livre comércio estava originalmente baseada na ideia de que a Inglaterra era o centro industrial de um mundo predominantemente agrícola, que sempre continuaria fornecendo grãos e algodão a ela. Mas seu monopólio industrial não era mais compatível com o desenvolvimento dos outros países civilizados da Europa. Eles precisavam de industrialização para não afundar até o nível da Irlanda. A política comercial dos Estados Unidos também mostrava agora que eles pretendiam sacudir o jugo do monopólio industrial inglês. A princípio, Engels achou que as tarifas protecionistas americanas eram justificadas, mas depois defendeu que os Estados Unidos e a Alemanha teriam maiores garantias de superar a Inglaterra no mercado mundial se mantivessem o livre comércio. Ele considerava a formação de trustes nas indústrias protegidas como um sinal de que as tarifas protecionistas haviam cumprido sua função nos Estados Unidos. As tarifas agora protegiam os produtores não contra importações estrangeiras, mas contra consumidores domésticos.

Ele acreditava que os Estados Unidos inevitavelmente se tornariam o centro da indústria mundial. Os burgueses ingleses sobreviveriam à perda de seu monopólio nacional por algum tempo: os venezianos e holandeses continuaram sendo os banqueiros do mundo por muito tempo depois do declínio de seu comércio. Mas o que aconteceria com o proletariado inglês? Engels respondeu à própria pergunta assim: depois que os Estados Unidos vencessem as indústrias têxteis e metalúrgicas inglesas no mercado mundial, eles aboliriam suas tarifas protecionistas, e isso significaria a vitória final do socialismo na Inglaterra. Na Inglaterra, o sistema industrial não poderia ser mantido sem uma expansão rápida e constante da produção. Chegaria o momento em que os desempregados (que aumentavam a cada ano) perderiam a paciência e tomariam seu destino nas próprias mãos. Marx tinha profetizado que a Inglaterra seria o único país europeu onde a revolução social seria levada a cabo por meios legais e pacíficos. Engels chamou a atenção para isso em seu prefácio à primeira edição inglesa de *O capital*, e disse que Marx sempre acrescentara que achava difícil acreditar que as classes dominantes inglesas se submeteriam a essa revolução pacífica e legal sem que houvesse um levante violento das classes oprimidas. Mais ou menos na época da morte de Marx, o proletariado inglês começou a perceber que o monopólio comercial inglês fora rompido. Chamados ao socialismo eram agora mais frequentes, e havia um movimento crescente para formar um partido independente dos trabalhadores. A relação de Engels com esse novo movimento foi muito afetada pelo fato de ter se recusado a encontrar Henry Hyndman, o socialista inglês.

Engels não negava a "astúcia" de Hyndman, mas era repelido por sua presunçosa ambição, sua "habilidade para os negócios" e sua "impaciência para desempenhar o papel de ditador". Ele o chamava de um "John Bull jingoísta". Hyndman fora muito pouco afetado pela concepção materialista da história, mas era fortemente influenciado por *O capital*. Ele visitou Marx com frequência durante os últimos anos de sua vida, mas Marx também não gostava dele pessoalmente. À época e depois, Engels evitava reunir-se com Hyndman, a quem deu o apelido de "caricatura miserável de Lassalle". Hyndman sentiu-se ofendido e o apelidou de "Grande Lama Teutônico da Regent's Park Road". Mais tarde, um dos associados políticos de Hyndman (o modernoso Belfort Bax) afirmou que a sra. Hyndman procurou voltar a sra. Marx contra Engels e chegou a criar intrigas contra ele. O próprio Hyndman declarou que Jenny Marx disse a sua esposa que Engels era o gênio maligno de Marx. Não conferimos importância a tal fofoca. Quando Engels comentou com Bebel que Hyndman se comportara de maneira "imunda" em relação a Marx e que ambos passaram a desprezá-lo por conta disso, ele quis dizer que o agitador tinha tomado de empréstimo ideias do "estrangeiro" Marx em seu *England for All* [Inglaterra para todos], sem mencionar seu nome[104].

Quando os primeiros grupos socialistas se formaram na Inglaterra, Engels não superestimou sua importância. Alertou Bebel para que não deixasse Liebknecht enganá-lo levando-o a acreditar que um movimento realmente proletário existia na Inglaterra. Em 1883, escreveu a Bebel que "os elementos que são ativos no momento, agora que eles aceitaram nosso programa teórico", podem se tornar importantes se um movimento espontâneo surgir entre o proletariado e eles forem capazes de assumir o seu comando. Ele queria que a Federação Social-Democrata de Hyndman fosse "ultimada" antes da hora em que um movimento político sério dos trabalhadores chegasse à Inglaterra. Uma Liga Socialista tinha, como é bem sabido, rompido com a Federação; ela contava com algumas pessoas que tentavam ganhar a simpatia de Engels. E embora ele reconhecesse a boa-fé de um homem como William Morris, manteve-se afastado da Liga, que mais tarde contaminou-se com ideias anarquistas. Do mesmo modo, manteve-se afastado da Sociedade Fabiana por princípio, pois ela rejeitava a guerra de classes[105]. De todos os seus membros, o que ele mais respeitava era Annie Besant. Engels considerava que seus panfletos estavam entre os mais influentes que a sociedade publicou. Quando Edward Pease, mais tarde secretário da Sociedade Fabiana, o convidou em 1886 para escrever um desses panfletos respondendo à questão "O que é socialismo?", ele recusou. Engels pensava, e disse a outros, que uma enorme classe trabalhadora não seria posta em movimento por "pregadores". Na década de 1890, quando Bernstein aproximou-se de Sidney Webb, Bernard Shaw e Graham Wallas, Engels resmungou sobre sua "tola fabianite".

Hyndman foi derrotado na eleição de 1885. Mas a crise econômica de 1886 abalou a fé da classe trabalhadora nas bênçãos do livre comércio, e Hyndman agarrou a oportunidade e organizou uma grande manifestação de desempregados na Trafalgar Square. Uma reunião de trabalhadores portuários para se manifestar a favor das tarifas protecionistas tinha sido chamada para o mesmo local e horário, e os dois grupos entraram em choque. Os manifestantes foram provocados por gritos das janelas dos clubes, e algumas lojas da cidade foram saqueadas pelos desempregados. Engels escreveu a Bebel sobre o assunto. A parte ruim disso, disse ele, é que tal infantilidade iria desgostar o proletariado inglês (que estava bastante despreparado); a parte boa era que os liberais teriam finalmente que reconhecer a existência da necessidade e da pobreza que tinham negado até ali. Ele culpou Hyndman e seus amigos por adotarem uma atitude tão revolucionária "na ausência de qualquer apoio organizado entre as massas". "Esses bons senhores socialistas", disse ele, "querem conjurar um movimento à força, da noite para o dia – algo que aqui ou em qualquer lugar leva anos de trabalho, embora eu concorde que, se algo assim fosse deflagrado e as massas fossem levadas pela força dos eventos, as coisas poderiam ser muito mais rápidas aqui do que no continente."

Durante aquele ano, Engels às vezes pensou ter visto traços de "um movimento de trabalhadores realmente socialista". Para que a dominância dos antigos sindicatos (que eram avessos a toda ação política) fosse quebrada, as seções mais pobres do proletariado teriam que ser sugadas para dentro de um movimento socialista. Um dos maiores oponentes de Hyndman era o escritor Edward Aveling, que estava vivendo com Eleanor Marx. Era um homem talentoso, mas tinha um caráter pervertido[106]. Engels não via sua verdadeira natureza; e, como tratava as filhas de Marx como se fossem suas filhas, apoiou Aveling completamente, permitiu que este o usasse política e financeiramente, e não notou que, por conta disso, estava afastando os melhores líderes da classe trabalhadora inglesa. Em 1887, ele incentivou Eleanor e Aveling a iniciar uma campanha enérgica na região de East End em Londres. Eles obtiveram algum sucesso; e Engels pensou que esse era um passo para a frente definitivo, que essa "enorme favela estava sacudindo seu desespero congelado" e produzindo um novo tipo de sindicato adequado aos trabalhadores que tinham sido negligenciados pelos antigos sindicatos e pela "aristocracia dos trabalhadores". Ficou orgulhoso quando os Aveling conseguiram fundar novos sindicatos em East End para os trabalhadores do gás e os trabalhadores não qualificados, e considerou esses novos sindicatos responsáveis pela grande greve das docas de 1889[107], "que sacudiu os estratos mais baixos da classe trabalhadora da zona leste de Londres para fora do pântano do desespero".

A manifestação de 1º de maio em Londres, em 1890, causou uma enorme impressão nele. Ele a assistiu de cima de um grande vagão fechado, e a descreveu posteriormente no *Wiener Arbeiterzeitung* [Gazeta dos Trabalhadores de Viena]. Ela o fez abandonar suas últimas dúvidas de que um verdadeiro movimento socialista de massas tinha começado na Inglaterra e pensar que logo ele se alinharia ao grande exército internacional do continente. "O que eu não daria para que Marx tivesse vivido para ver esse despertar!", pensou enquanto observava os milhares que se reuniam para apoiar a causa proletária internacional. Ele escreveu a Bebel: "Mantive minha cabeça duas polegadas mais alta quando desci do velho vagão". Sentiu que, depois de um longo sono, o proletariado inglês tinha finalmente acordado. "Os netos dos antigos cartistas estão tomando seu lugar na linha de batalha."

Keir Hardi começara agora a agitar (inicialmente na Escócia e depois também na Inglaterra) pela fundação de um Partido Trabalhista Independente. Há razões para pensar que Engels conhecia o plano – e possivelmente que ajudou a começar a "conspiração contra a Federação Social-Democrata" (como Hyndman a chamava). Ainda assim, decidiu esperar e ver o que aconteceria com o movimento antes de apoiá-lo. E alertou os sociais-democratas alemães para que não o proclamassem "o único verdadeiro partido independente dos trabalhadores" sem maiores evidências. Aprendera com a experiência "que uma grande nação não pode ser martelada a aceitar doutrinas e dogmas sem problemas", mesmo que tenha sido apresentada a uma teoria que, como a de Marx, "brotou da história de sua própria vida". Ele teve o cuidado de não esperar que os ingleses produzissem o mesmo tipo de programa que uma "nação que gosta de teoria como a Alemanha". No final de 1889, garantiu a Sorge que o movimento já estava finalmente em andamento, embora ainda não fosse completamente socialista. "Ele ainda se apresenta como um movimento sindical, mas é totalmente diferente dos antigos sindicatos de trabalhadores qualificados, a aristocracia da classe trabalhadora." Mesmo seus membros ainda não conheciam seus objetivos. Teriam de aprender com sua própria experiência, com os resultados de seus próprios erros. Mas, diferentemente dos antigos sindicatos, recebiam com riso desdenhoso qualquer sugestão de que os interesses do capital e do trabalho eram idênticos; e isso significava que eles logo iriam adiante.

Engels tinha certeza de que as massas de novos recrutas logo eliminariam os grupelhos e criariam a unidade necessária. Os "horrendos grupelhos" surgiram "apenas do fato de as massas não confiarem em si mesmas" e desapareceriam assim que surgisse uma classe trabalhadora que pudesse realmente se mover em massa. No ano de sua morte, Engels ainda encontrava "as diferentes pequenas seitas que corriam nos mesmos velhos trilhos", mas também viu que as massas estavam se movendo com crescente urgência em direção ao socialismo. Não se perturbava com o fato de "o processo de tomada de consciência" ser mais lento na Inglaterra do que em outros lugares. Ele declarou que esse era o caminho certo para os anglo-saxões e que era necessário ter paciência. Os professores alemães havia tempo eram capazes de dizer, com uma aparência de verdade, que os trabalhadores ingleses só queriam "embelezar" o sistema salarial. Mas, agora, a ideia de que a paz social fora alcançada na Inglaterra tinha acabado. O inglês "prático" podia estar muito atrás dos alemães e franceses, mas, "assim que eles souberem o que querem, Estado, terra, indústria, tudo pertencerá a eles". E Engels morreu com essa fé intacta.

Enquanto as classes trabalhadoras inglesas sentissem que compartilhavam as bênçãos do aumento da prosperidade nacional, seria difícil convencê-las a dar crédito à ideia de conflito de classes. E isso era ainda mais verdadeiro com os trabalhadores anglo-saxões nos Estados Unidos. Engels mantinha correspondência havia muito tempo com socialistas alemães que tinham emigrado para lá e, portanto, conseguia acompanhar os desenvolvimentos sociais naquele país. Mas sempre viu que, a princípio, o socialismo só conseguiria encontrar um lar entre os imigrantes da classe trabalhadora que tivessem levado consigo ideias socialistas da Europa – e que não poderia se espalhar para a maioria anglo-saxônica até que a situação econômica nos Estados Unidos (e, portanto, suas condições sociais) se aproximasse muito mais das condições da Europa.

Já na década de 1850, ele considerara uma ilusão esperar que os trabalhadores anglo-saxões aceitassem as doutrinas socialistas levadas pelos imigrantes alemães. Fez total justiça ao bom trabalho dos alemães em espalhar o socialismo nos Estados Unidos, mas sabia que um "movimento real" não poderia ser criado nem pelos adeptos de Lassalle nem pelos de Bebel. "As classes trabalhadoras americanas estão vindo, mas precisam seguir seu próprio caminho, como os ingleses", disse ele a Hermann Schlüter em 1890. "Elas não deixarão a teoria lhes ser empurrada goela abaixo: mas em breve o que lhes entrará pela goela será sua própria experiência, seus próprios erros e os resultados deles... e então, tudo bem. Nações independentes seguem seu próprio caminho, e os ingleses e sua parentela são os mais independentes de todos." Ele via a atitude aristocrática dos trabalhadores nativos em relação aos imigrantes como um impedimento especial ao desenvolvimento do movimento da classe operária no Novo Mundo. Mas dizia a si mesmo que, em um país jovem que sempre cresceu sob os princípios burgueses, as classes trabalhadoras deveriam compartilhar primeiro os preconceitos da burguesia.

Com otimismo inabalável, ele manteve sua convicção de que, com o tempo, a resistência cessaria e chegaria um período de progresso constante em direção a um movimento socialista de abrangência nacional naquele país.

> Os Estados Unidos se baseiam em princípios puramente burgueses, livres do servilismo pré-burguês: está se desenvolvendo com energia colossal – uma energia que se manifesta mesmo nos exageros insanos de seu sistema tarifário protecionista. E um dia desses essa energia e esses princípios produzirão uma mudança que surpreenderá o mundo inteiro. Quando os americanos começarem, com toda a sua energia e virulência, nós da Europa ficaremos parecendo crianças.

Engels não esperava ver esse começo. Mas estava destinado, não apenas a ver, mas a ajudar na ascensão do movimento socialista da classe trabalhadora na maioria dos países europeus e a direcioná-lo no caminho que ele julgava melhor.

* * *

O pequeno grupo de socialistas italianos que começou a criar um partido social--democrata moderno olhava para o partido alemão como seu modelo. Consideravam Liebknecht e Bebel pupilos de Marx e Engels. Na segunda metade da década de 1880, alguns intelectuais na Itália começaram a traduzir as obras de Marx e Engels a fim de popularizá-las entre as massas: seu trabalho dedicado foi recompensado. Essas traduções permitiram a Engels influenciar o movimento na Itália, e ele ampliou sua influência contribuindo com o *Critica Sociale*, primeiro órgão marxista italiano, fundado em Milão em 1891, mas obteve um efeito mais imediato por meio do aconselhamento ao líder do partido Filippo Turati em todas as ocasiões importantes. Também se correspondia com Antonio Labriola, professor de filosofia da Universidade de Roma. O principal assunto de sua discussão era a concepção econômica da história, que Labriola estava especialmente preparado para pregar em seu país natal.

Engels não esteve em contato ininterrupto com o movimento da classe trabalhadora austríaca até o fim de 1888, quando um Partido Social-Democrata dos Trabalhadores foi fundado na Áustria seguindo o modelo alemão. De longe, a personalidade mais importante do partido era Victor Adler, que fora médico anteriormente. Ele visitou Engels pela primeira vez em 1883. Repetiu a visita em 1889, e Engels escreveu no *Labour Elector* (do qual John Burns, Keir Hardie e Tom Mann eram colaboradores) sobre a "maravilhosa energia, tato e tenacidade" com que Adler reorganizou o movimento socialista austríaco durante os três anos anteriores. O velho homem e seu brilhante discípulo construíram uma amizade que só pode ser comparada àquela entre Engels e Bebel. Adler o honrou como mestre e cuidou dele como paciente; Engels respondeu com uma disposição discreta para ajudar. Quando os problemas da família Adler tornaram necessário que recebessem ajuda financeira, Engels pressionou-o: as cartas nas quais exigia sua aceitação e aquelas nas quais Adler a aceitava documentam verdadeira dignidade e bom coração. Adler, da Áustria, vigiava a saúde de Engels, e Engels, de Londres, vigiava a saúde política do movimento pelo qual seu jovem amigo se sentia responsável. Ele era admirado por Adler como o único homem que poderia ensinar aos líderes socialistas do futuro como aplicar a teoria *in corpore vivo*.

Engels também fez suas ideias serem sentidas na Bélgica, Holanda, Suíça, Dinamarca, Suécia, Noruega, Polônia, Hungria, Espanha, Portugal, Romênia e Bulgária. Mas sua influência teve o maior efeito histórico em um país que estava então no pano de fundo do movimento da classe trabalhadora europeia.

Vimos como suas especulações sobre o futuro sempre se centraram na revolução russa que se aproximava, a revolução que abriria o caminho para a revolução proletária no Ocidente. Não tinha qualquer dúvida sobre essa aproximação após as abortivas reformas agrárias de 1861. Durante as décadas de 1870 e 1880, ele só não tinha certeza de quando ela eclodiria e qual seria sua pauta. Marx e ele discutiam constantemente essas questões entre si, e os revolucionários russos também pediam suas opiniões. Engels sabia russo o suficiente para ler o material impresso que eles lhe enviavam, mas sempre achou que seu conhecimento da situação econômica da Rússia era escasso demais para que se colocasse como uma autoridade em tais problemas. Mas sua opinião passou a ser cada vez mais solicitada, pois havia surgido um novo partido de oposição aos *narodniks*, os primeiros líderes do movimento russo. Essa oposição declarava que o futuro próximo da Rússia (mas apenas o futuro próximo) seria dominado pelo capitalismo, e eles começaram a estudar os trabalhos de Marx e Engels mais profundamente do que os intelectuais de qualquer outra nação já tinham feito.

Não podemos fazer mais do que aludir de passagem à importante disputa entre os *narodniks*[108] e seus críticos marxistas. Os primeiros posicionavam-se contra a afirmação de que, mesmo na Rússia, o comunismo não poderia ser alcançado até que o longo processo de desenvolvimento industrial estivesse completo. Eles se apegavam à crença de que a poderosa nação camponesa da Rússia passaria de uma vez de seu sistema comunista primitivo ao comunismo moderno completamente desenvolvido. A tese de que ela teria que passar primeiro por um período capitalista foi inicialmente apresentada principalmente por escritores liberais. Somente quando o movimento terrorista que assassinou Alexandre II[109] foi destruído por seu sucessor, os "ativistas" russos também passaram a acreditar nesse prognóstico do futuro de seu país. Até então, eles temiam ser condenados a um longo período de inatividade pela doutrina marxista – que afinal se baseava nas condições sociais da Europa ocidental – e não aguentariam esperar até que a revolução proletária tivesse conquistado sua vitória na Inglaterra e na França.

A principal questão teórica para todos os socialistas russos era se as instituições comunistas do futuro poderiam ser enxertadas no comunismo primitivo que ainda prevalecia nas comunidades aldeãs da Grande Rússia, ou se o sistema coletivo teria, mesmo na Rússia, que brotar de um sistema capitalista de produção. Engels evitou responder a essa questão sempre que possível, mas, quando foi forçado a dar uma resposta, percebeu que estava definindo sua posição não apenas como um problema científico, mas como um problema político. Alguns consideravam que os camponeses, outros pensavam que um proletariado industrial ainda inexistente realizaria a grande mudança, e esses dois pontos de vista produziram ideias totalmente diferentes do programa e das táticas da futura revolução comunista.

Quando Engels voltou sua atenção a esses problemas, ainda era influenciado por sua antipatia pela confusão entre socialismo e pan-eslavismo que vira em Bakunin e Herzen. Esses primeiros socialistas russos reivindicavam que os russos eram o povo escolhido da causa socialista, o que Engels não podia aceitar. Ele sustentava que os russos não eram a vanguarda, mas a retaguarda da revolução proletária europeia. É verdade que a propriedade comunal da terra persistiu por mais tempo na Rússia do que entre qualquer outro povo indo-germânico, mas ele explicava isso salientando que o comunismo em uma forma tão primitiva era compatível apenas com um baixo estágio da produção. Não afirmou que a *mir* não tinha significado positivo para a futura transformação socialista da Rússia, mas sustentava que as relíquias desse sistema não ajudariam a Rússia a pular o estágio burguês da propriedade camponesa, a menos que a revolução proletária na Europa ocidental chegasse a tempo. Esse julgamento foi expresso no prefácio que Engels escreveu com Marx em 1882 para a segunda edição russa do *Manifesto comunista*.

O desejo mais caro a Marx e Engels era a queda do tsarismo. Para ajudar a alcançá-la, eles, se necessário, abandonariam seus escrúpulos quanto ao programa do partido. Tinham grande admiração pela sociedade secreta Narodnaia Volia [Vontade do Povo], que, após a Guerra Russo-Turca[110], iniciara a atividade terrorista que culminou no assassinato de Alexandre II, e eles não discutiam pontos teóricos com homens e mulheres dispostos a arriscar suas vidas dessa maneira por um ideal. Na medida em que o Narodnaia Volia estivesse operando com sucesso, Engels entendia perfeitamente que eles não poderiam ter pressa "para pular para o capitalismo".

Advertidos por suas experiências anteriores, os dois amigos mantiveram uma atitude de reserva estrita em relação à maioria dos exilados políticos da Rússia, até que apareceram alguns refugiados que podiam se gabar de atos realmente revolucionários. Entre eles, Engels encontrou pessoas (como disse a Becker em 1872) que "têm talentos e caráter iguais aos dos melhores elementos de nosso partido, companheiros com um estoicismo maravilhoso, força de caráter e brilho em questões de teoria". Essas palavras certamente se referiam a German Alexandrovich Lopatin. Ele era muito superior em originalidade e força de caráter a Leo Hartmann, que era um visitante frequente na casa de Engels após sua tentativa frustrada de destruir o trem do tsar. Conhecer esses dois homens deu a Engels uma impressão exagerada do poder da Narodnaia Volia: anos depois, ele ainda mantinha uma ideia errada do equilíbrio de poder entre o tsar autocrático e o pequeno grupo que o desafiava.

Engels sempre protestou energicamente quando o governo tsarista tentou pressionar pela extradição dos revolucionários russos dos países para os quais tinham fugido. Em janeiro de 1885, no mesmo dia em que a imprensa inglesa relatou um acordo russo-alemão de extradição mútua de criminosos políticos, houve várias explosões de dinamite em Londres. Engels perguntou, no *Züricher Sozialdemokrat*, quem se beneficiaria dessas explosões. E respondeu: "A dinamite pode ter sido plantada por mãos irlandesas, mas é mais do que provável que elas tenham sido dirigidas por um cérebro russo e pagas com ouro russo". Como os órgãos do governo alemão geralmente optavam por confundir táticas anarquistas e social-democratas, Engels considerou necessário fazer uma declaração definitiva sobre a atitude da social-democracia europeia em relação à ação terrorista. Ele disse: "As táticas dos revolucionários russos são prescritas pela necessidade e pelas ações de seus inimigos. Eles são responsáveis perante a nação e a história pelos meios que empregam. Mas os moleques que produzem paródias inúteis dessas táticas na Europa ocidental, que tentam fazer revoluções de Dick Turpin[111], que não usam suas armas contra inimigos reais, mas contra o público em geral – esses senhores não são seguidores e camaradas dos revolucionários russos, mas seus piores inimigos". Engels esperava que, também na Rússia, o período do terrorismo fosse logo substituído por uma guerra política aberta em um Estado constitucional. Mas esperava que a capitulação do tsar seria causada mais pelo rápido desenvolvimento do capitalismo do que por atos dos terroristas.

Ele pensava que a revolução russa vindoura seria inteiramente burguesa, especialmente no início; e que os niilistas seriam apenas as catapultas dos constitucionalistas. Após os contínuos ataques que eliminaram um tsar e condenaram seu sucessor à prisão voluntária, ele acreditava que a revolução não demoraria muito para eclodir. Pouco depois da morte de Marx, ele disse a Lopatin quais seriam seus efeitos imediatos e acrescentou que estava expressando também a opinião de Marx. Destacou o fato de que não era, na época, tarefa de um partido revolucionário russo lutar pela realização de uma teoria socialista cuja aplicação prática às condições russas ainda não tinha sido totalmente trabalhada. A verdadeira tarefa era intimidar Alexandre III para que convocasse uma assembleia nacional. Discursos às massas durante uma corrida eleitoral seriam muito mais efetivos do que qualquer outra forma de propaganda revolucionária. Nas condições reais da vida russa, havia miséria suficiente para causar uma revolução. Essa revolução se realizaria tão logo a força da inércia fosse superada e o povo se pusesse em movimento por um momento. Lopatin enviou ao comitê executivo do Narodnaia Volia um relato dessa importante conversa, enfatizando que Engels não esperava que a revolução levasse diretamente ao comunismo, mas a uma transformação da sociedade que, uma vez iniciada, não poderia ser detida. Mas, infelizmente, o comitê central foi preso e o Narodnaia Volia foi completamente destruído. Os revolucionários russos no país e no exterior tiveram de reconhecer a hedionda verdade de que as forças da reação tinham retomado sua posição. Engels nunca ouviu ou nunca acreditou nessa notícia. Por muito tempo, esperou que logo algo seria ouvido sobre o comitê executivo.

Como os socialistas russos perderam a esperança de poder tomar parte direta e efetivamente na política, voltaram sua atenção às questões de princípio, sobre as quais consideravam Engels uma autoridade. O grupo Osvobozhdenie Truda [Libertação do Trabalho], formado em Genebra em 1883, foi a primeira organização socialista russa a endossar os pontos de vista de Marx e Engels. Suas personalidades mais importantes eram Plekhanov, Axelrod e Vera Zasulitch. Engels estava contente em saber que finalmente existia o núcleo de um partido que aceitava as doutrinas dele e de Marx sem qualificações ou limitações, e tinha rompido com todas as tradições anarquistas e eslavófilas. Mas, embora tenha aprovado o conteúdo do panfleto de Plekhanov *Nossas diferenças de opinião*[112], não gostou de sua intolerância "com as únicas pessoas que estão fazendo alguma coisa na Rússia neste momento". Nessa época, ele achava que a consistência teórica era menos importante do que a cooperação de todos os elementos revolucionários (independentemente de seus programas) para a ação.

Alguns anos depois, esses marxistas russos visitaram pessoalmente Engels em Londres. Ele lhes explicou, como já havia feito a Zasulitch, por que não interferiria em suas disputas com outros grupos socialistas russos. Seu conhecimento inadequado da história interna do movimento e da condição atual da Rússia o impedia de expressar qualquer opinião sobre as táticas necessárias em qualquer momento em particular. Ele já tinha dito a Zasulitch, em 1885, como esperava que a revolução russa se desenvolvesse. "As pessoas", disse ele, "que imaginavam ter 'feito' uma revolução, sempre viam no dia seguinte que não sabiam o que estavam fazendo, e que a revolução que tinham feito não era nada parecida com aquela que queriam fazer." Era irrelevante se essa seita ou aquela definiria a data e a hora de partida do trem. Onde praticamente todas as condições de uma revolução estão presentes, onde a situação econômica da imensa massa do povo torna-se mais impossível a cada dia, onde todos os estágios do desenvolvimento social já existem e onde toda oposição é suprimida à força por um poderoso despotismo, "lá, se o ano de 1789 chegar, chegará também o de 1793". Engels sempre descreveu o futuro da revolução russa à semelhança da Revolução Francesa, sem incluir um fenômeno: Napoleão.

Mas a revolução russa não vinha; e, na década de 1890, Engels passou a falar menos sobre ela. Em vez disso, prestou muita atenção na política externa do tsar (da qual falaremos mais tarde) e nos desenvolvimentos econômicos na Rússia. Ele admirava o talento e a avidez com que seus seguidores russos absorviam o marxismo. Mas objetou que, quando tratavam do importante problema agrário, abandonavam-se à paixão pela controvérsia em vez de fazer um estudo científico da questão. Exortou-os a concordarem com um programa para a futura expropriação da terra, para que as grandes propriedades não fossem parceladas entre os camponeses sem levar em conta as exigências econômicas do país. Ele não tinha qualquer confiança na sobrevivência da propriedade camponesa, nem na Europa ocidental nem na oriental, tampouco na Rússia. Estava firmemente convencido de que a agricultura do futuro, como a indústria, seria racionalizada e administrada por máquinas em unidades de grande escala. Não negligenciava o fato de que o desenvolvimento capitalista encontraria na Rússia um país com uma população camponesa muito maior do que qualquer outro. Ele escreveu em 1893 para Nikolai Frantsevich Danielson, economista político de Petersburgo, que o processo de substituição de mais ou menos 500 mil proprietários e cerca de 80 milhões de camponeses por uma nova classe de burgueses proprietários de terras causaria agonia e convulsões assustadoras. "Mas a história é a mais cruel de todas as deusas, e ela dirige seu carro triunfal sobre pilhas de cadáveres, não só na guerra, mas também no desenvolvimento econômico 'pacífico'."

Na primavera de 1892, na casa de Engels, foi organizado um encontro entre os líderes dos dois partidos de refugiados socialistas russos, a fim de uni-los. Engels temia que as tentativas apressadas de unificação só causassem mais brigas violentas, e não deve ter sofrido quando o plano foi desfeito. Desaprovava os marxistas russos por relegarem os *narodniks* ao lago de fogo e enxofre "com os outros reacionários" – embora os *narodniks* fossem muito superiores a eles por perceberem a importância do problema agrário. Ele queria que os *narodniks* tivessem tempo para se convencer de que o seu conto de fadas político não poderia fazer frente aos fatos econômicos. E pensava que muitos marxistas russos estavam prontos demais para fazer um uso controverso de suas palavras e das de Marx sem terem compreendido a teoria por trás delas. Em 1893, o escritor agrário Issak A. Hourwich escreveu de Chicago para lhe pedir, no interesse da unidade, que se pronunciasse sobre o papel do campesinato na revolução vindoura. Mas Engels se recusou. Ele estava certo, respondeu, de que qualquer coisa que pudesse dizer, como forasteiro, não teria mais do que um efeito temporário. Era inevitável que os refugiados políticos se dividissem em pequenos partidos opostos enquanto as coisas estivessem calmas em seu país. "Se tem acompanhado os escritos dos exilados russos durante os últimos dez anos, você mesmo saberá como os vários grupos interpretam passagens dos escritos e cartas de Marx das formas mais contraditórias, como se fossem textos dos clássicos ou o Novo Testamento. E qualquer coisa que eu pudesse dizer sobre a questão proposta seria provavelmente usada de forma semelhante, se alguma atenção fosse dada a ela." A controvérsia excessiva deve ser evitada, disse ele; e, para evitá-la, era necessário que o Partido Social-Democrata russo encontrasse logo líderes enérgicos na própria Rússia.

Engels considerava impossível controlar um movimento revolucionário estando em um país estrangeiro. Ele não viveu para ver o surgimento de um movimento sério na Rússia. E nunca imaginou que suas ideias pudessem triunfar naquele império à beira da civilização europeia antes que o capitalismo fosse derrubado na Europa ocidental.

XXII
A política europeia na queda de Bismarck

Engels condenou a anexação da Alsácia-Lorena em parte porque acreditava que as fronteiras existentes na Europa ocidental em 1871 eram definitivas e imutáveis. Mas ele sabia bem que entre o mundo eslavo e o germânico, e especialmente no interior do mundo eslavo, ainda não existiam fronteiras fixas. E refletia que seria quase impossível encontrar uma solução política pacífica que conciliasse as diversas demandas nacionais com as diversas etapas que o desenvolvimento econômico tinha atingido nos diversos países. Ele abominava todo aumento de poder do tsar; e a única justificativa que podia ver para a existência da monarquia dos Habsburgo era como obstáculo ao desejo da Rússia de incorporar os eslavos ocidentais e os do sul. Após a queda do tsarismo, ele esperava que as nacionalidades separadas da Áustria-Hungria, os pequenos russos e os iugo-eslavos fossem todos senhores de seus próprios destinos políticos. Engels deu corpo a esses pensamentos em um artigo quando, em 1876, os eslavos dos Bálcãs se levantaram contra o domínio turco e, no ano seguinte, a Rússia pegou em armas "pela causa eslava".

Já em 1848, Engels se opusera aos dogmas da autodeterminação nacional dos democratas burgueses. Não desejava que os sérvios obtivessem sua independência à custa de uma guerra europeia: eles deveriam esperar com paciência até que a revolução proletária na Europa ocidental os libertasse. "É nossa tarefa trabalhar pela libertação do proletariado da Europa ocidental, subordinando tudo o mais a isso", disse ele ao editor do *Sozialdemokrat* em 1882, acrescentando que, no que lhe dizia respeito, os eslavos dos Bálcãs poderiam "pegar fogo" se alguma vez a sua luta pela liberdade colidisse com os interesses do proletariado. Esse conflito de interesses tornou-se mais evidente quando essas "pequenas nações interessantes" passaram a esperar que seriam libertadas pelo inimigo irreconciliável da democracia e do socialismo: "eles permanecem em direta oposição a nós, são nossos inimigos tanto quanto seu camarada e protetor, o tsar".

Engels não considerava que um Império turco na Europa tivesse qualquer chance de sobrevivência; mas, na guerra de 1877-1878, ele foi levado a defender o lado turco tanto estratégica quanto politicamente, pois a Rússia estava apoiando os povos balcânicos. Os turcos obtiveram algumas vitórias no início, mas, mais tarde, sua resistência entrou em colapso. Em carta a Liebknecht, em fevereiro de 1878, Engels culpou a má administração do governo e as intrigas diplomáticas do "agente russo, o marquês de Salisbury". Se a Rússia conseguisse extorquir a aceitação de seus exorbitantes termos de paz (como ele pensava que conseguiria), o resultado seria o desmembramento da Áustria, com o consentimento da Alemanha.

Após o revés que o nacionalismo russo sofreu com a vitória de Disraeli no Congresso de Berlim, o pan-eslavismo tornou-se o princípio norteador do governo de Alexandre III. Engels estava convencido de que a Rússia estava preparando uma guerra pan-eslavista como última tentativa de reforçar o tsarismo e a reação; e ele mais do que nunca considerava o pan-eslavismo o inimigo mais perigoso do movimento operário europeu.

Agora que a social-democracia alemã estava em ascensão, Engels deixou de desejar (como desejara em 1848) uma vitória da revolução na Rússia e na Europa ocidental resultante de uma grande guerra europeia. Ele até temia que tal guerra pudesse adiar o governo do proletariado. Ao descrever os resultados de uma futura guerra mundial, às vezes enfatizava os fatores favoráveis à vitória do comunismo e às vezes os desfavoráveis; pois a atenção se fixava ora na sequência imediata, ora nas consequências distantes da guerra. Ele não tinha dúvidas de que, ao cabo, uma guerra mundial conduziria ao triunfo do comunismo. Mas há inúmeras observações que mostram como estava ansioso por evitar pagar o preço de uma guerra mundial pela revolução geral. Por exemplo, em dezembro de 1882, ele escreveu a Bebel:

> Considero uma guerra europeia uma desgraça. Desta vez ela seria terrivelmente séria; colocaria o jingoísmo por toda parte durante anos, pois cada nação estaria lutando por sua própria existência. Todo o trabalho dos revolucionários na Rússia, que agora se aproximam do sucesso, se tornaria inútil; nosso partido na Alemanha seria temporariamente inundado e arruinado pela enchente de jingoísmo, e ocorreria o mesmo na França.

Ele até disse a seus amigos que temia que uma guerra pudesse empurrar o movimento para o segundo plano por anos, de modo que, como ocorreu após 1850, eles "teriam que começar tudo de novo, no final do dia".

Mas, se a grande guerra viesse, ele não tinha dúvidas de que seria a última. "Tal guerra significa o completo colapso do Estado de classes, político, militar, econômico (financeiro também) e moral. Ela pode levar a uma revolta da máquina bélica, pois os exércitos podem se recusar a atirar uns nos outros para o bem dos miseráveis povos dos Balcás." Ele encerrou sua carta a Bebel com a certeza de que a carnificina era desnecessária. "Mas, se tiver que vir, só espero que minha velha fratura não me impeça de montar meu cavalo novamente na hora certa." O fato de Engels considerar uma guerra mundial desnecessária e repudiar tal ideia o levou a participar muito ativamente da política nos últimos anos de sua vida.

Em novembro de 1886, ele temia que os problemas dos Bálcás levassem à eclosão de uma guerra geral europeia; e no *Socialiste*, o órgão de seus camaradas em Paris, ele perguntou o que a França faria em tal caso. Ainda não havia um acordo franco-russo, e Bismarck estava usando toda a sua astúcia para impedir que fosse concluído. Mas a aliança russa estava recebendo um apoio alarmante na França. Desde a ascensão de Boulanger[113], o espírito do jingoísmo tornara-se cada vez mais difundido, mesmo entre a classe trabalhadora de Paris. Quando Guilherme II tornou-se seu próprio chanceler e a aliança entre a Terceira República e o despotismo tsarista foi concluída, Engels lutou com todas as suas forças para abrir os olhos dos socialistas franceses para as imensas consequências que a aliança poderia ter para o futuro de todo o movimento operário europeu. Era vital para o proletariado europeu, disse ele, que o tsarismo fosse repelido por meios pacíficos ou bélicos. Era melhor que fosse derrubado por uma revolução na Rússia. Se isso ocorresse, a política de conquista da Rússia chegaria ao fim e problemas internos ocupariam toda a sua atenção. Mas a probabilidade de tal evento foi muito diminuída pela aliança militar entre Rússia e França.

Seria possível prever o vencedor de uma guerra mundial? Em março de 1886, Engels explicou a Bebel que o Exército alemão era sem dúvida o melhor e o mais bem liderado; mas era apenas um Exército entre muitos. Os austríacos sempre tiveram os melhores soldados, mas sempre conseguiram ser vencidos. Os russos eram excepcionalmente fracos na ofensiva e fortes na defesa de seu próprio país. A Turquia tinha os melhores soldados, mas seus generais eram péssimos. O Exército italiano certamente seria derrotado por qualquer Exército de igual tamanho. Era impossível prever como as potências se agrupariam em uma guerra mundial.

> A importância da Inglaterra crescerá com a duração da guerra (tanto por sua frota como por seus enormes recursos); embora ela possa manter seus soldados na reserva no início, um corpo militar inglês de 60 mil homens poderia muito bem dar o golpe final na guerra. Tudo isso pressupondo que nada aconteça no interior dos diversos países. Mas, na França, uma guerra poderia muito bem colocar os elementos revolucionários à frente do governo, e, na Alemanha, uma derrota ou a morte do velho poderia transformar todo o sistema, o que, por sua vez, poderia

causar um reagrupamento dos poderes beligerantes. Em resumo, haverá caos, com apenas um resultado certo: uma carnificina em escala inigualável, o esgotamento de toda a Europa em um grau inigualável e, finalmente, o colapso completo do velho sistema.

Na eclosão de uma guerra geral, a Alemanha seria a potência mais forte do ponto de vista militar. Era bom que fosse assim. Bismarck não devia ser derrubado devido a uma derrota militar até que a revolução russa estivesse em andamento. Por isso, Engels escreveu praticamente nos mesmos termos a Sorge e a Liebknecht em fevereiro de 1888. Seu conhecimento militar lhe dizia que os generais alemães não teriam uma tarefa fácil em uma guerra contra a França.

> As novas fortificações francesas – as linhas em Meuse e em Moselle, os dois grupos de fortalezas no norte e no sudeste, e finalmente os belos novos fortes em volta de Paris – serão osso duro de roer. Na situação atual, a Alemanha não pode vencer a França nem a França vencer a Alemanha. Excelente! Se o pior acontecer, provavelmente haverá uma guerra estática nas fronteiras, com sorte variável, o que impressionará ambos os exércitos com respeito a seus inimigos e tornará uma paz passageira fácil de arranjar. Mas os russos podem levar uma surra assustadora, e isso seria o melhor de tudo.

Mas lemos em uma página de anotações que data do mesmo período:

> Conflito tragicômico: o Estado terá que travar guerras políticas, que nunca suscitam entusiasmo nacional, e, para tanto, precisa de um Exército nacional, que só é fiável para a defesa nacional e para ofensivas que sigam diretamente disso (1814 e 1870). Nesse conflito, o Estado prussiano e o Exército prussiano seriam liquidados – provavelmente numa guerra com a Rússia, que pode durar quatro anos, e na qual não há nada a ganhar a não ser doenças e ossos quebrados.

Engels nunca deixou de temer que, após a morte de Guilherme I e Frederico III, Guilherme II pudesse abrir o caminho para Constantinopla aos russos, e em troca obter sua permissão para lidar com o chauvinismo francês. Nesse caso, a Alemanha se aliaria à Rússia contra todo o mundo, caso em que certamente seria derrotada no final. "Espero que esse perigo passe", ele escreveu para Liebknecht em abril de 1888; pois Engels, o chefe do Estado-Maior da classe operária europeia, sentiu a "enorme carga das alianças" que pesava também sobre Bismarck. Tanto Engels quanto Bismarck sabiam que uma guerra mundial seria um salto no escuro, e que poderia varrer com ela muitas coisas que pareciam estáveis e seguras a seus contemporâneos. Uma guerra europeia prolongada poderia ameaçar todo o futuro econômico do continente. "Nesse caso, a indústria americana seria a grande vitoriosa, e nos forçaria a escolher – ou uma recaída na

A política europeia na queda de Bismarck   233

agricultura de subsistência (os grãos americanos impediriam que ela fosse mais do que isso) ou… uma transformação da sociedade." Essa anotação foi encontrada entre seus documentos, e provavelmente data de 1887. Em outra página de anotações, lemos: "Uma guerra? Fácil de começar, mas difícil de dizer o que acontecerá depois de começada". E em outra: "A paz só continua porque a técnica dos armamentos está em constante desenvolvimento e consequentemente ninguém está preparado, de modo que todos tremem com o pensamento de uma guerra mundial (que é a única possibilidade) com suas perspectivas absolutamente incalculáveis".

Engels pensava que sua última tarefa seria liderar a campanha, no interior do movimento operário europeu, contra o perigo de uma guerra. A tarefa tornou-se mais fácil quando, após o congresso socialista de 1889, uma nova Internacional Socialista começou a tomar forma[114].

Ao lidar com um homem que sempre manteve sua própria personalidade em segundo plano, um biógrafo é tentado a prestar muito pouca atenção à sua vida privada. Após a morte de Lizzy, sua sobrinha, Mary Ellen (que tinha crescido na casa de Engels), tentou tomar conta da casa. Mas um comerciante cabeça-oca da cidade chamado Percy Rosher seduziu a tola garota e, em 1882, Engels o obrigou a se casar com ela. Temos que conhecer todas as circunstâncias do ocorrido antes de podermos acusar Engels de uma conduta inconsistente com seus ataques ao casamento burguês em *A origem da família, da propriedade privada e do Estado*. Quando Rosher fracassou nos negócios, ele e sua família foram morar com Engels. Mais tarde, mudaram-se para o Canadá, mas não se saíram melhor lá. O caso custou a Engels muito sofrimento e muitos gastos. E, finalmente, os Rosher causaram problemas em relação ao testamento de Engels, embora Mary Ellen fosse uma de suas principais herdeiras. Se ela retribuiu o afeto duradouro que Engels demonstrou por ela, foi em relação a sua carteira, não a sua personalidade. Foi, portanto, um grande golpe de sorte para ele quando a fiel Helene Demuth, que tinha compartilhado as lutas de Karl e Jenny Marx por muitos anos, tornou-se sua governanta após a morte de Marx. Era uma mulher gentil e inteligente, que encarnava toda a história do lar dos Marx, tão intimamente ligada à sua própria vida. Ele a recebeu como uma velha e confiável amiga[115].

Durante a semana, Engels vivia uma vida simples e tranquila. Mas, aos domingos, gostava de entreter convidados. A maioria deles eram camaradas de partido de vários países, que estavam visitando Londres ou tinham se estabelecido ali. Ele geralmente presidia a mesa, em alto astral, e, às vezes, cantava uma velha canção estudantil alemã, ou seu tema inglês favorito, *O vigário de Bray*. Eleanor Marx e Aveling quase sempre estavam presentes. De 1885 a 1890, Karl Kautsky e sua jovem esposa, uma moça vivaz de Viena, juntaram-se ao círculo. Engels tinha um carinho especial por ela, e ficou profundamente triste quando o casamento terminou em 1888. Naquele ano, a equipe do *Sozialdemokrat* (que fora deportada da Suíça) foi para Londres – Bernstein, Richard Fischer e Julius Motteler. Bernstein conquistou a confiança e o afeto de Engels, o que beneficiou também seu trabalho. Os visitantes franceses mais comuns eram os genros de Marx, Lafargue e Longuet; também Charles Bonnier, que era professor de idiomas no St. John's College, em Oxford. Bonnier era um marxista zeloso e um entusiasmado admirador de Wagner; Engels, que detestava a "música do futuro", teve muitas rusgas com ele. Da Alemanha vinham Liebknecht, Bebel e Paul Singer para conversar longamente com Engels. Entre os marxistas russos, Vera Zasulitch visitava a casa com frequência, e, entre os poloneses, Stanislaw Mendelsohn. Engels tinha poucos amigos íntimos entre os ingleses. O principal era John Burns, em cujos instintos proletários Engels confiava e a quem descreveu como um homem direito, embora soubesse de sua simpatia pelos liberais. Will Thorne também ia com frequência: Eleanor Marx o tinha ensinado a ler e escrever. Houve muitas visitas de Belfort Bax, com quem Engels discutia por horas sobre filosofia da história. Cunninghame Graham ia com menos frequência, e ainda menos assíduo era William Morris, cuja paixão pela Idade Média Engels suportava com tolerância humorística. Keir Hardie (em quem não confiava totalmente) e Harry Quelch, editor do *Justice*, iam apenas em raras ocasiões. A maioria dos socialistas e sindicalistas evitava uma casa onde Aveling era um visitante frequente. Mais tarde, Aveling revelou-se um criminoso; mas, nesse período, os ingleses enxergavam mais profundamente seu caráter do que o próprio Engels. Sidney Webb disse uma vez a Bernstein: "Quando falamos mal do marxismo, queremos dizer Aveling". Engels tinha mágoas por sua casa (que os admiradores continentais chamavam de "a Meca do socialismo") não atrair os ingleses.

Engels era, no fundo, um filho do norte e havia muito estava sob o feitiço do Mar do Norte. Nunca voltou para o sul depois de se estabelecer na Inglaterra. Costumava passar suas férias anuais na costa inglesa, de preferência em Eastbourne. Mas, mesmo em uma idade avançada, ele viajou além disso. Em 1888, fez uma "pequena excursão" para os Estados Unidos e o Canadá, com seu amigo próximo Schorlemmer, o famoso químico, e os Aveling. E em 1890 viajou pela Escandinávia até o Cabo Norte com Schorlemmer[116].

Ele passou apenas um mês na América, e não havia nada de oficial em sua visita. Queria apenas ter um pouco de diversão e recreação antes de recomeçar seu trabalho, e visitar velhos amigos, como Sorge e Harney. Viu o que um turista atento poderia ver, às vezes fazendo observações verdadeiras e, às vezes, generalizações muito apressadas. Os americanos que conheceu na *City de Berlim* não estavam de todo inclinados, como ele antes temera, a desprezar os "europeus sonolentos e antediluvianos"; considerou-os "mais acessíveis que os ingleses e muitas vezes bastante bruscos". Fez algumas anotações de suas impressões da América, sem dúvida com a intenção de transformá-las em um artigo. Nova York lhe parecia empenhada em tornar-se a futura "metrópole da produção capitalista". Nas ruas, ele foi atingido pela "aparência cansada do povo, incluindo as mulheres". Para onde quer que olhasse, via "publicidade, vaidade e rostos de crupiê"; em todos os lugares ele ouvia "sons hediondos na água e na terra". Todas as considerações estéticas seriam descartadas se houvesse a chance de um lucro rápido. O *nouveau riche*, pensou, tinha se tornado um tipo nacional, e ele achou muito estranho que "os americanos não possuam a faculdade de desfrutar de nada". Pensou nos homens como pensava em cavalos, que havia neles os elementos de uma boa raça, mas o processo de criação não estava completo. Ele não acreditava que os americanos tinham se tornado uma nação; distinguiu cinco ou seis tipos nacionais; mas reconheceu que havia ali coerência, que lhe fora dada "pela Guerra Civil, que provou que era necessário associar-se, e pelo sentimento de que a América tinha tudo para se tornar a maior nação do século XX". No Canadá, Engels pensou inicialmente estar de volta à Europa, mas depois entrou em um país decadente e retrógrado. Ele achava que o sonolento Canadá um dia estaria pronto para ser anexado pelos Estados Unidos, e então John Bull não ousaria dizer não.

Engels ainda estava atado à sua mesa pelo trabalho de edição de *O capital*, pelo desenvolvimento de conflitos políticos pelo mundo e pelo crescimento dos partidos da classe trabalhadora em um número cada vez maior de países quando seu septuagésimo aniversário se aproximava. Após um curto período de doença, Helene Demuth faleceu no dia 4 de novembro de 1890 – a última "da velha guarda dos dias anteriores a 1848". No dia seguinte à sua morte, ele escreveu a Sorge: "Agora estou sozinho de novo. Foi realmente graças a ela que Marx teve paz para trabalhar por muitos anos, e eu mesmo pelos últimos sete. Não sei o que será de mim agora. E, infelizmente, vou sentir falta dos seus conselhos maravilhosamente cheios de tato sobre assuntos partidários". Quando Helene foi enterrada ao lado de Karl e Jenny Marx, Engels exclamou com lágrimas nos olhos: "Houve luz solar em minha casa até agora, e agora há escuridão!". Mas, felizmente, o vazio na casa e no coração do velho foi preenchido. Luise Kautsky recebeu dele um convite com palavras delicadas e consentiu em ficar com ele[117]. Quando o Ano-Novo começou, ele pôde escrever a Sorge: "Tenho paz mais uma vez, e posso trabalhar melhor do que nunca, porque ela atua também como secretária". Ela continuou no cargo após 1894, quando se casou com o médico austríaco Freyberger: os três moraram juntos em uma casa maior na mesma rua.

Luise Kautsky já estava morando na casa de Engels quando ele fez setenta anos e os bons votos de felicidade se derramaram sobre o aniversariante vindos de todo o mundo civilizado. Ele tinha uma profunda antipatia por qualquer manifestação que o honrasse pessoalmente, e na verdade chegou a dizer isso quando o coral da Associação Educacional dos Trabalhadores Comunistas de

Londres quis cantar uma serenata em sua honra em seu próximo aniversário. Engels respondeu à "chuva absoluta" de bons votos que se derramou sobre ele com a mesma "modéstia descarada" pela qual seus amigos muitas vezes o reprovaram, mas que na verdade era bastante genuína. "Ninguém sabe melhor do que eu", disse ele, "que a maior parte dessa homenagem não se deve a mim e a meus serviços. É meu destino colher a fama e a honra semeadas por alguém maior do que eu, Karl Marx. E só posso prometer passar o resto de minha vida no serviço ativo do proletariado, para que, se possível, eu possa vir a ser digno dessa honra."

XXIII
Os últimos cinco anos.
O perigo da guerra mundial

Já em 1890, Engels tinha apontado os perigos que ameaçavam a Alemanha pelo caráter de Guilherme II. E, após a queda de Bismarck, Bernstein publicou editoriais no *Sozialdemokrat* (inspirados por Engels) que mostravam quão pouco ele estava cego pela paixão temporária do *kaiser* por medidas sociais e suas pretensões de vencer as classes trabalhadoras. O prognóstico de Engels era diferente do de Guilherme. Ele previa que a social-democracia logo seria levada a assumir o poder supremo na Alemanha. Em junho de 1890, ele escreveu para Schlüter na América: "Guilherminho está ameaçando abolir o sufrágio universal – nada melhor poderia acontecer para nós! De qualquer modo, estamos marchando rapidamente ou para a guerra mundial ou para a revolução mundial ou para ambas".

Enquanto a legislação antissocialista esteve em vigor, Engels teve esperanças de que os elementos proletários do partido se livrariam dos pequeno-burgueses quando a liberdade de expressão fosse legalizada novamente. Mas a rápida ascensão da social-democracia o fez alterar sua visão. "O maior partido da Alemanha", declarava ele agora, "não pode existir sem permitir a coexistência de todas as diferentes tonalidades de sentimento nele." Ele recebeu de Eleanor Marx relatos do primeiro congresso do partido realizado na Alemanha após a revogação da legislação. (Ocorreu em outubro de 1890 em Halle.) Ela elogiou Bebel, sobre cujos ombros recaía quase todo o trabalho. Mas disse que o partido no Reichstag tinha se tornado um tanto burguês; e pensava que o partido alemão tinha uma visão mais estreita do que o francês. No verso de sua carta, Engels observou: "Enquanto o grupo se submeter a Bebel, não me importo". Ele tinha completa convicção na confiabilidade e segurança de instinto de Bebel. No entanto, logo depois disso abandonou sua prática habitual e tentou influenciar o partido alemão em uma ocasião importante sem consultar Bebel. Ele tinha boas razões para fazer isso, pois Bebel teria tentado dissuadi-lo, e sua decisão estava tomada.

Engels nunca perdoara Liebknecht pelo fato de as críticas que ele e Marx dirigiram ao compromisso de Gotha em 1875 terem sido desconsideradas. Sob a legislação antissocialista não houve, é claro, oportunidade de rever o programa do partido; mas, após sua revogação, Engels aguardava uma revisão com grande impaciência. Em Halle, foi acordado que a revisão seria realizada no congresso seguinte do partido. Engels resolveu fazer o máximo para garantir a eliminação de todas as fórmulas que procedessem de Lassalle ou do pequeno-burguês Partido do Povo. O novo programa oficial deveria ser marxista no sentido mais estrito; mas seria, se ele não interferisse pessoalmente? Liebknecht imaginava que o programa poderia ser criado pelo "trabalho coletivo de todo o partido!". Mas Engels não acreditava em tais criações. Ele estava determinado a garantir que o novo programa não contivesse "meias-soluções e frases de efeito"; e, para tanto, decidiu publicar as "Glosas marginais" de Marx (ainda muito pouco conhecidas) no *Neue Zeit* [Novo Tempo] de Kautsky sem pedir a sanção de um dirigente do partido.

A executiva do partido não tinha fundamento para agir contra ele. Mas declarou que a publicação tinha se dado sem o seu conhecimento ou o da fração parlamentar e, do modo como estava, não era aprovada por esses dois corpos. Inicialmente, Engels temeu que Kautsky pudesse ser feito de bode expiatório. Ele escreveu a Bebel:

> Qual é a diferença entre vocês e Puttkamer, se vocês aprovam leis antissocialistas contra seus próprios camaradas? Para mim pessoalmente isso não importa. Nenhum partido no mundo pode me condenar a ficar em silêncio quando estou determinado a falar. Mas acho que você deve refletir se não seria sábio ser um pouco menos sensível e um pouco menos prussiano em seu comportamento. Você – o partido – precisa de ciência socialista, e tal ciência não pode existir a menos que haja liberdade no partido.

Ele sabia que era perigoso levantar o véu que sempre escondera a verdadeira opinião de Marx sobre Lassalle e tornar essa opinião conhecida pelo partido da classe trabalhadora alemã. Por anos ele desejou explodir a "lenda de Lassalle", e agora sentia que tinha chegado o momento. Mais tarde, Bebel declarou que nunca teria se oposto à publicação. Mas Engels duvidou disso, e com justiça. Liebknecht, ele respondeu, teria feito de tudo para impedir a publicação das "Glosas" que ele tinha "escondido deliberadamente" de Bebel em 1875.

O congresso seguinte foi realizado em Erfurt em outubro de 1891, e adotou o novo programa. A influência de Engels foi sentida antes do início do debate, uma vez que a minuta do programa "prestava o devido respeito" às críticas de

Marx ao compromisso de Gotha. ("Devido respeito" foi a frase agridoce de Liebknecht.) Assim que a minuta chegou a Engels, ele abandonou todo o restante do seu trabalho para estudá-la[118]. Concordou que "as principais reminiscências de uma tradição ultrapassada" tinham realmente desaparecido dele. Mesmo assim, havia muito a ser criticado. Levantou uma objeção bem-sucedida à afirmação de que o número e a miséria do proletariado estavam em constante crescimento. Ele não podia permitir tal afirmação incondicional da "teoria da miséria crescente". "A organização da classe trabalhadora", observou ele, "e sua resistência em constante crescimento possivelmente funcionarão como um freio ao crescimento de sua miséria. É a incerteza da vida que certamente está aumentando." Ao criticar as reivindicações políticas incorporadas na minuta, Engels fez um ataque especial à ilusão de que o sistema jurídico existente permitiria que todas as exigências do partido fossem satisfeitas de forma pacífica e legal. Disse que estava fora de questão a Alemanha se desenvolver pacificamente até uma sociedade socialista, pois era semiabsolutista e seus estados mantinham existência independente. Tal mudança era possível na França, na América ou na Inglaterra, onde a Constituição permitia a um legislador fazer o que quisesse desde que fosse apoiado pela maioria da nação, mas não na Alemanha. E acrescentou que, se um programa se recusasse a discutir os problemas concretos que entrariam na ordem do dia na primeira grande crise, o partido não teria linha política no momento decisivo. O futuro do movimento não deve ser sacrificado ao presente.

Kautsky também encontrou muito a criticar na minuta oficial; assim, propôs uma nova minuta para discussão – ele trabalharia seu lado teórico e Bernstein seu lado prático. Essa tentativa encontrou a aprovação total de Engels, que tinha participado do trabalho por meio de discussões detalhadas com Bernstein. Mas desejou que até mesmo essa nova minuta fosse alterada aqui e ali. Uma das propostas era especialmente característica dele. Kautsky propôs a frase, que acabou constando no programa oficial: "Essa transformação da sociedade significa a libertação não só do proletariado, mas de toda a raça humana, que está sofrendo nas condições existentes". Engels pensou que a redação era "bastante incolor" e propôs a afirmação de que, por conta do conflito de classes, as classes dominantes são intelectual e moralmente aleijadas, ainda mais do que as classes oprimidas. Bebel escreveu de Erfurt a Engels no dia 18 de outubro: "A minuta proposta pelo *Neue Zeit* foi tomada como base da discussão, para grande aborrecimento de Liebknecht, pois ele se apegou à nossa própria minuta". Depois que tudo foi arranjado a seu gosto, Engels disse a Bebel que estava feliz e escreveu a Sorge: "Temos essa satisfação, de que as críticas marxistas venceram de cabo a rabo".

À época, a ala direita do partido, liderada por Georg von Vollmar, defendia que era possível adquirir poder por um processo gradual, com base em uma "política de negociação prudente". Mas esse era um ponto de vista ao qual Engels sempre se opôs. Ele defendia que qualquer negociação com Guilherme II levaria ao mesmo beco sem saída em que as manobras de Lassalle com Bismarck haviam terminado. Nada poderia conciliar o socialismo do *Manifesto comunista* com um socialismo de Estado democrático que se recusava a forçar o caminho para a sociedade sem classes por meio de uma revolução social. Se isso fosse possível, a crença de Engels teria sido reforçada pelo desaparecimento do "humor social--reformista" do *kaiser* depois que ele viu que "as massas não poderiam ser conquistadas por uma panela de sopa". Engels não se surpreendeu que Guilherme II agora meditasse sobre uma supressão violenta do movimento social-democrata, que ele viu que não conseguiria dominar de outra maneira.

Como já vimos, Engels esperava que o movimento não golpeasse o governo da Alemanha até que os "regimentos de choque" contivessem uma maioria de sociais-democratas. "Esse amor oficial pela classe trabalhadora tem como complemento um anseio pela ditadura militar (você vê como todos os governos modernos se tornaram bonapartistas, querendo ou não) e por isso precisamos tomar cuidado para que eles não tenham chance de nada disso", assim ele escreveu a Sorge em abril de 1890. À época, ele esperava que a luta ainda não decidida entre a monarquia e a sociedade capitalista fosse o item seguinte do programa. Mas viu que era possível que "o acaso, isto é, o Involuntário, o Imponderável", provocasse o choque aberto entre o Exército e a social-democracia antes que a outra luta ocorresse, ou, pelo menos, que as classes proprietárias se juntassem às classes dominantes para atuar contra o proletariado. Portanto, Engels assistiu com grande desconfiança à crescente influência dos representantes da indústria pesada sobre Guilherme II. Mas não acreditava que o governo pudesse deter o progresso da social-democracia mesmo com um movimento à direita.

À época havia muitos rumores de que o sufrágio universal poderia ser abolido à força. Eles não eram infundados. Sabemos agora que, quando o *kaiser* declarou guerra às atividades revolucionárias depois do assassinato do presidente Carnot por um anarquista[119], ele estava muito próximo de um *coup d'état*. Se tal golpe tivesse ocorrido, o Partido Social-Democrata teria sido forçado a tomar decisões importantes. Engels aproveitou a oportunidade em seu prefácio à nova edição de *A luta de classes na França* para explicar a tática que o partido deveria adotar em tal crise[120]. Falando a partir de uma longa experiência, ele disse que considerava as barricadas ultrapassadas, tendo em vista a melhoria do equipamento e do treinamento e a maior organização e disciplina do Exército moderno. Mostrou por que as perspectivas de combate de rua tinham mudado completamente desde 1849 e agora estavam todas a favor do Exército. A melhoria dos transportes ferroviários permitia ao governo transportar tropas confiáveis muito mais rapidamente do que antes; os rifles de retrocarga de pequeno calibre com pentes de repetição atiravam 4 vezes mais longe e 10 vezes mais rápido do que os rifles anteriores, de carregamento frontal e percussão. Bombas e cartuchos de dinamite já podiam destruir sem demora a melhor barricada; e as ruas modernas eram tão largas e retas que se adaptavam perfeitamente para que os novos rifles e armas pesadas tivessem seu máximo efeito. "Um revolucionário precisa estar fora de si para optar deliberadamente por lutar atrás de barricadas nos distritos operários de Berlim."

Um novo projeto de lei para suprimir atividades subversivas estava, naquele momento, em discussão. Com isso em mente, a executiva do partido considerou necessário ser prudente. Foram suprimidas as passagens em que Engels afirmou que os combates de rua ainda poderiam ocorrer em uma grande revolução, mas que, se isso acontecesse, seria mais sensato tomar a ofensiva com forças superiores do que manter uma defesa passiva de barricadas. Ele tinha dito ainda que as forças reacionárias sabiam por que estavam desafiando o proletariado para a guerra aberta e chamando-o de covarde por se recusar a se expor à derrota certa. Mas "esses senhores desperdiçam as suas provocações por nada vezes nada. Tão tolos não somos. Seria a mesma coisa que pedir ao seu inimigo na próxima guerra que os enfrente na formação em linha dos tempos do velho Fritz ou em colunas compactas formadas por divisões inteiras como em Wagram e em Waterloo, e ainda por cima com a espingarda de pederneira na mão". As condições da guerra de classes, como as das guerras nacionais, tinham mudado completamente. Também fora da Alemanha havia muito menos ataques imprudentes, sem preparação; lá também o proletariado tinha decidido usar o poder do voto para obter todos os cargos que o partido pudesse. No entanto, não se tinha renunciado ao direito de revolução. A social-democracia alemã, prosseguiu ele, era a força mais compacta do exército proletário internacional, então ela tinha (pelo menos para começar) uma missão especial. Seu crescimento era tão espontâneo, tão irresistível e tão silencioso quanto um processo natural. Era importante manter esse crescimento ininterrupto até a ultrapassagem do sistema governamental existente. O partido não poderia desperdiçar suas energias em escaramuças de vanguarda antes do dia da batalha. Na verdade, seu desenvolvimento somente poderia ser detido temporariamente por um massacre como o que se seguiu à Comuna, pois o vencedor não poderia abater um partido inteiro com milhões de membros. Mas uma derrota dificultaria o curso normal do desenvolvimento e adiaria a luta decisiva, tornando-a mais longa e mais custosa.

Engels estava obviamente enfatizando o fato de que na Alemanha contemporânea a revolução poderia ser mais bem servida pela manutenção do partido no interior de limites legais do que por uma tentativa de revolta armada. Mas os generais prussianos sabiam disso tão bem quanto ele; e ele reconhecia a possibilidade de um *coup d'état*. Entretanto, suas breves observações sobre a posição da social-democracia em tal situação foram omitidas pela executiva. Como não lhe foi permitido falar claramente sobre desenvolvimentos futuros, ele fechou essa sua exortação final às classes trabalhadoras dizendo-lhes as mesmas verdades por meio de uma dissimulação histórica. O "perigoso partido revolucionário" do Império romano, disse ele, "solapou a religião e todos os fundamentos do Estado, negou abertamente que a vontade do imperador fosse a lei suprema; era um partido sem pátria, internacional, expandindo-se por todas as terras do império desde a Gália até a Ásia e mesmo para além das fronteiras do império". Também entrou no Exército, e legiões inteiras foram convertidas ao cristianismo. As autoridades não obtinham nenhum efeito com os métodos usuais de intimidação, e mesmo *o decreto especial*, que o imperador Diocleciano promulgou, foi inútil. De fato, dezessete anos após a grande perseguição do ano 303, o Exército romano era composto principalmente por cristãos, e o autocrata que sucedeu a Diocleciano proclamou o cristianismo a religião do Estado.

Nesses termos, Engels repetiu pela última vez, cinco meses antes de sua morte, sua confiança inabalável na vitória da social-democracia. Mas advertiu solenemente seu partido a não permitir que o inimigo o atraísse para um campo de batalha onde perderia a luta.

Tendo em vista o projeto de lei contra atividades subversivas, ele concordou com certas omissões nesse trabalho. Mas ficou muito indignado quando recebeu a versão impressa de sua introdução e viu que ela o apresentava "como um campeão do pacifismo e da legalidade *quand même*". Ele escreveu sobre isso acaloradamente para Lafargue, Kautsky e Richard Fischer. Disse que queria que os franceses em especial percebessem que ele recomendava táticas pacíficas "somente para a Alemanha contemporânea, e isso também com muitas reservas. Na França, Bélgica, Itália e Áustria, essas táticas, consideradas como um todo, não podem ser seguidas, e mesmo na Alemanha elas podem se mostrar inúteis amanhã". Essa citação é suficiente para que nos livremos da teoria de que, no final de sua vida, Engels se opunha a todo emprego da força. Pelo contrário – até sua morte, ele sempre deixou claro que o proletariado não conseguiria tomar o poder sem batalhas desesperadas, exceto em circunstâncias muito excepcionais.

Durante a longa crise econômica das décadas de 1870 e 1880[121], todos os países europeus enfrentaram um grave desemprego. O proletariado começou a sentir que uma ordem econômica impotente para lidar com o desemprego não poderia existir para sempre. Como Engels foi um dos primeiros a apontar, as ansiedades políticas aumentaram o efeito da crise econômica e despertaram as classes trabalhadoras dos vários países europeus para cooperarem entre si. Pela primeira vez na era do capitalismo generalizado, a sombra de uma guerra mundial se projetava sobre a Europa. Se ela eclodisse, teria que ser combatida por exércitos enormes, formados principalmente de proletários. Mas o proletariado industrial, cujas mãos moldaram os instrumentos da destruição, recusava-se a ver no terror iminente a mão do destino. Nem todos viam os fatos com a mesma profundidade, mas todos acreditavam que as classes trabalhadoras poderiam repelir o perigo da guerra por meio da ação cooperativa, se se mantivessem unidas como movimentos nacionais e internacionais. Engels não participou ativamente das negociações oficiais dos vários partidos socialistas. Mas seu conhecimento superior dos problemas, sua visão excepcional e a autoridade peculiar que tinha adquirido lhe permitiram difundir sua explicação da crise em toda parte. Ele estava ansioso para iluminar todos os fatos que exigiam uma compreensão sóbria e objetiva, para que os líderes dos vários partidos da classe trabalhadora não aprovassem em seus congressos resoluções fadadas ao fracasso. Enquanto isso, a Segunda Internacional tomava forma e, dentro dela, todos se voltavam para Engels como professor e árbitro sobre todos os problemas importantes, especialmente quando disputas eclodiam.

Em 1889, o Congresso Internacional de Paris tinha decidido que o proletariado do mundo deveria realizar manifestações anuais em defesa da jornada de trabalho de oito horas. Mas a forma que essas manifestações deveriam assumir não foi unanimidade. Os franceses e os austríacos queriam que elas fossem realizadas no 1º de maio, enquanto os ingleses e alemães preferiam o primeiro domingo de maio – e levantou-se a objeção de que as manifestações do Dia do Trabalho seriam utilizadas por alguns membros como propaganda para a greve geral. No Congresso Internacional seguinte, em Bruxelas em 1891, os delegados alemães estavam em minoria: eles concordaram, embora de má vontade, com um compromisso que fixou a manifestação para o 1º de maio "na medida em que as condições de cada país em particular não o impossibilitem". Mas as associações patronais alemãs (favorecidas pela crise econômica) ameaçaram realizar um *lock out en masse* se o trabalho fosse paralisado no dia 1º de maio de 1893. Tanto a fração parlamentar quanto o congresso do partido de novembro de 1892 se recusaram a entrar numa disputa de forças que, na situação política tensa, poderia ter consequências imprevisíveis. Foi declarada a impossibilidade de ordenar uma paralisação geral, e o festival foi adiado para o entardecer. Essa decisão causou um grande alvoroço no partido francês.

Bonnier se encarregou de explicar o sentimento francês a Engels. Já em fevereiro, Guesde informara a ele – via Bonnier – que os franceses não mudariam sua atitude mesmo que os alemães optassem por recuar. E acrescentou que, no Congresso Internacional seguinte, em Zurique, em 1893, os franceses pretendiam propor ou a revogação da resolução de compromisso aprovada em Bruxelas ou suspender totalmente as manifestações. Na França, as pessoas ririam de um adiamento para o primeiro domingo de maio. Engels lamentou que o partido alemão tivesse prometido em Bruxelas mais do que podia fazer; mas aprovou a decisão deles de não empreender uma luta difícil com as associações patronais e talvez com toda a autoridade estatal, simplesmente para comemorar o Dia do Trabalho. Portanto, ele respondeu à "carta ameaçadora" de Bonnier retomando a causa de Bebel. Ele zombou da lógica francesa que permitia aos ingleses, mas não aos alemães, dar de ombros à resolução de Bruxelas, e escreveu a Bebel: "É uma ideia impagável dirigir o movimento operário europeu a partir de Oxford, o único pedaço da Idade Média que sobrevive na Europa. Farei um protesto firme em Paris contra esse negociador Bonnier". Pouco depois, o tal Bonnier o visitou, e Engels explicou, com força suficiente, que seu "ultimato" fora mal calculado se ele desejava produzir entendimento mútuo. Então escreveu a Bebel que Bonnier era o único homem do Parti Ouvrier que sabia alemão, o que impossibilitava sua dispensa como mediador. Mas sua grande sede de ação e o entusiasmo gerado por sua solidão em Oxford faziam que ele tivesse mais probabilidade de produzir rusgas do que reconciliação. Isso era lamentável, pois o perigoso estado da Europa tornava primordial que os alemães e os franceses cooperassem harmoniosamente.

Outro exemplo da mediação de Engels entre os partidos alemão e francês é a resposta que ele deu a Lafargue no final de janeiro de 1887. Lafargue acusava a política alemã de ser responsável pelo tom bélico adotado pela imprensa de Paris. Engels disse que esse mote de vingança era resultado de subornos russos. Bismarck não desejava uma guerra que teria que envolver toda a Europa, mas se a França e a Alemanha fossem às vias de fato, uma guerra entre Rússia e Áustria seria inevitável.

> A partir desse momento, Bismarck seria confrontado com uma situação de possibilidades incalculáveis; e eu não o considero estúpido o suficiente para criar uma situação como essa a sangue-frio. É do interesse da Rússia envolver a França e a Alemanha em uma guerra – uma vez que ela só teria que lidar com a Áustria e, na pior das hipóteses, com a Inglaterra. Mas os jingoístas russos desprezam igualmente a Áustria e a Inglaterra, e tomariam isso como um passe-livre para a Rússia no Leste Europeu. Aí mora o perigo. Os franceses e os alemães estarão um com a mão na garganta do outro – para o lucro do tsar e a continuidade do despotismo na Rússia.

Em fevereiro de 1890, ele escreveu um ensaio relativamente longo sobre um artigo russo publicado em Zurique por Plekhanov e Axelrod. Nele, deu ênfase ao fato de que a decisão final em uma guerra geral europeia seria da Inglaterra, já que ela poderia impedir as exportações de grãos tanto para a França quanto para a Alemanha, e assim submeter um país ou outro à fome. Ressaltou que a política externa do governo russo era moldada pelo "gigantesco progresso" da revolução social na Rússia. A imprensa estava muito entusiasmada com a política imperialista do tsar, mas ela expressava apenas os pensamentos de uma burguesia de cidades recém-criadas. Assim que a grande maioria camponesa da população fosse autorizada a falar na Assembleia Nacional, as coisas mudariam. Então a Rússia se voltaria para seus problemas internos e abandonaria seus sonhos de domínio mundial. Uma revolução russa faria cessar imediatamente o perigo de uma guerra mundial. Com a queda do maior reduto da reação, os governos da Europa perderiam até a última centelha de autoconfiança. E então, finalmente, o Ocidente se voltaria, sem os entraves da interferência estrangeira, às tarefas que a história lhe prescrevia – "o conflito entre proletariado e burguesia e a passagem da sociedade capitalista à socialista". Mas se a mudança na Rússia fosse adiada por muito tempo, a Europa escorregaria com velocidade cada vez maior para o abismo de uma guerra mundial de violência e universalidade sem precedentes.

Esse ensaio foi publicado também em francês, no *Idée Nouvelle*, e em inglês, no jornal socialista *Time*. O adversário conservador de Bismarck, Rudolf Meyer (com quem Engels tinha discutido sobre o bloqueio que ameaçava a Alemanha no caso de uma guerra com a Inglaterra), enviou uma cópia do ensaio para lorde Lansdowne, então vice-rei da Índia. Engels disse a Vera Zasulitch que esperava que a reimpressão inglesa de seu artigo tivesse algum efeito:

> Neste momento, os relatos da Sibéria, o livro de Kennan e os últimos distúrbios nas universidades russas abalaram a fé liberal no tsar como grande libertador. Por isso apressei o envio de meu artigo à imprensa, a fim de atacar enquanto o ferro ainda estava quente. Os diplomatas em Petersburgo pensam que sua campanha de "aproximação com o Ocidente" será ajudada pela ascensão do tsarófilo Gladstone, que chama Alexandre III de "a divina figura do norte".

A França caminhava para o tsar e a Inglaterra lhe era extremamente amigável: então a Rússia pensava que poderia ocupar Constantinopla sem a interferência da Alemanha.

À luz da história subsequente é especialmente interessante relembrar as deliberações do Congresso da Internacional Socialista em Bruxelas sobre o perigo de uma guerra mundial e os meios que o proletariado europeu possuía para evitá-la ou mesmo cortá-la pela raiz. Em nome da comissão organizadora (que tinha se reunido a portas fechadas), Liebknecht e seu colega francês Vaillant tentaram persuadir o congresso a adotar sem dissenso a seguinte resolução: que o único método para evitar a catástrofe era o contínuo protesto da classe trabalhadora de todos os países contra o espírito de guerra e contra todas as alianças que a incentivavam e a organização internacional do proletariado para o triunfo do socialismo. Mas houve um delegado que se aventurou a perguntar se isso era tudo que o proletariado europeu podia fazer para evitar uma guerra mundial.

Era Domela Nieuwenhuis, um ex-clérigo e brilhante orador, que estava à frente do pequeno Partido Socialista Holandês. Victor Adler uma vez o apelidou de "Dom Quixote do socialismo". Ele se correspondera ocasionalmente com Engels, e havia adotado muitas das doutrinas de Marx e Engels. Mais tarde, porém, tornou-se anarquista e antiparlamentarista. Desprezava a moderação pusilânime dos sociais-democratas alemães e profetizava para eles o destino dos cartistas. Nesse congresso, exigiu que, quando a guerra eclodisse, os partidos socialistas de todos os países impedissem as massas de marcharem sob a palavra de comando de matarem-se uns aos outros. Ele disse que a distinção entre guerra defensiva e guerra ofensiva não era útil, pois a diplomacia podia fazer qualquer guerra parecer defensiva ou ofensiva. Ele exigia que, quando a guerra fosse declarada, os proletários de todos os países se recusassem a servir no Exército e convocassem uma greve geral. Claro que arriscariam ir para a prisão, mas a prisão não era preferível à morte? Essa frase facilitou a resposta de Liebknecht. Ele disse que, na eclosão da guerra, a lei marcial seria declarada, e qualquer um que se recusasse a servir seria imediatamente levado a um tribunal marcial e fuzilado. Ainda assim, uma minoria do congresso (incluindo alguns delegados ingleses e franceses) endossou a exigência de Nieuwenhuis de uma greve geral na eclosão da guerra. Ele repetiu sua proposta em Zurique em 1893, mas lá o russo Plekhanov respondeu que uma greve desse tipo só desarmaria os países civilizados, deixando a Europa ocidental à mercê dos cossacos.

Bebel, Adler e Guesde concordavam com Liebknecht e Plekhanov: e Engels apenas encolheu os ombros diante da simplicidade do excêntrico holandês. Após o Congresso de Bruxelas, ele escreveu a Lafargue que o episódio havia mostrado que a classe trabalhadora europeia tinha passado da era das frases que soam bem e agora se dava conta de suas responsabilidades. Estava muito orgulhoso de os socialistas terem se transformado em um "partido de combate" em Bruxelas – um partido que tinha os olhos abertos para todos os fatos e sua promessa de revolução iminente. Acreditava que, desde o final da década de 1880, o rumor da aproximação da revolução podia ser ouvido novamente, e estava confiante de que era possível antecipá-la ou pelo menos ultrapassar a guerra mundial antes que ela se tornasse uma realidade. Essa é a única explicação para o fato de Engels – embora frequentemente tenha visto tão longe no futuro – nunca ter se perguntado se o próprio proletariado europeu alguma vez se encontraria na situação descrita por Nieuwenhuis. A fome havia acabado de eclodir na Rússia: Engels esperava que isso colocasse em perigo o sistema tsarista e ao menos adiasse o ataque russo. Mas ele não pensava que a guerra mundial deixara de ser um perigo a se levar em conta; na verdade, ele tentou explicar o perigo da forma mais clara possível em todos os círculos onde suas palavras tinham algum peso.

Os últimos cinco anos. O perigo da guerra mundial   247

A aliança franco-russa já tinha sido celebrada. Engels podia ter dúvidas quanto a sua permanência, mas não quanto a sua existência. Portanto, recebeu bem o convite para contribuir com um almanaque publicado pelo Parti Ouvrier. O almanaque seria amplamente distribuído, e Engels preparou seu artigo com muito cuidado. Enviou o manuscrito para parecer preliminar de Laura Lafargue, e ficou obviamente aliviado quando ela, com Lafargue e Guesde, o aprovou de todo o coração. Era uma tentativa de descrever aos franceses a origem e o crescimento do socialismo na Alemanha. Ele deu a Bebel um esboço preliminar de suas intenções:

> As pessoas precisam compreender que se a França, em aliança com a Rússia, declarasse guerra à Alemanha, ela estaria lutando contra o Partido Social-Democrata mais forte da Europa, e que não teríamos outra opção a não ser nos opormos com todas as forças a qualquer agressor que estiver do lado da Rússia. Pois, se formos derrotados, o movimento social-democrata na Europa será esmagado por vinte anos; se não formos, chegaremos nós ao poder. O sistema atual da Alemanha não pode sobreviver a uma guerra.

Na introdução, escreveu aos leitores franceses que a posição que conquistara com cinquenta anos de trabalho o impedia de representar o partido socialista de uma nação contra o de outra, embora isso não o impedisse de lembrar que era alemão por nascimento. Era provável que Guilherme II não ficaria muito tempo inativo antes da maré do socialismo. Poderia haver uma luta, e as forças superiores da contrarrevolução poderiam vencer por um tempo. Mas tal conquista não impediria a vitória final do socialismo, apenas tornaria seu triunfo mais completo. Naturalmente, esse resultado favorável dependeria de não haver guerra; mas a guerra poderia irromper a qualquer momento.

Engels chegava agora ao ponto que realmente importava. Ele assegurou às classes trabalhadoras francesas que a social-democracia alemã não se identificava com o Império alemão existente e condenava a anexação forçada da Alsácia-Lorena. Admitiu que a Terceira República[122] representava a revolução (só a revolução burguesa, no entanto), em contraste com o Império alemão – mas apenas enquanto não estivesse aliada à Rússia tsarista. Numa aliança com o tsar, os franceses estariam negando toda a sua história revolucionária, e permitiriam que a monarquia alemã se colocasse como representante do progresso ocidental contra a barbárie oriental.

Em seguida, ele mostrou como, por trás da Alemanha imperial, estava o poder da Alemanha socialista, que logo daria as cartas na política externa alemã, incentivando a reabilitação da Polônia e permitindo que o Schleswig do Norte e a Alsácia-Lorena determinassem o próprio futuro, e reprovou em seguida a impaciência dos "patriotas" franceses que não estavam dispostos a esperar por aquele momento e desejavam atingir seu objetivo imediato mergulhando todo o continente na devastação e escravizando-o ao poder do tsar. Ele descreveu a guerra mundial por vir, deflagrada pela Rússia, e na qual França e Alemanha sofreriam mais. Na situação existente, as chances de o Exército francês marchar sobre o Reno assim que a primeira arma fosse disparada no Vístula eram de dez para um. "E então", disse ele, "a Alemanha estará lutando pela própria existência." Se ela vencesse, não teria nada para anexar, pois já tinha muitas províncias não alemãs. Mas, se fosse esmagada entre o martelo francês e a bigorna russa, perderia a Prússia Oriental e as províncias polonesas para a Rússia, Schleswig para a Dinamarca e toda a margem esquerda do Reno para a França. Uma Alemanha tão mutilada não poderia desempenhar seu papel apropriado no desenvolvimento da Europa; para se manter viva, ela teria que travar outra guerra para se restabelecer como nação. Nesse caso, o fim da social-democracia alemã estaria selado, e o tsar e os ministros da França e da Alemanha se abraçariam sobre o cadáver do socialismo alemão.

No movimento internacional da classe trabalhadora da época, ele continuou, o socialismo alemão ocupava a posição mais responsável, e era seu dever defendê-la até o último homem e não capitular nem a inimigos domésticos nem a estrangeiros. "Se a República francesa se juntasse ao serviço de Sua Majestade o tsar, autocrata de todas as Rússias, os socialistas alemães os combateriam – infelizmente, é claro, mas os combateriam." Contra a República francesa a serviço do tsar, disse ele, o socialismo alemão seria o verdadeiro representante da revolução proletária. E se os soldados franceses entrassem no território alemão, seriam recebidos com as palavras da Marselhesa: *Quoi! ces cohortes étrangères feraient la loi dans nos foyers?* [O quê? Essas coortes estrangeiras farão a lei em nossos lares?]. Se a paz continuasse, a social-democracia governaria a Alemanha antes que dez anos se passassem. Se a guerra eclodisse, ela seria vitoriosa em dois ou três anos ou seria totalmente arruinada por pelo menos quinze ou vinte anos. A guerra estava fadada a trazer a vitória imediata do socialismo ou uma convulsão total da velha ordem da sociedade, deixando para trás um monte de ruínas, o que tornaria a sociedade capitalista mais impossível do que nunca. Então a revolução social seria adiada por dez ou quinze anos, mas, depois disso, ela se desenvolveria mais rápida e implacável.

Bebel e outros líderes do partido alemão concordavam com Engels. Mas a resposta da França não foi amigável. O deputado Eugène Protot (que Engels considerava um agente da polícia russa) escreveu uma crítica chamando Engels de réptil venenoso que criava desconfiança entre a França e a Rússia havia vinte anos e cujo objetivo era a supremacia alemã. Engels não deu atenção a isso, mas os líderes do Parti Ouvrier ficaram embaraçados quando Protot afirmou que os sociais-democratas alemães e seu principal conselheiro, Engels, eram mais nacionalistas

Os últimos cinco anos. O perigo da guerra mundial   249

que os socialistas franceses. Até então, o Parti Ouvrier tinha defendido que os sociais-democratas alemães sempre se opusessem à guerra. O Parti Ouvrier tinha que combater um espírito nacional rígido na França e, portanto, adotou um internacionalismo radical. Na verdade, esse internacionalismo não estava muito longe da perspectiva de Domela, com sua crença na greve geral; o Parti Ouvrier fingia que realmente podia praticar o que pregava e fechava os olhos para os perigos que Engels agora apontava bruscamente. Daí Engels ter sido condenado por afirmar publicamente a possibilidade de uma guerra de defesa alemã na qual o Partido Social-Democrata alemão teria que desempenhar um papel.

Vaillant e Bonnier ficaram furiosos com ele por dar esse reconhecimento incondicional ao dever de defesa nacional. No entanto, Guesde (que foi ministro do Gabinete de Defesa Nacional na Guerra Mundial) declarou que os trabalhadores franceses também deveriam unir-se sob as cores da bandeira assim que outro Estado "traísse a paz na Europa". Bonnier escreveu a Engels que, se os sociais-democratas fossem fortes o suficiente para impedir uma guerra independentemente de onde ela começasse, não seria necessário discutir a "marcha para a fronteira", e, se não o fossem, "(o que é infinitamente mais provável) não há urgência em revelar nossa fraqueza". A essa objeção, Engels respondeu:

> Se os socialistas franceses não declaram expressamente que em uma guerra defensiva estariam dispostos a repelir um ataque do *kaiser* Guilherme é porque isso é algo tão claramente óbvio, tão autoevidente, que não vale a pena mencionar. Não há um socialista na Alemanha que não pense que, nesse caso, os socialistas franceses simplesmente cumpririam seu dever de defender sua independência nacional. Todos concordariam com eles e, de fato, aprovariam suas ações.

Esse era o ponto de vista a partir do qual escrevera seu artigo. Seria um artigo ridículo se não estivesse baseado na suposição de que os socialistas franceses pegariam em armas assim que sua terra natal fosse atacada. Tudo o que ele pedia era que os socialistas alemães tivessem o mesmo direito no caso de um ataque russo, mesmo que fosse apoiado pelo governo francês. "As pessoas na França que nos censuram são como as que dizem *quod licet Iovi gallico non licet bovi germanico* [o que é permitido ao Júpiter francês não o é ao touro alemão]. Considero que é dever dos socialistas franceses trazê-los de volta à razão." Engels disse que não ansiava por uma vitória russa ou francesa mais do que por outra batalha de Sedan. Para que o proletariado com consciência de classe alcance seu fim, a Alemanha e a França devem permanecer donas de seus próprios destinos. Ele se declarou um europeu ocidental convicto, que endossava totalmente a proposta de Saint-Simon de uma aliança entre Inglaterra, França e Alemanha: "*Voilà la vraie triple alliance* [Eis a verdadeira tríplice aliança]".

Os ataques dos socialistas franceses às declarações de Engels tinham propósito oportunista, mas Domela Nieuwenhuis fez uma crítica mais fundamental a elas. Escrevendo como um pacifista consistente, ele apontou a contradição na atitude de Engels e Bebel de abandonar a guerra de classes e considerar a burguesia e o proletariado como um corpo unido no caso de um ataque russo. Em um panfleto intitulado *Correntes da social-democracia alemã*, ele escreveu:

> Trabalhadores socialistas franceses marcharão ombro a ombro contra trabalhadores socialistas alemães; estes, por sua vez, serão conduzidos em seus regimentos para assassinar seus irmãos franceses. Isso deve ser evitado a todo custo. Se somos aplaudidos ou não, se somos chamados de anarquistas ou o que quer que seja, declaramos que aqueles que concordam com Bebel estão promovendo sentimentos de jingo e estão longe do princípio do internacionalismo.

Nieuwenhuis não sabia que Engels, fiel à sua tese, chegara à conclusão de que os sociais-democratas no Reichstag não deveriam se recusar a aprovar créditos de guerra para resistir a um ataque russo. "Se estivermos convencidos", escreveu Engels a Bebel em 13 de outubro de 1891, "de que a coisa começará na próxima primavera, dificilmente poderíamos nos opor aos créditos em princípio, e então estaríamos em uma posição bastante desesperada. Os partidos bajuladores proclamariam que estavam certos e que teríamos que engolir nossas próprias palavras. Além disso, uma mudança inesperada de *front* causaria atritos terríveis no interior do partido – e internacionalmente também." Com isso em mente, Engels aconselhou que o partido não concordasse com o uso de créditos para alterar os equipamentos existentes e formar novos quadros, já que isso não ficaria pronto a tempo de uma guerra na primavera; mas que votassem créditos para medidas "que aproximem o atual Exército da milícia popular, o que simplesmente fortalecerá nossas defesas, treinem e armem todos os homens que ainda não se alistaram, dos dezessete aos sessenta, e os disponham em quadros fixos, sem aumentar todo esse 'controle'". Ele acrescentou:

> Não podemos exigir que a organização militar existente seja completamente alterada enquanto o perigo da guerra persistir. Mas, se houver uma tentativa de pegar a grande massa de homens que estão aptos ao serviço mas não foram treinados, treiná-los da melhor maneira possível e dispô-los em quadros – para o verdadeiro combate, não para desfiles e toda essa bobagem –, então essa é uma abordagem à nossa ideia de milícia popular que podemos aceitar. Se o perigo da guerra aumentar, podemos dizer ao governo que, se ele tornar isso possível por um tratamento decente, estaremos prontos a dar nosso apoio contra o inimigo estrangeiro – sob a pressuposição de que lutaremos incansavelmente e usaremos todos os meios, mesmo os revolucionários. Se a Alemanha for atacada do leste e

do oeste, todos os meios de autodefesa serão adequados. A existência da nação estará em risco e nós também temos uma posição e um futuro que conquistamos com duras lutas a manter.

Essas eram, então, as concessões que a grande internacional socialista alemã estava preparada para fazer ao governo imperial alemão se a Alemanha fosse forçada a defender sua vida contra o Império russo e sua aliada, a República francesa. Ele considerava que a vida nacional das grandes nações civilizadas era um valor real que nunca poderia ser contestado. Mas, no ano seguinte, não falou mais dessas concessões, pois explodiu a controvérsia sobre as estimativas do Exército, que propunham aumentar o tamanho não apenas do Exército, mas também do corpo de oficiais, um reduto bem conhecido da reação.

A corrida armamentista entre os grandes Estados militares ameaçava cada vez mais a paz mundial. Por isso, Engels publicou uma série de artigos no *Vorwärts* chamada *Kann Europa abrüsten?* [A Europa pode se desarmar?]. Ela foi publicada em fevereiro e março de 1893, enquanto o Reichstag discutia as estimativas do Exército. Ele queria intitulá-la "Estimativas social-democratas", mas, se tentasse, os sociais-democratas no Reichstag teriam que a endossar em bloco antes da publicação, o que ele considerava, com razão, improvável. Como desejava fazer tudo a seu alcance para impedir a "guerra geral de aniquilação", limitou suas propostas deliberadamente. No prefácio da separata publicada ao mesmo tempo, escreveu:

> É minha intenção mostrar que essas mudanças são possíveis neste momento. Elas podem ser feitas pelo governo existente na situação política existente. Esta é a base de minha posição: limito-me a propostas que qualquer governo existente possa aceitar sem pôr em risco a segurança de seu país. Estou apenas tentando mostrar que, do ponto de vista puramente militar, não há nada que impeça a abolição gradual do Exército regular; e que, se o Exército regular ainda é mantido, é mantido não por motivos militares, mas por razões políticas – em uma palavra, porque o Exército se destina à defesa não contra um inimigo estrangeiro, mas contra um inimigo doméstico.

Ele apontou "a diminuição gradual da duração do serviço militar por acordo internacional" como o "núcleo" de suas propostas. Essa, segundo ele, era a maneira mais simples e curta de ajustar a transição geral do Exército regular para uma milícia popular. Era impossível confundir o sistema de milícias que ele propunha com qualquer sistema existente, pois considerava que o treinamento atlético e militar de toda a juventude do sexo masculino era uma condição essencial da transição para seu sistema.

Também apontou o "contraste peculiar" entre a mentalidade "terrivelmente conservadora" dos oficiais superiores do Exército alemão e a transformação técnica cada vez mais rápida de toda a ciência militar. Tal contraste, disse ele, não beneficiava nem o Exército nem a nação.

> Precisamos de cérebros mais frescos e mais aguçados: e devo estar gravemente enganado se não houver um número suficiente deles entre nossos oficiais mais habilidosos, desejando libertação da rotina e da burocracia que se tornaram tão esmagadoras em vinte anos de paz. Mas, até que eles tenham a coragem e a oportunidade de expressar suas crenças, nós, que estamos fora, devemos aproveitar a brecha e fazer o possível para mostrar que também aprendemos um pouco sobre o que é ser um soldado.

Em uma data anterior, Engels tinha dito a Marx que uma organização militar racional seria algo entre o sistema prussiano e o suíço e que apenas uma sociedade comunista poderia realmente se aproximar de um sistema composto totalmente por milícias... "e mesmo essa abordagem seria assimptótica". Ainda assim, ele afirmara que bons quadros teriam que existir antes que grandes massas de homens pudessem ser treinadas em pouco tempo, e manteve essa crença quando a corrida armamentista começou. À época, ele chegou a temer que, se a paz fosse tão custosa quanto a guerra, uma guerra poderia vir não como um flagelo terrível, mas como uma crise salvadora que poderia pôr fim a uma situação impossível. Até o fim, nutriu a esperança de que o sistema prussiano, adotado por toda a Europa, fosse substituído por uma milícia na qual todo homem apto teria que servir por um período suficiente para o treinamento militar. Aqueles que já tivessem sido treinados formariam quadros de reserva tão organizados que todas as unidades geográficas forneceriam seus próprios batalhões a um Exército que seria tão útil para a defesa quanto inútil para a conquista. Então, todo cidadão teria sua arma em casa. Mas Moltke não disse aos sociais-democratas, quando fizeram essa demanda em 1874, que "as armas são fáceis de distribuir, mas difíceis de recuperar"? Engels não esperava que o governo alemão se comportasse de maneira diferente agora: ele previu que sua proposta e "todo o negócio das milícias" provavelmente fracassaria "por causa da Alsácia-Lorena" e da situação interna da Alemanha. Mas seu objetivo ao apresentar essas propostas não era de modo algum puramente propagandista: ele também desejava levantar uma discussão séria entre especialistas militares.

Sempre atento ao perigo de a Alemanha ter que lutar em duas frentes, ele começou sua exposição com a observação de que o país não podia alterar a duração do serviço com base no princípio de que todos os homens aptos devem servir às cores da bandeira. Até declarou que apenas um governo social-democrata poderia cumprir esse requisito completamente. Mas ressaltou que o período de serviço era o ponto de alavancagem no qual o desarmamento teria que se basear. Propôs que as grandes potências continentais realizassem uma conferência de desarmamento, na qual deveriam estabelecer um acordo sobre o período máximo de serviço ativo em todos os ramos do Exército – talvez limitando o serviço a dois anos, a princípio, "mas com o objetivo de novas reduções nesse período o mais rápido possível e com o sistema de milícias como objetivo final". Se fosse feita uma tentativa de efetivar tal proposta, isso mostraria que o treinamento militar depende, para sua eficiência, das instruções recebidas na juventude. A Prússia tinha iniciado a corrida armamentista e, portanto (nesse caso, Engels concordava com declarações anteriores dos líderes do Partido Social-Democrata), seria melhor que a iniciativa de desarmamento procedesse da Alemanha. Se a França aceitasse a proposta, o perigo da guerra acabaria e a Alemanha conquistaria a glória de ter introduzido o desarmamento. Se recusasse, a França ficaria numa situação pior em caso de guerra; pois havia pouco a esperar da Rússia até agora, e a Inglaterra não poderia recusar a neutralidade benevolente em relação a uma Alemanha decidida pelo desarmamento. Em uma guerra entre a Dúplice e a Tríplice Aliança, a decisão caberia à Inglaterra, pois, "quando ela colocar sua frota à disposição de um dos lados, o outro será simplesmente morto de fome e suas importações de grãos serão interrompidas. Seria um novo bloqueio de Paris, agora em escala colossal, e o lado bloqueado teria que capitular, tão certamente quanto dois e dois são quatro".

Se Engels esperava que os sociais-democratas no Reichstag adotariam seu ponto de vista, ele ficou desapontado. Liebknecht, Grillenberger e muitos outros camaradas do partido concordavam com as principais propostas. Mas Bebel considerava que, naquelas circunstâncias, qualquer plano de desarmamento era utópico. Escreveu a Engels para explicar em detalhes por que uma tempestade varreria a fração parlamentar se eles adotassem seu plano. Ele concluiu assim:

> Por uma questão de fato, não precisamos nos esforçar para ajudar os cavalheiros de cima. Eles só querem saber de revoluções na técnica militar, pois, em todas as outras esferas, estão transbordando conservadorismo. E quanto mais se virem forçados a democratizar o Exército, ampliando seus quadros e diminuindo a duração do serviço, mais firmemente se apegarão a tudo o mais que a tradição conservadora possa manter inalterado. De um lado, há uma visão absolutamente clara da verdade; de outro, um espírito tacanho pré-Jena que provavelmente arruinará todo o sistema quando as coisas ficarem sérias. Tudo o que podemos fazer é explicar como as coisas estão e deixá-las seguir o seu caminho.

Engels logo viu que ele também deveria se resignar, apesar da vocação que sentia para guiar a Europa para fora do abismo para o qual marchava.

Outro congresso internacional foi convocado para agosto de 1893 em Zurique e, inicialmente, enfrentou as mesmas dificuldades dos congressos anteriores. Engels ajudou a removê-los. Os sindicatos britânicos tinham recebido o convite para irem a Zurique a tempo, mas convocaram um congresso internacional para o mesmo mês em Londres. Engels viu nisso uma medição de forças entre o proletariado continental com consciência de classe e os sindicatos conservadores ingleses – que, como reclamou a Bebel, consideravam o "sistema salarial uma lei da natureza eterna e imutável". Procurou Bebel, Adler e Lafargue e conseguiu que os sindicatos alemães, austríacos e franceses aprovassem resoluções cancelando o congresso inglês. Os ingleses acabaram indo a Zurique, portanto.

Também nesse congresso, o principal ponto de discussão foi a atitude a ser adotada pela social-democracia em caso de guerra. Mais uma vez, Domela Nieuwenhuis discursou com toda sua eloquência a favor de uma recusa geral em servir. Mas em vão ele negou que era um utópico e chamou de verdadeira utopia esperar que protestos em jornais respondessem a projéteis e balas de fuzil; em vão riu do "bicho-papão russo" que levaria os sociais-democratas alemães a aprovarem qualquer despesa militar; em vão disse que preferia ter uma guerra civil contra o capitalismo do que uma guerra entre nações. Adler, Plekhanov, Turati, Liebknecht e Aveling lhe disseram que sua proposta não poderia ser posta em prática em nenhum país onde o movimento operário tivesse alguma importância e que qualquer tentativa desse tipo daria ao militarismo a chance de destruir a social-democracia. "Se a greve dos militares e a greve geral não passassem de um desejo piedoso, se os partidos social-democratas da Europa e do mundo inteiro tivessem o poder de levar adiante essas greves, as condições existentes na Europa tornariam qualquer guerra impossível." Essa foi a resposta de Liebknecht a ele. E Aveling disse: "Se somos fortes o suficiente para realizar essa greve militar, somos capazes de fazer algo bem diferente: então nosso trabalho é enviar o capitalismo para o céu, ou para o inferno". A resolução de Nieuwenhuis foi derrotada e uma proposta do partido alemão foi aprovada: ela recomendava à classe trabalhadora que usasse todas as suas forças na luta contra o nacionalismo e declarava que apenas a queda do capitalismo poderia significar o fim da guerra. Engels tinha dado previamente sua aprovação a essa resolução. Conhecemos sua visão esperançosa do curso dos acontecimentos na Europa. Ele profetizou repetidamente que o fim do século traria a vitória da social-democracia na Alemanha e expressou a esperança de que viveria para vê-la.

Durante esse congresso, Engels passou algum tempo em Zurique. Desde a revogação da legislação antissocialista seus amigos na Alemanha não lhe deram paz até que consentiu em ir ver com seus próprios olhos como estava sua terra natal, agora que se tornara um país industrial líder e reduto da social-democracia na Europa. Ele foi para Colônia com Luise Kautsky e Freyberger. Enquanto o

Os últimos cinco anos. O perigo da guerra mundial   255

trem passava pela Renânia, onde tinha nascido, as lembranças de sua juventude se apinhavam sobre ele; e, quando viu as torres da catedral, disse, com lágrimas nos olhos: "Uma terra adorável, se fosse possível viver nela!". De Colônia, Bebel subiu com ele o Reno, passando por Mainz e Estrasburgo, até a Suíça. Lá ele "fugiu" por quinze dias para Graubündcn, onde seu irmão Hermann estava esperando para vê-lo; só apareceu em Zurique perto do final do congresso.

Não precisamos descrever a homenagem universal prestada ao Nestor da social--democracia europeia[123]. Entre os delegados estavam Labriola, Turati e outros homens notáveis que tinham se correspondido com Engels sem o terem conhecido. Ele não foi atraído pelas longas discussões e conferências, mas participou das reuniões sociais com alto astral. Navegou para Bendlikon com Eleanor Marx, Bebel, Kautsky, Labriola e outros. O professor teria gostado de monopolizá-lo completamente, mas Engels estabeleceu uma distinção entre as horas que dedicou a discussões sérias e aquelas em que desfrutou de uma brisa fresca ou "bebeu um copo modesto" com bons amigos. Na casa de Axelrod, teve de dar audiência a um grupo de garotas russas que o admiravam, e, nisso, não apenas três ou quatro jovens "com olhos maravilhosos", mas também Vera Zasulitch – que era mais propagandista do que bonita –, foram honradas com um beijo de seus lábios. "Mas meu verdadeiro bem querer", disse a seu irmão, "era uma deliciosa trabalhadora de uma fábrica de Viena com o tipo de rosto charmoso e maneiras encantadoras que são realmente raros." Era Adelheid Dvorak, que mais tarde virou Adelheid Popp: ela tornou-se a líder do movimento das mulheres socialistas na Áustria.

Como presidente honorário do congresso, Engels não pôde se recusar a fazer o discurso de encerramento. Quando entrou no salão de Tonhalle, houve aplausos universais: ele era uma figura lendária para a maioria dos delegados, e estes ficaram muito felizes em vê-lo pessoalmente. Em seu discurso, Engels se recusou a prestar homenagens a si mesmo: tudo era devido, em primeiro lugar, ao "grande homem" com quem publicara os primeiros artigos socialistas, exatamente cinquenta anos antes, nos *Anais Franco-Alemães*. "Das pequenas seitas daquela época", exclamou, "o socialismo agora se transformou em um partido poderoso diante do qual todo o mundo do oficialismo treme. Marx está morto, mas, se ainda estivesse vivo, não haveria homem na Europa ou na América que, ao olhar para trás, e vendo sua vida e obra, teria melhores razões para se orgulhar."

Algumas semanas depois, ele foi a Viena com Bebel. Lá, disse aos camaradas do partido que se ele, como camarada de armas de Marx, tinha feito algo pelo movimento nos cinquenta anos em que estivera nele, não desejava recompensas. E acrescentou: "Somos uma grande potência agora; devemos ser temidos; mais depende de nós do que das outras grandes potências. Esse é o meu verdadeiro orgulho! Não vivemos em vão". Ele viajou para Berlim, que não via desde seus dias no Exército, quando fora um dos mais revolucionários no ousado grupo

"Os Livres". Lá, discursou em uma reunião de massas no Concordiasaal e lembrou que, em sua juventude, a capital prussiana consistia na corte, na guarnição, na nobreza e nos oficiais. Agora era a capital do partido dos trabalhadores mais forte do mundo, um partido que caminhara de vitória em vitória.

Mas, apesar do interesse com o qual viu essas novas cenas, ele ficou feliz em voltar a seus estudos em Londres. "As pessoas eram todas muito agradáveis", escreveu a Sorge em Hoboken, "mas eu não ligo para tudo isso, fico feliz que tenha terminado." Disse que, da próxima vez que fosse, escreveria de antemão para garantir que "não precisaria desfilar diante do público". Espantou-se com a recepção que lhe deram, mas preferia deixar isso para parlamentares e oradores: "esse tipo de coisa está mais na linha deles, realmente não se encaixa com o meu trabalho".

Em seu retorno, ele voltou imediatamente ao trabalho. A primeira tarefa estava quase concluída: o terceiro volume de *O capital*. Depois disso, havia outro volume a ser feito, e ele pretendia revisar seu *As guerras camponesas na Alemanha*, de modo que abrangesse toda sua concepção da história alemã. Aos 73 anos, estava planejando trabalhos ainda maiores. Sentia que ninguém mais deveria escrever sobre a vida de seu grande amigo e a história da Associação Internacional dos Trabalhadores. Ao mesmo tempo, refletia constantemente sobre os problemas que a história atual apresentava ao movimento social-democrata. A era do imperialismo estava se aproximando. Pela primeira vez, um Estado asiático tomou a iniciativa em uma grande mudança política. Engels escreveu a Kautsky em 24 de setembro de 1894: "Mais uma vez, a magnífica ironia da história: somente a China ainda não foi conquistada pela produção capitalista e, enquanto a conquista está sendo concluída, a produção capitalista está se tornando impossível em seu próprio lar".

Friedrich e Elizabeth Franziska, os pais de Engels.

A casa de Barmen, onde morava a família.

O colégio de Elberfeld, onde Engels estudou.

Diploma escolar, emitido em 25 de setembro de 1837.

Caderno de história de Engels
(capa e desenho interno).

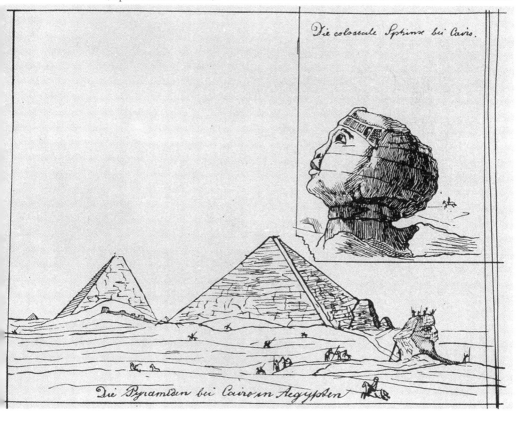

Engels, nos anos 1840.

Mary Burns, companheira de Engels.

Os jovens hegelianos retratados por Engels.

A Universidade de Berlim, em 1840.

A casa onde Engels viveu em Manchester.

A biblioteca pública Chetham, em Manchester, onde estudou sozinho e com Marx.

Página do *Rheinische Zeitung* contendo matéria de Engels enviada de Londres.

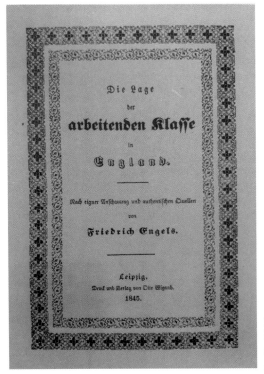

Página de rosto do livro *A situação da classe trabalhadora na Inglaterra*, de 1845.

Ao lado, casa em que Engels viveu em Paris, de novembro de 1846 a março de 1847.

Abaixo, caricatura de Engels do discurso de Frederico Guilherme IV na abertura do Landtag Unido, em abril de 1847.

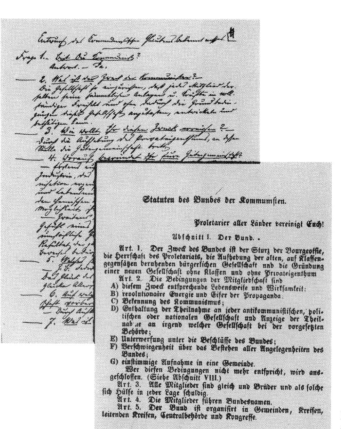

Documentos da Liga dos Comunistas redigidos com a participação de Engels.

Manuscrito de "Feuerbach e a história", trecho do livro *A ideologia alemã*.

Esboço de parte do itinerário de Engels de Paris a Berna.

Capa do *Manifesto do Partido Comunista*, edição de 1848.

Engels, nos anos 1860.

Parte dos materiais preparatórios para o artigo "O exército russo".

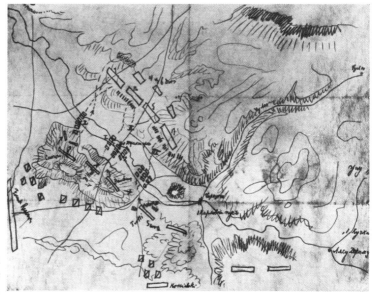

Esquema de Engels sobre a batalha do rio Tchiornaia, de agosto de 1855.

Engels, em 1864.

Litografia de Arnold Ruge, filósofo e um dos editores da revista *Deutsch-französische Jahrbücher*.

Bruno Bauer, teólogo e filósofo, um dos mais proeminentes jovens hegelianos.

G. W. F. Hegel retratado por Johannn Jacob Schlesinger em 1831, pouco antes de sua morte.

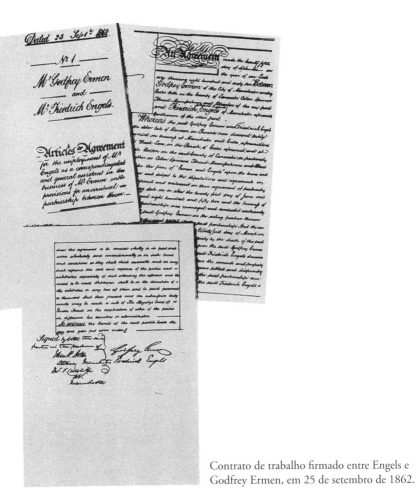

Contrato de trabalho firmado entre Engels e Godfrey Ermen, em 25 de setembro de 1862.

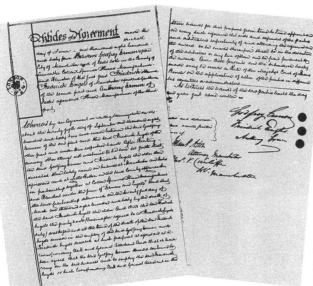

Contrato da entrada de Engels como sócio da empresa Ermen & Engels, em 30 de junho de 1864.

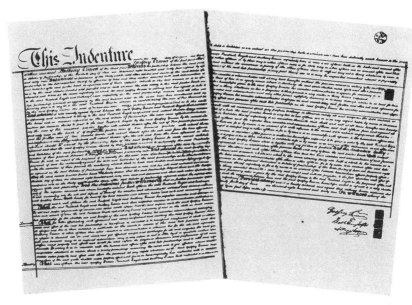

Documento que sela a saída de Engels da sociedade empresarial.

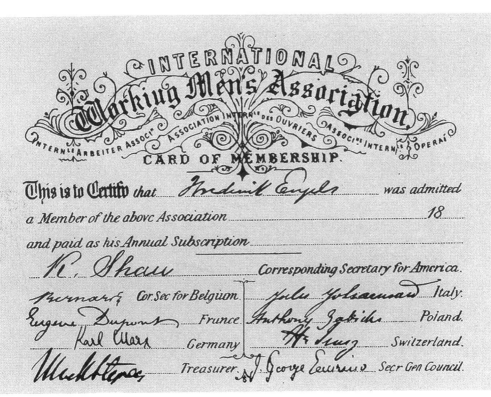

Cartão de membro da Primeira Internacional.

Ferdinand Lassalle

August Bebel

Mikhail Bakunin

Moses Hess

Engels com Karl Marx e suas filhas Jenny, Laura e Eleanor, nos anos 1860.

Esboço do plano geral do livro *Dialética da natureza*.

Página do jornal *Vorwärts* que publicou o início do *Anti-Dühring*.

Engels, em 1888.

A segunda mulher de
Engels, Lizzy Burns.

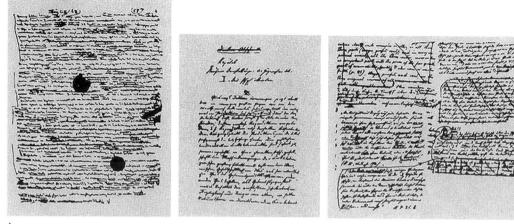

À esquerda, página de manuscrito marxiano do Livro II de *O capital*, seguida da mesma página ditada a um copista, com as correções de Engels.

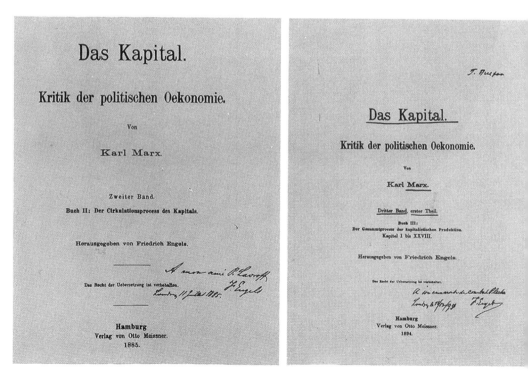

Páginas de rosto dos Livros II e III de *O capital* com dedicatórias de Engels a Piotr Lavrov e Plekhanov.

Carta de Marx agradecendo a Engels por corrigir as provas de *O capital* (1867).

Eleanor Marx-Aveling

Laura Lafargue

Jenny Longuet

Helene Demuth

Apartamento de Engels em Regent's Park Road, 122, Londres, onde viveu de 1870 a 1894.

Escritório de Engels na casa de Regent's Park Road, em Londres.

Jules Guesde

Friedrich Sorge

Tom Mann

Wilhelm Liebknecht

William Morris

Belfort Bax

Georgi Plekhanov

German Lopatin

Vera Zasulitch

Capa da primeira edição do livro *A origem da família, da propriedade privada e do Estado*.

Ilustração de autoria desconhecida de Engels durante manifestação do 1º de maio de 1892, em Londres.

Engels por William Elliott Debenham, em 1888.

Engels e Bebel (de chapéu) durante congresso da Segunda Internacional, em 1893.

Engels, em seus derradeiros anos de vida.

A última carta escrita a Laura Lafargue, em 23 de julho de 1895.

O testamento de Engels.

Local em Eastbourne onde foi lançada ao mar a urna com as cinzas de Engels.

Repercussão da morte do cofundador do socialismo científico na imprensa.

Página de rosto da revista *Robótnik* contendo o artigo "Friedrich Engels", de Lênin.

XXIV
O FIM

No septuagésimo aniversário de Engels, o Conselho Geral do Parti Ouvrier transmitiu a ele o desejo de que pudesse viver para ver o proletariado entrar na terra prometida do comunismo, e ele próprio tinha uma grande vontade de "dar uma espiada no novo século". O velho lutador se esforçou bastante para completar a obra de sua vida – mas superestimou a força que lhe restava. Até o fim, estranhos que o visitavam falavam muito de seu humor animado, suas observações cáusticas, sua figura alta e ereta e seus pensamentos e palavras rápidos e impetuosos. Mas quem lhe era íntimo não podia deixar de ver os vestígios da idade. Ele não gostava de falar de sua saúde, mas era obrigado a dar algumas informações a seu amigo íntimo Adler, que era médico. Em seu último aniversário, Adler o aconselhou a cuidar mais de si, e ele respondeu que estava deixando seu médico intimidá-lo completamente, "exatamente como um velho doente deveria fazer".

No dia de Ano-Novo de 1895, agradeceu a Adelheid Popp por seus parabéns pelo seu "mais recente, mas – espera-se – não último aniversário". No dia 8 de fevereiro, ele ainda podia dizer que sua saúde estava melhor do que estivera por muito tempo, e que estava gostando de seu trabalho. Mas, em março, Freyberger informou a Adler que ele tinha sido diagnosticado com câncer no esôfago. Engels nunca soube que estava marcado para morrer. Ele escreveu a Danielson no início de junho que se sentia mal no momento, mas não era nada sério[124]. No final de junho, escreveu a Richard Fischer que ainda não estava apto para trabalhar e não sabia quanto tempo mais ficaria preso por essa doença – natural em sua idade, mas diabolicamente lenta em seu curso. Quando Adler soube que a doença estava progredindo rapidamente, obteve uma licença para sair da prisão e foi ver seu velho amigo mais uma vez. Verificou que Engels estava sofrendo sua dor "com estoicismo, e até com humor", o que podia ser visto pelos comentários que ele escrevia em sua lousa quando não conseguia falar. Durante a visita de Adler, a

290 Friedrich Engels: uma biografia

doença piorou rapidamente. Quando Adler teve que partir no dia 3 de agosto, Engels havia perdido a consciência. Na noite de 5 de agosto, em sua casa em Londres, Engels faleceu pacificamente.

Não lhe disseram que sua doença era incurável, mas sabia que estava descendo a colina. Fiel a sua visão filosófica da morte, ele silenciosamente pôs seus negócios em ordem. Deixou uma quantia considerável, da qual 20 mil marcos foram para Bebel e Singer "para fins eleitorais", com a ressalva de que, pela lei inglesa, ele não podia deixar o dinheiro para o partido alemão de nenhuma outra maneira. "Portanto, tomem um cuidado especial", ele escreveu em novembro de 1894, "para que o recebam e, quando isso ocorrer, para que não caia nas mãos dos prussianos. E, quando tiverem certeza disso, bebam uma garrafa de um bom vinho com ele. Será um ótimo memorial a mim." Essa soma era apenas uma pequena parte de seus bens: o restante foi dividido entre as filhas de Marx, Luise Freyberger e a sra. Rosher. Os executores de seu testamento eram Samuel Moore, Luise Freyberger e Bernstein. Ele entregou sua biblioteca ao partido na Alemanha e confiou a Bebel e Bernstein sua obra literária não publicada.

Engels dissera que era seu "desejo positivo" que seu corpo fosse cremado e as cinzas lançadas no mar. Talvez tenha tomado essa decisão porque sabia que não deixaria para trás ninguém que estivesse profundamente ligado a ele após a morte; ou pode ter sido devido a sua aversão à adoração de heróis sob qualquer forma; e talvez ainda pelo amor e parentesco que sentia pelo mar inquieto e instável. Tinha ordenado que a cerimônia fúnebre fosse estritamente privada e que comparecessem nela não meros parceiros políticos, mas apenas amigos pessoais. Seus desejos foram seguidos. Quando Eleanor Marx convidou John Burns, pediu expressamente que ele não dissesse a ninguém o local e a hora da cerimônia. Foi realizada na Westminster Bridge Station da South Western Railway, antes de o corpo ser levado ao crematório de Woking, e apenas cerca de oitenta pessoas compareceram. Liebknecht, Bebel, Singer e Bernstein foram em nome do partido alemão, Lafargue dos franceses, Édouard Anseele dos belgas, Frank van der Goes dos holandeses; os russos foram representados por Vera Zasulitch e Sergius Setpniak. Além destes, um representante polonês e um italiano. Os Aveling, Will Thorne, Quelch e uma delegação da Liga Socialista representaram o movimento operário da Inglaterra. Havia também Kautsky e Friedrich Lessner (o alfaiate, amigo de Engels desde os dias da Liga dos Comunistas), e alguns membros da família Engels. Um dos sobrinhos de Engels falou ao lado de seu caixão, exaltando o altruísmo e a amabilidade com que sempre tratara sua família, apesar das diferenças políticas. Samuel Moore, profundamente comovido, fez um breve discurso pelos seus amigos pessoais. Liebknecht, em nome do partido alemão, Bebel, pelos austríacos, e Lafargue, pelos franceses, expressaram sua gratidão ao "confidente internacional do proletariado com consciência de classe em todo o mundo". A Associação Educacional dos Trabalhadores Alemães de Londres, que Engels considerava a mais antiga sociedade internacional, realizou uma cerimônia em sua memória no dia 30 de agosto, na qual Bebel discursou. Somente os Aveling, Lessner e Bernstein viajaram para Eastbourne e, como Engels tinha pedido, jogaram sua urna no mar a cerca de oito quilômetros de Beachy Head. Era um dia tempestuoso de outono.

Assim que o movimento operário europeu perdeu os serviços de Engels, foi obrigado a criar um escritório internacional para manter uma correspondência regular entre os partidos dos vários países europeus. Engels fora o primeiro a reconhecer a necessidade de encorajar tal correspondência e, meio século antes, assumira o dever e o cumprira sozinho. Por esse meio, ele foi capaz de obter um consenso mais amplo do movimento do que era possível aos líderes partidários nacionais, e garantir que seu progresso estivesse sempre na direção apontada por Marx e ele em seu *Manifesto comunista*. Victor Adler, em seu obituário na *Wiener Arbeiterzeitung*, descreveu Marx como "o maior teórico da democracia socialista internacional" e classificou Engels ao lado dele como seu "maior estrategista". E foi Engels quem, de fato, da década de 1870 à de 1890, educou os líderes dos novos e crescentes partidos da classe trabalhadora europeia e mostrou a eles como aplicar a teoria à prática política. Bebel e Adler, Guesde e Lafargue, Plekhanov e Axelrod, Turati e Anseele frequentemente ficavam abismados quando, ao lhe pedir conselhos, descobriam com que rigor ele acompanhava os desenvolvimentos em seus países e como até o fim de sua vida ele procurou fazer justiça aos fatores históricos particulares de cada país, bem como às grandes linhas principais de desenvolvimento comuns a todos.

Ele tinha uma fé inabalável na vitória final do comunismo. Às vezes, subestimava a importância de impedimentos políticos, mas seu entusiasmo nunca era tolice, e daí surgiu a confiança com que os líderes aceitavam seus julgamentos e as massas aceitavam seus gritos de guerra. Frequentemente tinha a expectativa de que as forças do conservadorismo cedessem enquanto ainda eram fortes. Mas muitos dos maiores revolucionários na história fizeram o mesmo, e muitos grandes generais, depois que seu inimigo foi forçado à defensiva, desprezaram injustamente o peso de suas reservas. Seu temperamento sanguíneo o mantinha aberto a grandes erros, mas ele foi salvo dos mais graves por seu forte senso de realidade e seu honesto esforço de ver todos os lados de uma questão, mesmo aqueles que lhe eram desfavoráveis.

A natureza lhe foi gentil. Ela fez as sementes que estavam nele dar frutos como faz com poucos homens. Pelos mais altos padrões, ele era fértil e fertilizante, mais do que propriamente criativo. Muitas vezes será perguntado que importância histórica ele teria se Marx não o tivesse conhecido. Os primeiros capítulos desta biografia tentaram mostrar até onde Engels tinha ido sozinho pelo caminho que ele e seu amigo seguiram juntos depois de se conhecerem. Lafargue falou uma vez de uma conversa na qual Engels disse:

> Sem dúvida, alguém conseguiria compreender e analisar o mecanismo da produção capitalista e descobrir suas leis de desenvolvimento – a questão é que isso levaria muito tempo e todo o trabalho seria um amontoado de colagens. Somente Marx era capaz de seguir todas as categorias em seu movimento dialético, conectar suas fases sucessivas às causas que as determinavam e reconstruir todo o quadro da economia em uma teoria abrangente, cujas partes individuais controlam e sustentam umas às outras.

Nessas palavras, Engels indicou o que ele próprio fora incapaz de fazer. Ele via em si mesmo uma certa "indolência *en fait de théorie*", que provava que não estava qualificado para elaborar um sistema econômico ou filosófico e de unificá-lo com ganchos de aço. É verdade que tinha um talento natural para observar conexões teóricas; mas estava contente em compreendê-las intuitivamente, em entender a direção em que apontavam e, principalmente, em extrair delas inferências para a ação – pois a ação era para ele a coroa da vida. Essas foram as qualidades que fizeram de Engels o chefe do estado-maior do movimento da classe proletária na Europa durante o período de sua brilhante ascensão ao poder.

Ele poderia se entregar ao estudo científico com um interesse apaixonado, mas as faculdades de pesquisa e análise lógica eram menos desenvolvidas nele do que o talento para estimular, disseminar e popularizar no sentido mais nobre da palavra. Por isso seus pensamentos eram mais bem expostos em um esboço brilhante do que em um tratado amadurecido lentamente. Ele escrevia em estilo cristalino, cheio de força sugestiva, e era capaz de expressar teorias altamente complicadas em uma linguagem que um leigo compreendesse.

Engels e Marx tinham a mais alta opinião um do outro; e cada um valorizava as críticas do amigo sobre seu trabalho muito acima de todas as outras. Consideravam a obra de sua vida como uma unidade, na qual havia divisão do trabalho, mas não propriedade privada. Compartilharam o prazer de seus sucessos literários individuais, bem como as conquistas comuns que foram feitas por suas ideias políticas. O ataque esmagador aos jovens hegelianos em *A ideologia alemã*, a elaboração da teoria da mais-valia, o efeito de propaganda causado pela crítica a Dühring, a conclusão do primeiro volume de *O capital* e o respeito que Engels obteve como especialista militar – todas essas conquistas foram para eles apenas batalhas de uma mesma campanha. Ao longo de toda a história não há outro exemplo de uma parceria tão dedicada entre dois homens grandes e talentosos.

Não foi por acidente que Engels se tornou um estrategista militar amador afiado e que os trabalhos econômicos de Marx continham muitas metáforas militares. Nenhum deles jamais comandou grandes corpos de homens, como o fez seu grande aluno Lênin; mas durante toda a vida sentiram que eram um poder beligerante, os dois sozinhos, em aliança com o futuro. Estavam decididos a não aceitar a paz até que todos os grandes poderes políticos e sociais de seu tempo depusessem suas armas diante deles. E seus inimigos mais determinados sabiam que eles eram homens perigosos de se enfrentar. Podemos ver isso no artigo publicado após a morte de Engels pelo *Post*, de propriedade do barão von Stumm, o conhecido industrial de Sarre e conselheiro de Guilherme II sobre legislação social. "A nação", diz o *Post*, "corre muito menos perigo quando seu sedutor pensa que a anarquia é um fim em si mesmo (como Bakunin pensava), do que quando ele está minando lentamente a ordem existente sob o pretexto de criar algo novo e melhor. Se alguma vez houve um homem cuja obra da vida era travar essa guerra de aniquilação contra toda ordem, disciplina e moral existentes, esse homem foi o socialista Friedrich Engels."

Os partidos socialistas de todo o mundo sentiram sua morte profundamente. O jovem líder do partido belga, Émile Vandervelde, escreveu sobre a impressão causada por ele ao entrar na sala de reuniões em Zurique.

> Queríamos encerrar a reunião: as últimas votações foram feitas com pressa febril. Um nome estava em cada lábio. Friedrich Engels entrou no salão; entre tempestades de aplausos, ele chegou ao palco. E, depois que ele falou (nas três línguas oficiais do Congresso) das batalhas do passado, dos sucessos do presente e das esperanças ilimitadas do futuro – era como se o sol tivesse subitamente dispersado a névoa. A unidade espiritual do socialismo brilhava como o dia entre as peculiaridades das nações individuais, e toda a assembleia repetiu as palavras com as quais Engels fechou o Congresso, as mesmas com que encerrara o *Manifesto comunista*: "Trabalhadores de todo o mundo, uni-vos".

Engels se alistou em um movimento de grande importância histórica quando estava em seu estágio inicial, e ajudou a formar a concepção de história que acredita que esse movimento levará a humanidade a um estágio adiante em seu caminho ascendente. Portanto, não era apenas possível, mas obrigatório, que ele ajudasse a inspirar esse movimento com a fé que sentia. Sua vida longa lhe permitiu assistir e ajudar sua ascensão e desenvolvimento; e guiá-lo de acordo com sua interpretação dialética de como uma nova era da história do mundo chegaria. O caráter dessa interpretação e sua natureza autoconfiante e direta o impediram de ter dúvidas. Ele permaneceu inabalavelmente confiante de que o proletariado, em sua luta pela emancipação, deveria necessariamente seguir esse caminho, e que nenhum outro levaria tão diretamente ao período milenar em que a maldição do homem moderno, a divisão em classes, seria desfeita. E foi uma fortuna de Engels que, durante o último período de sua vida, tanto sua concepção de história quanto o movimento social e político que, como ele acreditava, o "espírito do mundo" estava destinado a realizar, tivessem depois de lutas duras e bem-sucedidas entrado em um período de expansão e conquista. Essa foi sua justificativa para defender que a vitória final estava ao alcance das mãos.

Mas, entre todos os presentes que a fortuna lhe deu, talvez o maior tenha sido este – sua vida terminou antes da grande decepção, antes que o objetivo tão próximo recuasse para longe, antes de ficar claro que seu oponente, Domela Nieuwenhuis, julgara mais corretamente do que ele aqueles eventos que ao próprio Engels pareceram sombrios e ameaçadores, mas que ele sempre explicou. Pois esperava que o proletariado da Europa nunca seria separado por aquela situação trágica que lhe pareceria a mais cruel zombaria ao apelo com que ele e Marx haviam encerrado o *Manifesto comunista* – "Trabalhadores do mundo – *uni-vos*!".

Ele não desejara uma guerra mundial. Mas tinha profetizado que, se ela viesse, uma inundação de nacionalismo poderia varrer a Europa e a vitória do socialismo poderia ser adiada por algumas décadas. Se ele pudesse viver hoje, acreditaria que agora estamos passando por esse período. No entanto, ele se apegaria, como sempre fez, à convicção de que se trata apenas de um adiamento, não de uma cessação, da marcha da história do mundo, que no final deve levar à conquista da sociedade sem classes e ao desenvolvimento completo da natureza humana.

Engels doente trabalhando no manuscrito de O capital, *de Marx.*
Nikolai Nikoláevitch Júkov, 1939.

Notas da edição brasileira

José Paulo Netto

Capítulo I – Família e mocidade

[1] Barmen – situada no norte da Renânia, no vale do rio Wupper, afluente do Reno – haverá de ser a cidade natal de Engels. A fusão de Barmen com outros distritos próximos, nomeadamente Elberfeld, constituirá, no século XX (1930), o município de Wuppertal.

Observe-se que a designação "Manchester alemã" era pertinente: a influência da presença das tropas da França revolucionária na Renânia (1795-1815) tornou essa unidade da Confederação Germânica a parte mais desenvolvida da Alemanha em termos econômicos e políticos. Enquanto no resto do país predominavam relações típicas do Antigo Regime na cidade e no campo, o artesanato corporativo e a indústria doméstica, na província renana já existia a produção fabril com traços claramente capitalistas – e Barmen já se destacava pelo seu parque têxtil.

[2] A "fome de 1816" resultou da intercorrência de uma fase de estagnação econômica com mudanças climáticas (1816 ficou conhecido como "o ano sem verão") que afetaram as colheitas em toda a Europa. Populações pobres, especialmente da Suíça e da Alemanha do norte, foram duramente castigadas.

[3] O casal Engels (o pai, 1796-1860, e a mãe, 1797-1873) teve mais oito filhos – Hermann (1822-1905), Marie (1824-1901), Anna (1825-1853), Emil (1828-1884), Hedwig (1830--1904), Rudolf (1831-1903), Wilhelm (1832-1833) e Elise (1834-1912). Os filhos, à exceção de F. Engels e de Wilhelm, falecido prematuramente, seguiram o exemplo do pai, tornando-se industriais capitalistas; as moças casaram-se com homens do mesmo meio social. F. Engels sempre teve uma forte relação afetiva com a mãe e a irmã Marie.

[4] O pietismo, uma derivação da ortodoxia luterana, desenvolveu-se na Alemanha na segunda metade do século XVII, a partir da pregação de Phillip Jacob Spener (1635-1705), e experimentou seu auge entre 1750 e 1800. Chegou a exercer significativa influência entre intelectuais mediante a sua incidência na Universidade de Halle.

[5] Biógrafos outros assinalam que o pai de F. Engels, embora politicamente muito conservador e pietista praticante, era sensível, à diferença de sectários religiosos em geral, a manifestações artísticas, em especial a música – ele mesmo tocava flauta e violoncelo e organizava em sua casa concertos de música de câmara. Essas tertúlias eram muito ao gosto da mãe de Engels, Elise (em solteira, Elisabeth van Haar), descendente de uma família de filólogos, mulher de fina sensibilidade e dotes artísticos.

296 FRIEDRICH ENGELS: UMA BIOGRAFIA

[6] É precisamente em outubro de 1834 que F. Engels é matriculado como aluno interno no liceu de Elberfeld.

[7] F. Engels, pois, não terminou formalmente os seus estudos liceais. Durante o período do internato em Elberfeld, fortes laços de amizade juvenil ligaram-no aos irmãos Wilhelm (1820-1895) e Friedrich Graeber (1822-1895), com os quais envolveu-se num cenáculo de jovens poetas e, mesmo depois de abandonar o liceu, manteve com eles uma importante relação epistolar.

[8] Entre 1837, quando abandonou o liceu, e meados de 1838, F. Engels trabalhou no escritório do pai, quando, ao que parece, não demonstrou grande zelo em sua atividade.

[9] Em julho de 1838, F. Engels acompanhou o pai numa viagem de negócios à Inglaterra, passando alguns dias na Holanda (foi sua primeira viagem ao exterior da Alemanha). Em outubro, começou a trabalhar no escritório de negócios de exportação de Heinrich Leopold (1798-1865), cônsul saxão em Bremen.

[10] Veja-se a seguinte passagem de uma carta (de 11 de março de 1841) de F. Engels a sua irmã Marie, depois de uma audição da *Quinta sinfonia*, de Beethoven: "Ontem à noite, que sinfonia! Se ainda não conheces esta peça grandiosa, nada ouviste na tua vida. Aquele confronto cheio de desespero no primeiro andamento, aquela elegíaca melancolia, aquele terno lamento de amor no *adágio* e aquela celebração juvenil, poderosa, da liberdade pelo trombone no terceiro e no quarto andamentos!" (cf. Karl Marx e Friedrich Engels, *Collected Works*, v. 2 (Londres, Lawrence & Wishart, 2010), p. 530).

[11] Publicadas nesse jornal, de caráter especialmente crítico-literário, as *Cartas de Wuppertal* causaram sensação em Barmen e em Elberfeld, com sua cáustica ironia dirigida aos setores burgueses econômica e politicamente dominantes nas duas cidades.
O *Telegraph*... foi criado por Karl Gutzkow (1811-1878) e publicado em Hamburgo entre 1838 e 1848. Naqueles anos, o jornal foi o porta-voz do movimento Jovem Alemanha, que contou com a participação de Ludwig Börne (1786-1837) e do grande poeta Heinrich Heine (1797-1856), obrigado a viver em Paris desde 1831. O movimento opunha-se ao romantismo reacionário e ao conservadorismo do Estado prussiano e da Igreja.

[12] David Friedrich Strauss (1808-1874) publicou em 1835-1836 os dois volumes da sua *Vida de Jesus*. Nessa obra, que provocou intensa polêmica, o autor sustentou que os evangelhos não provinham de qualquer inspiração divina, mas resumiam mitos constituídos no interior das antigas comunidades cristãs. Strauss, de fato, abriu o caminho para uma crítica dos fundamentos da ortodoxia religiosa, que logo derivou no desenvolvimento da crítica da compatibilidade entre a filosofia hegeliana e o poder político do Estado prussiano e da Igreja oficial – crítica que avançou na transição dos anos 1830 aos anos 1840.

Capítulo II – Entrada na política

[13] O Congresso de Viena (setembro de 1814-junho de 1815), presidido por Metternich (1773--1859), reuniu as potências europeias interessadas em travar e reverter os avanços políticos deflagrados pelas guerras napoleônicas. Abriu uma quadra histórica em que a Prússia, a Inglaterra e a Rússia – aliadas na chamada Santa Aliança – promoveram na Europa processos restauradores e reacionários, ultrapassados pelas revoluções de 1848.

[14] A Alemanha não constituía ainda um Estado nacional: do ponto de vista político-institucional, a Confederação Germânica era uma frouxa articulação de 39 unidades (35 principados soberanos e 4 cidades livres) satelizadas em torno de um reino poderoso (a Prússia), com sistemas de representação política diversificados e restritivos, ausência de laicização, burocracias de raiz feudal e submetidas à dominação da nobreza fundiária.

[15] Já se mencionou (nota 11) a Jovem Alemanha. O movimento dos jovens hegelianos – que teve seu caminho aberto pelo livro de Strauss (ver a nota 12) – desenvolveu-se no interior do processo de dissolução do que o próprio Engels caracterizou como a "filosofia clássica alemã". A partir de finais dos anos 1830, ele emerge – com a liderança inicial de Bruno Bauer (1809-1882) – e ganhará importância, formando a chamada *esquerda hegeliana*. Já a partir do primeiro terço da década de 1840, o movimento se dividirá e perderá relevância.

Capítulo III – Serviço militar. Os jovens hegelianos

[16] Frederico Guilherme III (1770-1840) teve como ministro da Educação, entre 1817 e 1838, K. S. Altenstein (1770-1840), que protegeu Hegel e seus seguidores. Frederico Guilherme IV (1795-1861), que assumiu o trono prussiano logo após a morte do pai, era pessoalmente um adversário das ideias hegelianas e, no poder, tratou de combatê-las frontalmente – uma de suas primeiras providências foi trazer para a Universidade de Berlim o filósofo F. W. Schelling (1775-1854), desde 1807 rompido com Hegel e seu ferrenho opositor.

[17] A revolução de julho de 1830, protagonizada pela pequena burguesia e pelos artesãos e trabalhadores, destronou Carlos X, da "Casa de Bourbon", substituindo-o por Luís Felipe, o último rei francês, da "Casa de Orléans".

[18] Em fins de março de 1841, Engels regressa de Bremen a Barmen e, em finais de setembro, desloca-se para Berlim, a fim de prestar o serviço militar. Antes de fixar-se em Berlim, fez uma viagem à Suíça e ao norte da Itália.

[19] Ludwig Feuerbach (1804-1872), desde os últimos anos da década de 1830, desenvolvia a sua crítica materialista à filosofia de Hegel – mas é em 1841, com a publicação do seu livro *A essência do cristianismo*, que a defesa do humanismo ateu ganhou forte ressonância entre a jovem intelectualidade alemã.

[20] No período em que esteve em Berlim, Engels frequentou cursos e conferências na universidade.

[21] O segundo panfleto – de fato, um poema satírico, em cuja redação parece ter colaborado Edgar Bauer (1820-1886) – intitulou-se *A Bíblia insolentemente ameaçada, porém milagrosamente salva ou O triunfo da fé*.

[22] A colaboração de Marx à *Gazeta Renana* começa efetivamente em meados de 1842, mas é em outubro desse ano que ele se torna editor do jornal. Quanto a Engels, a sua colaboração com a *Gazeta Renana* se inicia na primavera de 1842.

[23] A *Gazeta Renana* circulou somente até o último dia de março de 1843. Os *Anais de Halle*, editados por Arnold Ruge (1802-1880), foram proibidos quase simultaneamente.

Capítulo IV – Rumo ao comunismo

[24] Nesse passo, a datação é imprecisa: outros biógrafos assinalam que Engels saiu de Barmen em meados de novembro e que o seu primeiro encontro com Marx, relatado a seguir, deu-se na redação da *Gazeta Renana* a 16 de novembro. Nesse encontro, a frieza deveu-se a que ele ignorava que Engels já estava se afastando dos "Livres" de Berlim.

Capítulo V – Estudos políticos e sociais na Inglaterra

[25] Engels chegou a Londres em 19 de novembro de 1842.

[26] J. Moll (1813-1849), H. Bauer (1813 – emigrado para a Austrália em 1851) e K. Schapper (1812-1870) eram os principais dirigentes da Liga dos Justos, aqui mencionada. Sobre a Liga, ver, infra, a nota 43.

298   FRIEDRICH ENGELS: UMA BIOGRAFIA

[27] R. Cobden (1804-1865) e J. Bright (1811-1889) foram os líderes da Liga contra as Leis dos Cereais – essas leis, vigentes entre 1815 e 1846, protegiam o mercado inglês da concorrência com produtos (especialmente cereais) importados.

[28] A reforma eleitoral de 1832 beneficiou exclusivamente os setores burgueses, longe de significar uma efetiva democratização do direito ao voto. Mas, de fato, aumentou a proporção de eleitores que, entre os maiores de 20 anos, passou de 4,4% para 7,1% (à época, estimava-se a população inglesa em 28 milhões de habitantes).

[29] Mary Burns (filha de imigrantes irlandeses, nascida em 1823), operária que Engels conheceu em 1843, tornou-se desde então sua companheira até à morte dela (1863). Todos os biógrafos de Engels reconhecem que Mary foi de importância fundamental na sua vida política, ao introduzi-lo nos meios proletários (1843-1844) e ao interessá-lo, nos anos 1850, pela gravíssima questão nacional irlandesa. As indicações que dela se recolhem oferecem a imagem de uma mulher que, pouco letrada, mas representativa do ativismo das camadas populares, foi uma combativa militante operária. Após a morte de Mary, Engels ligou-se à sua irmã, a também operária Lydia (Lizzy) Burns (1827-1878).

[30] O *cartismo*, que empolgou especialmente os operários ingleses entre 1830 e 1850, foi o primeiro grande movimento de massas próprio do período de consolidação da revolução industrial. Apresentou, em 1838, na *Carta do povo* (donde derivou a sua designação), um conjunto de demandas político-sociais – da reivindicação do sufrágio universal secreto à limitação da jornada de trabalho – que se desdobrou ulteriormente na pauta de todos os movimentos sociais progressistas de reforma social que marcaram o século XIX.

[31] Wilhelm Weitling (1808-1871) publicou o livro citado em 1842, que o tornou célebre entre artesãos e operários na década de 1840. Representante de uma vertente comunista-igualitarista própria dos primeiros passos do moderno movimento operário, na segunda metade dos anos 1840 foi objeto da crítica de Marx.

[32] *Northern Star*, jornal dos cartistas, surgiu em 1837 e desapareceu em 1852. *The New Moral World*, citado abaixo, foi um jornal fundado por R. Owen em 1834, circulando até 1845.

[33] Esse *Esboço de uma crítica da economia política* – cuja importância para estimular os estudos de Marx no âmbito da economia política foi decisiva – publicou-se nos *Anais Franco-Alemães*, revista criada por K. Marx e A. Ruge, cujo único número foi editado em Paris, em fevereiro/março de 1844. O *Esboço...* encontra-se na antologia *Engels. Política*, organizada por J. P. Netto para a coleção Grandes Cientistas Sociais (São Paulo, Ática, 1981).

Capítulo VI – Amizade com Marx

[34] Engels e Marx encontraram-se em Paris entre 28 de agosto e 6 de setembro de 1844 – começaram por conversar no histórico Café de la Régence (em torno de cujas mesas estiveram no passado figuras como Voltaire e Benjamin Franklin) e avançaram por noites e madrugadas no apartamento em que Marx vivia, na rua Vanneau, n. 38.

[35] Alusão a Lazare Carnot (1753-1823), engenheiro militar que, no curso da Revolução Francesa, destacou-se como membro do Comitê de Segurança Pública.

[36] Nos *Anais Franco-Alemães*, as duas contribuições substantivas de Marx estão contidas nos ensaios "Sobre a questão judaica" e "Contribuição à crítica da filosofia do direito de Hegel. Introdução". Há edição brasileira de ambos os textos – Karl Marx, *Sobre a questão judaica* (São Paulo, Boitempo, 2010) e idem, *Crítica da filosofia do direito de Hegel* (São Paulo, Boitempo, 2010).

NOTAS DA EDIÇÃO BRASILEIRA 299

[37] Trata-se do livro *A sagrada família ou a crítica da Crítica crítica* (*contra Bruno Bauer e consortes*), publicado em Frankfurt, em fevereiro de 1845. De fato, a contribuição de Engels à obra foi diminuta; mas, na capa com os nomes de ambos, o seu precedia o de Marx. Há tradução ao português: Karl Marx e Friedrich Engels, *A sagrada família* (São Paulo, Boitempo, 2003).

[38] Ver Friedrich Engels, *A situação da classe trabalhadora na Inglaterra* (São Paulo, Boitempo, 2010).

[39] O "socialismo verdadeiro", uma vertente do socialismo pequeno-burguês, que ganhou corpo na Alemanha no segundo terço da década de 1840, era uma mistura eclética de temas da filosofia alemã com doutrinas utópicas, extraídas principalmente de autores franceses. Em obras da segunda metade dos anos 1840 – *A ideologia alemã*, *Manifesto do Partido Comunista* –, Marx e Engels criticaram duramente o "socialismo verdadeiro". Mais adiante, essa crítica será objeto das considerações de G. Mayer.

Capítulo VII – Na Bélgica e na França

[40] Marx, expulso de Paris em fins de janeiro de 1845, já estava em Bruxelas desde os primeiros dias de fevereiro. Engels chega à cidade em abril e, em maio, aluga uma residência junto à de Marx, na mesma rue d'Alliance, n. 7.

[41] A viagem decorreu entre 12 de julho e 21 de agosto, cerca de seis semanas.

[42] Graças a pesquisas realizadas no final dos anos 1990, edições mais recentes d'*A ideologia alemã* (cf., p. ex., Karl Marx e Friedrich Engels, *A ideologia alemã*, São Paulo, Boitempo, 2007) superaram várias das questões apontadas nesse parágrafo (datação mais precisa dos textos, sua autoria etc.).

[43] A Liga dos Justos (cisão de uma anterior Liga dos Proscritos, criada nos anos 1830 em Paris por emigrados alemães), estruturada clandestinamente em 1843, deslocou o seu núcleo dirigente para Londres em 1845-1846, quando as autoridades francesas ameaçaram seus líderes de expulsão. Por volta de 1846, eles se aperceberam da urgência de promover mudanças na sua organização, que, aliás, contava com poucas dezenas de militantes, dispersos em pequenos grupamentos na Alemanha, França e Inglaterra. Então, sentiram a necessidade de operar um giro no seu horizonte ideopolítico e alterar o seu *modus operandi*, processo estimulado por Marx e Engels. O coroamento do processo se dará com a sua transformação em Liga dos Comunistas, mencionado no próximo capítulo.

[44] Engels chega a Paris a 15 de agosto de 1846 e permanecerá na cidade até janeiro de 1848, quando as autoridades francesas expulsam-no do país.

[45] O Comitê de Correspondência Comunista foi criado entre janeiro e fevereiro de 1846 por Marx e Engels, com a participação de Philippe Gigot (1819-1860).

[46] O jornal *La Réforme*, editado em Paris entre 1843 e 1859, tinha entre seus principais colaboradores o socialista pequeno-burguês Louis Blanc (1811-1882).

[47] A insurreição dos trabalhadores da indústria têxtil da Silésia (inícios de junho de 1844), um primeiro despertar do proletariado alemão, foi objeto do poema de Heine aqui referido.

Capítulo VIII – O *Manifesto comunista*

[48] O "livro", na sua publicação original, era um folheto de apenas 23 páginas.

Capítulo IX – A revolução alemã

[49] Para uma sinopse cronológica da revolução europeia que começa em Paris, a 23 de fevereiro de 1848, leia-se eminente historiador marxista: "Na França [...] a república foi proclamada a

300 Friedrich Engels: uma biografia

24 de fevereiro. Por volta de 2 de março, a revolução havia ganho o sudoeste alemão; em 6 de março, a Bavária, 11 de março Berlim, 13 de março Viena e quase imediatamente a Hungria; em 18 de março Milão e, em seguida, a Itália (onde uma revolta independente havia tomado a Sicília). [...] Em poucas semanas nenhum governo ficou de pé numa área da Europa que hoje [1982] é ocupada completa ou parcialmente por dez Estados, sem contar as repercussões em um bom número de outros. [...] No breve período de seis meses da sua explosão, sua derrota universal era seguramente previsível; dezoito meses depois, todos os regimes que derrubara foram restaurados, com a exceção da República Francesa que, por seu lado, estava mantendo todas as distâncias possíveis em relação à revolução à qual devia sua própria existência" (E. J. Hobsbawm, *A era do capital: 1848-1875* (Rio de Janeiro, Paz e Terra, 1982), p. 30).

50 A data provável da chegada de Marx e Engels a Colônia é 11 de abril.

Capítulo X – A questão da revolução alemã

51 A última edição da *Nova Gazeta Renana* traz a data de 19 de maio.

Capítulo XI – Reação e prosperidade. A ruptura com a democracia burguesa

52 Marx chegara a Londres na última semana de agosto de 1849 e Engels nos inícios de novembro. Em dezembro, anunciam publicamente o futuro lançamento da *Nova Gazeta Renana. Revista Político-Econômica* – mencionada a seguir.

53 Há edição brasileira de *As guerras camponesas na Alemanha*, em Friedrich Engels, *A revolução antes da revolução*, v. I (São Paulo, Expressão Popular, 2008).

54 G. Mayer considera esse "programa" como sendo o conteúdo da célebre *Mensagem do Comitê Central da Liga dos Comunistas* de março de 1850. Uma segunda Mensagem foi lançada em junho pelo Comitê Central da Liga. A primeira dessas mensagens está disponível em Karl Marx e Friedrich Engels, *As lutas de classes na Alemanha* (São Paulo, Boitempo, 2010).

Como se verá adiante, a partir de meados de 1850, dissensões profundas cindem a direção da Liga, que, agravadas pela repressão que se abateu sobre seus membros na Alemanha em meados de 1851, conduziram à sua dissolução em novembro de 1852.

Capítulo XII – Londres e Manchester

55 Charles Dana (1819-1897) foi quem convidou Marx para tornar-se o correspondente londrino do *New York Daily Tribune* [Tribuna diária de Nova York], criado em 1841 e veículo dos ideais econômicos e políticos da burguesia progressista norte-americana, à época um dos maiores jornais do mundo e que circulou até 1966. A relação de Marx com o *Trib* (o diário era assim popularmente conhecido) durou de 1852 a 1862, quando ele se afastou do órgão, que passara a girar no sentido do conservadorismo. Nesses dez anos, a atividade de Marx, diretamente apoiado por Engels, foi notável: 487 artigos, 350 escritos de próprio punho, 125 redigidos por Engels e 12 pelos dois camaradas.

56 *Revolução e contra-revolução na Alemanha* está disponível no mesmo volume referido supra, na nota 53.

57 Em maio de 1852, numa separata desse periódico, veio à luz o ensaio de Marx *O 18 de brumário de Luís Bonaparte*, disponível, sob o mesmo título, em edição da Boitempo (São Paulo, 2011).

58 O título exato do texto marxiano, publicado em Basileia, em janeiro de 1853, é *Enthüllugen über den Kommunisten-Prozess zu Köln* [*Revelações sobre o processo dos comunistas em Colônia*].

Capítulo XIII – A Guerra da Crimeia e a depressão econômica

[59] De fato, a declaração da guerra é de outubro de 1853 e as ações bélicas se prolongaram até fevereiro de 1856: de um lado, o Império otomano (com apoio anglo-francês); doutro, o Império russo. No curso da guerra, Engels publicou inúmeros artigos na imprensa europeia e americana, destacando especialmente os aspectos tático-militares do conflito, mas, ao mesmo tempo, denunciando o tsarismo e os interesses escusos da Inglaterra e da França.

Para uma aproximação ao interesse de Engels pelas questões militares – que lhe valeu, entre os amigos, o apelido de General –, veja-se a antologia Friedrich Engels, *Temas militares* (Lisboa, Estampa, 1978).

[60] Esse ensaio de Engels, concluído em março de 1859 – publicado sob anonimato em abril na Alemanha e divulgado no mês seguinte também em Londres no *Das Volk* (jornal ligado à Associação Cultural dos Trabalhadores Alemães, que circulou entre maio e agosto de 1859) – continha uma dura denúncia da intervenção de Napoleão III nas lutas italianas pela unificação nacional. A seguir, o texto será objeto de atenção.

[61] Na primavera de 1857, Dana, o editor do *Trib*, convidou Marx para participar da elaboração da *New American Ciclopaedia* [Nova enciclopédia americana], projeto que acabou interrompido em 1861. Engels contribuiu maiormente com os trabalhos atribuídos a Marx e publicados na enciclopédia: entre os 67 verbetes, 51 foram de sua autoria.

Capítulo XIV – Engels e Lassalle. A Guerra de 1859

[62] Desde 1858, quando Frederico Guilherme IV apresentou sinais de insanidade, seu irmão, Guilherme (1797-1888), assumiu a regência da Prússia; em 1861, foi coroado rei (Guilherme I).

[63] Foi Lassalle quem convenceu Dunker, editor de Berlim, a publicar, em junho de 1859, a marxiana *Contribuição à crítica da economia política*. Há edição brasileira, sob esse título, da Expressão Popular (São Paulo, 2008).

[64] Em julho de 1859, pelo acordo de Villa Franca, firmado entre Napoleão III e Francisco José, por parte da Áustria, cessam as ações bélicas na Itália. O ensaio aqui referido de Engels publicou-se, anonimamente, em Berlim, em abril de 1860.

[65] Só um pouco depois (fevereiro de 1861), Alexandre II ver-se-á obrigado a decretar o fim da servidão no Império russo.

[66] Guilherme I (cf., supra, a nota 62), que fora um dos repressores da revolução alemã de 1848, ao assumir a regência, iniciou um processo de liberalização controlada que, na abertura dos anos 1860, derivou no afrouxamento da censura e numa limitada anistia. Foi nessa conjuntura que Engels pôde voltar à Alemanha. Ali esteve por duas vezes em 1860: entre fins de março e inícios de abril e em meados de maio, em visita à mãe enferma.

[67] Foi em julho de 1864 que Engels tornou-se coproprietário da empresa Ermen e Engels.

Capítulo XV – A Guerra Civil Americana

[68] Entre março e abril de 1861, com um passaporte falso, esteve na Alemanha pela primeira vez desde 1849: visitou a mãe, em Trier, e, em Berlim, hospedou-se na casa de Lassalle por quase um mês, entre 16 de março e 13 de abril.

[69] A Grande Exposição de Londres foi um evento internacional da maior importância e decorreu entre maio e novembro de 1862.

Lassalle e sua acompanhante, a condessa von Hatzfeldt, hospedaram-se na casa dos Marx entre 9 de julho e a primeira semana de agosto.

302   Friedrich Engels: uma biografia

[70] Em janeiro de 1863, os poloneses iniciaram uma insurreição contra o domínio da Rússia tsarista, sendo derrotados em fins de abril. Solidários com os insurretos, Marx e Engels começaram a redigir um texto em defesa da luta de libertação dos poloneses, mas não chegaram a concluí-lo.

[71] Em maio de 1863, Lassalle fundou a Associação Geral dos Trabalhadores Alemães, à frente da qual esteve até sua morte precoce, aos 39 anos (cf. infra, a nota seguinte). Essa associação foi um primeiro passo na mobilização/organização dos trabalhadores alemães nos anos 1860, e Marx e Engels esperavam que, no seu avanço, as teses políticas equivocadas de Lassale seriam superadas.

[72] Em função de um envolvimento amoroso, Lassalle dispôs-se a duelar com um desafeto e foi gravemente ferido (28 de agosto), falecendo dias depois (31 de agosto de 1864).

[73] A Prússia e a Áustria entraram em guerra contra a Dinamarca. O conflito bélico foi de fevereiro a agosto de 1864: prussianos e austríacos saíram vitoriosos e se apropriaram dos ducados de Holstein e Schleswig.

[74] Referência a Lassalle.

[75] A guerra de 1866 ocorreu quando a Prússia decidiu apropriar-se dos ducados que, junto com a Áustria, anexara em 1864. Em junho de 1866, Berlim declarou-a ao seu aliado da véspera e nas operações bélicas, que duraram poucas semanas, as tropas austríacas foram rapidamente destroçadas (Sadova foi o palco, a 3 de julho, da batalha decisiva).

[76] A Associação Internacional dos Trabalhadores/AIT (depois conhecida como I Internacional) foi fundada em Londres, em 28 de setembro de 1864. Reuniu trabalhadores de diferentes nacionalidades e de variadas tendências políticas até sua dissolução de fato, em 1872. Marx dela participou desde a sua criação; Engels ingressou nela quando de sua mudança de Manchester para Londres (1870). Uma excelente síntese da história da AIT encontra-se no volume organizado por Marcello Musto, *Trabalhadores, uni-vos! Antologia política da I Internacional* (São Paulo, Boitempo/Fundação Perseu Abramo, 2014).

[77] Quando da fundação da Internacional, Engels estava em viagem pelo norte da Alemanha (inícios de setembro/meados de outubro).
Observe-se que Engels gostava de conhecer novas terras, e viajava sempre que a estação do ano lhe permitia fazê-lo sem contratempos. Em 1867, por exemplo, em julho, esteve na Suécia e na Dinamarca.

Capítulo XVI – A ascensão da Prússia. O problema irlandês

[78] Após a vitória sobre os austríacos, Bismarck promoveu, em 1867, a criação da Liga do Norte (Confederação da Alemanha do Norte), substituindo a antiga Confederação Germânica. A nova confederação, envolvendo dezenove Estados e três cidades livres da velha Confederação e inteiramente controlada pela Prússia, foi o primeiro passo efetivo, o ato prático inicial para a unificação da Alemanha. Esse processo, operado "pelo alto" (posto que sem o suporte de um desenvolvimento democrático), se consumou quando a Prússia venceu a guerra contra a França (1870-1871): em 18 de janeiro de 1871, com a França de joelhos, na Galeria dos Espelhos do Palácio de Versalhes, proclamou-se Guilherme I como imperador da Alemanha unificada e, em seguida, designou-se Bismarck como chanceler do Segundo Império (Zweites Reich). Proclamado o Segundo Império, a Confederação da Alemanha do Norte foi dissolvida.

[79] Já nos anos 1850, Engels estivera na Irlanda com Mary Burns. A viagem agora referida decorreu provavelmente entre 6 e 23 de setembro de 1869. Também Eleanor Marx (apelidada Tussy) ficou profundamente sensibilizada com a realidade irlandesa, fortalecendo ainda mais

NOTAS DA EDIÇÃO BRASILEIRA   303

a solidariedade que, em sua casa, sempre se praticou para com os lutadores da causa nacional da Irlanda.

[80] O *movimento feniano* surgiu em finais dos anos 1850, reivindicando a independência nacional da Irlanda, a instauração de uma república democrática e a reforma agrária. Em 1867, seus líderes dirigiram uma insurreição que, derrotada, desatou contra eles uma repressão brutal; crescentemente isolados, enredaram-se no conspirativismo e em ações terroristas. A designação *feniano* deriva do gaélico arcaico *fene*, que indicava os antigos habitantes da Irlanda.

[81] A sua "história social da Irlanda" nunca foi escrita. Mas especialmente entre 1869 e 1870, ele preparou materiais com esse objetivo – preencheu então quinze cadernos, relacionando fontes, extratando documentos e esboçando alguns capítulos (parte desse material foi publicada em 1948, em Moscou); adiante, no corpo do texto, o esquema expositivo deixado por Engels será descrito. Desconhecemos edição daqueles materiais em português. Têm pertinência ao tema as coletâneas Karl Marx e Friedrich Engels, *Ireland and the Irish Question* (Moscou, Progress, 1974), e Karl Marx e Friedrich Engels, *Imperio y colonia: escritos sobre Irlanda* (México, Cuadernos de Pasado y Presente, 1979).

[82] Outro movimento independentista irlandês, surgido nos anos 1870, porém sem a radicalidade dos fenianos.

Capítulo XVII – A Guerra Franco-Prussiana

[83] A mudança se efetivou na penúltima semana de setembro, provavelmente no dia 20.

[84] Em 4 de outubro de 1870, Engels é eleito membro do Conselho Geral da Internacional. Assume as funções de secretário encarregado das relações com as seções da organização na Bélgica, na Itália, na Espanha, em Portugal e na Dinamarca; também passa a participar da secretaria de finanças.

[85] O conflito bélico franco-prussiano iniciou-se a 19 de julho de 1870, com a declaração formal da guerra por Napoleão III; as forças militares francesas foram rapidamente batidas, rendendo-se a 2 de setembro, logo após a fragorosa derrota de Sedan. A 4 de setembro, em Paris, proclama-se a república e um governo provisório (liderado pelo historiador A. Thiers, 1797-1877) assume para conduzir a defesa nacional; esse governo logo se revela um instrumento reacionário que começa a operar, de fato, como um governo de traição nacional e assina, a 10 de maio de 1871, um acordo ominoso com o Império alemão. Thiers entrega a Bismarck a Alsácia e parte da Lorena, indeniza-o pela guerra com cinco bilhões de francos-ouro e aceita cobrir os custos da ocupação das províncias do norte pelas tropas prussianas, em troca da liberação de milhares de prisioneiros de guerra que foram utilizados por ele, Thiers, para, em seguida, operar, a partir de Versalhes, o massacre (apoiado pelos prussianos) da Comuna, proclamada pelo povo de Paris a 18 de março. Depois de uma resistência heroica, os parisienses foram objeto de uma chacina que determinou o fim da Comuna (28 de maio). Em nome da Internacional, Marx redigiu os documentos ("mensagens") que a organização publicou em defesa da Comuna (Karl Marx, *A guerra civil na França*, São Paulo, Boitempo, 2011).

Capítulo XVIII – A luta contra Bakunin

[86] Essa Liga foi criada na Suíça, em 1867, por liberais e republicanos. Entre seus apoiantes estavam personalidades como John Stuart Mill, Victor Hugo, Giuseppe Garibaldi, Louis Blanc, Alexander Herzen e Mikhail Bakunin.

Capítulo XIX – O Império alemão e a unificação da social-democracia alemã

[87] O autor, ao mencionar as "duas facções", refere-se aos partidários de Lassalle, articulados na Associação Geral dos Trabalhadores Alemães, e àqueles que, liderados por W. Liebknecht (1826-1900) e A. Bebel (1840-1913), fundaram em Eisenach o Partido Social-Democrata dos Trabalhadores. Em 1875, as "duas facções" realizaram, em Gotha, um congresso de unificação – criticado por Marx e Engels – que deu origem ao Partido Social-Democrata da Alemanha.

[88] Os "comentários críticos" – texto também conhecido sob o título de "Glosas marginais ao programa do Partido Operário Alemão" – a que se refere o autor estão disponíveis em Karl Marx, *Crítica do Programa de Gotha* (São Paulo, Boitempo, 2012).

[89] Realmente, o livro de Bebel (título original: *Die Frau und der Sozialismus*), publicado em 1879, constituiu um verdadeiro êxito: em 1914 já alcançara 50 edições em alemão e 15 em outros idiomas.

[90] A obra engelsiana – reunião, em 1878, de artigos publicados em 1877-1878 no jornal *Vorwärts* [Avante], do Partido Social-Democrata – está traduzida ao português: Friedrich Engels, *Anti-Dühring: a revolução da ciência segundo o senhor Dühring* (São Paulo, Boitempo, 2015). Marx colaborou na redação de um capítulo da obra (o X, da seção II, "Economia política"). Desse livro, Engels (a pedido de P. Lafargue) reuniu extratos da sua terceira seção, "Socialismo", num volumito que saiu em francês sob o título *Do socialismo utópico ao socialismo científico* e a que se seguiram edições em muitos idiomas (há várias no Brasil).

[91] Em outubro de 1878, Bismarck impôs no Império alemão uma dura legislação antissocialista que vigiu até outubro de 1890 e que, apesar do seu rigor, não impediu o crescimento do Partido Social-Democrata entre as massas trabalhadoras (cf., infra, a nota 97). Um dos primeiros alvos dessa legislação foi o *Anti-Dühring* – logo apreendido. Dessa legislação se tratará adiante.

[92] Referência ao ensaio de Engels intitulado *Ludwig Feuerbach e o fim da filosofia clássica alemã*, publicado como livro em 1888 (traduzido ao português, sob o mesmo título, em várias edições, uma das quais no volume 3 das *Obras escolhidas de Marx e Engels* (Rio de Janeiro, Vitória, 1963). Esse trabalho de Engels – de fato, resenha de uma biografia de Feuerbach, de autoria do dinamarquês C. Starcke (1858-1926) – foi inicialmente publicado na revista *Die Neue Zeit* [Novos Tempos], principal órgão teórico do Partido Social-Democrata, editada em Stuttgart de 1883 a 1923. Aliás, importantes textos de Engels vieram originalmente a público na imprensa partidária – de que é exemplo *Sobre a questão da moradia* (São Paulo, Boitempo, 2015).

Capítulo XX – A legislação antissocialista. A morte de Marx

[93] *A origem da família, da propriedade privada e do Estado* foi redigido por Engels entre fins de março e fins de maio de 1884 e foi editado em Zurique, em princípios de outubro do mesmo ano. Entre os manuscritos deixados por Marx, Engels encontrou o que parecia ser um projeto de um ensaio sobre a obra do antropólogo Lewis Morgan (1818-1881) sobre a sociedade antiga, na qual Marx encontrou elementos que indicavam que, à sua maneira, o pesquisador norte-americano, estudando populações autóctones, como que redescobriu a concepção materialista da história; Engels retomou as anotações de Marx e as enriqueceu com as suas próprias investigações. Essa obra engelsiana teve várias edições no Brasil; as mais recentes são a da Expressão Popular (São Paulo, 2010) e a da Boitempo (São Paulo, 2019), ambas com diferentes apreciações críticas e lúcidos esclarecimentos em seus prefácio e posfácios de autores brasileiros.

[94] A crise econômica a que se refere o autor teve uma longa duração: iniciou-se, efetivamente, em 1873, mas prolongou-se por cerca de vinte anos – somente a partir de 1893 registrou-se o início da recuperação nos países capitalistas centrais.

[95] A íntegra do discurso de Engels encontra-se no volume 2 das *Obras escolhidas...*, edição citada na nota 92, supra.

[96] Tentando travar a crescente influência social-democrata sobre as massas trabalhadoras, o regime bismarckiano, entre 1883 e 1889, implementou uma série de medidas de proteção social que vários autores consideram protoformas de políticas sociais que seriam institucionalizadas no século XX.

[97] O crescimento eleitoral dos sociais-democratas na Alemanha nos pleitos para o parlamento (Reichstag) foi realmente notável: em 1871, receberam 125.000 votos, em 1874, 351.952, em 1877, 493.158, em 1881, 312.000, em 1884, 549.128, em 1887, 713.128, em 1890, 1.427.000, em 1893, 1.786.738, em 1898, 2.107.076, em 1903, 3.010.771, em 1907, 3.259.020 e em 1912, 4.250.329.

Capítulo XXI – Da Primeira à Segunda Internacional

[98] Ainda em vida de Marx, foram criados partidos/associações políticas de caráter socialista nos seguintes países: Portugal (1875), Dinamarca (1876), Estados Unidos (1877), Suíça (1877), México (1878), Hungria (1878), Bélgica (1879), Espanha (1879), Suécia (1881), Inglaterra (1881), Holanda (1882) e França (1882). Esse processo ganhou mais densidade na Europa no período entre a morte de Marx e a de Engels: de 1880 a 1896, foram criados mais dezenove agremiações desse gênero.

[99] Essa reunião – apenas com a presença de Marx, Engels, Lafargue e Jules Guesde – ocorreu em princípios de maio de 1880.

[100] Nos anos 1880, P. Brousse (1844-1912) organizou uma corrente política pequeno-burguesa pretensamente socialista – entre cujos seguidores contou-se Benoît Malon (1841-1893) – que pretendia dirigir as lutas sociais somente para "objetivos possíveis" (daí a designação *possibilistas*).

[101] Isto é, o programa concertado na reunião mencionada na nota 99.

[102] Jean Jaurès (1859-1914), intelectual, ativo parlamentar e militante de causas cívicas, foi um socialista reformista de grande relevo e notável orador. Criou, em 1904, em Paris, o jornal *L'Humanité* [A Humanidade], que dirigiu até o fim da vida (posteriormente, o jornal se tornaria um órgão do Partido Comunista Francês). Antimilitarista e pacifista, foi assassinado por um sicário belicista.

[103] De maio a agosto de 1881, Engels escreveu para esse jornal; ao todo, nele publicou doze artigos.

[104] H. Hyndman (1842-1921) criou em junho de 1881 a Federação Democrática, cujo programa resumiu em seu livro *A Inglaterra para todos*, no qual, sem citar o nome de Marx, inseriu passagens do Livro I d'*O capital* – descaracterizando o seu sentido. Marx escreveu-lhe reprovando a utilização do seu livro e interrompeu quaisquer contatos com ele.
Em agosto de 1884, Hyndman transformou a Federação Democrática em Federação Social--Democrata, mas, em dezembro, as principais figuras da entidade, rompendo com a orientação que lhe impunha Hyndman, dela se afastaram e criaram a Liga Socialista. Entre os fundadores da Liga estava Eleanor (1855-1898, apelidada Tussy), a filha mais jovem de Marx.

[105] Adeptos de um socialismo reformista e gradualista criaram em Londres, em janeiro de 1884, a Sociedade Fabiana (a designação homenageia um romano da Antiguidade); pertenceram a ela personalidades depois célebres na cultura e na política – Beatrice (1858-1943) e Sidney Webb (1859-1947), G. Bernard Shaw (1856-1950), H. G. Wells (1866-1946) e J. Ramsay MacDonald (1866-1937). A Sociedade Fabiana haveria de incidir fortemente na vida inglesa

306 Friedrich Engels: uma biografia

da primeira metade do século XX, influindo na fundação, em 1895, da importante London School of Economics and Political Science (LSE), e na constituição, em 1906, do Labour Party.

[106] Engels, que tinha com as filhas de Marx profundos vínculos de afeto, admitiu em seu círculo particular o escritor Edward Aveling (1849-1898) quando este se tornou, por volta de 1884, companheiro de Eleanor Marx; com ambos, inclusive, viajou aos Estados Unidos e Canadá (de meados de agosto a fins de setembro de 1888). Aveling, um misto de estudioso de biologia e dramaturgo, sempre foi malvisto pelos socialistas próximos de Engels, que suspeitavam do seu caráter e chegaram mesmo a responsabilizá-lo pelo suicídio de Tussy (31 de março de 1898). A vida trágica de Tussy, mulher de ideias avançadas e combativa militante socialista, é objeto da bela biografia de R. Holmes, *Eleanor Marx: A Life* (Londres, Bloomsbury, 2014) (obra a ser publicada, em 2021, pela Expressão Popular).

[107] A memorável greve londrina dos doqueiros – de 12 de agosto a 14 de setembro de 1889 – foi um marco no movimento operário britânico do final do século XIX: envolveu 30 mil estivadores e mais 30 mil trabalhadores de outras atividades. Ela se sustentou graças à organização da solidariedade entre os trabalhadores e estimulou, em seguida, um ponderável crescimento das atividades sindicais. A grande manifestação do 1º de maio de 1890, em Londres, que será referida a seguir, foi uma das consequências do movimento grevista do ano anterior.

[108] Designação geral do *movimento populista*, que surge na Rússia logo após a supressão do regime servil (1861), com sua programática se explicitando especialmente a partir de 1869: a ideia de que o sujeito da transformação social no país era o campesinato e a passagem direta da comuna rural ao socialismo. A perseguição brutal de que o movimento é objeto leva à criação, em 1876, de uma organização clandestina (*Zemliá i Volia* [Terra e Liberdade]), que, três anos depois, cinde-se em dois grupamentos – *Narodinaia Volia* (Vontade do Povo, operando ações terroristas) e *Cherny Peredel* (Partilha Negra).

Nos anos 1880, o movimento populista entra em declínio, seja pela ineficácia das suas ações, seja pela repressão da polícia política tsarista, a Okhrana. E, na abertura dessa década, alguns populistas iniciam um processo de autocrítica e uma aproximação às ideias de Marx (nesse processo, papel importante coube ao grupo Emancipação do Trabalho, constituído em 1883 por exilados que viviam na Suíça). Resultará dessa aproximação o que virá a ser chamado de *marxismo russo*, em cuja gênese terá papel central G. Plekhanov (1856-1918), egresso do Partilha Negra e membro do Emancipação do Trabalho – veja, infra, a nota 112.

No curso dos anos 1870, intelectuais populistas se relacionaram com Marx e Engels – o Livro I d'*O capital* viu-se traduzido, em 1872, por um deles, N. F. Danielson (1844-1918). Na medida em que eram os principais protagonistas da luta contra o tsarismo, Marx e Engels tiveram grande simpatia para com eles; mas, nos anos 1890, Engels já os teria na conta de revolucionários equivocados.

Logo à frente, G. Mayer tematizará a relação de Engels com alguns representantes do populismo russo.

[109] Alexandre II (1818-1881), sob cujo reinado o regime servil foi suprimido (1861), foi objeto de vários atentados contra sua vida – o que livrou o império da sua presença autocrática ocorreu a 13 de março de 1881.

[110] Referência à Guerra Russo-Turca que decorreu entre abril de 1877 e janeiro de 1878.

[111] Richard (Dick) Turpin (1796-1739), salteador e criminoso executado em Londres, que Engels menciona n'*A situação da classe trabalhadora na Inglaterra*, ao transcrever um relatório sobre a baixa qualidade da instrução oferecida a crianças pobres (ver Friedrich Engels, *A situação da classe trabalhadora na Inglaterra*, cit., p. 152).

[112] Esse trabalho de Plekhanov foi publicado em 1885 e deu continuidade ao seu ensaio anterior – "O socialismo e a luta política", de 1883 –, com os quais ele operou a primeira crítica ao populismo feita a partir de uma perspectiva marxista.

Capítulo XXII – A política europeia na queda de Bismarck

[113] O general E. Boulanger (1837-1891) tornou-se ministro da Guerra em janeiro de 1886 e promoveu, com o apoio dos segmentos mais reacionários da sociedade francesa, uma campanha nacionalista e belicista que chegou a sensibilizar setores populares, através das suas propostas revanchistas em relação à Guerra Franco-Prussiana de 1870-1871. Ele deixou o ministério em maio de 1887, mas a sua mensagem política teve ecos até o fim da década.

[114] Referência ao congresso internacional socialista, programado para comemorar, em Paris, o primeiro centenário da Revolução Francesa e que deveria unificar as diversas tendências do movimento dos trabalhadores, objetivo pelo qual Engels se bateu na sua preparação, mas que não foi viabilizado. O evento, em julho de 1889, dividiu-se em dois: de uma parte, as correntes "possibilistas"; de outra, as que se dispunham às lutas mais avançadas. Estas, reunidas na Sala Petrelle, abriram o caminho para a fundação da Internacional Socialista (que acabou por ser conhecida como Segunda Internacional).

[115] Helene Demuth viveu como governanta da casa de Engels até sua morte, aos setenta anos (4 de novembro de 1890). Ela foi enterrada no túmulo da família Marx, no cemitério de Highgate (Londres).

[116] Essa viagem decorreu de 1º a 26 de julho de 1890. Schorlemmer (1834-1892), que lecionou química orgânica no Owens College, de Manchester, foi um cientista cuja importância viu-se reconhecida em 1871, quando a credibilizada Royal Society inglesa admitiu-o nos seus quadros. Membro da Internacional, era amigo de longa data de Engels, que se deslocou a Manchester para participar do seu funeral.

[117] Com Luise, Engels voltou à Irlanda e à Escócia em outubro de 1891. Ele faria a sua derradeira viagem mais longa em agosto-setembro de 1893: participou do terceiro congresso da Internacional Socialista em Zurique, entre 6 e 12 de agosto (quando, na sessão de encerramento, recebeu de mais de 400 delegados de 20 países uma consagradora ovação), e passeou pela Áustria e Alemanha.

Capítulo XXIII – Os últimos cinco anos. O perigo da guerra mundial

[118] A "minuta" apresentada pela direção partidária foi minuciosamente estudada por Engels na segunda quinzena de junho de 1891 e ainda nesse mês ele enviou à Alemanha as suas observações (disponíveis, sob o título "Para a crítica do projeto de Programa Social-Democrata de 1891", nas *Obras escolhidas de Marx e Engels* em três tomos, t. 3 (Lisboa/Moscou, Avante!/ Progresso, 1983), p. 478-89). Assim como ocorreu com as críticas de Marx ao Programa de Gotha (que só foram publicadas postumamente, graças ao empenho de Engels), a crítica engelsiana apenas foi dada a público pela social-democracia alemã dez anos depois, em 1901-1902 (na revista *Die Neue Zeit*). Mas o congresso do partido, que se realizou em Erfurt entre 14 e 21 de outubro de 1891, incorporou muito das reservas formuladas por Engels ao programa então aprovado, que ele considerou ser um avanço em relação ao Programa de Gotha.

[119] O engenheiro Sadi Carnot (1837-1894) foi eleito presidente da França em 1887. Seu governo reprimiu duramente a atividade dos anarquistas – e, em Lyon, um jovem anarquista o assassinou, apunhalando-o no dia 24 de junho de 1894.

120 O prefácio que G. Mayer está examinando nesses parágrafos encontra-se em Karl Marx, *As lutas de classes na França de 1848 a 1850* (São Paulo, Boitempo, 2012). Trata-se do último texto significativo de Engels, redigido entre fevereiro e março de 1895 (vale dizer, cinco meses antes da sua morte). Publicado com cortes na imprensa partidária – o que provocou protestos de Engels –, foi considerado por muitos analistas como o "testamento político" do septuagenário combatente.

Note-se que a reedição do ensaio marxiano que veio à luz originalmente (1850) em números da *Nova Gazeta Renana. Revista Econômico-Política* era parte do empenho de Engels em divulgar a obra marxiana (incluindo materiais já antes conhecidos, porém não mais acessíveis). Em janeiro de 1895, ele manifestou o desejo de preparar a edição completa da obra de Marx e da sua própria e, em abril, trocou ideias com F. Mehring (1846-1919) sobre a publicação dos escritos juvenis de Marx.

É de sublinhar que, desde a morte de Marx, Engels trabalhou intensivamente na direção desse objetivo – pense-se no seu extraordinário labor para editar os livros II (1885) e III (1894) d'*O capital*; ademais, foi por intervenção sua que se publicaram, entre outras, as traduções alemã da *Miséria da filosofia* (1885) e inglesa do Livro I d'O capital (1887). Na última década da sua vida, também foram expressivos os escritos de sua lavra que chegaram ao domínio público pela primeira vez. Citem-se apenas alguns: *Contribuição à história da Liga dos Comunistas* (1885), *Ludwig Feuerbach e o fim da filosofia clássica alemã* (1888), *A política externa do czarismo russo* (1890), *O socialismo na Alemanha* (1892), *Pode a Alemanha desarmar-se?* (1893), *Para a história do cristianismo antigo* e *A questão camponesa na França e na Alemanha* (1894).

De fato, a atividade intelectual que se verifica nos últimos dez anos da vida de Engels é expressiva da aparentemente inesgotável capacidade de trabalho que ele exibiu já na sua juventude e que se manteve durante a sua maturidade – não se esqueçam as dimensões da sua correspondência nem a parte que permaneceu inédita do seu espólio literário (p. ex., as suas pesquisas para uma história da Alemanha, que registrou em manuscritos de 1881-1882 e as reflexões, desenvolvidas nos inícios dos anos 1870 e retomadas no princípio dos anos 1880, para o que deveria ser um compêndio sobre a dialética da natureza).

121 Cf., supra, a nota 94.

122 Designa-se por Terceira República o regime republicano instaurado na França em 1870 e vigente até 22 de junho de 1940, quando se assinou o vergonhoso armistício com a Alemanha nazista.

123 Cf., supra, a nota 117.

Capítulo XXIV – O fim

124 Data de então o seu último afastamento de Londres – entre meados de junho e de julho, passa dias em Eastbourne, onde recebe a visita de amigos, entre os quais Victor Adler.

Índice onomástico

Adler, Georg (1863-1908): economista da escola histórica alemã; socialista. p. 11 *n*.3.

Adler, Victor (1852-1918): político austríaco, fundador do Partido Social-Democrata da Áustria. p. 198, 223, 246, 254, 289-91, 308 *n*.124.

Alexandre II (1818-1881): tsar da Rússia de 1855 até sua morte. p. 147, 224-5, 301 *n*.65, 306 *n*.109.

Alexandre III (1845-1894): segundo filho de Alexandre II, foi tsar da Rússia de 1881 a 1894, com programas baseados na ortodoxia religiosa, autocracia e russificação das minorias nacionais no Império russo. p. 226-30, 245.

Altenstein, Karl vom Stein zum (1770-1840): reformador prussiano; a partir de 1817, foi ministro da Cultura da Prússia. p. 297 *n*.16.

Anseele, Édouard (1856-1938): socialista belga, fundador da primeira cooperativa na Bélgica (1880), a Vooruit, de padeiros. p. 290-1.

Applegarth, Robert (1833-1925): carpinteiro britânico, em 1865 e de 1868 a 1872, membro do Conselho Geral da Internacional. p. 181.

Ashley, lorde (1801-1885): político britânico e reformista social. p. 51, 124.

Auer, Ignaz (1846-1907): membro da direção do Partido Social-Democrata alemão a partir de 1890. p. 207.

Auerbach, Berthold [Moyses Baruch Auerbach] (1812-1882): escritor alemão, cujas obras apresentavam o contraste entre a vida rural e urbana. p. 48.

Aveling, Edward (1849-1898): biólogo inglês, membro fundador da Liga Socialista junto com William Morris e Eleanor Marx, de quem era companheiro. p. 220, 233-4, 254, 290-1, 306 *n*.106, 331.

Axelrod, Pavel Borisovitch (1850-1928): revolucionário menchevique russo. Ao lado de Georgi Plekhanov e Vera Ivanovna Zasulitch, entre outros, fundou na Suíça, em 1883, o grupo Emancipação do Trabalho. Morreu no exílio, em Berlim. p. 198, 227, 244, 255, 291.

Babeuf, François-Noël (1760-1797): jornalista e agitador durante a Revolução Francesa, que recebeu o apelido de Graco pela semelhança de sua proposta de reforma agrária com a do político romano Caio Graco no século II a.C. p. 61, 76.

Bakunin, Mikhail Alexandrovitsch (1814-1876): revolucionário russo. Inicialmente hegeliano de esquerda, depois anarquista, adversário do marxismo. Entrou para a Internacional em 1869, sendo dela expulso em 1872, no Congresso de Haia. p. 22, 42, 101-2, 183-90, 191, 213, 215, 224, 293, 303 *n*.86.

Bauer, Bruno (1809-1882): teólogo e filósofo, amigo próximo de Marx entre 1837 e 1842. p. 40-2, 48, 66, 73, 137.

Bauer, Edgar (1820-1886): irmão de Bruno Bauer; jornalista alemão, jovem hegeliano. p. 297 *n*.21.

Bauer, Heinrich (1813-?): sapateiro alemão e um dos dirigentes da Liga dos Justos e da

310   Friedrich Engels: uma biografia

Associação Educacional dos Trabalhadores.
p. 40, 83, 114, 297 n.26.

Bax, Ernest Belfort (1854-1926): jornalista
vinculado à Federação Social-Democrata
(SDF, na sigla em inglês). p. 219, 234.

Bebel, August (1840-1913): um dos fundadores e
líderes da social-democracia alemã e da
Segunda Internacional. p. 63, 169-70, 193-8,
200-10, 219-23, 230-1, 234, 237-9, 244-8,
250, 253-5, 290-1, 304 n.87 e 89, 328, 331.

Bebel, Julie (1843-1910): social-democrata alemã,
esposa de August Bebel. p. 199.

Becker, Johann Philipp (1809-1886): ativo
participante da Primeira Internacional e editor
do periódico *Der Vorbote* [O Mensageiro].
p. 97, 200, 203, 206, 214, 225.

Beesly, Edward Spencer (1831-1915): historiador
e político inglês; positivista; professor da
Universidade de Londres; presidente da reunião
fundadora da Internacional, em 28 de setembro
de 1864. p. 168.

Bernstein, Eduard (1850-1932): pensador
político alemão, membro do Partido Social-
-Democrata alemão (SPD) e um dos fundadores
do chamado socialismo evolucionário. No
contexto da social-democracia alemã, dirigiu
uma série de críticas às análises de Marx,
considerando-as superadas pelo desenvolvimento
histórico. Pretendeu, também, fundamentar o
método marxiano por meio de uma
aproximação à teoria do conhecimento kantiana.
p. 15 n.16, 18, 64, 185, 196-8, 200, 202-3,
207-8, 211, 214, 216, 219, 234, 237, 239,
290-1, 330.

Bismarck, Otto von (1815-1898): entre 1862 e
1890, primeiro-ministro do reino da Prússia;
entre 1867 e 1871, simultaneamente chanceler
da União Norte-Alemã; entre 1871 e 1890,
foi o primeiro chanceler do Império alemão;
em 1870, deu fim à guerra com a França e, em
1871, apoiou a repressão à Comuna de Paris;
promoveu, com uma "revolução a partir de
cima", a unidade do Império; em 1878, autor da
lei de exceção contra a social-democracia
(conhecida como "lei antissocialista"). p. 18, 53,
155, 158-62, 165-7, 169, 177, 191-3, 200,
205-11, 229-36, 237, 240, 244-5, 302 n.78,
303 n.85, 304 n.91, 305 n.96, 327.

Blanc, Jean Joseph Charles Louis (1811-1882):
jornalista e historiador; em 1848, foi membro
do governo provisório e presidente da
Comissão do Luxemburgo; defendeu uma
política de conciliação entre as classes e de
aliança com a burguesia; emigrou para a
Inglaterra em agosto de 1848; foi contra a
Comuna de Paris quando deputado da
Assembleia Nacional de 1871. p. 78, 86, 120-2,
299 n.46, 303 n.86.

Blanqui, Louis-Auguste (1805-1881): comunista
francês, defendia a tomada violenta do poder
por uma organização conspiratória e o
estabelecimento de uma ditadura revolucionária;
organizou várias sociedades secretas e
conspirações; participou ativamente da
Revolução de 1830; foi condenado à morte em
1839 e depois à prisão perpétua; na Revolução
de 1848, foi uma importante liderança do
movimento operário francês e membro da
Comuna de Paris; foi condenado em março de
1871 por sua participação na ocupação da
prefeitura de Paris, em 31 de outubro de 1870;
passou ao todo 36 anos na prisão. p. 122.

Bloss, Wilhelm Josef (1849-1927): jornalista
alemão, membro do Partido Social-Democrata;
foi redator do periódico satírico *Der Wahre Jacob*
[O Verdadeiro Jacob]. p. 207.

Bois-Guillebert, Pierre (1646-1714): economista
e legislador francês, precursor dos fisiocratas e
defensor de reformas fiscais e econômicas
durante o reinado de Luís XIV. p. 67.

Bonnier, Charles (1863-1926): linguista e
militante político francês, que participou, com
Jules Guesde da fundação do Parti Ouvrier
[Partido dos Trabalhadores]. p. 234, 243-4, 249.

Born, Stephan (1824-1898): fundador da
Allgemeine Deutshe Arbeiterverbrüderung
[Confederação Geral dos Trabalhadores
Alemães], a primeira organização inter-regional
do movimento operário alemão. p. 78, 84, 93.

Börne, Karl Ludwig (1786-1837): jornalista e
crítico literário e de teatro. p. 33, 36-8, 63,
79, 296 n.11.

Bornstedt, Adelbert von (1807-1851): fundador
do *Deutsche-Brüsseler Zeitung* em 1846 em
Bruxelas, que fazia campanha pela liberdade de
imprensa na Alemanha, pela separação entre
Igreja e Estado e pela república. p. 85.

ÍNDICE ONOMÁSTICO   311

Boulanger, Georges Ernest (1837-1891): general francês que estimulou um movimento nacionalista agressivo dirigido contra a Alemanha. p. 231, 307 *n.*113.

Bright, John (1811-1889): político reformista britânico, cofundador da Liga Contra a Lei dos Cereais. p. 51, 129, 173, 298 *n.*27.

Brousse, Paul (1844-1912): socialista francês, líder do grupo dos possibilistas. Editou dois jornais, um em francês e outro em alemão. Em 1873, participou do Congresso em Genebra como partidário do anarquismo. A partir de 1880 passou a adotar ideias reformistas. Participou do Parti Ouvrier [Partido dos Trabalhadores] e, após uma cisão, da Fédération des Travailleurs Socialistes de France [Federação dos Trabalhadores Socialistas da França]. p. 305 *n.*100.

Browning, Elizabeth Barret (1806-1861): poeta inglesa; fez campanha pela abolição da escravidão e sua obra teve influência na legislação sobre o trabalho infantil. p. 56.

Burns, John (1858-1943): sindicalista, membro do conselho da Federação Social-Democrata e, posteriormente, eleito para o Parlamento. p. 223, 234, 290.

Burns, Lizzy (1827-1878): irmã de Mary Burns, que foi companheira de Friedrich Engels depois da morte de Mary. p. 157, 171, 173, 175, 177, 199, 233, 298 *n.*29, 324.

Burns, Mary (1821-1863): militante operária irlandesa, companheira de Friedrich Engels. p. 53, 56, 73, 118, 127, 130, 137, 155, 157, 175, 298 *n.*29, 302 *n.*79, 324, 327.

Cabet, Étienne (1788-1856): jurista e jornalista francês; fundador de uma corrente do comunismo francês; tentou realizar sua utopia – tema de sua obra *Viagem a Icária* – com a fundação de uma colônia comunista nos Estados Unidos; em 1847-1848, aliado de Marx e Engels. p. 74, 78, 84.

Cafiero, Carlo (1846-1892): de início marxista, tendo feito um resumo do primeiro volume de *O capital*, posteriormente, por influência dos escritos de Bakunin, tornou-se anarquista. p. 187.

Calderón de la Barca (1600-1681): dramaturgo barroco espanhol. p. 37.

Carey, Henry Charles (1793-1879): economista americano, defensor de barreiras comerciais que foi consultor econômico de Lincoln durante sua presidência. p. 196, 198.

Carlos X (1757-1836): rei da França de 1824 a 1830. p. 297 *n.*17.

Carlyle, Thomas (1795-1881): escritor, historiador e filósofo inglês; defensor do culto aos heróis. p. 20, 56, 59, 66.

Carnot, Lazare-Nicolas (1753-1823): matemático, político e militar francês; jacobino no tempo da Revolução Francesa, mais tarde tomou parte no Estado contrarrevolucionário de 9 de Termidor; em 1795, tornou-se membro do Diretório; sob Napoleão I, ministro da Guerra; banido da França pelos Bourbon em 1815. p. 63, 101, 298 *n.*35.

Carnot, Sadi (1837-1894): foi eleito presidente da França em 1887. Foi morto por um anarquista em Lyon, a 24 de junho de 1894. p. 240, 307 *n.*119.

Cavaignac, Louis-Eugène (1802-1857): general e político francês, republicano moderado. Ministro da Guerra a partir de maio de 1848, reprimiu com extrema crueldade a Insurreição de Junho dos operários de Paris. Chefe do Poder Executivo de junho a dezembro de 1848. Após o sucesso do golpe de Luís Bonaparte em 1851, recusou-se a jurar lealdade ao Império. p. 127.

Clarendon, lorde (1800-1870): diplomata e estadista britânico, que assinou, no Congresso de Paris de 1856, a Declaração dos Poderes Marítimos, que proibia a ação dos corsários, definia o direito de bloqueio e o direito de apreensão em navios inimigos. p. 181.

Cobden, Richard (1804-1865): industrial e político britânico, membro radical do Partido Liberal, cofundador da Liga contra a Lei dos Cereais. p. 51, 129, 134, 298 *n.*27.

Crossman, Richard Howard Stafford (1907--1974): importante político do Partido Trabalhista inglês. Organizou a edição inglesa deste livro. p. 10 *n.*2.

Dana, Charles Anderson (1819-1897): jornalista americano, editor do *New York Tribune* e, posteriormente, do *New York Sun*; durante a Guerra Civil Americana, foi secretário-assistente

312 FRIEDRICH ENGELS: UMA BIOGRAFIA

da Guerra. p. 128, 135, 139, 153, 300 *n*.55, 301 *n*.61.

Danielson, Nikolai Frantsevich (1844-1918): sociólogo e economista russo, terminou de traduzir para o russo o Livro I de *O capital*, após este ter passado pelas mãos de Bakunin e Leopatin. Mais tarde, traduziu também os livros II e III. Apesar de marxista e apoiador da organização da classe trabalhadora, não há evidências de que tenha atuado na Revolução de 1917. p. 228, 289, 306 *n*.108.

Darwin, Charles (1809-1882): naturalista britânico que estabeleceu a teoria da evolução. p. 204, 327.

Demuth, Helene (1820-1890): militante socialista alemã; governanta da casa de Karl e Jenny Marx; após a morte de Karl, tomou conta da casa de Friedrich Engels. p. 233, 235, 307 *n*.115.

Derby, lorde (1799-1869): político britânico, por três vezes primeiro-ministro. p. 182.

Dickens, Charles (1812-1870): talvez o mais popular romancista inglês, com vários de seus livros apontando os problemas sociais. p. 47.

Diocleciano, imperador (243?-305): imperador romano; decretou medidas de perseguição aos cristãos, removendo-os dos cargos públicos, destruindo igrejas e queima de escrituras bíblicas. p. 242.

Disraeli, Benjamin (1804-1881): político conservador britânico e primeiro-ministro por duas vezes. Do escritor, disse um crítico, Robert Blake: "ele produziu um poema épico, incrivelmente ruim, e uma tragédia de cinco atos em versos brancos que, se fosse possível, é pior". p. 47, 51, 56, 173, 230.

Dronke, Ernst (1822-1891): escritor e jornalista alemão; membro da Liga dos Comunistas e editor da *Nova Gazeta Renana*. p. 93.

Dühring, Karl Eugen (1833-1921): filósofo e economista, professor da Universidade de Berlim; em 1877, foi demitido em consequência de um conflito com os funcionários da universidade; defendia um materialismo com fortes traços idealistas e era adversário do marxismo; sua teoria encontrou um bom número de adeptos na social-democracia alemã, o que levou Engels a escrever seu *Anti-Dühring*. p. 22, 196-8, 200, 202, 292, 330.

Dvorak, Adelheid (1869-1939): p. 255. *Ver* Popp, Adelheid.

Ebert, Friedrich (1871-1925): presidente da Alemanha. Foi líder do Partido Social--Democrata. Ao final da Primeira Guerra, opôs-se à insurreição comunista, favorecendo o fascismo – que o atacaria depois. p. 14.

Engels, Elizabeth (1797-1873): mãe de Friedrich Engels. p. 28, 42, 71-2, 98, 108, 122, 148, 171, 186, 295 *n*.3, 301 *n*.66, 329.

Engels, Friedrich (pai) (1796-1860): industrial alemão; pai de Friedrich Engels. p. 27-31, 42, 48, 67, 71-2, 93, 98, 106, 109, 122-4, 127-8, 137, 144, 148, 153, 295 *n*.3, 296 *n*.8, 323-4, 327-8.

Engels, Johann Caspar (1753-1821): manufatureiro e atacadista da indústria têxtil. Avô de Engels. p. 27.

Engels, Marie (1824-1901): irmã de Friedrich Engels (filho). p. 20, 31-2, 37, 122, 126, 295 *n*.3, 296 *n*.10.

Favre, Claude Gabriel Jules (1809-1880): advogado e político francês; um dos líderes dos republicanos; em 1848, secretário-geral do Ministério do Interior, posteriormente ministro do Exterior; em 1848-1851, deputado da Assembleia Nacional Constituinte e Legislativa; em 1870-1871, ministro do Exterior no Governo de Defesa Nacional e no governo de Thiers; liderou as negociações sobre a capitulação de Paris e paz com a Alemanha. p. 181.

Feuerbach, Ludwig (1804-1872): filósofo; crítico de Hegel e da religião. p. 20, 41-2, 45-7, 63, 65, 73, 75, 198, 297 *n*.19, 304 *n*.92.

Fischer, Richard (1855-1926): social-democrata, um dos redatores do *Vorwärts*. p. 234, 242, 289.

Flocon, Ferdinand (1800-1866): jornalista e político francês. p. 86.

Fourier, François Marie Charles (1772-1837): socialista utópico francês, filho de um rico fabricante de tecidos. Perdeu sua fortuna em 1793 e tornou-se empregado de comércio. Descrente da revolução, pregava a organização de um "falanstério", ou seja, uma comunidade em que se vivesse de acordo com novos princípios e regras. p. 74, 168.

ÍNDICE ONOMÁSTICO 313

Francisco José I (1830-1916): imperador da Áustria e rei da Hungria, Croácia e Boêmia de 1848 até sua morte. De 1850 a 1866, também foi presidente da Confederação Germânica. Restabeleceu a ordem no império e restaurou o domínio da Áustria na Confederação Germânica. p. 301 *n.*64.

Franklin, Benjamin (1706-1790): político e diplomata estadunidense, participou na guerra da independência dos Estados Unidos; foi cientista, físico e economista. p. 298 *n.*34.

Frederico Guilherme III (1770-1840): rei da Prússia a partir de 1797; sobrinho-neto de Frederico II. p. 39, 297 *n.*16.

Frederico Guilherme IV (1795-1861): rei da Prússia a partir de 1840; filho de Frederico Guilherme III. p. 40, 43, 103, 145, 297 *n.*16, 301 *n.*62, 324.

Freiligrath, Ferdinand (1810-1876): poeta e agitador democrático, participante do movimento Jovem Alemanha. p. 76, 130, 139.

Freyberger, Luise (1864-1944): jornalista socialista e membro do Partido Social-Democrata Independente da Alemanha; foi casada com Karl Kautsky, mas depois casou-se com o médico Freyberger. p. 235, 254, 290.

Gambetta, Léon (1838-1882): político francês, republicano; entre 1870 e 1871, foi membro do governo de Defesa Nacional da França e, de 1881 a 1882, primeiro-ministro e ministro do Exterior. p. 179.

Garibaldi, Giuseppe (1807-1882): revolucionário, herói da unificação italiana. p. 150, 303 *n.*86.

Gerlach, Kurt Albert (1866-1922): professor e sociólogo marxista; indicado como primeiro diretor do Instituto de Pesquisa Social (Escola de Frankfurt), faleceu antes de tomar posse. p. 17.

Gladstone, William Ewart (1809-1898): político britânico, que foi quatro vezes primeiro-ministro (de 1868 a 1874, de 1880 a 1885, em 1886 e, por fim, de 1892 a 1894). p. 149, 180-1, 245.

Goethe, Johann Wolfgang von (1749-1832): escritor, naturalista e pensador alemão, foi um dos baluartes do romantismo europeu e um dos mentores do movimento *Sturm und Drang* [Tempestade e ímpeto]. Consagrou-se por obras como *Os sofrimentos do jovem Werther* e *Fausto*. p. 24, 36.

Golowin, Ivan (1816-1890): economista russo que escreveu obras contra o tsar Nicolau I. p. 135.

Görgey, Artúr (1818-1916): oficial do Exército húngaro que teve atuação destacada na revolução de 1848-1849 contra a invasão austríaca. p. 112.

Gortschakoff, Alexander Mikhailovich (1798-1883): chanceler russo de 1863 a 1882. p. 181.

Graeber, Wilhelm (1820-1895) e **Friedrich** (1822-1895), **irmãos**: colegas de Engels no liceu de Elberfeld entre os anos de 1839 e 1841. p. 20, 296 *n.*7.

Graham, Cunninghame (1852-1936): escritor e político escocês, foi o primeiro membro socialista do Parlamento do Reino Unido. p. 234.

Graham, Sir James (1792-1861): político britânico, ministro do Interior de 1841 a1846 no governo de Robert Peel. p. 53.

Grant, Ulysses S. (1822-1885): militar e político estadunidense; dirigiu o Exército da União durante a Guerra Civil; presidente dos Estados Unidos por dois mandatos, de 1869 a 1877. p. 152.

Granville, lorde [George Leveson-Gower] (1815-1891): político britânico, três vezes secretário de Estado para Negócios Estrangeiros. p. 180.

Grillenberger, Karl (1848-1897): jornalista militante do movimento operário e da social-democracia em Nuremberg. Em 1881, torna-se o primeiro social-democrata bávaro a ser membro do Reichstag. p. 253.

Grün, Karl (1817-1887): jornalista e político socialista alemão, discípulo de Feuerbach. Amigo de Proudhom, iniciou este nas filosofias de Hegel e Feuerbach, e ajudou a popularizar as ideias do francês entre os radicais alemães. p. 75, 77-8, 325.

Grünberg, Carl (1861-1940): advogado, economista e sociólogo marxista nascido na atual Romênia. Foi o primeiro diretor do Instituto de Pesquisa Social (Escola de Frankfurt). p. 17.

Guesde, Jules (1845-1922): jornalista socialista. Participante da Comuna, sai da França e toma conhecimento da Primeira Internacional e de rudimentos da teoria marxista. Foi um dos fundadores do Parti Ouvrier (1892). p. 215-6, 243, 246-7, 249, 291, 305 *n.*99.

314 Friedrich Engels: uma biografia

Guizot, François Pierre Guillaume (1787-1874): historiador e estadista francês. Entre 1840 e 1848, dirigiu a política interna e externa da França. p. 76.

Guilherme I (1797-1888): príncipe da Prússia; rei da Prússia a partir de 1861; imperador alemão a partir de 1871. p. 210, 232, 301 *n*.62 e 66, 302 *n*.78, 329.

Guillaume, James (1844-1916): um dos líderes da ala anarquista da Primeira Internacional. p. 188.

Gurowski, Adam (1805-1866): escritor polonês que, em 1849, foi para os Estados Unidos e escreveu artigos para a *American Cyclopaedia* e fez parte da equipe do editorial do *New York Tribune*. Durante a Guerra da Crimeia, posicionou-se a favor da Rússia e seus escritos influenciaram a opinião pública estadunidense. p. 136.

Gutzkow, Karl (1811-1878): jornalista alemão, um dos incentivadores do movimento Jovem Alemanha. p. 32-3, 296 *n*.11.

Hale, Isaac. p. 150.

Hales, John (1839-?): operário britânico; membro do Conselho Geral da Internacional, a partir de maio de 1871 seu secretário-geral; excluído da Internacional em maio de 1873, por decisão do Conselho Geral. p. 188.

Hardie, Keir (1856-1915): sindicalista escocês, um dos fundadores do Partido Trabalhista britânico. p. 223, 234.

Harney, George Julian (1817-1897): jornalista britânico e líder cartista. Foi um dos fundadores dos Democratas Fraternos e editor do periódico *Northern Star*, do qual Marx e Engels eram colaboradores. p. 58, 83, 86, 93, 118, 122, 124-5, 140, 216, 234.

Hartmann, Leo Nicolaievitch (1850-1913): militante socialista russo que, por ter participado de um frustrado atentado a bomba ao tsar em 1880, acabou exilado em Londres, de onde conseguiu estabelecer contato direto com Marx e outros pensadores. p. 225.

Hegel, Georg Wilhelm Friedrich (1770-1831): filósofo e professor na Universidade de Berlim; destacada figura do idealismo alemão, elaborou um sistema filosófico em que a consciência não é apenas consciência do objeto, mas também consciência de si. *A fenomenologia do espírito*

descreve a marcha do pensamento até seu próprio objeto, que no final é o próprio espírito, na medida em que venha a absorver completamente o pensado. O espiritual são as formas de ser das entificações. A ciência da Ideia Absoluta procede de modo dialético: trata-se de um processo de sucessivas afirmações e negações que conduz da certeza sensível ao dito saber absoluto. A dialética não é um simples método de pensar; é a forma em que se manifesta a própria realidade, ou seja, é a própria realidade que alcança sua verdade em seu completo autodesenvolvimento. A Ideia é uma noção central no sistema hegeliano, o qual aspira a ser o sistema da verdade como um todo e, portanto, o sistema da realidade no processo de pensar a si mesma. p. 20, 33, 36-7, 39-42, 46, 50, 55, 63, 101, 149, 184, 297 *n*.16 e 19, 298 *n*.36, 323.

Heine, Heinrich (1797-1856): poeta, jornalista e ensaísta; fez amizade com Marx em Paris. p. 37, 47, 79, 296 *n*.11, 299 *n*.47.

Heinzen, Karl (1809-1880): escritor democrata alemão. p. 80.

Herzen, Alexander Ivanovitch (1812-1870): pensador e escritor do movimento revolucionário pré-marxista na Rússia, defendia a ideia da comuna agrária. p. 135, 224, 303 *n*.86.

Herwegh, Georg (1817-1875): poeta e tradutor radical alemão. p. 43.

Hess, Moses (1812-1875): socialista, filósofo e jornalista judeu-alemão; trabalhou intensamente com Marx e Engels durante um período. p. 20, 45-9, 68-70, 76-7, 86, 159, 324.

Hitler, Adolf (1889-1945): político alemão, líder do Partido Nacional Socialista Alemão dos Trabalhadores. Eleito pelo voto popular, em 1933, tornou-se o ditador que levou a Alemanha à Segunda Guerra Mundial e à prática do terror de Estado e do genocídio. p. 10 *n*.2, 13, 17 *n*.21, 18.

Hood, Tom (1835-1874): romancista, dramaturgo e humorista inglês. p. 56.

Hourwich, Issak Aronovich (1860-1924): economista e ativista político lituano; em 1890 saiu da Rússia para evitar ser preso e foi para os Estados Unidos. Em 1906, voltou para a Rússia para se candidatar à Duma russa; foi eleito, mas

Índice onomástico 315

as eleições foram anuladas pelo tsar, e Hourwich retornou aos Estados Unidos. p. 228.

Huber, Victor Aimé (1800-1869): reformador social alemão. p. 69.

Hugo, Victor (1802-1885): escritor francês. Durante a Segunda República, foi deputado nas assembleias Constituinte e Legislativa. É autor, entre outras obras, de *Os miseráveis*. p. 303 *n*.86.

Hyndman, Henry (1842-1921): escritor e político britânico, fundador da Federação Social--Democrata. p. 218-21, 305 *n*.104.

Jaurès, Jean (1859-1914): jornalista socialista francês, fundador do jornal *L'Humanité*, que se tornaria o órgão oficial do Partido Comunista Francês. p. 15 *n*.16, 216, 305 *n*.102.

Jellachich, Josip, conde (1801-1859): marechal de campo croata que atuou na repressão aos movimentos revolucionários no norte da Itália de 1848. p. 99.

Jones, Ernest (1819-1869): poeta e novelista cartista inglês. p. 125.

Kant, Immanuel (1724-1804): filósofo e professor em Königsberg. p. 36.

Kautsky, Karl (1854-1938): social-democrata, um dos líderes e ideólogos da Segunda Internacional; foi fundador e redator por muitas décadas da revista *Die Neue Zeit*, órgão teórico da social-democracia; foi o principal representante da corrente centrista da social--democracia alemã até a Segunda Guerra Mundial, quando rompeu com o marxismo e tornou-se um feroz inimigo da União Soviética. p. 15 *n*.16, 18, 128, 198, 202, 233, 238-9, 242, 255-6, 290, 330.

Kautsky, Luise. *Ver* Freyberger, Luise.

Kinkel, Gottfried (1815-1882): poeta e ativista revolucionário alemão. Preso pela participação na revolta do Palatinado em 1849, fugiu da prisão e foi para Londres, onde entrou na Liga dos Comunistas, ficando do lado do grupo de August Willich e Karl Schapper contra Marx e Engels no confronto ocorrido na Liga. p. 120, 128.

Kossuth, Lajos (1802-1894): revolucionário húngaro, liderou o movimento de independência da Hungria contra a Áustria em 1848 e 1849 e chefiou o governo revolucionário. Depois que o movimento foi derrotado, correu a Europa e os Estados Unidos. p. 101, 120-1.

Kriege, Hermann (1820-1850): jornalista alemão que foi preso por atividades socialistas em 1844. Depois de solto, foi para os Estados Unidos, onde colaborou em jornais em língua alemã. Morreu num asilo para doentes mentais em 1850. p. 75-6.

Kühne, Gustav (1806-1888): jornalista e crítico literário alemão. p. 27.

Labriola, Antonio (1843-1904): filósofo e teórico marxista italiano. Influenciou tanto Benedetto Croce como Antonio Gramsci. p. 198, 223, 255.

Lafargue, Paul (1842-1911): médico socialista nascido em Santiago de Cuba. De 1866 a 1868, membro do Conselho Geral da Internacional e secretário-correspondente para a Espanha. Em 1869-1870, cofundador das seções da Internacional na França. Em 1879, cofundador do Partido dos Trabalhadores da França. Em 1868, casou-se com Laura, filha de Marx. Autor, entre outras obras, de *O direito à preguiça*. p. 180, 187, 189, 215, 234, 242, 244, 246-7, 254, 290-2, 304 *n*.90, 305 *n*.99.

Lansdowne, lorde (1845-1927): político britânico que foi, entre outros cargos, vice-rei e governador da Índia entre 1888 e 1894. p. 245.

Lassalle, Ferdinand (1825-1864): jurista e ativista político alemão, defensor dos ideais democráticos. Seguidor de Hegel e amigo de Marx, embora não estivessem de acordo a respeito das questões fundamentais de sua época. p. 16, 18, 22, 27, 30, 97, 114, 117, 145-8, 149, 153-5, 157-9, 161-2, 165, 168-70, 183, 193-6, 207, 214, 218, 222, 238, 240, 301 *n*.63, 68 e 69, 302 *n*.71, 72 e 74, 304 *n*.87, 327.

Leach, James (c.1806-1869): ativista britânico que teve importantes funções no movimento cartista. p. 57-8.

Ledru-Rollin, Alexandre Auguste (1807-1874): político francês. Redator do jornal *La Réforme* e deputado nas assembleias Constituinte e Legislativa, onde chefiou o Partido da Montanha. Posteriormente, exilou-se na Inglaterra. p. 120-1.

Lee, Robert E. (1807-1870): militar que comandou as forças confederadas na Guerra Civil Americana. p. 152.

Leibniz [Leibnitz], Gottfried Wilhelm (1646-1716): filósofo e matemático. p. 41.

Lênin [Vladimir Illitch Ulianov] (1870-1924): líder revolucionário e chefe de Estado russo, mentor e principal líder da Revolução Russa de 1917. Em 1922, fundou, junto com os sovietes, a União das Repúblicas Socialistas Soviéticas (URSS). Sua liderança inspirou os partidos comunistas através do mundo. p. 293.

Leopold, cônsul. p. 31.

Lessing, Gotthold Ephraim (1729-1781): poeta do período iluminista. p. 37.

Lessner, Friedrich (1825-1910): membro da Liga dos Comunistas; participou da Revolução de 1848-1849; condenado a três anos de prisão no processo dos comunistas de Colônia; emigrou para Londres em 1856; em 1864-1872, membro do Conselho Geral da Internacional. p. 290-1.

Liebknecht, Karl (1871-1919): político e dirigente socialista alemão. Com Rosa Luxemburgo fundou a Liga Espartaquista, em 1916, movimento que surgiu na Alemanha em oposição ao regime social-democrata vigente na República de Weimar. Morreu junto com Rosa, assassinado por tropa reacionária. Era filho de Wilhelm Liebknecht. p. 14.

Liebknecht, Wilhelm (1826-1900): jornalista, um dos mais importantes líderes do movimento operário alemão e internacional; participou da Revolução de 1848-1849; emigrou para a Suíça e, posteriormente, para a Inglaterra, onde se tornou membro da Liga dos Comunistas; voltou à Alemanha em 1862; foi membro da Internacional e, em 1866, fundador do Partido dos Trabalhadores da Saxônia; em 1869, foi cofundador do Partido Trabalhista Social-Democrata da Alemanha; adversário do militarismo prussiano, defendeu a união alemã por uma via democrático-revolucionária; foi membro do Parlamento do Norte da Alemanha (1867-1870) e do Parlamento Alemão (1874--1900); durante a Guerra Franco-Prussiana, atuou ativamente contra os planos prussianos de anexação e em defesa da Comuna de Paris. p. 62, 111, 157-9, 162, 167-70, 177-8, 192-5, 197, 200-4, 207, 210, 219, 223, 230, 232, 234, 238-9, 245-6, 253-4, 290, 304 *n*.87, 328.

Lincoln, Abraham (1809-1865): estadista norte-americano; presidente dos Estados Unidos a partir de 1861 até sua morte. p. 149, 152, 327.

Longuet, Charles (1839-1903): jornalista e ativista do movimento da classe trabalhadora francesa; participou da Comuna e, depois da derrota, mudou-se para Londres, onde casou-se com a filha mais velha de Marx, Jenny. p. 234.

Lopatin, German Alexandrovich (1845-1918): jornalista e revolucionário russo. De família abastada, envolveu-se com os populistas do movimento *narodnik* e acabou exilado. No exterior, pôde se dedicar mais ao estudo do marxismo. Filiou-se à Primeira Internacional e, em Londres, tornou-se amigo de Marx e Engels. Posteriormente, também alinhou-se ao Terra e Liberdade e ao Vontade do Povo, além de ter-se dedicado à literatura. p. 225-6.

Luís Napoleão. *Ver* Napoleão III.

Lovett, William (1800-1877): um dos mais importantes líderes cartistas, era defensor da ideia de que os direitos políticos poderiam ser conseguidos sem violência. p. 58.

Lucraft, Benjamin (1809-1897): sindicalista inglês e membro do Conselho Geral da Internacional (1864-1871). Em 1871, declarou-se contra a Comuna e saiu do Conselho Geral. p. 186.

Luís Felipe (1773-1850): duque de Orleans, rei da França (1830-1848). Chamado de "o Rei burguês" devido à sua administração abertamente favorável à burguesia. p. 91, 297 *n*.17.

Luxemburgo, Rosa (1871-1919): pensadora e ativista marxista polonesa que, ao lado de Karl Liebknecht, criou a Liga Espartaquista, a semente do Partido Comunista da Alemanha. Foi presa, espancada e assassinada com outros líderes do partido, fato que gerou o fim da revolta espartaquista de janeiro de 1919. p. 14.

MacDonald, James Ramsay (1866-1937): político inglês, um dos fundadores e dirigentes do Partido Trabalhista Independente e do Partido Trabalhista. Praticou uma política oportunista extrema no partido e na Segunda Internacional, pregando a teoria da transformação pacífica do capitalismo em socialismo. p. 305 *n*.105.

MacDonnell, Joseph Patrick (1846-1906): jornalista e líder trabalhista irlandês, editor do periódico *Labor Standard* em Nova York e um dos fundadores da Associação Internacional dos Trabalhadores nos Estados Unidos. p. 213.

MacMahon, Marie Edme Patrice Maurice (1808-1893): oficial e político francês, bonapartista; marechal na Guerra Franco-Prussiana de 1870-1871; preso em Sedan; comandante-maior do exército versalhês; de 1873 a 1879, presidente da Terceira República. p. 179.

Malon, Benoit (1841-1893): socialista francês. Filho de operário, ele próprio foi assalariado na juventude. Por volta de 1860, propagava as ideias da Internacional. Em 1870, foi membro do Comitê Central da Defesa Nacional e membro da Assembleia Nacional em Bordéus. Mais tarde, aderiu à Comuna de Paris e, com o fracasso desse movimento, fugiu para a Itália. Voltando, após a anistia, fundou a *Revue Socialiste*. Ao lado de Guesde e Lafargue, foi um dos fundadores da Federação do Partido dos Operários Socialistas da França. Tempos depois, Benoit Malon separou-se deles, editou com Brousse o jornal *Égalité* e fundou o partido dos "possibilistas", também chamados "socialistas integrais", que preconizava a colaboração do proletariado com a burguesia. Publicou diversos livros. p. 305 *n.*100.

Malthus, Thomas Robert (1766-1834): economista inglês, autor do famoso *Ensaio sobre o princípio da população*, em que diz que a população aumenta em progressão geométrica, enquanto a produção de alimentos cresce em progressão aritmética. p. 60.

Mann, Tom (1856-1941): sindicalista inglês. p. 223.

Marx, Eleanor (1855-1898): ativista e autora marxista, filha de Karl e Jenny Marx. p. 170-1, 220, 233-4, 237, 255, 290, 302 *n.*79, 305 *n.*104, 306 *n.*106, 328.

Marx, Jenny (von Westphalen) (1814-1881): socialista alemã, acompanhou a vida e contribuiu de diferentes maneiras ao trabalho de seu marido, Karl Marx. p. 108, 127, 202, 219, 233, 235, 330.

Marx, Karl Heinrich (1818-1883): filósofo, economista e político socialista alemão, passou a maior parte da vida exilado em Londres. Doutorou-se em 1841 pela Universidade de Jena, com uma tese sobre as filosofias da natureza de Demócrito e Epicuro. Foi ligado à esquerda hegeliana e ao materialismo de Feuerbach. Em 1844, conheceu Friedrich Engels e em 1848 redigiu com ele *Manifesto comunista*. Desenvolveu uma ideia de comunismo ligada a sua concepção da história e a uma resoluta intervenção na luta política, solidária com o movimento operário. Suas obras mais famosas sao *O capital* e, com Engels, *Manifesto comunista* e os manuscritos reunidos posteriormente com o título de *A ideologia alemã*. p. 9, 11 *n.*4, 12-4, 18, 20-3, 25, 27, 30, 41-2, 45-8, 61-72, 73-81, 84-9, 91-101, 103, 106-8, 111-31, 133-44, 145-50, 152-60, 162-3, 165-75, 177-9, 181-8, 190, 193-8, 199-211, 214-21, 223-8, 233-6, 238-9, 246, 252, 255, 290-2, 294, 297 *n.*22, 297 *n.*24, 298 *n.*31, 33, 34 e 36, 299 *n.*37, 39, 40, 43 e 45, 300 *n.*50, 52 e 55, 301 *n.*61 e 69, 302 *n.*70, 71, 76 e 79, 303 *n.*85, 304 *n.*87, 90 e 93, 305 *n.*98, 99 e 104, 306 *n.*106 e 108, 307 *n.*115 e 118, 308 *n.*120, 324-32.

Marx, Laura (1845-1911): ativista socialista; filha de Karl e Jenny Marx; esposa de Paul Lafargue. p. 247.

Mazzini, Giuseppe (1805-1872): revolucionário italiano; líder do movimento de libertação na Itália; em 1849, eleito no Triunvirato da República romana; em 1850, um dos fundadores do Comitê Democrático Europeu em Londres; tentou, em 1864, quando da fundação da Internacional, colocá-la sob sua influência; em 1871, voltou-se contra a Comuna de Paris e o Conselho Geral da Internacional. p. 120-1.

McClellan, George Brinton (1826-1885): general da União durante a Guerra Civil Americana. Posteriormente, foi governador do estado de Nova Jersey. p. 152.

Mehring, Franz (1846-1919): historiador, editor e político alemão. Durante a Primeira Guerra, distanciou-se do Partido Social-Democrata e foi fundador da Liga Espartaquista (em 1916), junto com Rosa Luxemburgo e Karl Liebknecht. p. 11-2, 22 *n.*32, 23, 308 *n.*120.

Mendelsohn, Stanislaw (1858-1913): militante polonês do movimento operário. p. 234.

Metternich, Clemens Wenzel Lothar, príncipe de (1773-1859): estadista e diplomata austríaco, ministro do Exterior (1809-1821) e chanceler (1821-1848); um dos organizadores da Santa Aliança. p. 296 *n.*13.

Meyer, Rudolf Hermann (1839-1899): economista alemão; autor de, entre outros livros, *Der Kapitalismus fin de siècle*. p. 245.

Mill, John Stuart (1806-1873): economista e filósofo positivista inglês, epígono da economia política burguesa clássica, adepto do livre-comércio, filho de James Mill. p. 303 *n.*86.

Millerand, Alexandre (1859-1943): advogado e político francês, de início ligado aos radicais, depois aos socialistas independentes. Foi deputado e ministro; em 1904, considerado muito moderado foi expulso do Partido Socialista Francês. p. 216.

Mirbach, Otto von (1804-1867): militar prussiano. Foi nomeado comandante em chefe pelo Comitê de Segurança Pública durante a revolta em Elberfeld de 1848. p. 105.

Moll, Joseph (1813-1849): um dos pioneiros do movimento operário alemão; participou da fundação da Associação Educacional dos Trabalhadores Alemães em Londres; em 1846, tornou-se membro do Comitê Central da Liga dos Justos, a qual posteriormente se tornou a Liga dos Comunistas. Quando a revolução de 1848-1849 estourou na Europa, ele retornou à Alemanha e participou das lutas, sendo morto em 1849. p. 49, 83-4, 86, 93, 97, 297 *n.*26.

Moltke, Helmuth Karl Bernhard von (1800-1891): marechal, escritor militar; chefe do comando militar prussiano (1857-1871) e do Império alemão (1871-1888); na Guerra Franco-Prussiana, comandante-maior do Exército prussiano. p. 160, 166, 252.

Moore, Samuel. p. 205, 290.

Morgan, Lewis Henry (1818-1881): etnólogo evolucionista estadunidense. Advogado e homem de negócios e político. Autor do primeiro estudo científico das tribos indígenas norte-americanas. p. 304 *n.*93.

Morley, John (1863-1923): jornalista liberal britânico, dirigiu *The Fortnightly Review* de 1865 a 1882. p. 168.

Morris, William (1834-1896): escritor, *designer* têxtil e ativista político britânico. p. 201, 216.

Most, Johannes (1846-1906): jornalista e ativista político alemão. Após ser um fervoroso militante da social-democracia, tornou-se defensor do anarquismo, o que motivou sua expulsão do Partido Social-Democrata alemão. Em 1882,

emigrou para os Estados Unidos, onde continuou seu trabalho de agitação entre os imigrantes alemães. p. 196-7, 201.

Motteler, Julius (1838-1907): socialista alemão; ligado a August Bebel e Wilhelm Liebknecht, foi um dos líderes do movimento operário alemão; trabalhou pela criação de sindicatos na Alemanha e pelo Movimento das Mulheres Proletárias. p. 234.

Münzer, Thomas (1490-1525): teólogo alemão, atacou Lutero em vários trabalhos. Foi aprisionado e morto após a derrota dos camponeses que ele liderava na Batalha de Frankenhausen. p. 114.

Napoleão I (1769-1821): governante efetivo da França a partir de 1799 e imperador de 1804 a 1814. p. 127.

Napoleão III (1808-1873): sobrinho e herdeiro de Napoleão Bonaparte, foi presidente e depois imperador da França. Seu governo chegou ao fim com a derrota da França na Guerra Franco-Prussiana. p. 133, 136, 146-7, 166, 181, 207, 301 *n.*60 e 64, 303 *n.*85.

Netschaieff. p. 189.

Nicolau I (1796-1855): tsar da Rússia de 1825 a 1855. Em 1825, sucedendo a seu irmão Alexandre I, reprimiu duramente a Revolução de Dezembro, organizada para impedir sua ascensão ao trono. p. 136.

Nieuwenhuis, Ferdinand Domela (1846-1919): originalmente pastor luterano, tornou-se um importante militante socialista holandês após abdicar de sua fé. Foi o primeiro socialista a ingressar no Parlamento Holandês. p. 246, 250, 254, 294.

Noske, Gustav (1868-1946): político belicista alemão. Membro do Partido Social-Democrata, foi um dos líderes do sanguinário esmagamento da Revolução Alemã – tendo ordenado o assassinato de Karl Liebknecht e Rosa Luxemburgo. Sua ação facilitou a ascensão nazista – que, ao assumir o poder, demitiu-o. p. 14.

Nothjung, Peter (1821-1866): membro da Associação dos Trabalhadores de Colônia na Alemanha e membro da Liga dos Comunistas. p. 130.

ÍNDICE ONOMÁSTICO   319

Oastler, lorde (1789-1861): industrial britânico, conduziu uma campanha para a diminuição de horas de trabalho que foi, em parte, responsável pelo Ato das Dez Horas. p. 124.

O'Connell, Daniel (1775-1847): político católico irlandês; liderou a campanha pela Emancipação Católica (garantindo o direito de voto aos católicos) e combateu as práticas abusivas dos senhores de terras em relação aos camponeses. p. 53.

O'Connor, Feargus (1796-1855): líder cartista irlandês. Nos primeiros anos da década de 1840 montou uma National Land Company para comprar propriedades agrícolas, dividi-las e distribuí-las. A empresa foi à falência em alguns anos. p. 125.

Odger, George (1813-1877): pioneiro do sindicalismo britânico; foi o primeiro presidente da Primeira Internacional; por discordar da violência da Comuna de Paris, saiu da Internacional em 1872. p. 181, 186.

Owen, Robert (1771-1858): pensador galês, fundou a Sociedade dos Pioneiros Equitativos, em 1844, e esteve na base do movimento cooperativista e do socialismo utópico na Grã-Bretanha. Ambas as correntes, contudo, evoluíram de modo bastante diverso do que Owen havia originalmente arquitetado. p. 55-6, 59, 298 *n.32*.

Palmerston, lorde (1784-1865): político britânico, primeiro-ministro de 1859 a 1865. p. 150.

Pease, Edward Reynolds (1857-1955): escritor inglês e um dos fundadores da Sociedade Fabiana. p. 219.

Peel, Sir Robert (1788-1850): primeiro-ministro britânico de 1834 a 1835 e de 1841 a 1846. No seu segundo mandato como primeiro--ministro, cortou tarifas para estimular o comércio, modernizou o sistema bancário e instituiu uma série de atos para favorecer o livre comércio. Mas a sua posição favorável à revogação da Lei dos Cereais determinou sua queda da posição de primeiro-ministro. p. 52-3, 142.

Petty, William (1623-1687): cientista, filósofo e economista inglês. p. 67.

Plekhanov, Georgi Valentinovitch (1856-1918): considerado "o pai do marxismo na Rússia". Originalmente *narodnik*, criou a primeira organização marxista russa, o grupo Emancipação do Trabalho, em 1883. Correspondente de Engels e autor de importantes obras, foi notável propagandista do marxismo na Rússia. p. 198, 216, 227, 244, 246, 254, 291, 306 *n.*108, 307 *n.*112.

Popp, Adelheid (1869-1939): militante socialista e feminista austríaca; membro do Partido Social-Democrata dos Trabalhadores, juntou-se em 1891 à Associação Educacional de Mulheres Trabalhadoras. p. 255, 289.

Protot, Eugène (1839-1921): advogado, médico e jornalista francês; membro da Internacional e da Comuna de Paris. Adversário dos marxistas do Partido Operário Francês, a divisão se cristaliza na discussão sobre a celebração do Dia do Trabalho. p. 248.

Proudhon, Pierre-Joseph (1809-1865): escritor e jornalista francês, foi um dos teóricos do anarquismo. p. 58-9, 74, 77-8, 157, 168, 216, 325.

Puttkamer, Robert von (1828-1900): ministro do Interior prussiano de 1879 a 1888; sob as "leis antissocialistas", foi um dos principais organizadores da perseguição aos sociais--democratas. p. 238.

Quelch, Harry (1858-1913): jornalista e ativista socialista; editor do periódico *Justice*, órgão da Federação Social-Democrata. p. 234, 290.

Radetzki von Radetz, conde (1766-1858): nobre boêmio, chefe do Estado-Maior da monarquia austríaca no último período das Guerras Napoleônicas. Comandou as tropas austríacas nas vitórias das batalhas de Custoza e Novara, durante a Primeira Guerra de Independência Italiana. p. 102.

Ricardo, David (1778-1823): considerado um dos fundadores da escola clássica inglesa de economia política. p. 66.

Rosher, Mary Ellen: sobrinha de Lizzy Burns casada com Percy Rosher. p. 233.

Ruge, Arnold (1802-1880): jornalista, jovem hegeliano, amigo próximo – durante certo período – de Karl Marx e, depois, defensor de Bismarck. p. 39, 95, 120-1, 297 *n.*23, 298 *n.*33.

320 FRIEDRICH ENGELS: UMA BIOGRAFIA

Russell, John (1792-1878): aristocrata liberal e um dos líderes da defesa da Lei de Reforma de 1832. p. 130.

Saint-Simon, Henri de (1760-1825): jornalista e socialista utópico. p. 46, 249.

Salisbury, marquês de [Robert Gascoyne-Cecil] (1830-1903): político britânico, três vezes primeiro-ministro. p. 230.

Sand, George [Amandine Aurore Lucile Dupin] (1804-1876): escritora francesa. p. 47.

Savigny, Friedrich Carl von (1779-1861): jurista, representante da "escola histórica do direito" e professor na Universidade de Berlim, deu aulas a Marx. p. 40.

Schapper, Karl (1812-1870): participou do ataque à guarda de Frankfurt; foi membro da Liga dos Comunistas e da Associação Internacional dos Trabalhadores. p. 49, 83, 85-6, 93, 97, 119, 297 n.26.

Schelling, Friedrich Wilhelm Joseph (1775-1854): filósofo, amigo de juventude de Hölderlin e Hegel, professor em Munique a partir de 1827 e em Berlim a partir de 1841. p. 40-2, 297 n.16, 324.

Schimmelpfenig, Alexander (1824-1865): militar prussiano e político revolucionário. Após as revoluções alemãs de 1848-1849, emigrou para os Estados Unidos e lutou na Guerra da Secessão como general da União. p. 122.

Schlüter, Hermann (1851-1919): historiador alemão e figura expoente no movimento dos trabalhadores tanto na Alemanha quanto nos Estados Unidos, onde viveu. Contribuiu na editora do Partido Trabalhista Social-Democrata da Alemanha. p. 222, 237.

Schmidt, Conrad (1863-1932): economista, filósofo e jornalista alemão. Correspondente de Engels, foi marxista, convertendo-se posteriormente ao neokantismo. p. 18.

Schmoller, Gustav von (1838-1917): economista alemão, fundador e líder da escola histórica alemã. Figura de destaque no pensamento e na academia econômica germânica na última parte do século XIX. Foi professor de Economia Política nas universidades de Halle (1864-1872), Estrasburgo (1872-1882) e Berlim (1882-1913). Foi editor do *Jahrbuch fur Gesetzgebung Verwaltung, und Volkswirtschaft*.

Em 1872 fundou a *Verein für Sozialpolitik* (Sociedade para Política Social), um grupo de economistas conservadores em franca oposição aos liberais, socialistas e marxistas. p. 11 n.3.

Schorlemmer, Carl (1834-1892): químico alemão que pesquisou hidrocarbonetos; a partir de 1874, deu aulas de química orgânica em Manchester; tornou-se membro da Royal Society em 1871. p. 205, 234, 307 n.116.

Schurz, Karl (1829-1906): jornalista e revolucionário alemão; emigrando para os Estados Unidos, serviu no Exército da União como general e também desenvolveu carreira política naquele país, chegando a senador pelo Missouri e secretário do Interior. p. 120.

Schweitzer, Johann Baptist von (1833-1875): advogado, jornalista e redator do jornal lassalliano *Der Socialdemokrat*; foi presidente da Associação Geral dos Trabalhadores Alemães de 1867 a 1871, quando abandonou a política; apoiou a política de Bismarck. p. 16, 114, 159, 161-2, 165, 168-70, 193, 328.

Seiler, Sebastien (1810-1890): jornalista na *Gazeta Renana*; membro da Liga dos Comunistas e participante da revolução de 1848-1849 na Alemanha. Com a derrota da revolução, foi para Londres onde foi editor da *Deutsche Zeitung*. p. 76.

Shaw, G. Bernard (1856-1950): escritor socialista irlandês. p. 219, 305 n.105.

Shelley, Percy Bysshe (1792-1822): poeta romântico inglês. p. 37, 56.

Shipton, George (1839-1911): sindicalista britânico; editor do periódico *The Labour Standard* de 1881 a 1884. p. 217.

Singer, Paul (1844-1911): um dos dirigentes do Partido Social-Democrata da Alemanha de 1890 até 1911. p. 234, 290.

Smith, Adam (1723-1790): filósofo e economista britânico. p. 60.

Sorge, Friedrich Adolph (1828-1906): comunista alemão, foi condenado à morte por sua atividade revolucionária, por isso emigrou para os Estados Unidos em 1852, onde passou a militar no movimento operário local. Fundou o Clube dos Comunistas de Nova York, em 1857, e o Socialist Labor Party of America. p. 190, 199, 203, 210, 213, 221, 232, 234-5, 239-40, 256.

ÍNDICE ONOMÁSTICO   321

Speier, Hans (1905-1990): sociólogo alemão radicado nos Estados Unidos a partir de 1933. Colaborou com o governo dos EUA durante e após a Segunda Guerra Mundial. Especialista em política e cultura alemã do século XX. p. 12.

Spener, Phillip Jacob (1635-1705): teólogo luterano alemão; pioneiro do pietismo protestante. p. 295 *n*.4.

Spinoza, Baruch (1632-1677): filósofo holandês. p. 41, 46.

Setpniak, Sergius (1851-1895): revolucionário russo que matou o chefe da gendarmeria russa. p. 290.

Stálin, Josef (1878-1953): político e chefe de Estado russo. Sob seu domínio, a URSS expandiu suas fronteiras, enfrentou os países do Eixo durante a Segunda Guerra Mundial e tornou-se uma importante superpotência do século XX. p. 13.

Starcke, Carl Nicolai (1858-1926): filósofo e sociólogo dinamarquês, professor na Universidade de Copenhague; biógrafo de Feuerbach. p. 304 *n*.92.

Stieber, Wilhelm (1818-1882): chefe da polícia política prussiana. Em 1852, obteve informações fundamentais para o processo dos comunistas de Colônia e, nas guerras de 1866 e 1870-1871, foi chefe do serviço de espionagem prussiano. p. 130.

Stirner, Max [Johann Caspar Schmidt] (1806-1856): filósofo, jornalista e jovem hegeliano. p. 40-1, 73.

Strauss, David Friedrich (1808-1874): filósofo e teólogo alemão; hegeliano de esquerda; sua obra abriu um novo campo de interpretação bíblica, ao explicar mitologicamente – e interpretar historicamente – os relatos sobre a vida de Jesus. p. 33, 39, 63, 296 *n*.12, 297 *n*.15.

Sue, Eugène (1804-1857): escritor francês, deputado na Assembleia Legislativa (1850--1851). p. 47.

Techow, Gustave Adolph (c.1813-1890): oficial do Exército prussiano. p. 108, 122.

Thiers, Adolphe (1797-1877): político e historiador francês, orleanista; ministro de 1832-1834, primeiro-ministro em 1836-1840; em 1848, deputado da Assembleia Nacional

Constituinte; em 1871, chefe do poder Executivo; de 1871-1873, presidente da Terceira República. p. 303 *n*.85.

Thorne, Will (1857-1946): sindicalista britânico; membro da Federação Social-Democrata. Em 1906, tornou-se o primeiro representante dos trabalhadores no Parlamento britânico. p. 234, 290.

Treviranus, pastor. p. 31.

Turati, Filippo (1857-1932): um dos fundadores do Partido Socialista Italiano em 1892. p. 198, 223, 254-5, 291.

Vaillant, Marie Édouard (1840-1915): engenheiro, naturalista e médico francês, blanquista; membro da Internacional; membro do Comitê Central da Guarda Nacional, da Comuna de Paris e da Comissão Executiva; condenado à morte em Paris, em 1871; fugiu para Londres; em 1871-1872, membro do Conselho Geral da Internacional; desligou-se da Internacional após o Congresso de Haia, em 1872; retornou à França depois da anistia de 1880; membro da Câmara dos Deputados; em 1905, cofundador do Partido Socialista Francês. p. 216, 245, 249.

Van der Goes, Frank (1859-1939): jornalista holandês, um dos fundadores do Partido dos Trabalhadores Social-Democratas holandês. p. 290.

Vandervelde, Émile (1866-1938): político socialista belga; membro do Partido Socialista Belga; presidente da Segunda Internacional de 1900 a 1918. Ministro da Justiça de 1918 a 1921, das Relações Exteriores de 1925 a 1927 e da Saúde Pública de 1936 a 1937. Escreveu a Carta de Quaregnon, que se tornou a base da política socialista belga até os anos 1970. p. 293.

Vitória, rainha (1819-1901): rainha da Inglaterra entre 1837 e 1901. p. 136.

Vollmar, Georg von (1850-1922): socialista democrático bávaro. p. 239.

Voltaire [pseudônimo de Francois-Marie Arouet] (1694-1789): filósofo deísta, escritor e historiador francês, principal representante do Iluminismo burguês. p. 298 *n*.34.

Von Hatzfeldt, Sophie Gräfin, condessa (1805-1881): nobre, divorciou-se do marido e juntou-se ao movimento da classe trabalhadora alemã. Foi seguidora de Ferdinand Lassalle, de quem era muito próxima. p. 301 *n.*69.

Von Stumm, Carl Ferdinand, barão (1836-1901): industrial prussiano e político conservador. p. 293.

Wagner, Adolph (1835-1917): economista vulgar alemão, representante da chamada escola jurídico-social na economia política. p. 11 *n.*3, 234.

Waldersee [Alfred Heinrich Karl Ludwig], conde (1832-1904): militar prussiano, chefe do Estado-Maior entre 1888-1891 e comandante supremo da força multinacional enviada à China para combater a Rebelião dos Boxers. p. 210.

Wallas, Graham (1858-1932): psicólogo social inglês, membro proeminente da Sociedade Fabiana e um dos fundadores da London School of Economics. p. 219.

Watts, John (1818-1887): reformador social inglês. p. 57-8.

Webb, Beatrice (1858-1943) e **Sidney James** (1859-1947): casal de economistas destacado entre os círculos reformistas ingleses. Escreveram uma série de obras sobre a história e a teoria do movimento operário inglês. Foram fundadores da Sociedade Fabiana. Durante a Primeira Guerra, aderiram ao social-chauvinismo. p. 219, 234, 305 *n.*105.

Weerth, Georg (1822-1856): poeta alemão cujos poemas eram sobre a solidariedade da classe trabalhadora e sua luta contra a exploração. p. 76, 93.

Weil, Félix José (1898-1975): cientista político argentino radicado na Alemanha; foi fundador e patrocinador do Instituto de Pesquisa Social (Escola de Frankfurt). p. 17.

Weitling, Wilhelm (1808-1871): escritor revolucionário alemão que, em 1849, emigrou para os Estados Unidos. p. 48, 54, 75-7, 84, 128, 298 *n.*31.

Wellington, Arthur Wellesley, duque (1769--1852): um dos generais que na Batalha de Waterloo derrotaram Napoleão. p. 96.

Wells, H. G. (Herbert George) (1866-1946): romancista inglês. Dedicou-se a narrativas utópicas, fantásticas e científicas – e inclusive muitos de seus vaticínios se cumpriram. Defendia um ateísmo otimista. Escreveu: *A guerra dos mundos, O homem invisível, Breve história do mundo* e *Uma utopia moderna,* entre outros livros. p. 305 *n.*105.

Weydemeyer, Joseph Arnold (1816-1866): personalidade do movimento operário norte-americano e alemão. Membro da Liga dos Comunistas, participou da revolução de 1848 na Alemanha e da Guerra Civil Americana, ao lado dos nortistas. Nesse país, foi precursor da propagação do marxismo. Era amigo e colaborador de Marx e Engels. p. 74, 76, 127-8, 130, 137, 141, 151, 162.

Windisch-Grätz, Alfred I, príncipe de (1787--1862): marechal de campo do Exército austríaco. Comandou as tropas austríacas na repressão ao levante popular em outubro de 1848 em Viena. p. 99.

Willich, August von (1810-1878): oficial do Exército prussiano, foi um ativista da Liga dos Comunistas na Alemanha e participou das revoluções de 1848-1849 no Palatinado. p. 108-9, 119, 121-2, 128.

Wolff, Wilhelm (1809-1864): professor e ativista socialista alemão; editor da *Nova Gazeta Renana* no período 1848-1849. Ao morrer, deixou uma importância destinada a Marx. p. 76, 91, 93, 97, 130.

Zasulitch, Vera Ivanovna (1849-1919): revolucionária desde 1868. Originalmente *narodnik*, tornou-se marxista e foi uma das fundadoras do grupo Emancipação do Trabalho (1883). Correspondente de Marx e Engels. A partir de 1900, integrante da redação do jornal *Iskra* [A Centelha] e da revista *Zaria* [Aurora], publicações clandestinas do POSDR idealizadas por Lênin. A partir da cisão de 1903, ficou com os mencheviques. p. 227, 234, 245, 255, 290, 330.

Cronologia da vida e obra de Friedrich Engels[*]

1820
Friedrich Engels nasce em 28 de novembro em Barmen, filho de Friedrich e Elizabeth Engels. Cresce no seio de uma conservadora família de industriais.

1830
Revolução de julho na França.

1834
Ingressa no liceu de Elberfeld.

1836
Na juventude, fica impressionado com a miséria em que vivem os trabalhadores fábricas de sua família. Criação da Liga dos Justos.

1837
Por insistência do pai, Engels deixa o liceu e começa a trabalhar na empresa de exportação de Heinrich Leopold.

1839
Começa a escrever ensaios literários e sociopolíticos, poemas e panfletos filosóficos em periódicos como o *Hamburg Journal* e o *Telegraph für Deutschland*. Escreve o primeiro trabalho de envergadura, *Cartas de Wuppertal*, sobre a vida operária em Barmen e na vizinha Elberfeld, no *Telegraph für Deutschland*. Estuda a filosofia de Hegel.

---

[*] Para esta cronologia, utilizamos como fontes a da coleção Marx-Engels, da Boitempo, "Cronologia da vida e obra de Friedrich Engels", de Edgard Carone e Marisa Midori Deaecto, publicada na revista *Princípios*, São Paulo, v. 39, 1995, p. 33-42, e "Cronología", em Gustav Mayer, *Friedrich Engels: una biografía* (Cidade do México, Fondo de Cultura Económica, 1978), p. 893-902.

1840

Em 7 de julho, Frederico Guilherme IV sobe ao trono da Prússia.

1841

Seu pai o obriga a deixar a escola de comércio para dirigir os negócios da família. Engels prosseguiria sozinho seus estudos de filosofia, religião, literatura e política. Vai a Berlim para prestar o serviço militar por um ano. Frequenta a Universidade de Berlim como ouvinte e conhece os jovens hegelianos. Critica intensamente o conservadorismo na figura de Schelling.

1842

Em Manchester, assume a fiação do pai, a Ermen & Engels. Conhece Mary Burns, jovem trabalhadora irlandesa, com quem viveria até a morte dela. Mary e a irmã Lizzy mostram a Engels as dificuldades da vida operária, e ele inicia estudos sobre os efeitos do capitalismo no operariado inglês. Publica artigos na *Gazeta Renana*, dirigida por Karl Marx.

1843

Mantém contato com a Liga dos Justos (maio-junho). O Graham's Factory Act regula o horário de trabalho para menores e mulheres na Inglaterra (julho).

1844

Em fevereiro, Engels publica "Esboço para uma crítica da economia política", texto que influenciou profundamente Marx. Segue à frente dos negócios do pai, escreve para os *Anais Franco-Alemães* e colabora com o jornal *Vorwärts*. Insurreição de operários têxteis na Silésia, na Alemanha (junho). Deixa Manchester. Em Paris, torna-se amigo de Marx, com quem desenvolve atividades militantes, o que os leva a criar laços cada vez mais profundos com as organizações de trabalhadores de Paris e Bruxelas. Vai para Barmen (setembro).

1845

A primeira colaboração de Marx e Engels, *A sagrada família ou a crítica da Crítica crítica*, é publicada em Frankfurt (fevereiro). Em Barmen, organiza debates sobre as ideias comunistas com Hess e profere os *Discursos de Elberfeld* (fevereiro). Em abril, sai de Barmen e encontra Marx em Bruxelas, que havia sido expulso de Paris em fevereiro. As observações de Engels sobre a classe trabalhadora de Manchester, feitas anos antes, formam a base de uma de suas obras principais, *A situação da classe trabalhadora na Inglaterra* (traduzida para o inglês quarenta anos mais tarde), publicada em maio em Leipzig. Marx e Engels estudam economia e fazem uma breve visita a Manchester, onde percorrem alguns jornais locais, como o *Manchester Guardian e o Volunteer Journal for Lancashire and Cheshire* (julho-agosto). Começa sua vida em comum com Mary Burns.

CRONOLOGIA DA VIDA E OBRA DE FRIEDRICH ENGELS   325

1846
Marx e Engels organizam em Bruxelas o primeiro Comitê de Correspondência
Comunista, uma rede de correspondentes comunistas em diversos países, a qual
Proudhon se nega a integrar (fevereiro). Seguindo instruções do Comitê de Bruxelas,
Engels estabelece estreitos contatos com socialistas e comunistas franceses. No outono,
ele se desloca para Paris com a incumbência de estabelecer novos comitês de
correspondência. Participa de um encontro de trabalhadores alemães em Paris,
propagando ideias comunistas e criticando a utopia de Proudhon e o "socialismo
verdadeiro" de Karl Grün.

1847
Marx e Engels filiam-se à Liga dos Justos. Engels viaja a Londres e participa do
I Congresso da Liga dos Justos, ocasião em que se encomenda a ele e Marx um
manifesto dos comunistas (janeiro). Em Bruxelas, com Marx, participa da reunião da
Associação Democrática, voltando em seguida a Paris para mais uma série de
encontros (julho-setembro). Em outubro e novembro, redige, por encargo da Liga dos
Justos, os *Princípios do comunismo*. Em novembro, Marx e Engels participam do
Segundo Congresso da Liga dos Comunistas em Londres. Depois de atividades em
Londres, volta a Bruxelas e começa a escrever, com Marx, o *Manifesto comunista*
(dezembro). Guerra civil na Suíça (novembro).

1848
Insurreição no sul da Itália Revolução em Palermo (janeiro). Expulso da França por
suas atividades políticas. Barricadas em Paris: o rei Luís Filipe renuncia e é proclamada
a República (janeiro-fevereiro). Engels chega a Bruxelas no fim de janeiro. Em
fevereiro, o *Manifesto comunista* é publicado em Londres. Início dos movimentos
revolucionários na Áustria e na Alemanha (março). Engels parte de Bruxelas para
Paris, auxiliando o Comitê Central da Liga dos Comunistas (março). Redige com
Marx as "Reivindicações do Partido Comunista da Alemanha" (fim de março).
Juntamente com Marx, toma parte na insurreição alemã, de cuja derrota falaria quatro
anos depois em *Revolução e contrarrevolução na Alemanha*. Engels exerce o cargo de
editor da *Nova Gazeta Renana*, recém-criada por ele e Marx (junho). Participa, em
setembro, do Comitê de Segurança Pública criado para rechaçar a contrarrevolução,
durante grande ato popular promovido pela *Nova Gazeta Renana*. O periódico sofre
suspensões, mas prossegue ativo. Procurado pela polícia, tenta se exilar na Bélgica,
onde é preso e depois expulso. Muda-se para a Suíça.

1849
Em janeiro, Engels retorna a Colônia. Em fevereiro, ele e Marx defendem a
liberdade de imprensa e são absolvidos em processo por participação nos distúrbios
de Colônia (ataques a autoridades publicados na *Nova Gazeta Renana*). Em maio, em
Dresden, Palatinado, Baden e província do Reno, começa a luta armada em defesa da
Constituição imperial. Engels toma parte militarmente na resistência à reação. Ele

326 FRIEDRICH ENGELS: UMA BIOGRAFIA

encontra-se em Elberfeld, onde havia começado a insurreição. Por encargo do Comitê de Segurança, dirige os trabalhos de fortificação e exige armas para os operários. Sob pressão da burguesia local, temerosa de que Engels proclamasse a república vermelha, o Comitê de Segurança recomenda que ele deixe a cidade. Não querendo semear a divisão entre os insurgentes, em 15 de maio deixa Elberfeld e retorna a Colônia. Engels sofre sanções legais por parte das autoridades prussianas, ao mesmo tempo que Marx é convidado a deixar o país. É publicado o último número do *Nova Gazeta Renana*. Marx e Engels vão para o sudoeste da Alemanha, onde Engels envolve-se no levante de Baden-Palatinado. Posteriormente, em julho, Engels vai para a Suíça, onde fica até o início de outubro. Em Lausanne, escreve os ensaios sobre "A campanha constitucional alemã". No início de outubro, vai para a Inglaterra, onde é eleito para o Comitê Central reorganizado da Liga dos Comunistas; participa ativamente no trabalho da Associação Educacional dos Trabalhadores Alemães e no comitê social-democrata de ajuda aos emigrados alemães.

1850
Em março, Marx e Engels escrevem "Mensagem do Comitê Central à Liga dos Comunistas", na qual são dadas indicações aos dirigentes locais da Liga sobre problemas táticos e organizacionais. Publica *As guerras camponesas na Alemanha*. Em novembro, retorna a Manchester, onde viverá por vinte anos, e às suas atividades na Ermen & Engels; o êxito nos negócios possibilita ajudas financeiras a Marx. Em novembro e dezembro, inicia estudos sobre a arte militar e o aprendizado do idioma russo.

1851
Prisão dos membros da direção da Liga dos Comunistas em Colônia (maio). Engels, ao lado de Marx, começa a escrever nos periódicos cartistas *Notes to the People*, *The People's Paper, Friend of the People*. Em agosto, Marx começa a escrever para o *The New York Daily Tribune*. Engels presta constante ajuda a Marx em seu trabalho para o periódico: escreve uma série de artigos com o título "Revolução e contrarrevolução na Alemanha", publicados posteriormente com o nome de Marx, e mais outros textos. No decorrer de dez anos, Marx e Engels escreveram para o *The New York Daily Tribune* numerosos artigos sobre problemas do movimento de libertação nacional, relações internacionais, economia e política dos principais países capitalistas. Em 2 de dezembro, golpe de Estado de Luís Napoleão. Em uma carta de dezembro a Marx, Engels faz profunda caracterização desse golpe. Vários pensamentos dessa carta foram desenvolvidos por Marx em sua obra *O 18 de brumário de Luís Bonaparte*.

1852
Em maio-junho, Marx e Engels escrevem o panfleto *Os grandes homens da emigração*, dirigido contra os líderes da emigração pequeno-burguesa; nela, atacam os

dirigentes burgueses da emigração em Londres e defendem os revolucionários de 1848-1849. Expõem, em cartas e artigos conjuntos, os planos do governo, da polícia e do Judiciário prussianos, textos que teriam grande repercussão. Em novembro, com a detenção de membros da Liga dos Comunistas, a Liga é dissolvida no continente.

1853

Escreve artigos para *The New York Daily Tribune*. Estuda persa e a história dos países orientais. De outubro de 1853 a março de 1856, publica, com Marx, artigos sobre a Guerra da Crimeia.

1855

Escreve uma série de artigos para o periódico *Putnam's Monthly* de Nova York (junho-setembro).

1856

Engels visita a Irlanda com Mary Burns, terra natal dela.

1857

Adoece gravemente em maio. Analisa a situação no Oriente Médio, estuda a questão eslava e aprofunda suas reflexões sobre temas militares. Contribui para a *New American Encyclopaedia*, publicada em Nova York. Continua trocando cartas com Marx, discorrendo sobre a crise na Europa e nos Estados Unidos.

1858

Engels dedica-se ao estudo das ciências naturais.

1859

Escreve *Pó e Reno*, em que analisa o bonapartismo e as lutas liberais na Alemanha e na Itália. Enquanto isso, estuda gótico e inglês arcaico (fevereiro-março). A França e Itália em guerra contra a Áustria (abril-novembro). Faz uma análise, com Marx, da teoria revolucionária e suas táticas, publicada em coluna do *Das Volk* (maio-agosto). Em dezembro, lê o recém-publicado *A origem das espécies*, de Charles Darwin.

1860

Engels vai a Barmen para o sepultamento de seu pai (20 de março). Publica a brochura *Savoia, Nice e o Reno*, polemizando com Lassalle (abril). Continua escrevendo para vários periódicos, entre eles o *Allgemeine Militär Zeitung* e *The Volunteer Journal for Lancashire and Cheshire*.

1861

Contribui com artigos sobre a Guerra de Secessão nos Estados Unidos para o *The New York Daily Tribune* e para o jornal liberal *Die Presse*.

1862
Bismarck torna-se primeiro-ministro da Prússia.

1863
Nos Estados Unidos, Lincoln decreta a abolição da escravatura (janeiro). Morre, em Manchester, Mary Burns, companheira de Engels (6 de janeiro). Ele permaneceria morando com a cunhada Lizzy. Esboça, mas não conclui um texto sobre rebeliões camponesas. Levante no reino da Polônia contra o domínio da Rússia tsarista (janeiro). É fundada a Associação Geral dos Trabalhadores Alemães, em Leipzig, e Lassale é eleito seu presidente (maio).

1864
Guerra da Prússia e da Áustria contra a Dinamarca (fevereiro-agosto). Torna-se coproprietário da Ermen & Engels (julho). Engels participa da fundação da Associação Internacional dos Trabalhadores, depois conhecida como a Primeira Internacional (setembro). No segundo semestre, contribui, com Marx, para o *Sozialdemokrat,* periódico da social-democracia alemã que populariza as ideias da Internacional na Alemanha.

1865
Recebe Marx em Manchester. Ambos rompem com Schweitzer, diretor do *Sozialdemokrat*, por sua orientação lassalliana. Engels publica *A questão militar na Prússia e o Partido dos Trabalhadores Alemão* (fevereiro).

1866
Engels escreve a Marx sobre a importação dos operários alemães de Edimburgo pelos patrões ingleses, para utilizá-los como mão de obra barata, e pede ao Conselho Geral para adotar medidas contra a ida de um novo grupo de trabalhadores alemães para a Inglaterra (maio). Guerra entre a Prússia e a Áustria (junho-julho). Engels publica no *The Manchester Guardian* uma série de artigos sobre essa guerra (junho-julho). Congresso da Associação Internacional dos Trabalhadores em Genebra (setembro).

1867
Viaja para Suécia, Dinamarca e Alemanha (julho). Engels estreita relações com os revolucionários alemães, especialmente Liebknecht e Bebel. Envia carta de congratulações a Marx pela publicação do Livro I de *O capital*. Estuda as novas descobertas da química e escreve artigos e matérias sobre *O capital*, para divulgá-lo.

1868
Engels elabora uma sinopse do Livro I de *O capital* (abril). Reunião da Associação das Organizações Trabalhadoras Alemãs, em Nuremberg, a 5-7 de setembro. A Associação declara sua integração, por iniciativa de August Bebel e Wilhem Liebknecht, à corrente da Associação Internacional dos Trabalhadores, em Bruxelas.

1869

Em Manchester, dissolve a empresa Ermen & Engels, que havia assumido após a morte do pai (julho). Com um soldo anual de 350 libras, auxilia Marx e sua família. Mantém intensa correspondência com Marx. Escreve uma pequena biografia de Marx, publicada no *Die Zukunft* (julho). É lançada a primeira edição russa do *Manifesto comunista*. Congresso da fundação do Partido Social-Democrata dos Trabalhadores da Alemanha, em Eisenach (agosto). Em setembro, acompanhado de Lizzy e Eleanor Marx, visita a Irlanda. Começa a contribuir com o *Volksstaat*, o órgão de imprensa do Partido Social-Democrata alemão (outubro).

1870

Engels trabalha em uma história da Irlanda. Em 19 de julho, começa a Guerra Franco-Prussiana. Começa a colaborar com o periódico inglês *Pall Mall Gazette*, discorrendo sobre a Guerra Franco-Prussiana (julho-fevereiro de 1871). Em 4 de setembro, com a notícia da derrota do Exército francês em Sedan, é deflagrada a revolução e o Segundo Império é derrubado e proclamada a República. Deixa Manchester em setembro, acompanhado de Lizzy, e instala-se em Londres para promover a causa comunista. Lá, continua escrevendo para o *Pall Mall Gazette,* dessa vez sobre o desenvolvimento das oposições. É eleito por unanimidade para o Conselho Geral da Primeira Internacional (outubro). O contato com o mundo do trabalho permitiu a Engels analisar, em profundidade, as formas de desenvolvimento do modo de produção capitalista. Suas conclusões seriam utilizadas por Marx em *O capital*.

1871

Em 18 de janeiro de 1871, Guilherme I da Prússia foi proclamado imperador da Alemanha em Versalhes. Entre 26 de março e 28 de maio, foi instaurado com a Comuna de Paris um governo operário na capital francesa. Em suas atividades no Conselho Geral, Engels atua em defesa da Comuna. Após a queda desta, é organizada uma campanha em sua defesa e ajuda aos emigrados franceses perseguidos pela reação. Participa com Marx da Conferência de Londres da Internacional (setembro).

1872

Redige com Marx uma circular confidencial sobre supostos conflitos internos da Internacional, envolvendo bakuninistas na Suíça. Ambos intervêm contra o lassallianismo na social-democracia alemã e escrevem um prefácio para a nova edição alemã do *Manifesto Comunista*. Engels escreve em *Der Vokstaat* três artigos *Sobre a questão da moradia* (junho a fevereiro de 1873). Marx e Engels assistem em Haia ao Congresso da Associação Internacional de Trabalhadores, no qual se resolve mudar a sede da associação para Nova York (setembro).

1873

Com Marx, escreve para periódicos italianos uma série de artigos sobre as teorias anarquistas e o movimento das classes trabalhadoras. Engels elabora o primeiro rascunho de *Dialética da natureza*, na qual trabalhará até 1883 com interrupções (maio). Em outubro, falece a mãe de Engels.

1874
Prepara a terceira edição de *As guerras camponesas na Alemanha*.

1875
Marx e Engels criticam o programa da unificação dos partidos de trabalhadores da Alemanha: o Partido Social-Democrata dos Trabalhadores e a Associação Geral dos Trabalhadores Alemães. Posteriormente, por iniciativa de Engels, é publicada *Crítica do Programa de Gotha*, de Marx.

1876
Elabora escritos contra Dühring, discorrendo sobre a teoria marxista, publicados inicialmente no *Vorwärts* e transformados em livro posteriormente.

1877
Conta com a colaboração de Marx na redação final do *Anti-Dühring*. O amigo colabora com o capítulo 10 da parte 2 ("Da história crítica"), discorrendo sobre a economia política. Em 24 de abril começa a Guerra Russo-Turca.

1878
Publica o *Anti-Dühring* e, atendendo ao pedido de Wilhelm Bracke feito um ano antes, publica pequena biografia de Marx, intitulada *Karl Marx*. Morre Lizzy (setembro). Aprovada a Lei contra o Perigo Público das Tendências da Social--Democracia (outubro).

1880
Engels lança uma edição especial de três capítulos do *Anti-Dühring*, sob o título *Do socialismo utópico ao socialismo científico*. Marx escreve o prefácio do livro. Engels estabelece relações com Karl Kautsky e conhece Eduard Bernstein.

1881
Enquanto prossegue em suas atividades políticas, estuda a história da Alemanha e publica artigos no *Labor Standard*, um diário dos sindicatos ingleses. Em 2 de dezembro, falece Jenny, mulher de Karl Marx.

1882
Redige com Marx um novo prefácio para a edição russa do *Manifesto comunista* (janeiro).

1883
Falece Jenny Marx-Longuet, filha de Karl Marx. Em 14 de março, morre Karl Marx. No sepultamento de seu amigo, profere o que ficaria conhecido como *Discurso diante*

da sepultura de Marx. Escreve o prefácio para a terceira edição do Livro I de *O capital* (novembro). Começa a preparar o Livro II de *O capital.*

1884
Publica *A origem da famíia, da propriedade privada e do Estado* (outubro). Fundação da Sociedade Fabiana de Londres, que mais tarde daria origem ao Partido Trabalhista na Inglaterra.

1885
Envia carta a Vera Zasulitch expressando sua satisfação pela aparição na Rússia de partidários da teoria de Marx, considerando esse acontecimento como um progresso que terá imensa significação para o futuro desenvolvimento do movimento revolucionário; assinala como inelutável o advento de uma revolução autenticamente popular na Rússia (abril). Editado por Engels, é publicado o Livro II de *O capital* (julho). "Contribuição à história da Liga dos Comunistas", de Engels, aparece como prefácio à terceira edição de *Revelações sobre o processo dos comunistas em Colônia.*

1886
Engels publica no *Neue Zeit* (maio) a obra *Ludwig Feuerbach e o fim da filosofia clássica alemã*, que, em 1888, aparece em Stuttgart como nova edição corrigida. A essa edição são acrescidas as *Teses sobre Feuerbach*, de Marx.

1887
Traduzido por S. More e E. Aveling, é publicado o Livro I de *O capital*, em Londres, com prefácio de Engels (janeiro).

1889
Abertura do Congresso Internacional dos Trabalhadores Socialistas, no qual é fundada a Segunda Internacional. Durante o Congresso, foi aprovada uma resolução sobre a celebração de 1º de maio, em todos os países (julho).

1890
"A política exterior do tsarismo russo", de Engels, é publicado na revista russa *Social-Demokrat* e em idioma alemão no *Neue Zeit*, em abril e maio. Em 30 de setembro é revogada a lei antissocialista de 1878.

1891
Em várias cartas a Bebel e outros líderes do Partido Social-Democrata da Alemanha, Engels critica a redação do periódico *Vorwäts*, órgão central do partido, por erros de caráter oportunista. Engels envia sua "Crítica ao projeto do programa social--democrata" à direção do partido, antes do Congresso de Erfurt (junho). Segundo Congresso Internacional dos Trabalhadores Socialistas em Bruxelas (agosto). O artigo de Engels "O socialismo na Alemanha" aparece no *Almanach du Parti Ouvrier pour 1892* e em idioma alemão no *Neue Zeit* (dezembro).

1893

Preocupado com a corrida armamentista entre os grandes Estados europeus, Engels publica, em fevereiro e março, uma série de artigos no *Vorwärts* chamada "A Europa pode se desarmar?". Em agosto faz o discurso de encerramento do Congresso Internacional dos Trabalhadores Socialistas, em Zurique.

1894

O trabalho de Engels "Contribuição à história do cristianismo antigo" aparece no *Neue Zeit* (setembro-outubro). "A questão camponesa na França e na Alemanha" é publicada no *Neue Zeit* (novembro). É publicado o Livro III de *O capital*, com prefácio de Engels.

1895

Redige uma nova introdução para *As lutas de classes na França*. Após longo tratamento médico, Engels morre em Londres (5 de agosto). Suas cinzas são lançadas ao mar em Eastbourne. Dedicou-se até o fim da vida a completar e traduzir a obra de Marx, ofuscando a si próprio e a sua obra em favor do que ele considerava a causa mais importante.

Sobre o autor

Gustav Mayer nasceu em Prenzlau (norte da Alemanha), em 1871. Estudou economia política na Universidade de Berlim e doutorou-se na Universidade de Basileia, em 1896. Após trabalhar por dez anos para um jornal de Frankfurt, tendo sido correspondente internacional em países como Holanda, Bélgica e França, dedicou-se a pesquisas sobre a história do movimento socialista alemão – o que lhe deu fundamentos para a monumental biografia de Friedrich Engels (1920-1934), a organização da correspondência e dos escritos de Ferdinand Lassalle (1921-1925) e a troca de correspondências e conversações entre Lassalle e Otto von Bismarck (1928).

Em 1922, tornou-se professor associado de História da Democracia e do Socialismo na Universidade de Berlim. Sua reputação valeu-lhe o convite para ser diretor do Instituto de Pesquisas Sociais de Frankfurt, o qual rejeitou por não acreditar que o Instituto teria total autonomia. Com a ascensão do nazismo, emigrou para a Holanda em 1933 e, em 1936, para a Inglaterra, onde sobreviveu com dificuldade, apesar do trabalho para instituições como o International Institute of Social History.

Entre outras obras, escreveu: *Johann Baptist von Schweitzer und die Sozialde-mokratie* [Johann Baptist von Schweitzer e a social-democracia] (1909), *Die Anfänge des politischen Radikalismus im vormärzlichen Preussen* [Os inícios do radicalismo político prussiano no pré-março] (1912), *Der deutsche Marxismus und der Krieg* [O marxismo alemão e a guerra] (1916) e *Aus der Welt des Sozialismus* [Do mundo do socialismo] (1927). Morreu em Londres, em 1948.

Desenho de Cássio Loredano para a capa da edição brasileira de
A ideologia alemã, publicada pela Boitempo em 2007.

OUTRAS PUBLICAÇÕES DA BOITEMPO

Antonio Gramsci, o homem filósofo
GIANNI FRESU
Tradução de **Rita Matos Coitinho**
Prefácio de **Marcos Del Roio**
Posfácio de **Stefano G. Azzarà**
Orelha de **Luciana Aliaga**

Gênero, neoconservadorismo e democracia
FLÁVIA BIROLI, MARIA DAS DORES CAMPOS
MACHADO E JUAN VAGGIONE
Orelha de **Sonia Corrêa**
Quarta capa de **Maria José Rosado-Nunes**

ARSENAL LÊNIN

Conselho editorial Antonio Carlos Mazzeo,
Antonio Rago, Augusto Buonicore, Ivana
Jinkings, Marcos Del Roio, Marly Vianna,
Milton Pinheiro e Slavoj Žižek

O que fazer?
VLADÍMIR ILITCH LÊNIN
Tradução de **Edições Avante!**
Revisão da tradução de **Paula Vaz de Almeida**
Prefácio de **Valério Arcary**
Orelha de **Virgínia Fontes**

BIBLIOTECA LUKÁCS

Coordenação de **José Paulo Netto** e **Ronaldo
Vielmi Fortes**

*Essenciais são os livros não escritos:
últimas entrevistas (1966-1971)*
GYÖRGY LUKÁCS
Organização, tradução, notas e apresentação
de **Ronaldo Vielmi Fortes**
Orelha de **Anderson Deo**

ESCRITOS GRAMSCIANOS

Odeio os indiferentes: escritos de 1917
ANTONIO GRAMSCI
Seleção, tradução e aparato crítico de **Daniela
Mussi e Alvaro Bianchi**
Orelha de **Guido Liguori**

ESTADO DE SÍTIO

Coordenação de Paulo Arantes

A escola não é uma empresa
CHRISTIAN LAVAL
Tradução de **Mariana Echalar**
Orelha de **Afrânio Catani**

MARX-ENGELS

Dialética da natureza
FRIEDRICH ENGELS
Tradução e notas de **Nélio Schneider**
Apresentação de **Ricardo Musse**
Orelha de **Laura Luedy**

MUNDO DO TRABALHO

Coordenação de Ricardo Antunes

Uberização, trabalho digital e Indústria 4.0
RICARDO ANTUNES (ORG.)
Textos de Arnaldo Mazzei Nogueira, Cílson
César Fagiani, Clarissa Ribeiro Schinestsck,
Claudia Mazzei Nogueira, Fabiane Santana
Previtali, Geraldo Augusto Pinto, Isabel
Roque, Iuri Tonelo, Jamie Woodcock, Luci
Praun, Ludmila Costhek Abílio, Marco
Gonsales, Mark Graham, Mohammad
Amir Anwar, Patrícia Rocha Lemos, Rafael
Grohmann, Ricardo Antunes, Ricardo
Festi, Sávio Cavalcante, Thiago Trindade de
Aguiar e Vitor Filgueiras

PANDEMIA CAPITAL

*Pandemia: covid-19 e a reinvenção do
comunismo*
SLAVOJ ŽIŽEK
Tradução de **Artur Renzo**
Prefácio de **Christian Ingo Lenz Dunker**

CLÁSSICOS BOITEMPO

Estrela vermelha
ALEKSANDR BOGDÁNOV
Tradução e prefácio de **Paula Vaz de Almeida
e Ekaterina Vólkova Américo**
Orelha de **Pedro Ramos de Toledo**

LITERATURA

Água por todos os lados
LEONARDO PADURA
Seleção e edição dos textos de **Lucía
López Coll**
Tradução de **Monica Stahel**
Orelha de **Carlos Marcelo**
Quarta capa de **Wagner Moura**

Selo comemorativo do 150º aniversário de
Engels, União Soviética, 1970.

Publicado em novembro de 2020, quando se completam duzentos anos do nascimento do teórico revolucionário Friedrich Engels, este livro foi composto em Adobe Garamond Pro, corpo 11/13,5, e impresso em papel Avena 80 g/m² na gráfica Rettec, para a Boitempo, com tiragem de 4 mil exemplares.